Coleção Espírito Crítico

grandesertão.br

Coleção Espírito Crítico

Conselho editorial:
Alfredo Bosi
Antonio Candido
Augusto Massi
Davi Arrigucci Jr.
Flora Süssekind
Gilda de Mello e Souza
Roberto Schwarz

Willi Bolle

grandesertão.br
O romance de formação do Brasil

Livraria
Duas Cidades

editora 34

Editora 34 Ltda.
Rua Hungria, 592 Jardim Europa CEP 01455-000
São Paulo - SP Brasil Tel/Fax (11) 3811-6777 www.editora34.com.br

Copyright © Duas Cidades/Editora 34, 2004
grandesertão.br © Willi Bolle, 2004

A fotocópia de qualquer folha deste livro é ilegal e configura uma apropriação indevida dos direitos intelectuais e patrimoniais do autor.

Edição conforme o Acordo Ortográfico da Língua Portuguesa.

Capa, projeto gráfico e editoração eletrônica:
Bracher & Malta Produção Gráfica

Revisão:
Beatriz de Freitas Moreira, Telma Baeza Gonçalves Dias

1ª Edição - 2004 , 2ª Edição - 2023

CIP-Brasil. Catalogação na Fonte
(Sindicato Nacional dos Editores de Livros, RJ)

Bolle, Willi, 1944-
   grandesertão.br: o romance de formação
do Brasil / Willi Bolle — São Paulo: Duas Cidades;
Editora 34, 2023 (2ª Edição).
480 p.   (Coleção Espírito Crítico)

ISBN 978-85-7326-306-0

Inclui bibliografia.

   1. Grande sertão: veredas - Crítica e
interpretação. 2. Rosa, João Guimarães, 1908-1967.
3. Retratos do Brasil. 4. Romance de formação.
5. Brasil - História. 6. Brasil - Ciências sociais.
7. Brasil - Educação. I. Título. II. Série.

CDD - 801.95

Índice

Nota à 2ª edição 7

Prefácio 9

I. Guimarães Rosa e a tradição dos retratos do Brasil 17
O diálogo social e o Diabo: estratégias do texto difícil —
A situação narrativa e o narrador — Retratos do Brasil: rivalidade
entre romance e ensaio — *Grande Sertão: Veredas* como reescrita
de *Os Sertões* — A narrativa como *genus iudiciale* — Narrador
sincero e narrador irônico — Uma história ficcional das
estruturas do país

II. O sertão como forma de pensamento 47
Construção da paisagem e retrato do país — Narração e
cartografia — Geografia empírica e geografia alegórica —
O sertão como discurso labiríntico — Narração em forma de
rede — Mapeamento de um cérebro: romance de aprendizagem
— Um *website* dos discursos sobre o Brasil

III. O sistema jagunço 91
O Brasil sob o signo da violência — Significados e usos da
palavra "jagunço" — Topografia da jagunçagem — Um tribunal
da história no meio do sertão — A jagunçagem como sistema
retórico — Um retrato da criminalização no país

IV. O pacto — esoterismo ou lei fundadora? 141
Duas imagens arcaicas: "Lei do Cão" e pacto com o Diabo —
O pacto como alegoria de um falso contrato social —
Propriedade, justiça, desigualdade — Um narrador pactário —
Na oficina de linguagem da classe dominante — Discursos de
autoacusação e de legitimação — A função diabólica da
linguagem

V. Diadorim — a paixão como *medium-de-reflexão* 195
Paixão amorosa e paixão estética — Funções de Diadorim na
composição da narrativa — Discurso fúnebre e historiografia —
Paixão *versus* tragédia — História dos sofrimentos —
O encontro com o desconhecido — Breve excurso sobre Amor,
Medo e Coragem

VI. A nação dilacerada 261
Diagnóstico do problema — Nação e nascimento —
"eu escravo – Eu, senhor!" — Máquina de gastar gente —
Cidade *versus* Sertão? — "Esse velho regime de desmandos" —
Quem é o povo? Quem é a nação?

VII. Representação do povo e invenção da linguagem 375
Grande Sertão: Veredas como romance de formação do Brasil —
Uma história criptografada — Dificuldade tradicional do letrado
brasileiro de representar o povo — Princípios e procedimentos
da invenção rosiana da linguagem — As falas do povo —
Um livro mágico: o trabalho de mediação

Referências bibliográficas 447
Agradecimentos 475

Sobre o autor 477

Nota à 2ª edição

Agradeço aos leitores por seu interesse neste estudo, o que motivou a publicação desta 2ª edição, cuidadosamente revista. Em 2020, com a publicação do meu livro *Boca do Amazonas: sociedade e cultura em Dalcídio Jurandir*, tive a satisfação de concluir uma trilogia iniciada em 1994 com *Fisiognomia da Metrópole Moderna* e continuada em 2004 com *grandesertão.br* — um conjunto que representa o projeto de uma topografia cultural do Brasil, num percurso que vai da Metrópole/Megacidade até a Amazônia, através do Sertão.

Para manter a marca do tempo em que este estudo foi escrito (na passagem do século XX para o XXI), o texto e as referências bibliográficas desta 2ª edição são os mesmos da edição anterior; mas foram realizadas as necessárias correções e várias reformulações pontuais. Além disso, foram introduzidas duas novidades. Uma delas é a informação, nas duas páginas finais, sobre as minhas produções bibliográficas mais recentes (desde 2006), especialmente sobre Guimarães Rosa e o Sertão. A outra novidade é a inclusão, no final do capítulo II ("O sertão como forma de pensamento"), de uma passagem estratégica na qual o autor de *Grande Sertão: Veredas* compara o procedimento de invenção da linguagem — que é a base do seu projeto literário, cultural e político — com o manejo de um "painel de mesa telefônica, para os engates *ad libitum*". A referência a esse tipo de aparelho, cuja forma de construção precedeu a dos primeiros computadores, esclarece a escolha do título deste estudo, *grandesertão.br*, impregnado pela era da informática e que analisa a forma de construção do romance como um *network* de discursos que apresentam um retrato inovador do Brasil.

Agradeço à equipe da Editora 34 pelo incentivo de realizar esta 2ª edição.

Willi Bolle
São Paulo, janeiro de 2023

Prefácio

Para ler esse romance difícil e labiríntico que é *Grande Sertão: Veredas* (1956), de João Guimarães Rosa (1908-1967), pode-se recorrer ao auxílio de uma instalação: forrar as paredes de um quarto com as mais de quinhentas páginas do texto, de modo que o intérprete passe a viver "dentro" do livro. Enquanto cuida de sua formação, ele se deixa impregnar dessa maneira, dia e noite, pelo universo do romance. Se as páginas começam a cair ao longo do tempo, deixando espaços em branco na parede, tanto melhor, pois esses espaços, como janelas embutidas no texto, convidam a olhar a realidade do país em volta, cujo retrato está inscrito no romance como sua versão interlinear. Ludicamente praticado por um estudante de 22 anos, quando veio para o Brasil para estudar o romance de Guimarães Rosa, o método na época não deu nenhum resultado palpável. Mas repercutiu, muitos anos depois, no modo de o autor organizar suas ideias para investigar o retrato do Brasil em *Grande Sertão: Veredas*, que é a matéria deste ensaio.

Depois deste prólogo um tanto autobiográfico: a história do jagunço Riobaldo, que fez o pacto com o Diabo no planalto central do país, é reinterpretada neste estudo, no sentido de propor uma releitura da história do Brasil.

Diferentemente das exegeses convencionais, que entendem o nome de *Rio-baldo* como o de um homem "frustrado" ou, por compensação, de alguém que atingiu "a plenitude", a minha leitura se faz por uma via etimológica diferente. A partir do verbo alemão *baldowern* (explorar) podemos remontar ao substantivo hebraico *ba'al-davar*, que designa "o dono das palavras e das coisas". Na Idade Média, "um eufemismo para o Diabo", a palavra migrou através do iídiche *baldower* (o referido, "o O") para o alemão, mais especificamente, para a linguagem dos marginais, sendo o *Baldowerer* "aquele que sonda o lugar e as oportunidades para um crime". No século XIX, o verbo *baldowern* passou para a linguagem coloquial no sentido de "explorar, auscultar, investigar" — o que corresponde ao ofício do historiador (do grego *historêin* = investigar). Postado à margem do Rio São Francisco, que é o "grande rio da civilização brasileira", o narrador Riobaldo exerce o papel de um investigador dos discursos que falam da história do país, sobretudo daquilo que ela tem de oculto, demoníaco e dissimulado.

Para poder revelar o romance de Guimarães Rosa como um "retrato do Brasil", é imprescindível situá-lo na tradição desse gênero. Nesse sentido, o presente ensaio é estruturado em forma de uma comparação com a obra matricial daqueles retratos — *Os Sertões*, de Euclides da Cunha —, considerando-se *Grande Sertão: Veredas* uma reescrita crítica desse livro precursor. A ideia-chave da comparação é que ambas as obras são discursos de narradores-réus-e-testemunhas diante de um tribunal em que se julgam momentos decisivos da história brasileira.

Nada do que aconteceu dessa história pode ser perdido, todas as lembranças e todas as provas têm que ser juntadas. Guimarães Rosa organiza a sua narração em forma de redes temáticas. Um *network*, no qual o sertão é o mapa alegórico do Brasil; o sistema jagunço, a instituição entre a lei e o crime; o pacto com

Prefácio

o Diabo, a alegoria de um falso pacto social; a figura de Diadorim, o desafio para desvendar o dissimulado e o desconhecido; e a fala do povo, o próprio labirinto da língua... Essa rede ficcional serve de *medium* para observar e investigar a rede dos discursos sobre o país. A comparação do romance com os principais *ensaios de formação* — os livros de Euclides da Cunha, Gilberto Freyre, Sérgio Buarque de Holanda, Caio Prado Jr., Celso Furtado, Raymundo Faoro, Antonio Candido, Florestan Fernandes, Darcy Ribeiro, que constituem o cânone dos retratos do Brasil — permite reconhecer melhor, no texto de *Grande Sertão: Veredas*, os fragmentos esparsos de uma história criptografada, que o leitor é incentivado a reorganizar.

O narrador que nos apresenta esse "estudo pátrio" em forma de uma imensa rede labiríntica é jagunço, letrado e *professor*. A figura do professor é desenvolvida por Guimarães Rosa de forma muito diferente das histórias edificantes. Em vez de dedicar-se a ensinar os mais necessitados, Riobaldo, esse "professor de mão-cheia" que fará o pacto com o Diabo, aceita uma vantajosa oferta como preceptor particular de um dono do poder. Mas é justamente por ser uma história da formação *a partir do Mal* que ela revela mais sobre as estruturas sociais e políticas do que o padrão dos bem-intencionados programas escolares. O discurso desse narrador luciférico aguça a nossa sensibilidade para as formas do falso no espaço público, para o que eu chamo a função diabólica da linguagem.

A tese aqui discutida é que o romance de Guimarães Rosa é o mais detalhado estudo de um dos problemas cruciais do Brasil: a falta de entendimento entre a classe dominante e as classes populares, o que constitui um sério obstáculo para a verdadeira emancipação do país. Ao comparar o *Grande Sertão: Veredas* com os referidos ensaios sociológicos e historiográficos, cheguei à conclusão de que esse livro é o romance de formação do Brasil. Não no sentido convencional em que "romance de formação" costuma ser entendido: um gênero centrado no indivíduo, em oposição ao "romance social". Trata-se, pelo contrário, de resgatar, através do grande livro de Guimarães Rosa, a ideia original que norteou Goethe a inventar o paradigma do romance de formação. Com o *Wilhelm Meister* — que foi considerado por Friedrich Schlegel "uma das maiores tendências da época", junto com a Revolução Francesa —, Goethe, em vez de defender, como a Revolução, o confronto armado entre as classes em conflito, propôs o diálogo entre elas.

Eis precisamente também a proposta de Guimarães Rosa, no explosivo contexto social latino-americano; e por isso o seu *Grande Sertão: Veredas* merece ser qualificado como uma inovação que, dessa forma, não existe em nenhum outro livro sobre o Brasil. É o romance de formação do país, na medida em que o autor, através da invenção de linguagem, refinou o *medium* para este país se pensar a si mesmo. A proposta rosiana de os brasileiros reinventarem a sua língua de uma forma emancipada constitui uma utopia educacional e política, que poderá ser potenciada por meio das revolucionárias tecnologias da informação, que ele intuiu. É a esses possíveis desdobramentos que alude o título deste ensaio, que é a síntese de vários estudos realizados ao longo dos anos, notadamente no artigo-piloto de 2000: "grandesertão.br ou: A invenção do Brasil".

Escrito por um professor, este livro terá cumprido a sua função se ajudar a descobrir Guimarães Rosa como um pensador da formação do Brasil, na esteira de preceptores tão contraditórios como Euclides da Cunha e Antônio Conselheiro. Numa época em que o discurso sobre a educação é marcado sobretudo por estatísticas burocráticas, cogitações de lucro e a falta de ousadia e imaginação, as palavras-diamante de *Grande Sertão: Veredas*, que riscam o discurso das aborrecedoras mentes prosaicas,

Prefácio

podem redespertar algo que o país já teve, mas que perdeu durante as últimas décadas: a paixão pela formação.

Willi Bolle
São Paulo, março de 2004

para Fátima e Pedro

"Eu me lembro das coisas, antes delas acontecerem..."
João Guimarães Rosa

I. Guimarães Rosa
e a tradição dos retratos do Brasil

"Só faltou uma conversa." Estas palavras do morador João de Régis (1907-2002), projetadas num cartaz na Praça do Povo, em Canudos, na primeira semana de dezembro de 2002, durante um desfile comemorativo dos cem anos da publicação d'*Os Sertões*, contêm uma explicação simples, porém acertada, da guerra de 1897. Aponta-se um problema estrutural antigo e atual do Brasil. Foi a falta de diálogo entre os representantes da então recente República brasileira e os rebeldes de Canudos que acabou levando àquela guerra fratricida; e é a ausência de um verdadeiro diálogo entre os donos do poder e o povo que caracteriza também a nossa época, constituindo-se num sério entrave para a plena emancipação do país. O mais preciso e mais complexo estudo dessa questão encontra-se na obra de outro sertanejo chamado João, no romance de Guimarães Rosa, *Grande Sertão: Veredas*. O problema da falta de diálogo social é trabalhado nessa obra em todos os níveis: desde a situação narrativa, que confronta um narrador sertanejo e um ouvinte letrado, passando pela história contada, com centenas de falas de chefes políticos e de pessoas do povo, até a representação de uma nação dilacerada e a utopia da invenção de uma nova linguagem. A dificuldade da formação de uma cidadania para todos é expressa também através da forma de um *texto difícil* que, já no título, evoca por meio de uma montagem contrastiva o choque entre duas culturas, dois tipos de discursos: a grandiloquência dos donos do poder, sempre no alto, e, nas baixadas, a fala da gente humilde.

Em termos figurativos, a falta de diálogo e a gritante desigualdade, que racha a sociedade entre os que são donos de tudo e os que não possuem nada, podem ser vistas como coisa do Diabo — entendendo-se o *diabolos*, no sentido etimológico, como a entidade que "se interpõe", entre as pessoas, entre as classes. De fato, *Grande Sertão: Veredas* é a "estória dum fazendeiro [...] endemoninhado",(GSV: 456) [1] um homem que fez o pacto com o Demônio, não apenas para vencer o pactário Hermógenes, mas para ascender à classe dominante às custas de seus companheiros. A história versa sobre "o que induz a gente para más ações estranhas":(GSV: 79) enganar, usar e explorar as pessoas, tirar prazer do seu medo e matá-las — um Mal social que vem de longa data e em que pesa o legado de quatro séculos de regime escravocrata. É o que o protagonista-narrador Riobaldo observa no seu ambiente e em si mesmo, e é esta a matéria do seu relato, sendo que se entrevê a existência de um componente diabólico no próprio *medium* da linguagem.[2] Com tudo isso, o romance de Guimarães Rosa proporciona o mais fascinante *insight* da máquina dos discursos e do poder, das estruturas sociais e mentais, com

---

[1] O texto utilizado é o da 5ª edição, de 1967, com 460 páginas, a última publicada em vida pelo autor. A referência a um texto "de mais de quinhentas páginas" justifica-se pelo fato de a 1ª edição, de 1956, e a 2ª edição, definitiva, de 1958, com outra diagramação, conterem, respectivamente, 594 e 571 páginas.

[2] A narração de Riobaldo, que se instaura a partir do "[no]nada", é uma fala "dúplice"; cf. J. A. Hansen, 2000, pp. 43-44 e 48. A questão será aprofundada no capítulo IV, item 2, "Narrador pactário e função diabólica da linguagem" (p. 174 ss.).

os meios de um narrador dotado de uma prodigiosa capacidade de percepção e invenção, sustentada pela potência linguística.

Alguns leitores de *Grande Sertão: Veredas* podem estranhar este confronto imediato de uma obra-prima da literatura com os problemas políticos e sociais do país. A razão de ser da presente investigação fica mais clara na medida em que a situamos no quadro dos estudos já existentes sobre a obra de Guimarães Rosa, explicando detalhadamente os pressupostos aqui em jogo.

A fortuna crítica do romance, que já acumula mais de 1.500 títulos,[3] confirma uma observação de Joseph de Maistre sobre a recepção em geral: dois ou três críticos fixam inicialmente a opinião, e a grande maioria dos que vêm depois segue por essas mesmas trilhas.[4] Assim, as marcas de dois ensaios pioneiros, ambos publicados em 1957, respectivamente por Antonio Candido e M. Cavalcanti Proença,[5] podem ser identificadas em boa parte das abordagens posteriores, que se deixam agrupar em cinco tipos metodológicos:

1. Os estudos linguísticos e estilísticos, como os de Mary L. Daniel (1968) e Teresinha Souto Ward (1984), que, juntamente com as compilações lexicais de Nei Leandro de Castro (1970) e Nilce Sant'Anna Martins (2001), proporcionam subsídios básicos para a compreensão do *texto difícil*;

2. As análises de estrutura, composição e gênero, como as de Roberto Schwarz (1965a e 1965b), Eduardo F. Coutinho (1980,

---

[3] Estimativa com base nos números fornecidos por P. de Oliveira (1999, pp. 108-109), que contabiliza aproximadamente 1.300 trabalhos sobre GSV e uns 2.500 títulos sobre a obra inteira de G. Rosa.

[4] Apud W. Benjamin, 1982, pp. 433-434 [J64a,4].

[5] A. Candido, "O Sertão e o Mundo"; C. Proença, "Alguns aspectos formais de *Grande Sertão: Veredas*".

1983, 1991 e 1993), Benedito Nunes (1985), Rosemary Arrojo (1985) e Davi Arrigucci Jr. (1994), que tecem relações intertextuais e situam a obra de Rosa no universo geral da literatura;

3. A crítica genética, com contribuições de Maria Célia Leonel (1985 e 1990), Lenira Covizzi e Maria Neuma Cavalcante (1990), Walnice Galvão (1990), Edna Maria dos Santos Nascimento (1990), Elizabeth Hazin (1991 e 2000), Cecília de Lara (1993, 1995 e 1998) e Ana Luiza Martins Costa (1997-98 e 2002), dedicadas a esclarecer o processo de elaboração da obra a partir dos materiais reunidos pelo escritor.

A esses três paradigmas de leitura acrescentam-se os estudos onomásticos (Ana Maria Machado, 1976), bibliográficos (Suzi Frankl Sperber, 1976), folclorísticos (Leonardo Arroyo, 1984), cartográficos (Alan Viggiano, 1974; Marcelo de Almeida Toledo, 1982), e os dois restantes tipos de análise que acabaram polarizando o debate em torno da obra:

4. As interpretações esotéricas, mitológicas e metafísicas — representadas por estudiosos como Consuelo Albergaria (1977), Francis Utéza (1994), Kathrin H. Rosenfield (1993) e Heloísa Vilhena de Araújo (1996) —, que constituíram até recentemente a tendência predominante na recepção;

5. As interpretações sociológicas, históricas e políticas. Inaugurada por Walnice Galvão (1972), com um estudo exemplar que permaneceu durante muito tempo bastante isolado, essa linha hermenêutica suscitou um novo interesse a partir da década de 1990, como mostram os trabalhos de Heloísa Starling (1999) e do autor deste ensaio (cf. Bolle 1990, 1994-95, 1997-98 e 2000).

No final dos anos 1990 observou-se um antagonismo entre os dois últimos tipos de interpretação, como ficou evidente no I Seminário Internacional sobre Guimarães Rosa, realizado em agosto de 1998, na PUC-MG, em Belo Horizonte, no qual a mesa temática "Leituras históricas de Guimarães Rosa", integrada por Ettore Finazzi-Agrò, Heloisa Starling e Willi Bolle, provocou um longo, intenso e polêmico debate.[6]

Em todo caso, qualquer que seja a opção de leitura de *Grande Sertão: Veredas* — existencial, metafísica, histórica etc. —, nenhuma escapa ao desafio de que interpretar uma grande obra é também uma tarefa artística. No campo da interpretação sociológico-histórico-política, por exemplo, tomar a obra como expressão de determinadas intenções temáticas "externas", sem considerar seus dispositivos formais mediadores, seria metodologicamente insuficiente, pois nesse caso a leitura passaria por cima do essencial: a especificidade e a irredutibilidade do conhecimento contido no *medium* da forma estético-literária.

A presente investigação baseia-se no pressuposto de que "a verdade da ficção é a sua forma".[7] A hipótese geral é que existe uma correspondência entre um problema político e social — a falta de entendimento entre as classes — e a configuração da obra. O problema *externo* é incorporado ao romance como elemento de composição *interno* (situação narrativa, representação e comentário de falas, estratégias do texto difícil), como já foi explicado.[8] Um grande escritor, como guardião da linguagem, é particularmente sensível às questões do uso público das falas. Sobre esse fato chama indiretamente a nossa atenção o inventor da hermenêutica moderna, Friedrich Schleiermacher: "Ao intérprete das obras literárias eu recomendo enfaticamente exercitar-se com zelo

---

[6] Cf. S. Grecco, 1999.

[7] K. Stierle, 2001, p. 427.

[8] Sobre o elemento histórico e sociológico *externo* como fator *interno* de construção da obra literária, cf. A. Candido, 1965/1985, p. 7.

na interpretação da conversa mais significativa".[9] No Brasil contemporâneo, *a conversa mais significativa* seria o diálogo, ou, no caso, a ausência de diálogo, entre as classes sociais. Em toda a sua obra, Guimarães Rosa se dedicou a trabalhar esse fenômeno, especialmente em *Grande Sertão: Veredas*. Não se trata portanto de estudá-lo apenas do ponto de vista beletrístico. O objetivo é mostrar que, através desse romance — que se configura como uma "forma de pesquisa" e um "organon da História" (como diriam respectivamente Antonio Candido e Walter Benjamin)[10] —, a realidade histórico-social do país é iluminada por uma qualidade específica de conhecimento que, desse modo, não se encontra em nenhum outro tipo de discurso.

 Partindo de uma análise da situação narrativa e do trabalho do narrador (que são a modelização artística do referido problema externo), a interpretação procura se ampliar e se diversificar através da incorporação dos demais elementos constitutivos do romance: o sertão, a jagunçagem, o Diabo, Diadorim, a representação da sociedade e a invenção da linguagem. Ao longo deste estudo serão aproveitadas descobertas de todas as tendências da recepção. Não se visa, contudo, uma análise somatória de resultados isolados, mas a integração do entendimento das partes à ideia geral: uma compreensão "potenciada" (no sentido de Friedrich Schlegel e Novalis) da obra-prima de Guimarães Rosa como elucidação da *conversa* social e historicamente significativa. Neste trabalho hermenêutico, com recursos da retórica, da poética e da estilística, pretende-se também chegar a uma compreensão integrada das micro e macroestruturas narrativas. Tudo isso no sentido de desenvolver um estudo crítico que falta: uma

---

[9] F. Schleiermacher, 1974, p. 131.

[10] A. Candido, 1959/1981, II, p. 112; W. Benjamin, 1931/1972, p. 290.

leitura de *Grande Sertão: Veredas* como um retrato do Brasil.[11] Eis o escopo deste ensaio.

Sem dúvida, a qualidade da representação rosiana do país só pode ser avaliada devidamente através de uma análise comparada. Para iniciar a tarefa de analisar e interpretar o romance de Guimarães Rosa como um retrato do Brasil, nos valemos de mais uma indicação metodológica de Schleiermacher: "O entendimento da relação de um escritor com as formas já definidas em sua literatura é um elemento tão essencial da interpretação que sem isso não se pode compreender nem o todo nem as partes".[12] Transferindo esse método para a leitura de *Grande Sertão: Veredas*, podemos identificar nessa obra determinados elementos-chave que remetem ao gênero dos retratos do Brasil. O tema do "estudo pátrio", mencionado no proêmio,(GSV: 14) e presente na cabeça do protagonista-narrador Riobaldo desde seu tempo de escola, é desenvolvido pelo romancista em forma de uma ampla e aguda representação do "país de pessoas, de carne e sangue, de mil-e-tantas misérias...".(GSV: 15) Ao nos dedicarmos à tarefa de descrever detalhadamente como é construído esse retrato do país, estaremos interpretando a obra de Guimarães Rosa como a de um pensador do Brasil.

A denominação do gênero *retrato do Brasil*, que se aplica basicamente a ensaios de história e ciências sociais, é derivada do livro homônimo publicado em 1928 por Paulo Prado. Os retratos do Brasil escritos no século XX estendem-se desde o livro fundador *Os Sertões* (1902), de Euclides da Cunha, até os últimos estudos de Darcy Ribeiro, passando pelas obras já clássicas de Gilberto Freyre (1933), Sérgio Buarque de Holanda (1936) e Caio

---

[11] Cf. W. Bolle, 1990, p. 429; e 1994-95, p. 82.

[12] F. Schleiermacher, 1974, p. 136.

Prado Jr., cuja *Formação do Brasil contemporâneo* (1942) foi seguida de uma série de "ensaios de formação", da autoria de Raymundo Faoro (1958), Celso Furtado (1958), Antonio Candido (1959) e, mais recentemente, Darcy Ribeiro (1995), respectivamente sobre a política, a economia, a cultura literária e a etnologia do país. No contexto desses ensaios de formação foi publicado em meados da década de 1950 o romance de Guimarães Rosa. Com um potencial teórico *sui generis*, ele ocupa em relação àquelas obras canônicas uma posição complementar e concorrente.[13]

O surgimento da obra de um mestre "pressupõe a existência de predecessores" — observa Antonio Candido em *Formação da literatura brasileira* a respeito de Machado de Assis, que "aplicou o seu gênio em assimilar, aprofundar, fecundar o legado positivo das experiências anteriores".[14] Assim como o projeto do romance de Machado de Assis não pode ser adequadamente compreendido sem considerar o trabalho precursor de José de Alencar (cf. Roberto Schwarz, 1977 e 1990), também o projeto de Guimarães Rosa — de fornecer com seu livro sobre o sertão uma representação de todo o Brasil — não se elucida sem um diálogo com o ensaio precursor de Euclides da Cunha.

De acordo com a sua própria teoria, Antonio Candido (1957 e 1964) começou a ler o romance de Guimarães Rosa através do prisma das três grandes categoriais euclidianas: a Terra, o Homem, a Luta (ou, como preferiu colocar: o Problema). Por outro lado, ele também insistiu na diferença entre os dois autores, realçando "as leis próprias do universo de Guimarães Rosa"

---

[13] Sobre o romance como "forma de pesquisa e descoberta do país", cf. A. Candido, 1959/1981, II, p. 112. Sobre a concorrência entre romance e historiografia, ver E. Lämmert, 1990; ed. brasileira, 1995.

[14] A. Candido, 1959/1981, II, pp. 117-118.

— autor que "escapa aos hábitos realistas" e que tem seu traço fundamental na "liberdade de inventar".[15] Com sua reserva diante de excessivas analogias entre os dois textos, Candido provavelmente visava, no contexto dos anos 1950, colocar limites para a exagerada valoração do realismo documentário na literatura brasileira de ficção; mas certamente não pretendia entregar uma carta em branco para os que gostam de opor a "obra de arte" à História. Em todo caso, o recado do crítico que prevaleceu para a maioria dos leitores foi que "o sertão é o mundo", e sua ideia da afinidade entre as duas obras, *Grande Sertão: Veredas* e *Os Sertões*, acabou sendo pouco explorada.

Convém lembrar que a tendência da recepção, da década de 1950 até a década de 1990, de privilegiar leituras existenciais, esotéricas e metafísicas, foi fomentada significativamente por declarações do próprio Guimarães Rosa, o qual — com o prestígio e a autoridade do escritor consagrado — valorizou a dimensão "metafísico-religiosa" de sua obra em detrimento da "realidade sertaneja".[16] Além disso, o longo período da ditadura militar (1964-1985) foi propício para um aniquilamento do *éthos* histórico. Assim, houve durante muito tempo uma certa acomodação da crítica e do público diante do "grande autor" — no que pesou também a dificuldade da obra. De acordo com uma fórmula, da qual talvez não exista registro escrito, mas que circulou entre os comentaristas, Guimarães Rosa era "um revolucionário da linguagem, mas politicamente reacionário".

Nesse período, contudo, foi diagnosticado um traço estilístico fundamental do autor de *Grande Sertão: Veredas*. De acor-

---

[15] A. Candido, 1964, pp. 123 e 121.

[16] G. Rosa, 1972, pp. 67-68 — declaração tomada por F. Utéza (1994, pp. 21-22) como forte justificativa para a sua *Metafísica do Grande Sertão*.

do com Walnice Galvão (1972), ele "dissimula a História, para melhor desvendá-la".[17] A História e a "realidade brasileira" não são, portanto, problemas secundários em Guimarães Rosa; o que existe é a dificuldade de se elaborar instrumentos teóricos adequados para interpretar esses componentes da obra. Com base na observação de Walnice Galvão, e adaptando uma chave teórica encontrada em Walter Benjamin — analisar a "mitologia" no espaço da História[18] —, resolvi experimentar uma nova perspectiva de leitura. Deixando de lado a infrutífera oposição entre abordagens mitológicas e análises sociológicas, procurei extrair uma compreensão histórica e política a partir dos próprios signos ditos esotérico-metafísicos. Assim foi realizado o estudo "O pacto no *Grande Sertão* — esoterismo ou lei fundadora?" (1997-98).[19] De lá para cá, procurei estender esse método de análise, com as devidas adaptações, aos demais componentes do romance enquanto retrato do Brasil.

A expectativa deste ensaio é poder avaliar, no final, a contribuição específica do romance de Guimarães Rosa ao conjunto dos retratos do Brasil (cf. capítulos VI e VII). Para tanto, a análise concentrar-se-á, na fase inicial e intermediária (capítulos I a V), sobretudo na comparação com a obra matricial de todos esses retratos, o livro precursor de Euclides da Cunha.[20] A

---

[17] W. Galvão, 1972, p. 63.

[18] Enquanto W. Benjamin (1982, pp. 1.014 <H°,17> e 571-572 [N 1,9]) fala em "*dissolver* [*auflösen*] a 'mitologia' no espaço da História", acho mais adequado *analisar* a mitologia, inclusive para deixar intacto o seu potencial de questionar o discurso da razão.

[19] Com base nos esboços de 1990 e 1994-95.

[20] Sobre a importância de *Os Sertões* como livro fundador para se pensar o Brasil, ver R. Abreu, 1998, sobretudo pp. 366-393.

ideia-guia deste estudo comparativo é a hipótese de que *Grande Sertão: Veredas* é uma "reescrita" de *Os Sertões*.

Esta hipótese tem à primeira vista algo de paradoxal. Nos estudos sobre a gênese de *Grande Sertão: Veredas* não só não existem provas de que Guimarães Rosa tenha planejado seu romance como uma deliberada reescrita do ensaio de Euclides, mas não há uma referência sequer a esse autor.[21] Como mostra o primeiro rascunho, que ficou pronto em julho de 1954, os três "temas geradores" do romance são a história do jagunço Riobaldo com suas angústias existenciais, o pacto com o Diabo e a paixão pela donzela-guerreira Diadorim.[22] Ora, se a crítica genética por um lado nos faz conhecer as diversas facetas dos manuscritos, das provas tipográficas e dos volumosos materiais que alimentaram a feitura da obra, por outro lado ela também tem limites: "A gênese de uma obra [...] preexiste ao manuscrito"; "O livro emerge *tel que lui-même* desde o *primeiro rascunho*"; "O texto publicado [...] eclipsa implacavelmente seu processo formador".[23] Diante da ausência de provas empíricas que possam corroborar a existência de uma afinidade eletiva entre *Grande Sertão: Veredas* e *Os Sertões*, é preciso introduzir certa dimensão especulativa.

Tal especulação não deixa de se apoiar no estudo de fontes. Durante a fase preparatória do seu romance, Guimarães Rosa releu devidamente a obra principal de Euclides da Cunha, como atestam as marcas de leitura em seu exemplar de *Os Sertões*.[24] Para um autor que se propunha, ele também, a vir a público com um livro sobre o Brasil a partir da perspectiva do sertão, o conheci-

---

[21] Cf. E. Hazin, 1991 e 2000.

[22] Cf. E. Hazin, 2000, pp. 142-143.

[23] Op. cit., pp. 137 e 171.

[24] Cf. W. Bolle, 1998a.

mento exato da grande obra precursora era um pré-requisito indispensável. Era uma "razão de Estado", no sentido de que ele precisava ter uma noção estratégica da posição que pretendia ocupar com o seu romance no cenário da literatura brasileira e universal.[25] Na leitura de *Os Sertões* por parte de Guimarães Rosa nota-se um acentuado interesse técnico pela pesquisa de determinadas palavras e uma atitude impassível diante das frases euclidianas de efeito, uma observação "fria" da retórica do *páthos* e da comoção. É essa postura de aprendizagem distanciada que permite dizer que o romancista optou na feitura de sua obra por um estratégico *oubli actif*[26] do livro precursor.

A segunda fonte é um texto de Guimarães Rosa sobre um encontro de vaqueiros na cidade baiana de Cipó, em 1952, onde ele discute a contribuição antropológica e historiográfica de Euclides:

"Foi Euclides quem tirou à luz o vaqueiro, em primeiro plano e como o essencial do quadro — não mais paisagístico, mas ecológico […]. Em *Os Sertões*, o mestiço limpo adestrado na guarda dos bovinos […] ocupou em relevo o centro do livro […]. E as páginas, essas, rodaram voz, ensinando-nos o vaqueiro, sua estampa intensa, seu código e currículo, sua humanidade, sua história rude."[27]

O romancista realça no autor de *Os Sertões* um feito pioneiro: ter substituído a visão pitoresca que tiveram do sertanejo

---

[25] A categoria da "razão de Estado" é usada por Paul Valéry para explicar a opção poética de Baudelaire; cf. W. Benjamin, 1939c/1974, p. 615; ed. brasileira, p. 110.

[26] O termo é de W. Moser, 2000, p. 36. Cf. também U. Eco, 1987 e 1988.

[27] G. Rosa, 1952/1970, p. 125.

os naturalistas e regionalistas por uma visão histórica. De fato, o movimento de Canudos, localizada a uns 150 quilômetros a oeste de Cipó, foi um momento em que o povo, que chegou a organizar um projeto político e um poder soberano, era respeitado e temido.

Em seguida Guimarães Rosa formula sua crítica:

> "Daí, porém, se encerrava o círculo. De então tinha de ser como se os últimos vaqueiros reais houvessem morrido no assalto final a Canudos. Sabiam-se, mas distanciados, no espaço menos que no tempo, que nem mitificados, diluídos. O que ressurtira [...] revirou no liso do lago literário. Densas, contudo, respiravam no sertão as suas pessoas dramáticas, dominando e sofrendo as paragens em que sua estirpe se diferenciou. E tinha encerro e rumo o que Euclides comunicava em seus superlativos sinceros."[28]

Com leve ironia, o romancista distancia-se da grandiloquência de Euclides, cuja obra — demasiadamente ocupada pelos mortos — foi recebida pela opinião pública como a palavra final sobre uma cultura considerada definitivamente vencida e doravante apenas tolerada no inócuo dos registros regionalistas e folclóricos. Guimarães Rosa chama a atenção para o elemento mitificador na visão euclidiana da história, em que o discurso fúnebre eclipsa os que "respiram" no sertão. A estirpe dos sertanejos continua viva, mas quem iria dali em diante resgatar "seu código e currículo, sua humanidade"? É precisamente isso que Guimarães Rosa se propôs como projeto, e, nesse sentido, podemos considerar sua obra uma reescrita crítica de *Os Sertões*.

---

[28] Ibidem.

Não está em jogo, bem entendido, nenhuma relação causal, genética ou determinista entre as duas obras, algo que possa ser empiricamente comprovado, mas uma afinidade eletiva, uma relação intertextual, cujo pano de fundo são dimensões mais abrangentes, como a questão do gênero "retratos do Brasil" e um presumível "projeto emancipatório" da literatura brasileira. Assim concebido, o método comparado e contrastivo pode se tornar um procedimento heurístico bastante frutífero nesta análise e interpretação do romance de Guimarães Rosa.

O conceito de reescrita aqui utilizado baseia-se numa ideia de Goethe, desenvolvida na *Teoria das cores* (1810): "É necessário que a história universal de tempo em tempo seja reescrita".[29] O que torna necessária tal reescrita são as mudanças do contexto, a descoberta de perspectivas que permitem "ver e avaliar o passado de maneira nova", e a utilização de novas formas de expressão. Essa ideia será explorada aqui com contribuições dos três grandes paradigmas da reescrita: o renascentista-classicista, o romântico ou moderno, e o pós-moderno.

O Renascimento europeu foi o principal movimento de assimilação-e-diferenciação na história cultural, como mostram as profundas repercussões do legado da Antiguidade greco-latina nos diversos classicismos: na Itália, na França, na Espanha, na Inglaterra, na Alemanha etc. Assim, por exemplo, as ideias de Winckelmann (1755) sobre a "imitação dos modelos" da pintura e da escultura gregas foram decisivas para a formação da identidade cultural alemã na Modernidade, desde o classicismo de Weimar até as reflexões de Nietzsche e da escola iconográfica

---

[29] J. W. Goethe, 1810, p. 684. Sobre a ideia de reescrita na historiografia atual, cf. R. Koselleck, 1988, especialmente pp. 37-51 ("Das Umschreiben der Geschichte").

de Warburg. Em seus estudos sobre o Renascimento, Aby Warburg (1866-1929) elaborou uma série de conceitos que repercutem ainda nas discussões pós-modernas:[30] a "influência" da Antiguidade sobre o conjunto da cultura europeia; a "renovação" e a "recriação" representadas pelo Renascimento e pelo Humanismo; o "poder formador de estilo" dos modelos antigos; a "memória iconográfica" e o "tesouro de imagens"; a "migração das formas"; o recorte pelos artistas modernos, no repertório dos antigos, daquilo que lhes "interessava" etc.[31]

Já o Romantismo alemão, como retomada radical da *querelle des anciens et des modernes*, privilegia em sua releitura do legado clássico a ruptura e a "originalidade" em vez da imitação. A virada se dá sob o signo das mudanças ocorridas na Modernidade em contraste com a Antiguidade, com a visão cíclica da história sendo substituída pela visão "progressiva".[32] A observação de

---

[30] Dentre os escritos de Warburg reunidos na edição de 1998 (*Die Erneuerung der heidnischen Antike*), ver sobretudo: "Sandro Botticellis 'Geburt der Venus' und 'Frühling'" (1893), pp. 1-59; "Dürer und die italienische Antike" (1905), pp. 443-449; e "Heidnisch-antike Weissagung in Wort und Bild zu Luthers Zeiten" (1920), pp. 487-535.

[31] Eis as citações originais (Warburg, 1998): "Einfluß der Antike auf die europäische Gesamtkultur der Renaissancezeit" (p. 490); cf. "survival [Nachleben] of the classical tradition within the European civilization" (prefácio dos orgs., p. 8); "[der] Erneuerungsprozeß, den wir Renaissance nennen" (p. 529); "die klassisch-veredelte, antike Götterwelt [...] eine Neuschöpfung der gelehrten humanistischen Kultur" (p. 491); "die antiken Vorbilder" (pp. 5 e 445); "[der] ästhetische Akt der 'Einfühlung' [...] als stilbildende Macht" (p. 5); "[der] klassische Bilderschatz" (p. 26); "Formenschatz der Antike" (p. 445); "Formwanderungen von der Antike bis in die Renaissance" (prefácio, p. 5); "was die Künstler des Quattrocento an der Antike 'interessierte'" (p. 5).

[32] Cf. H. R. Jauss, 1970, especialmente pp. 93-94.

Friedrich Schlegel de que "devemos ser capazes de aniquilar em pensamento aquilo que adoramos" ilustra a nova postura.[33] Com o aforismo "Todos os gêneros clássicos em sua rigorosa pureza são agora ridículos",[34] o crítico sinaliza um distanciamento (auto-)irônico da "grecomania", uma ruptura com a normatividade classicista e a busca do que é essencialmente moderno. Na "crítica poética" de Schlegel e de Novalis está implícita uma ideia de reescrita, na medida em que ela visa a "elevação da consciência", o "aperfeiçoamento" e a "potenciação" das obras criticadas.[35] Um caso exemplar é o ensaio de Schlegel *Über Goethes Meister* (Sobre o *Meister*, de Goethe; 1798), que ele qualificou jocosamente como o *Übermeister* — o *Super-Meister*. Transferindo esse exemplo para o nosso objeto de estudo, poder-se-ia dizer que *Grande Sertão: Veredas* representa *Os Super-Sertões* ou *A Sobre-Coisa d'Os Sertões*.[36] Na comparação dessas duas obras, o conceito de crítica aqui utilizado é inteiramente positivo, de acordo com o romantismo de Iena.[37] Se a obra anterior (*Os Sertões*) é às vezes apresentada neste estudo num tom de julgamento, isso se deve sobretudo a razões de contraste; não se trata de diminuí-la em nome da obra posterior "melhor", e sim de revelar como ambas as obras contribuem para o projeto da formação cultural brasileira.

---

[33] F. Schlegel, 1798/1967, p. 131.

[34] F. Schlegel, 1797-1800/1967, p. 154 (*Lyceum*, 60).

[35] Cf. op. cit., p. 182 (*Athenäum*, 116): "[die] Reflexion immer wieder potenzieren".

[36] Cf. "Aprendi [...] com o compadre meu Quelemém; [...] ele [..] quer não é o caso inteirado em si, mas a sobre-coisa, a outra-coisa".(GSV: 152)

[37] Cf. W. Benjamin, 1920, p. 67; ed. brasileira, p. 76.

Em vista dos modelos de apropriação-e-ruptura cultural elaborados pelos autores do Renascimento e da Modernidade, a nossa época — que é a da reescrita da reescrita da reescrita — tem procurado preservar a sua fisionomia própria. Uma característica marcante dos teóricos pós-modernos — Lyotard, Derrida, de Man, Bloom, entre outros — é sua desconfiança da autoridade de mestres e modelos, o que resultou em conceitos como "*pós*-moderno", "différance", "déconstruction", "misreading" e precisamente "réécriture" ou "rewriting".[38] A ideia de que um escritor "forte" precisa romper com a autoridade do "pai literário", para poder garantir a sua identidade, é desenvolvida por Harold Bloom em *The Anxiety of Influence* (1973). O crítico descreve seis modalidades básicas de desconstrução da obra do precursor: a correção (*clinamen*), a complementação (*tessera*), a descontinuidade ou o esvaziamento (*kenosis*), a dessublimação (*demonização*), a purificação ou autolimitação (*askesis*) e, finalmente, o faz de conta do autor posterior de ele mesmo ter escrito a obra do precursor (*apophrades*). Outros ângulos de pesquisa da reescrita foram abertos pelas teorias da paródia (Borges, 1944; Bakthin, 1970a e 1970b; Hutcheon, 1985),[39] da citação e da "intertextualidade" (Kristeva, 1970; Starobinski, 1971; Genette, 1982). Nesses autores, a visão hierárquica de "influência" é substituída pela ideia de uma "interação" entre as obras. Um trabalho concreto de análise intertextual, como o de Gérard Genette, em *Palimpsestes* (1982), sobre o *Ulisses* de Joyce e a *Odisseia* de Homero, evidencia não só a interação entre as obras, mas também entre os três paradigmas da reescrita — o pós-moderno, o moderno e o classicista.

---

[38] Cf. J.-F. Lyotard, 1979 e 1988; J. Derrida, 1967 e 1972; P. de Man, 1979; H. Bloom, 1975a e 1975b.

[39] Cf. também o trabalho precursor de I. Tinianov, 1921.

Grande Sertão: Veredas como reescrita d'*Os Sertões*. No intervalo entre as respectivas datas de publicação, de 1902 a 1956, ocorreram profundas mudanças nos padrões de escrever a história e a cultura, que se projetam até as décadas finais do século XX (cf. de Certeau, 1975; Le Goff, 1978; Clifford e Marcus, 1986; Burke, 1991). Entre as principais causas dessa nova escrita estão o avanço da industrialização e da tecnologia, o desenvolvimento explosivo das cidades, a revolução da mídia, a expansão dos mercados e a exacerbação do imperialismo em duas guerras mundiais, a emergência das massas no cenário político e o despertar de uma consciência do "Terceiro Mundo" — que levou a uma revisão radical das relações entre o habitante dos centros do poder e *o outro*, antigamente longínquo e "exótico" (cf. Geertz, 1988; Ashcroft et al., 1989; Süssekind, 1990).

Alguns sinais dessas mudanças já se encontram no ensaio de Euclides da Cunha. Seu relato da campanha de Canudos coloca em pauta alguns temas de pungente atualidade: o crescente antagonismo entre a parte "avançada" e "atrasada" da humanidade, as contradições morais da civilização tecnológica, e o desafio de movimentos sociais, econômicos e religiosos radicalmente alternativos. Por um lado, o autor d'*Os Sertões* antecipa algumas categorias da nova historiografia: a geo-história ou história quase imóvel (em "A Terra") e a história social ou história das estruturas (em "O Homem"). Por outro lado, ele permanece preso a formas da historiografia tradicional, como o relato heroicizado dos acontecimentos (em "A Luta"), ou a padrões datados de pensamento, como o determinismo positivista, os preconceitos raciais e a etnografia dos vencedores, marcada por um discurso *autoral*, em que o intelectual se considera o representante do progresso perante uma população depauperada, qualificada por ele inapelavelmente de "retardatária". Com a distância de meio século, em meados dos anos 1950 chegou o momento de rever criticamente o modelo historiográfico e etnográfico proposto por Euclides. O autor que realizou essa revisão de modo mais radical foi Guimarães Rosa.

Grande Sertão: Veredas pode ser lido como um processo aberto contra o modo como o autor de *Os Sertões* escreve a história. Essa questão será discutida aqui à luz de uma característica de construção comum aos dois livros: o *tópos* da história como tribunal. Esse *tópos*, que existe desde a Antiguidade, foi desenvolvido na época moderna por D'Alembert (a história como "tribunal íntegro e terrível", 1751), Schiller ("Die Weltgeschichte ist das Weltgericht" — "A história universal é o tribunal universal", 1784) e Hegel (1830), para quem a história é um "processo" diante do "tribunal universal".[40] Retomando a ideia de Hegel de que a narração da história pressupõe uma consciência moral do autor enquanto posicionamento a favor ou contra um determinado sistema legal, Hayden White (1987), em suas reflexões sobre a função da narrativa na representação da história, esclarece que a finalidade do gênero narrativo — que lida com questões de lei, legitimidade e autoridade — consiste em formular julgamentos morais.[41]

É precisamente o que Euclides da Cunha propõe no seu ensaio: um julgamento da campanha de Canudos, conforme uma concepção da História como tribunal. Pelos parâmetros da retórica clássica, seu livro pertence ao gênero judiciário (*genus iudiciale*), aos discursos diante do tribunal.[42] "Aquela campanha", declara o autor d'*Os Sertões*, "foi, na significação integral da palavra, um crime. Denunciemo-lo".[OS: 14] De fato, da "No-

---

[40] As três referências encontram-se em R. Koselleck, 1992a, pp. 666-668.

[41] H. White, 1987, pp. 13-14 e 24.

[42] Cf. Quintiliano, *Institutio oratoria*, III.9.

ta preliminar" até as "Duas linhas" finais, o livro se apresenta como um trabalho de denúncia, investigação e esclarecimento desse crime.

O problema moral dessa denúncia é que o autor, antes de escrever *Os Sertões*, foi um dos intelectuais que se pronunciaram decididamente *a favor* da intervenção militar em Canudos — sendo que havia, na opinião pública brasileira, vozes que não hostilizavam os rebeldes, como Machado de Assis.[43] "A marcha do exército nacional [...] até Canudos", escreveu Euclides no artigo "A nossa Vendeia", publicado no jornal *O Estado de S. Paulo* em julho de 1897, "é uma página vibrante de abnegação e heroísmo".[44] O seu desejo político — um "amanhã", em que fossem "desbaratadas as hostes fanáticas do Conselheiro e [descesse] a primitiva quietude sobre os sertões baianos" — acabou sendo plenamente atendido.

A atitude contraditória de Euclides diante da revolta de Canudos — primeiro, o apelo a "desbaratar", depois, o *mea culpa* do "mercenário inconsciente"[OS: 14] — imprimiu a sua marca à composição d'*Os Sertões*. Para "encara[r] a história como ela o merece", o autor introduz a figura de um "narrador sincero", calcado no modelo do historiador francês Hippolyte Taine:

> "*Il s'irrite contre les demi-vérités qui sont des demi-faussetés, contre les auteurs qui n'altèrent ni une date, ni une généalogie, mais dénaturent les sentiments et les moeurs, qui gardent le*

---

[43] Cf. W. Galvão, 1974/1994, pp. 76-108. Ver notadamente as *Crônicas* de Machado de Assis, publicadas no diário *Gazeta de Notícias* (Rio de Janeiro); várias delas foram reimpressas em *Obra completa*, vol. III, 1962: 13/9/1896 (pp. 729-731), 7/2/1897 (pp. 761-763) e 14/2/1897 (pp. 763-766).

[44] E. da Cunha, 1897/1995, p. 611.

dessin des événements et en changent la couleur, qui copient les faits et défigurent l'âme: il veut sentir en barbare, parmi les barbares, et, parmi les anciens, en ancien."(OS: 14)

O que significa esse método, transposto para a representação da história de Canudos? Euclides se propõe a escrever a história de ambos os lados, estabelecendo uma empatia simultânea com os "bárbaros", como ele chama os sertanejos rebeldes, e com os "antigos", que seriam seus concidadãos "civilizados". Será que ele consegue? Quanto aos sertanejos, que o escritor insiste em chamar de "jagunços", as passagens preconceituosas e discriminatórias são inúmeras. Numa visita a Canudos, em novembro de 1996, quando resolvi ler alguns trechos de *Os Sertões* para habitantes locais, tive que omitir uma série de expressões do nosso clássico para não ofender os ouvintes. A prática historiográfica e etnográfica de Euclides desmente o seu projeto.

Tarefa problemática, essa de escrever a história da perspectiva dos vencedores e dos vencidos. Trabalha-se com o postulado de que existe uma representação objetiva dos fatos, quando na verdade todo historiógrafo representa apenas um ponto de vista parcial. Não está em jogo a mobilidade topográfica do narrador euclidiano, sua técnica de pular de um local da batalha para o lado oposto,[45] mas a sua credibilidade ao defender determinados sentimentos, valores e convicções. Sob o impacto das barbaridades cometidas em Canudos pelos vencedores e movido pelo sentimento de culpa, Euclides parece disposto a rever suas posições. No entanto, o dispositivo para dar conta dessa tarefa — a introdução de um narrador "sincero", isto é, franco, verdadeiro, sem disfarces — é pouco convincente. Não se vê bem como um

---

[45] Cf. B. Zilly, 1993, pp. 44-45.

tal narrador, simplificado e retilíneo, daria conta da complexa tarefa de sentir empatia com agentes tão antagônicos, de representar pontos de vista diametralmente opostos, e sobretudo de expressar o duplo papel do próprio autor.[46]

Como foi observado pela crítica, o autor de *Os Sertões* apresenta "dois discursos sobre o sertanejo".[47] Por um lado, um ensaio científico ou parcialmente científico, fortemente preconceituoso; por outro lado, uma narrativa épica, em que os "jagunços" são estilizados em heróis tragicamente extintos. Elogiar essa *dupla poética* como uma qualidade estética é problemático, pois, em termos retóricos, ela representa uma *moral dúplice*. A heroização dos derrotados (na parte historiográfica "A Luta") funciona como uma compensação do veredicto ideológico sobre o projeto político-religioso deles (na parte etnográfica "O Homem"). Entre o artigo "A nossa Vendeia" e o livro posterior não houve mudança das convicções políticas do autor. Euclides acaba legitimando — mais uma vez e definitivamente — o aniquilamento de Canudos. O narrador d'*Os Sertões* apresenta-se como sincero. Mas que sinceridade é essa que denuncia nos soldados a prática da degola e não investiga o intelectual que os conclamou para a guerra? A alegada denúncia do crime que teria sido a campanha de Canudos resulta na legitimação dessa mesma campanha como um inevitável *crime fundador*, em nome da modernização do país. Com

---

[46] Segundo W. Galvão (1994, p. 631) é uma "empresa vã, separar o autor do narrador" d'*Os Sertões*, "porque o narrador não se ficcionaliza, nem mesmo ao portar a persona do tribuno". Ora, pelo fato de introduzir a figura de um narrador e falar de si mesmo na terceira pessoa, Euclides expressa uma atitude de autodistanciamento e autoencenação, apesar das limitações do seu "narrador sincero".

[47] B. Zilly, 2000, p. 340.

Os Sertões, a sociedade brasileira ganhou uma "obra-prima", mas, como diria João de Régis, continuou faltando "uma conversa".

Eis o ponto estratégico da intervenção de Guimarães Rosa. As questões estruturais mal resolvidas no livro de Euclides — o modo de narrar, a figura do narrador e o problema moral — são radicalmente reelaboradas em *Grande Sertão: Veredas*. Assim como o texto precursor, também o romance se configura como um discurso diante do tribunal. O narrador Riobaldo está às voltas com a tarefa de explicar e justificar um ato culposo: o pacto que ele fechou com o Diabo. Ato que pode ser igualmente considerado um *crime fundador*, se o interpretamos alegoricamente como um falso contrato social, ou seja, como representação da lei fundadora de uma sociedade radicalmente desigual. Aqui também a autoacusação do narrador reverte num discurso de legitimação. No entanto, a diferença com Euclides é grande. Irônico, ardiloso e "fingidíssimo",[48] o narrador de *Grande Sertão: Veredas* parodia e desmascara o "sincero" narrador euclidiano. Quanto à situação narrativa, o romancista contrapõe ao tratado autoral do seu precursor um retrato do Brasil em forma de uma *conversa*. Esse recurso, muito apropriado para refletir sobre as contradições sociais do país, é combinado com um mergulho profundo na complexidade da linguagem.

Ao estruturar o seu retrato do Brasil como uma *conversa*, diferentemente de todos os demais livros do gênero, Guimarães Rosa coloca no centro do seu romance o problema da heterogeneidade da chamada "cultura brasileira".[49] Na conversa entre o narrador sertanejo, o velho fazendeiro e ex-jagunço Riobaldo,

---

[48] J. A. Hansen, 2000, p. 57.

[49] Cf. a investigação desse problema, nos ensaios sociológicos e historiográficos, por C. G. Mota, 1977.

e seu visitante, um jovem doutor da cidade, são tematizados as diferenças, os conflitos e os choques culturais, mas também as interações, os diálogos e o trabalho de mediação. O narrador rosiano se mantém disponível num estado de transição entre as diferentes mentalidades e linguagens: a sertaneja e a urbana, a coloquial e a erudita, a oral e a escrita. Sua liberdade de transitar, seu jogo entre aproximação e distanciamento, e sua ironia se expressam de várias formas.

Em primeiro lugar, pelo tom da narrativa. Com a palavra "Nonada" inicia-se uma fala radicalmente oposta aos "superlativos" de Euclides. Conforme o sentido etimológico de *eironeia* ("fingida ignorância"), o narrador assume desde o início uma atitude humilde: "Sou só um sertanejo, nessas altas ideias navego mal. Sou muito pobre coitado".[GSV: 14] Por outro lado, ele tece reiterados elogios ao seu interlocutor: "Inveja minha pura é de uns conforme o senhor, com toda leitura e suma doutoração".[GSV: 14] Essa situação narrativa do "simples" sertanejo perante o doutor da cidade pode ser interpretada, alegoricamente, como um diálogo imaginário do romancista com os letrados que o precederam — antes de mais nada, com o próprio autor d'*Os Sertões* — e os que virão depois. Através dos apelos feitos pelo narrador ao interlocutor — "[O] senhor me ouve, pensa e *repensa*, e *rediz*";[GSV: 79, grifos meus] "O senhor me organiza?"[GSV: 277] — o romancista solicita a colaboração ativa do leitor.

Um segundo elemento irônico está na construção da situação narrativa em forma de "um monólogo *inserto* em situação dialógica".[50] A ironia está no fato de o sertanejo ser o dono absoluto da fala, enquanto o doutor da cidade fica reduzido ao papel de mero ouvinte. Assim, a situação narrativa em *Grande Sertão:*

---

[50] R. Schwarz, 1965a/1983, p. 379.

Veredas configura-se como o exato oposto do ensaio historiográfico de Euclides, em que o letrado enquanto representante da elite modernizadora monopoliza o discurso. A inversão dos papéis costumeiros é um estratagema de Guimarães Rosa para chamar a atenção sobre o desequilíbrio de falas entre as forças sociais. O seu narrador sertanejo, note-se bem, não é nada "simples", mas uma pessoa que conhece muito bem a gramática e a retórica, uma figura altamente elaborada, um *jagunço letrado*. Sob a rude aparência manifesta-se uma inteligência aguda, realizando o trabalho de mediação mais sutil já inventado entre a cultura letrada e a cultura popular.

A terceira forma de ironia é a autoironia do narrador. Na base de sua fala está um constante questionamento do próprio narrar: "Não sei contar direito"; "[C]onto mal? Reconto"; "Contar é muito, muito dificultoso".$^{(GSV:\ 152,\ 49,\ 142)}$ Estabelece-se assim uma instigante tensão entre o tempo narrado — do jagunço Riobaldo enquanto personagem que *vive* a história — e o tempo da narração: o ex-jagunço e atual fazendeiro Riobaldo que *relata* a história. Com esse narrador, que ensina a duvidar das próprias certezas, a escutar e a aprender com a fala do homem do povo, e a examinar criticamente a feitura do próprio discurso, Guimarães Rosa proporciona uma profunda reflexão sobre o modo de escrever a história.

Uma qualidade essencial do narrador rosiano é ser um comentarista de discursos, seus e alheios — discursos que correspondem a forças atuantes na história brasileira. Essa característica faz de *Grande Sertão: Veredas* uma refinada versão ficcional da história das estruturas. Sobre a base do romance, constituída pela situação narrativa e o trabalho do narrador, são encenados determinados tipos de fala, que representam os conflitos sociais em forma de conflitos entre discursos.

Esclarecidos todos os pressupostos, eis o plano de como se

desenvolverá esta análise comparativa do romance de Guimarães Rosa e do ensaio[51] de Euclides da Cunha:

Inicialmente, como base para o retrato do país, será estudada a construção da *paisagem* (capítulo II: "O sertão como forma de pensamento"). Ao mapeamento racional da "Terra" — a *terra ignota* — pelo autor d'*Os Sertões*, Guimarães Rosa opõe uma mitologização, estilizando o sertão como espaço labiríntico. À errância através desse labirinto no plano dos acontecimentos corresponde no plano da construção ficcional a *narração-em-forma-de-rede*, com a exploração de espaços do discurso e da mentalidade, no nível histórico individual e coletivo.

A partir dessas coordenadas topográficas, o Brasil é retratado sob o signo da violência e do crime (capítulo III: "O sistema jagunço"). A representação do "Homem", em ambos os livros, é centrada sobre o *jagunço*, sendo o uso ideológico deste termo em Euclides desmontado por Guimarães Rosa. Ao estudar a jagunçagem passaremos da topografia à retórica, do *per*curso através do sertão ao sistema jagunço enquanto *dis*curso. A interação entre

---

[51] Qual é a denominação de gênero que os estudiosos euclidianos atribuem a *Os Sertões*? L. Bernucci (1995, p. 23) reconhece em Euclides "não um escritor com veia de ficcionista mas apenas um escritor investido nos papéis de sociólogo e historiador"; L. Costa Lima (1997, pp. 127-135 e 157-192), que estuda *Os Sertões* "como obra científica e literária", estabelece uma hierarquia entre os "dois modos de narrar": a "cena", que tem por "vigas mestras operadores científicos", e a "subcena", constituída por uma "*poiesis*" ornamental; R. Ventura (2003, pp. 201-202) fala de "uma obra híbrida, que transita entre a narrativa e o ensaio, entre a literatura e a história. Obra que oscila entre o tratamento científico e o enfoque literário", em suma, uma "aliança incomum entre narrativa, história e ciência". O uso da palavra "ensaio", aqui, de acordo com as reflexões de Th. W. Adorno (1969) sobre "O ensaio como forma", abrange tanto o aspecto científico-historiográfico quanto o estético-literário.

"as armas e as letras", ou seja, entre a ação guerreira e a retórica política, é investigada da perspectiva de um *jagunço letrado*.

O capítulo central deste ensaio ("O pacto — esoterismo ou lei fundadora?") focaliza o núcleo da narrativa rosiana: o pacto de Riobaldo com o Diabo. À luz de uma comparação com o discurso de Rousseau sobre a origem da desigualdade entre os homens, esse ato é interpretado como alegoria de um falso contrato social e lei fundadora do Brasil. Sendo entendida como expressão do discurso da classe dominante, a fala do narrador pactário é investigada como uma retórica da legitimação e da dissimulação em que se revela o que se pode chamar a *função diabólica da linguagem*.

A análise histórica, sociológica e política seria insuficiente se não considerar que *Grande Sertão: Veredas* é também a história de um amor e da formação de uma alma. Por isso, a tentativa de decifrar a figura misteriosa de Diadorim (no capítulo V, sobre "a paixão como *medium-de-reflexão*"). Em vez de analisar a personagem psicologicamente, como o "amor" de Riobaldo, optei por estudá-la como a *paixão estética* do romancista, isto é, como o seu principal achado formal para organizar a rede de fragmentos que compõem o romance. Ao acompanhar como Riobaldo, por meio da rememoração afetiva de Diadorim, desenrola paralelamente a história dos sofrimentos do povo sertanejo, pode ser mostrado como Guimarães Rosa desconstrói o discurso fúnebre euclidiano, baseado no *páthos*, por meio de um trabalho de luto sustentado pela paixão.

Depois de uma leitura contrastiva contínua com *Os Sertões*, o ângulo é ampliado para estudar o romance de Guimarães Rosa à luz daqueles seis ou sete ensaios que constituem, junto com o de Euclides, o cânone das interpretações do país elaboradas ao longo do século XX. A pesquisa será centrada no componente estrutural mais complexo de *Grande Sertão: Veredas*: "o povo", e seu correlato, "a nação" (capítulo VI: "A nação dilacerada"). O objetivo dessa comparação entre os ensaios historiográfico-sociológicos e o discurso ficcional é revelar a especificidade de conhecimentos proporcionados pelo romance de Guimarães Rosa como retrato da sociedade brasileira.

Este ensaio se encerra com uma questão que constitui um dos grandes desafios para o letrado brasileiro — com que tipo de linguagem representar o povo? — e com uma análise da resposta de Guimarães Rosa: através da reinvenção da linguagem (capítulo VII). Ele não se limita a escrever *sobre* o povo, mas faz com que as pessoas do povo sejam elas mesmas donos das palavras, assim como ele, o escritor, que mergulha em suas falas. Esse engajamento na oficina de linguagem de um país que ainda está se fazendo, e a construção de um livro em que o leitor é incentivado a organizar ativamente os fragmentos da história desse país, pode nos levar a considerar *Grande Sertão: Veredas* como *o romance de formação do Brasil*.

Se a história, de acordo com Goethe, tem de ser reescrita de tempo em tempo, este princípio se aplica também a *Grande Sertão: Veredas*. O mesmo intervalo que existe entre esse romance e o livro precursor *Os Sertões* nos separará, daqui a pouco, da obra de Guimarães Rosa. Ocorreram novas transformações históricas, entre as quais a Revolução da Informática, e esboçam-se novas formas de escrever a cultura e a história. Alguns dos sinais de mudança já estão inscritos no texto desse visionário que foi Guimarães Rosa. O seu romance, em vez de ser lido somente como uma "obra literária", pode ser considerado também um "dispositivo"[52] de escrita, ou seja, um programa em aberto. Não sabemos como será a *reescrita* de *Grande Sertão: Veredas*. O título deste

---

[52] J. A. Hansen, 2000, p. 25.

ensaio procura apenas sugerir que tal reescrita dar-se-á provavelmente sob o signo das novas tecnologias da informação — sem querer superestimá-las como agentes de mudança social. O que é certo é que Guimarães Rosa desenvolveu um projeto que ultrapassa o horizonte da "obra literária": a utopia de uma língua emancipada, fazendo entrever amplas possibilidades históricas de transformação.

II. O sertão como forma de pensamento

No ensaio sobre as estepes e os desertos do mundo, publicado no início do século XIX por Alexander von Humboldt,[53] o sertão está ausente. Não existia como objeto científico ou ficcional. Em contrapartida, no século XX, com as obras de Euclides da Cunha e de Guimarães Rosa, o sertão irrompe com força total no cenário da historiografia e da literatura universal.[54] A palavra "sertão", contudo, não aparece no título das traduções para o inglês e para o francês — *Rebellion in the Backlands*, *Hautes Terres* e *The Devil to Pay in the Backlands, Diadorim* —, como se estas recuassem diante do que ela apresenta de rude e periférico, de atraso e barbárie. No título das obras originais, nem Euclides nem Guimarães Rosa usaram a palavra ou construção comum; deixaram-na para os regionalistas. Os dois escritores *nomeiam* o sertão, dão-lhe voz e fala. *Os Sertões* e *Grande Sertão: Veredas* são recriações da realidade na língua, convidando o leitor a redescobrir com os sentidos despertos o centro do país que, tanto pelo seu papel histórico quanto pela originalidade étnica de seus habitantes, mas sobretudo pela qualidade da representação literária, trans-

---

[53] A. von Humboldt, 1808, "Über die Steppen und Wüsten".

[54] Cf. M. Carelli e W. Galvão, 1995, pp. 16-40 e 97-118.

borda seus horizontes em direção à Amazônia e às metrópoles do Sudeste, para tornar-se um retrato alegórico do Brasil (cf. Mapa 1: *Os sertões do Brasil, em Euclides da Cunha e em Guimarães Rosa*).

A vida e história da palavra "sertão", pesquisadas por Gustavo Barroso (1983), são assim resumidas por Walnice Galvão:

> "A palavra já era usada na África e até mesmo em Portugal. [...] Nada tinha a ver com a noção de deserto (aridez, secura, esterilidade) mas sim com a de 'interior', de distante da costa: por isso, o sertão pode até ser formado por florestas, contanto que sejam afastadas do mar. [...] O vocábulo se escrevia mais frequentemente com *c* (*certam* e *certão*) [...] do que com *s*. [G. Barroso] vai encontrar a etimologia correta no *Dicionário da Língua Bunda de Angola*, de frei Bernardo Maria de Carnecatim (1804), onde o verbete *muceltão*, bem como sua corruptela *certão*, é dado como *locus mediterraneus*, isto é, um lugar que fica no centro ou no meio das terras. Ainda mais, na língua original era sinônimo de 'mato', sentido corretamente usado na África Portuguesa, só depois ampliando-se para 'mato longe da costa'. Os portugueses levaram-na para sua pátria e logo trouxeram-na para o Brasil, onde teve longa vida, aplicação e destino literário."[55]

Como é que Euclides da Cunha e Guimarães Rosa apresentam o sertão para seus leitores? Quais os seus pressupostos e procedimentos para transformá-lo em representação do Brasil?

A base teórica para a construção da *paisagem* como retrato de um *país* foi criada no Romantismo europeu.[56] Por intermé-

---

[55] W. Galvão, 2001, p. 16.

[56] Cf. *Revue Germanique Internationale*, nº 7, 1997: "Le paysage en France et en Allemagne autour de 1800".

dio dos viajantes das primeiras décadas do século XIX a ideia chegou ao Brasil, onde foi vivamente acolhida pela elite, que desejava dar um sólido sustento cultural à construção política do Estado independente, através da fundação concomitante de uma "paisagem nacional". Assim se desenvolveu aqui, entre os anos 1820 e 1870, um rico repertório de formas e procedimentos, no qual puderam se basear Euclides da Cunha e Guimarães Rosa em seus mapeamentos literários do país.

O processo de formação do narrador na literatura brasileira, por meio da aprendizagem com os viajantes estrangeiros, foi estudado por Flora Süssekind, que distingue três tipos de narradores.[57] O primeiro se formou "em diálogo com os relatos de viagem", como mostra, numa fase já mais avançada, o romance *Inocência* (1872), do Visconde de Taunay. Munindo-se, assim como o viajante, de notas de observação da natureza e dos tipos humanos, o narrador, ao "organizar a paisagem brasileira", propõe-se a ser um "guia" e um "descobridor". O mapa é para ele uma "figura obrigatória". Consolidado o mapeamento literário do país em termos de representação territorial da Nação, o narrador-geógrafo cede a primazia ao narrador-historiador. O paradigma desse segundo tipo é José de Alencar que, ao incorporar informações dos relatos e tratados de Hans Staden, Jean de Léry, Gandavo e Gabriel Soares, "dá armadura histórica ao modo de descrever a natureza brasileira". Outras variantes do olhar histórico são a coleta de *casos* junto ao povo, como em Bernardo Guimarães, e a viagem crítica pela política, na obra de Joaquim Manuel de Macedo, dedicada à observação dos costumes contemporâneos. Num terceiro momento, o processo de refinamento dos recursos ficcionais, em comparação com os en-

---

[57] Cf. F. Süssekind, 1990, *O Brasil não é longe daqui: o narrador, a viagem.*

Mapa 1: Os sertões do Brasil, em Euclides da Cunha e em Guimarães Rosa

Sinônimo de "mato longe da costa", lugar ermo e escassamente povoado, o sertão é, até as primeiras décadas do século XX, o oposto do litoral urbanizado e "civilizado". O sertão se estende sobre uma superfície de aproximadamente 2,5 milhões de quilômetros quadrados, do Trópico de Capricórnio até perto do Equador, ou seja, desde o interior do estado de São Paulo, passando por Minas Gerais, Goiás e Bahia até Pernambuco, Piauí e Ceará, e, no sentido leste-oeste, desde a faixa agreste atrás da Mata Atlântica até Mato Grosso adentro. Constituindo assim o "interior", a hinterlândia ou o miolo do território brasileiro, entre a velha zona canavieira do Nordeste, as metrópoles do Sudeste e a Floresta Amazônica, o sertão inspirou escritores como Euclides da Cunha e Guimarães Rosa a construir um retrato alegórico do país.

As duas regiões realçadas no mapa representam respectivamente o cenário de *Os Sertões* — a região das caatingas em torno de Monte Santo e Canudos, no norte da Bahia — e de *Grande Sertão: Veredas* — os chapadões e campos gerais no "alto brabo Norte" de Minas Gerais, até o sudoeste da Bahia e o leste de Goiás. O elo entre essas duas partes do sertão é o Rio São Francisco, o qual, pela história da ocupação do território, acabou se tornando o "rio da unidade nacional". Por sua topografia e vegetação, e pela demanda dos centros urbanos no litoral e dos núcleos de mineração no interior, o sertão foi utilizado economicamente como região de criação extensiva de gado. Daí a formação do tipo antropológico do vaqueiro, que vive com sua família como dependente dos donos de latifúndios, num estado social de quase servidão.

Desde o tempo da Independência, cogitou-se implantar a nova capital próxima do centro geográfico do país, o que acabou se concretizando entre 1956 e 1960, com a construção de Brasília. Esse fato contribuiu para aumentar ainda mais a atualidade dos dois referidos escritores, ambos visionários. Ao começo épico d'*Os Sertões* — "O planalto central do Brasil..." — correspondem o "Nonada" inaugural de *Grande Sertão: Veredas* e o seu complemento dialético: "O sertão está em toda a parte".

saios e relatos de viagem, levou a inovações em termos de foco narrativo: ruptura com a perspectiva fixa, variação e mobilidade, introdução da autorreflexão e da dúvida quanto ao narrado, em suma, uma corrosão do narrar convencional, como se pode observar de modo exemplar em Machado de Assis. No momento em que o narrador viaja para conhecer sua própria geografia, transformando-se ele próprio em paisagem, a viagem passa a ser, como conclui Flora Süssekind, a "figura interna" do procedimento narrativo.

Essas observações sobre o repertório dos narradores oitocentistas, que se formaram em contato com os viajantes, nos ajudam a perceber melhor os procedimentos de representação do espaço nas obras de Euclides da Cunha e Guimarães Rosa, onde são retrabalhados refinadamente os elementos daquela tradição. Pela qualidade do seu estudo das estruturas antropológicas e políticas ligadas ao meio geográfico, Euclides pode ser considerado um precursor da nova historiografia praticada pela École des Annales;[58] assim como Guimarães Rosa, por enfocar um "pensamento [que] se forma mais forte do que o poder do lugar",(GSV: 22) antecipa discussões atuais sobre o *topographical turn*.[59] Tentemos identificar em *Os Sertões* e em *Grande Sertão: Veredas* as marcas dos paradigmas históricos de construção da paisagem e avaliar a

---

[58] É verdade que o paradigma mesológico de E. da Cunha se inspirou em H. Taine, mas ele desenvolveu essa teoria de modo tão exemplar que pode ter influenciado por sua vez a obra principal da nova historiografia, *La Méditerranée* (1949), de F. Braudel, que lecionou durante os anos 1930 na Universidade de São Paulo e certamente conhecia *Os Sertões*.

[59] Cf. S. Weigel, 2002, que discute a importância da topografia nas Ciências Humanas, desde o paradigma moderno, representado por F. Braudel, 1949, até as contribuições pós-modernas, como a de Hillis Miller, 1995.

importância e função dos recursos de mapeamento. Isso nos levará a conhecer também o limite dos mapas e a investigar as dimensões além da cartografia.

O narrador de Euclides, assim como o de Guimarães Rosa, se oferece como guia através da *Terra*, respectivamente o sertão de Canudos, no norte da Bahia, e o "Alto-Norte brabo" de Minas Gerais. O eixo de ligação entre essas diferentes partes do sertão é o Rio São Francisco. Na base do seu papel histórico como "rio da unidade nacional" está a economia pastoril, que se estabeleceu ao longo do seu percurso, como bem formula Euclides, "como uma sugestão [...] dos *gerais*".(OS: 92) Surgida entre os séculos XVI e XIX à sombra da economia de exportação do açúcar, dos minerais preciosos e do café, essa economia de abastecimento interno — que às vezes regrediu ao estágio de mera atividade de subsistência — fez com que o sertão se configurasse com o duplo perfil de região atrasada e de espaço portador de uma *brasilidade* mais específica. Todavia, existe entre os nossos dois autores uma diferença substancial quanto ao seu tipo de olhar sobre o sertão.

Euclides apresenta o sertão através de uma visão de cima. Seu livro inicia-se com um sobrevôo do Brasil: das serras escarpadas do "planalto central" (entre o Distrito Federal e as metrópoles do Sudeste), rumo ao norte seguindo o eixo da Serra Geral, até esta se rebaixar nos chapadões ondulantes do sertão da Bahia e se fragmentar nos confins de Jeremoabo e Monte Santo. A escala dos mapas que acompanham o ensaio vai se ajustando ao movimento de aproximação do observador: da grande angular dos dois mapas do estado da Bahia, recortados sobre a carta do Brasil, passando por um *overview* do sertão entre Queimadas e Canudos (numa escala ao milionésimo), até a visão desta cidade num *close-up* (na escala 1:16.000), onde se divisam as duas igrejas, a praça principal e as casas. O mapa de abertura (*Esboço geológico do Estado da Bahia*), apresentado por Euclides como uma síntese dos trabalhos de quinze pesquisadores, entre os quais Spix e Martius, Theodoro Sampaio, Frederick Hartt e Orville Derby, evidencia o seu intenso diálogo com os viajantes naturalistas e a geração posterior de cientistas.[60]

Como bem observou um crítico euclidiano, a parte inicial d'*Os Sertões*, "A Terra", funciona como "uma espécie de índice narrativo dos capítulos seguintes"[61] — assim como os capítulos sobre "A Luta" deflagram retroativamente os sistemas de metáforas das duas partes iniciais.[62] O melhor resumo do livro, contudo, encontra-se numa página à qual se tem dado pouca atenção: no mapa intitulado *Esboço geográfico do Sertão de Canudos* (cf. nosso Mapa 2). Esse esboço, da autoria do próprio Euclides, sintetiza com perfeição o que ele denomina o espaço "fora dos nossos mapas": a *terra ignota*.(OS: 300, 22) O autor-cartógrafo[63] procura situar o leitor no espaço além do último ponto da civilização, que é a parada ferroviária de Queimadas, dirigindo o olhar para os ermos ao norte do rio Itapicurú, para os "lugares evitados pelos homens".(OS: 22)

A explicação detalhada do mapa é dada em forma de um golpe de vista do alto da Serra de Monte Santo,(cf. OS: 32-34) de onde se tem idealmente uma visão panorâmica do teatro das operações militares: os tabuleiros, as caatingas e as serras, desde Queimadas, a 76 quilômetros sudoeste, até Canudos, a umas dezesseis léguas ao norte.(cf. OS: 430) Essa paisagem é vista também em contraplano a partir do Morro da Favela. Ela resume o per-

---

[60] Cf. J. C. de Santana, 2001, pp. 100-117.

[61] Op. cit., p. 121.

[62] Cf. W. Galvão, 1994, p. 626.

[63] Cf. R. Ventura, 2001, p. 14.

fil cultural do "Homem" e as principais fases da parte "A Luta" — sendo que "a terra", com o cinturão das serras e o labirinto das veredas, o clima desértico e a flora agressiva, foi a "arma formidável" dos sertanejos.[OS: 237] Cinco linhas marcam no mapa as *estradas* ou os *caminhos* tomados pelas diversas expedições,[64] depois da fracassada investida inicial em Uauá.[65] Na Serra do Cambaio foi rechaçada pelos canudenses a segunda expedição, chefiada pelo major Febrônio.[66] Dentro de Canudos e depois, no caminho de Maçacará e nas caatingas beirando a Serra de Aracati, foi dizimada a expedição Moreira César, que se precipitara sobre a cidade com a ilusão de um triunfo fácil, mas acabou se retirando em debandada.[67] De Monte Santo, pelo caminho do Rosário, e de Jeremoabo avançaram simultaneamente as duas colunas da última expedição. A primeira, sob o comandante em chefe general Artur Oscar, ficou aprisionada abaixo do Morro da Favela; a segunda, comandada pelo general Savaget, perigou ter o mesmo destino no desfiladeiro de Cocorobó, mas resolveu investir frontalmente contra o inimigo, obtendo assim a primeira vitória parcial e libertando em seguida a outra coluna.[68] Não foi, porém, o heroísmo que decidiu a guerra, mas a logística. "O que era preciso vencer [...] não era o jagunço, era o deserto".[OS: 412] A aplicação prática desse entendimento estratégico foi a construção da estrada do Calumbi, planejada e executada pelo tenente-coronel Siqueira de Meneses. Por essa via em linha reta cir-

---

[64] Sobre o vocábulo "estrada", ver a nota de W. Galvão in: OS: 574.

[65] Cf. "A Luta — preliminares", OS: 183-210.

[66] "Travessia do Cambaio", OS: 211-241.

[67] "Expedição Moreira César", OS: 243-294.

[68] "Quarta expedição", OS: 295-418.

Mapa 2: Esboço geográfico do sertão de Canudos

Este mapa, que integra o texto de *Os Sertões*,[OS: 30a; OSB: 96a] é de autoria do próprio Euclides da Cunha. Como a maioria dos nomes impressos é de leitura difícil, os principais pontos de referência foram marcados, na presente reprodução, com números, acompanhados de uma legenda e da página correspondente do livro.

1. O ponto de partida é a cidade de Queimadas,[OS: 24] ligada por ferrovia a Salvador. — **2.** "O pardo requeimado das caatingas".[OS: 25] — **3.** "O povoado minúsculo de Cansanção".[OS: 25] — **4.** A Serra de Monte Santo.[OS: 26] A partir dela se tem idealmente, num raio de aproximadamente 15 léguas, ou seja, até Canudos, a visão panorâmica mostrada neste mapa.
5. Uauá. Derrota da primeira expedição, em novembro de 1896 (107 soldados, sob o comando do tenente Pires Ferreira).[OS: 183-210] — **6.** Serra do Acarú.[OS: 32] — **7.** Sítio do Caldeirão.[OS: 26] — **8.** "Os mananciais intermitentes do Bendegó".[OS: 32] — **9.** Serra e estrada do Cambaio.[OS: 32] Derrota da segunda expedição, em janeiro de 1897 (560 soldados, comandados pelo major Febrônio de Brito).[OS: 211-241] — **10.** "Os píncaros torreantes [...], os contornos agitados do Caipã".[OS: 32, 34] — **11.** Serra do Aracati e caatingas adjacentes.[OS: 32] Caminho escolhido pela terceira expedição, em fevereiro e março de 1897 (1.300 soldados, coronel Moreira César), que partiu de Monte Santo, via Cumbe, Cajazeiras, Serra Branca e Rosário.[OS: 263-264] — **12.** Os tabuleiros de Jeremoabo, de "secura extrema dos ares".[OS: 32, 264] — **13.** Rosário.[OS: 265] Ponto estratégico da terceira expedição, que prosseguiu a partir daqui para Pitombas e para o Angico,[OS: 270, 272] para atacar Canudos. Na fuga, os soldados foram dizimados nas caatingas.[OS: 292-294]
Também pelo Rosário avançou, porém via Caldeirão e Juetê, uma das duas colunas da quarta expedição, em junho de 1897 (quase 2 mil soldados, comandados pelo general Artur Oscar), a qual ficou aprisionada num vale perto de Canudos.[OS: 305-332]
14. Serra do Cocorobó.[OS: 34] Por aqui avançou, vinda de Aracaju via Jeremoabo, a outra coluna da quarta expedição (2.350 soldados, comandados pelo general Savaget). Primeira vitória sobre os canudenses.[OS: 333-347] — **15.** Rio Vaza-Barris.[OS: 32] — **16.** Serra do Poço de Cima.[OS: 32, 34] — **17.** Serra da Canabrava.[OS: 32, 34] Parte integrante (assim como 10, 14, 16) do cinturão de serras em torno de Canudos. — **18.** Serra e estrada do Calumbi.[OS: 32, 34] A construção dessa estrada foi a chave logística para a vitória sobre os canudenses. [OS: 412-414; 433-434] — **19.** Morro da Favela.[OS: 32] Principal ponto estratégico para atacar Canudos. — **20.** Canudos. Mortos os últimos defensores da cidade, em 5 de outubro de 1897, esta foi completamente destruída.

cularam diariamente os comboios organizados pelo marechal Bittencourt, de Monte Santo a Canudos, "encurtando de mais de um dia a jornada".(OS: 434) [69]

A interação entre o narrador e o cartógrafo faz parte dos procedimentos de construção da paisagem em Euclides e também em Guimarães Rosa. Em termos gerais, pode-se adiantar que o narrador de *Os Sertões* tem uma autonomia menor em relação à cartografia que o de *Grande Sertão: Veredas*. Todavia, é preciso reconhecer que, na apresentação inicial do "planalto central do Brasil" por Euclides, a geografia "literária", *fundadora*, tem o primado sobre a geografia mais restrita dos especialistas.[70] A partir daí coloca-se a pergunta de até que ponto essa "visão épica" do país acaba contagiando o restante do texto, no qual, de acordo com Luiz Costa Lima,[71] o trabalho poético do narrador é subordinado ao código da geografia científica.

Nada melhor para ilustrar a diferença da relação *narrador : geografia real*, em Euclides e em Guimarães Rosa — e a questão correlata da "reescrita" —, do que uma justaposição dos mapas que acompanham suas obras. De um lado, o já comentado *Esboço geográfico do Sertão de Canudos*, do outro lado, o mapa do cenário de *Grande Sertão: Veredas*, elaborado por Poty, em parceria com Guimarães Rosa.[72]

Mas vamos pela ordem dos fatos. Antes de o mapa de Poty ser incorporado ao romance, como texto de orelha, o que se deu somente a partir da segunda edição, em 1958, foi publicada por

---

[69] "Nova fase da luta", OS: 419-452, especialmente 433-436, e "Últimos dias", OS: 453-499.

[70] Cf. J. C. de Santana, 2001, p. 109.

[71] L. Costa Lima, 1997, pp. 157-192.

[72] Cf. A. L. Martins Costa, 1998.

Antonio Candido, em 1957, uma descrição sobre a relação entre o narrador rosiano e a cartografia, onde o crítico observa:

> "Dobrados sobre o mapa, somos capazes de identificar a maioria dos topônimos e o risco aproximado das cavalgadas. O mundo de Guimarães Rosa parece dado pela observação. Cautela, todavia. Premido pela curiosidade, o mapa se desarticula e foge. Aqui, um vazio; ali, uma impossível combinação de lugares; mais longe, uma rota misteriosa, nomes irreais. E certos pontos decisivos escapam de todo. Começamos então a sentir que a flora e a topografia obedecem frequentemente a necessidades da composição. [...] Aos poucos, vemos surgir um universo fictício [...]."[73]

O narrador rosiano tem portanto uma relação ambivalente com a geografia: por um lado, apoia-se na topografia real, por outro lado, inventa o espaço de acordo com seu projeto ficcional. Esse uso livre dos dados geográficos é plenamente confirmado pelo mapa de Poty (nosso Mapa 3).[74] Trata-se de uma representação do sertão que mistura elementos da cartografia convencional (rios, montanhas, cidades) com desenhos ilustrativos (vegetação, animais, homens, edifícios, objetos), figurações de seres fabulísticos (demônios, um monstro) e emblemas esotéricos. Tudo isso, junto com a disposição em diagonal das linhas de latitude e longitude, é um claro indício de que a relação do narrador rosiano com a geografia deve ser vista com um olhar oblíquo. Além do mais, a configuração gráfica do livro faz com que, no ato de ler, as margens cartográficas do eixo do mapa, o Rio São Francisco,

---

[73] A. Candido, 1957, p. 7.

[74] O mapa de Poty, que era parte constitutiva do romance, depois de ter sido suprimido durante muitos anos, foi reincorporado às edições mais recentes.

Mapa 3: O cenário de *Grande Sertão: Veredas*, segundo Poty

As duas orelhas desenhadas por Poty traçam o cenário da história: à direita, o Leste do sertão, à esquerda, o Oeste, e, no meio, o Rio São Francisco, que "partiu a vida" de Riobaldo em "duas partes". O livro em pé, com as orelhas abertas, figura a sobreposição do curso desse rio e do discurso do narrador Riobaldo. O traçado oblíquo das linhas de latitude e longitude sugere a coexistência da geografia real e da imaginária.

Orelha direita (margem Leste)

Referências geográficas — O eixo é o Rio São Francisco, perto da cidade de Januária. A região do seu afluente, o rio Verde Grande, é importante nas lutas da primeira parte. A Mata e Serra da Jaíba, assim como as cidades de Lontra, Condado e Brejo dos Mártires são reais, a Serra do Rompe Jibão parece inventada; o córrego Traçadal foi deslocado.

Desenhos ilustrativos — Sol nascendo, pastos com bois, boi bravo, vaqueiros, palmeiras (buritis), outras árvores, peixes, serpente, diversos tipos de pássaros.

Desenhos figurativos ou simbólicos — A Luta (fuzis cruzados), a Morte (jagunço cavalgando em direção a uma cruz), as crenças populares (monstro, diabo meditando), a religião (igreja), a cena iniciática (Riobaldo e o Menino/Diadorim atravessando o Rio São Francisco), o Amor (os dois protagonistas contra um fundo de rio ou vereda, que é estilizado como uma pauta musical)...

Orelha esquerda (margem Oeste)

Referências geográficas — O Rio São Francisco aparece apenas num canto: entre São Romão e a foz do Urucuia. Este rio, ladeado por dois chapadões, passa a ser o eixo. Entre seus afluentes constam (sem menção do nome) os rios São Domingos, Piratinga e da Areia. Às vezes, um nome é atribuído a um ribeirão (Tabocas, Sumidouro) ou a uma localidade (Angical, Urucuia, Barra da Vaca) que não tem importância na história, o que contrasta com as referências importantes: o rio Carinhanha, as serras das Almas e das Araras, e o Vão do Buraco.

Desenhos ilustrativos, figurativos e simbólicos — São basicamente os mesmos da orelha/margem direita.

Elementos novos — A fazenda de Santa Catarina (Otacília), a onça (Liso do Sussuarão), um Luciferzinho e um Diabo Grande.

Desenhos esotéricos (segundo C. Albergaria, 1977)

O signo de Capricórnio (parecido com a combinação VAB; símbolo da zona tórrida; signo regido por Saturno, planeta da melancolia, cujo símbolo, ♄, aparece à esquerda). — A cruz (símbolo da morte e da religião cristã). — O pentagrama (símbolo da "chefia"). — O hexagrama (atributo do "homem verdadeiro"). — Letra dentro de um círculo (à direita: D = Diadorim; à esquerda: R = Riobaldo; símbolos iniciáticos). — Triângulo com a letra R (símbolo iniciático). — O símbolo do masculino (Marte, guerra) e do feminino (Terra, Vênus, amor).

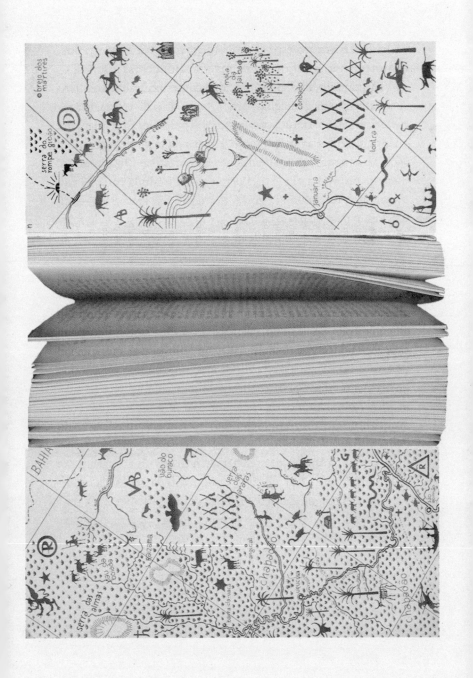

se desdobrem numa espécie de "terceira margem", que é o fluxo de uma narração labiríntica de mais de quinhentas páginas...

Aqui também o mapa funciona como um resumo do livro. As quatro linhas que delimitam o "texto fluvial" representam o *quadrivium* da narração, composto pelo proêmio e o epílogo, que ancoram a história no presente, e pelas duas interrupções, que são os momentos de reorganização da narrativa. Quanto ao *trivium* da história narrada — a primeira e a segunda parte da vida do jagunço Riobaldo e o trecho antecipado *in medias res* —, ele é figurado pelo mapa do lado direito do São Francisco, pelo mapa do lado esquerdo e pela junção dos dois.

Seguindo a ordem da narração, as sete partes constitutivas de *Grande Sertão: Veredas* podem ser assim esquematizadas:

1. *Proêmio*.(GSV: 9-26) São apresentados a situação narrativa e o tempo e lugar da narração. Riobaldo, fazendeiro do norte de Minas Gerais, ex-jagunço, narra a história de sua vida a um visitante, um doutor da cidade. São introduzidos os cinco temas principais: o sertão, o povo, a jagunçagem, o Diabo e Diadorim, além de se definir o perfil do narrador como um jagunço letrado.

2. *Recorte* in medias res *da vida do jagunço Riobaldo*.(GSV: 26-77) Ele faz parte do bando de Medeiro Vaz, cujo objetivo é "impor a justiça". A travessia (frustrada) do Liso do Sussuarão mostra o sertão na sua quintessência; além disso, uma "viagem por este Norte, meia geral" fornece um quadro da geografia humana. Sob a chefia de Zé Bebelo, a palavra de ordem passa a ser a "abolição do jaguncismo" e a eliminação da pobreza, por meio da construção de "pontes, fábricas, escolas".

3. *Interrupção* da história narrada.(GSV: 77-79) O narrador comenta a "dificuldade" do narrar, cujo tema é o sertão, enquanto metáfora do que "ninguém ainda não sabe".

4. *Primeira parte da vida de Riobaldo*.(GSV: 79-234) O "primeiro fato" é a travessia iniciática do Rio São Francisco com o

Menino (Diadorim). Breve caracterização da mãe de Riobaldo, uma sertaneja pobre, e do "padrinho" (na verdade o pai), o abastado fazendeiro Selorico Mendes, que conta histórias idealizadas de jagunços. Formação escolar e paramilitar de Riobaldo, que se torna professor particular do caçador de jagunços e candidato a deputado Zé Bebelo. O reencontro com o Menino faz com que Riobaldo se engaje do lado oposto, no bando de Joca Ramiro. Vitória sobre Zé Bebelo, seu julgamento e banimento. O assassinato de Joca Ramiro por Hermógenes e Ricardão desencadeia "a outra guerra".

5. *Segunda interrupção* da história narrada.(GSV: 234-237) O narrador, que se coloca numa situação de "acusado", se põe a falar de sua "culpa" e do que "errou".

6. *Segunda parte da vida de Riobaldo*.(GSV: 238-454) Conflito entre Riobaldo e Zé Bebelo, que voltou e assumiu a chefia do bando, visando a uma carreira política. Encontro com os catrumanos, que representam o "país de mil-e-tantas misérias", e com o fazendeiro seô Habão. Nas Veredas-Mortas, Riobaldo faz o pacto com o Diabo, tornando-se em seguida o chefe do bando. Tentações e desmandos do poder. Retomando o projeto de acabar com o Hermógenes, Riobaldo realiza a travessia do Liso do Sussuarão. Cavalgada por extensos trechos dos *gerais*, praticando "o sistema jagunço". No fim, Riobaldo consegue a vitória sobre o bando de Ricardão e Hermógenes, mas pelo preço da morte de Diadorim, por quem nutriu uma paixão culposa. Só então descobre que Diadorim "era o corpo de uma mulher".

7. *Epílogo*.(GSV: 454-460) Voltando da estória narrada para o tempo e lugar da narração, Riobaldo conta como abandonou a jagunçagem. Depois de ter herdado as fazendas do seu padrinho e se casado com Otacília, filha de fazendeiro, instalou-se em sua propriedade, cercado de seus jagunços. A viagem pelo sertão termina, em termos de perspectiva, com o signo do infinito.

Vejamos agora mais detalhadamente os diversos tipos de interação desta narração com a geografia, numa escala que vai desde a representação mimética dos lugares até o despreendimento completo da *mimesis*, "onde o pensamento [...] se forma mais forte do que o poder do lugar".(GSV: 22)

A tarefa básica do narrador, no proêmio, é introduzir o interlocutor — e com ele, o leitor — ao universo do sertão. Contrariando um crítico que o felicitou por haver "inventado uma paisagem literária", Guimarães Rosa enfatiza que ele "não podia constantemente acrescentar notas de rodapé para assinalar que se trata de realidades".[75] "Sertão: estes seus vazios. O senhor vá. Alguma coisa, ainda encontra."(GSV: 27) Estas palavras meio irônicas do narrador rosiano são uma sugestão para o leitor conhecer, junto com a história de Riobaldo, também o sertão real, fora do livro — lembrando com isso o esforço anterior de Euclides da Cunha de superar "o desconhecimento do país real por suas elites".[76] Como bem observa Alan Viggiano em seu livro *Itinerário de Riobaldo Tatarana*, "das quase 230 localidades citadas no livro" — cidades, vilas, povoados, rios, córregos, serras — "mais de 180 podem ser localizadas no mapa".[77]

Com efeito, seria útil se pudéssemos dispor de um mapa de introdução à geografia do sertão real, que considerasse devidamente a dimensão ficcional. Os mapas desenhados por Viggiano[78] representam um importante trabalho pioneiro, mas é preciso corrigir alguns equívocos, no sentido de não sobrevalorizar a geografia factual em detrimento do imaginário e da impreci-

---

[75] G. Rosa apud G. Lorenz, 1970, pp. 532-533; ed. brasileira, p. 95.

[76] Cf. L. Costa Lima, 1997, p. 186.

[77] A. Viggiano, 1974, p. 31.

[78] Op. cit., pp. 32, 65, 78 e 112.

são estratégica da ficção. *Perder-se* no Grande Sertão é tão importante quanto acertar o caminho. Vejamos as andanças dos jagunços no trecho entre o Currais-do-Padre[(GSV: 287)] e o povoado do Sucruiú,[(GSV: 292)] que representam um caso paradigmático de errância:

> "[...] andávamos desconhecidos no errado. Disso, tarde se soube — quem que guiava tinha enredado nomes: em vez da Virgem-Mãe, creu de se levar tudo para a Virgem-da-Laje, logo lugar outro, vereda muito longe para o sul [...] assim viemos, por esses lugares, que o nome não se soubesse. [...] A estrada de todos os cotovelos. Sertão [...] o senhor querendo procurar, nunca não encontra. De repente, [...] quando a gente não espera, o sertão vem [...], o sertão churro, o próprio, mesmo. [...] o boqueirão de um rio. O Abaeté não era [...] faltava rastro de fala humana. [...] Nós estávamos em fundos fundos."[(GSV: 288-289)]

O sertão aparece aqui como labirinto, lugar por excelência do se perder e do errar. Apagam-se todas as referências, a cartografia chega ao limite e se desfaz. Sintomaticamente, o mapa de Viggiano não oferece nenhuma indicação topográfica com relação a um trecho de quase cem páginas do romance,[(GSV: 244 a 338)] onde se inclui a passagem citada. Quer dizer, o cartógrafo também está perdido, mas em vez de refletir sobre esse fato, ele o omite. Ao passar do Ribeirão-do-Galho-da-Vida[(GSV: 244)] sem mais nem menos para um lugar próximo, o córrego Sucuriu,[79] Viggiano suprime toda aquela errância, o deslocamento "longe para o sul", onde se localiza o povoado do Sucruiú,[(GSV: 292-338)]

---

[79] Cf. a conexão entre os mapas nº 3 e nº 4 de A. Viggiano, 1974, pp. 78 e 112.

que não tem nada a ver com o referido córrego. Eis o momento de lembrar um outro estudo do itinerário de Riobaldo, o de Marcelo de Almeida Toledo (1982), cujos mapas são mais bem realizados graficamente e mais exatos.

Mas, por falar em exatidão, quem mapeia o *Grande Sertão* precisa ter em mente que o romancista trabalha no limite da cartografia: ele usa, sim, muitas referências geográficas reais, mas se reserva sempre a liberdade de inventar. Esclarecidos esses pressupostos, vamos agora ao nosso Mapa 4, *Introdução à topografia real e fictícia de Grande Sertão: Veredas*, que nasceu da aprendizagem com os precursores Viggiano, Toledo e Poty. Registro neste mapa as principais referências topográficas, sobretudo as mencionadas no proêmio e no recorte *in medias res*.

Inicialmente, o velho Riobaldo, que faz parte da família de narradores exemplificada pelo "camponês sedentário",[80] mapeia a zona de contato entre o "lugar sertão" e as cidades de Sete Lagoas, Curvelo e Corinto, ligadas pela linha de trem à capital do estado. O lugar da narração, ou seja, a fazenda de Riobaldo, situa-se levemente ao norte dessa zona. Pelas indicações do texto, podemos inferir que este lugar fica à margem esquerda do Rio São Francisco, a um dia e meio a cavalo ao norte de Andrequicé e umas quatro léguas e meia abaixo da embocadura do Rio-de-Janeiro.[81] Em seguida, passa a predominar a história vivida por Riobaldo na mocidade, própria do outro tipo de narrador: o marinheiro, o viajante, o aventureiro. O interlocutor/leitor, dese-

---

[80] De acordo com a tipologia de W. Benjamin, 1936/1977, p. 400; ed. brasileira, p. 199.

[81] Esse lugar ficaria mais ou menos à altura de Os-Porcos, situado à margem direita do Rio São Francisco, nos gerais de Lassance, onde Riobaldo foi procurar testemunhos da história de Diadorim.(cf. GSV: 457-458)

joso de "devassar a raso este mar de territórios",^(GSV: 23) é convidado a explorar, junto com o jagunço Riobaldo, o mapa em toda a sua extensão, de Oeste a Leste, dos confins de Goiás^(GSV: 47) até o Arassuaí, ida e volta, e até os chapadões do Norte, rumo ao Liso do Sussuarão.^(GSV: 37-44)

O Liso do Sussuarão representa a quintessência do sertão. É o "desertão", a encarnação do *Urwort* de onde a palavra "sertão" pode não ter se originado, mas com o qual é sempre associada. O Liso é o lugar dos extremos. Extremo, no sentido geográfico: lugar nos ermos e, paradoxalmente, centro geográfico do país, na trijunção dos estados de Minas Gerais, Bahia e Goiás. Extremo, no sentido existencial do lugar onde o ser humano é posto à prova: o ritual de iniciação do adolescente (a travessia do Rio São Francisco com o Menino-Diadorim) se desdobra agora na travessia do "miolo mal do sertão"^(GSV: 40) pelo homem feito.[82] E extremo, no sentido simbólico, representando os limites do conhecimento: o Liso é a *terra ignota*, o *tópos* euclidiano retrabalhado por Guimarães Rosa numa "travessia verbal" em que a descrição científica chega a seus limites.[83]

Acompanhemos o narrador em sua descrição do percurso até o Liso.[84] O relato *in medias res* começa com uma referência a duas bacias fluviais, a do Carinhanha e a do Piratinga, formador do Urucuia: "Para trocar de bacia o senhor sobe [...] entra

---

[82] Cf. os desenhos no mapa de Poty: na margem inferior, a canoa com os dois meninos e o remador; na margem superior, a onça ("sussuarana") e o Diabo Grande.

[83] Cf. L. Costa Lima, 1997, pp. 157-192, especialmente, p. 166.

[84] A seguinte descrição baseia-se no texto do romance e numa viagem, empreendida em janeiro e fevereiro de 1998 junto com Renato Oliveira de Faria, "em busca do Liso do Sussuarão".

Mapa 4: Introdução à topografia real e fictícia de *Grande Sertão: Veredas*

Topônimos reais e fictícios se misturam e se sustentam mutuamente neste romance. Lugares-chave da história de Riobaldo como as fazendas São Gregório, Santa Catarina, Sempre-Verde, o povoado do Sucruiú, as Veredas-Mortas e o Liso do Sussuarão são inventados (marcados com * nas legendas dos mapas 5 a 7). Por outro lado, referências como o Curralinho (Corinto), a Serra das Araras, a Serra e Mata da Jaíba, o rio do Sono, o Paredão e a Lagoa Sussuarana ancoram a história na geografia real. Graças a essa mistura, o fictício transcende as contingências "daquilo que é", e este faz lembrar o vínculo do imaginário com a realidade.

Cenário — A ação se passa no norte de Minas Gerais, além das cidades de Curvelo e Corinto, onde começa o sertão. O eixo é o Rio São Francisco, com seus afluentes: rio das Velhas, Jequitaí, rio Verde Grande, Paracatú, Urucuia, Carinhanha. As cidades, como São Romão, São Francisco, Januária, Montes Claros, Brasília (de Minas), costumam ser evitadas pelos jagunços. A região é escassamente povoada e marcada por chapadões, tabuleiros, cerrado, veredas e os *gerais*.

Lugar da narração — A fazenda do narrador Riobaldo se localiza à beira do Rio São Francisco, a "um dia-e-meio a cavalo" no norte de Andrequicé, porém do outro lado do rio,[cf. GSV: 10; 35] ou seja, "cinco léguas" (30 km) abaixo do porto de Rio-de-Janeiro, por onde passou o interlocutor.[cf. GSV: 79]

Principais referências topográficas —

No proêmio: a "zona de contato" entre a civilização e o sertão, as cidades de Sete Lagoas, Curvelo, Corinto, Andrequicé. Riobaldo narra sua história no período final da República Velha. A ação narrada se passa no início da República, na última década do século XIX.

No recorte *in medias res*: o lado mais ermo e mais inóspito do sertão, o Chapadão do Urucuia, o Tabuleiro e sobretudo o Liso do Sussuarão; a travessia Oeste-Leste (de Goiás a Arassuaí) e Leste-Oeste (de Arassuaí ao Chapadão do Urucuia) (ver mapa 5).

Na primeira interrupção do relato: a confluência do Rio-de-Janeiro com o São Francisco, lugar da travessia iniciática de Riobaldo e do Menino/Diadorim;

Na primeira parte da vida de Riobaldo: incursões ao "alto brabo Norte", na margem direita do São Francisco (ver mapa 6).

Na segunda interrupção do relato: "O Rio São Francisco partiu minha vida em duas partes",[GSV: 235]

Na segunda parte da vida de Riobaldo: do chapadão do Urucuia para o sul (Sucruiú, Veredas-Mortas), norte (Liso do Sussuarão), oeste (Goiás) e leste, até a batalha final no Paredão (ver mapa 7).

No epílogo: Veredas-Mortas (pacto), fazenda Barbaranha (seo Ornelas, seô Habão), Corinto (herança), Os-Porcos e Itacambira (Diadorim), Barra do Abaeté (Zé Bebelo), a fazenda Jijujã (compadre Quelemém) e o lugar da narração.

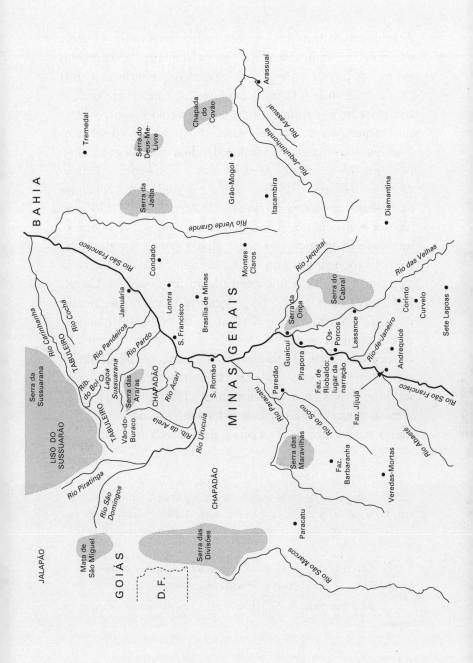

de bruto na chapada".[GSV: 27] Este pedaço entre os rios Urucuia e Carinhanha, conhecido como Liso da Campina,[85] é o primeiro e o menor de três segmentos de chapadão que formam a zona de transição entre o Urucuia e o Liso. Ele emenda em direção ao Leste com a "contravertência do Preto e do Pardo",[GSV: 29] rio este que nasce no Vão-do-Buraco, próximo à Serra das Araras. É ali que convergem os caminhos das duas incursões ao Liso: a primeira, sob a chefia de Medeiro Vaz, com o bando rumando direto até o Bambual do Boi;[GSV: 37] a segunda, sob o comando de Riobaldo, pela rota do ribeirão da Areia.[GSV: 368] O Ribeirão-dos-Bois, com sua (já diminuta) lagoa, pode ser perfeitamente localizado na geografia real, como, aliás, a grande maioria das referências topográficas fornecidas pelo romancista.[86] O terceiro segmento é o tabuleiro que se estende em direção aos rios Catolé, Peruassú e Cochá.[GSV: 29] Na geografia real, esses três segmentos de chapada constituem um tabuleiro único, de uns 180 quilômetros de extensão no sentido Oeste-Leste — o que corresponde às "quase trinta léguas" estipuladas por Riobaldo como largura do Liso.[GSV: 382] Ali, o calor pode ser "de morte" e, até um quarto de século atrás, não havia "água nenhuma". Dos anos 1970 para cá, as coisas mudaram, pois o tabuleiro foi transformado em terra produtiva, cujo centro atual é a cidade de Chapada dos Gaúchos.[87]

---

[85] A. Viggiano (1974, pp. 118 e 136) equaciona o Liso da Campina com o Liso do Sussuarão, o que é uma tremenda redução, pois o primeiro pode ser atravessado em poucas horas a pé, ao passo que o segundo é descrito como "o *raso* pior havente", numa extensão de cinquenta léguas de fundo e quase trinta de largo.[cf. GSV: 29 e 382]

[86] Em nossa viagem não nos foi possível localizar apenas a Aroeirinha e o Vespê,[GSV: 28 e 37] que parecem ser lugares inventados.

[87] Cf. a reportagem de M. Felinto, 1994, "Um país inteiro esquecido nos sertões".

Eis agora o ponto para compararmos a geografia real com a construção ficcional. Lembramos que, em relação ao grande Tabuleiro no extremo norte de Minas, que acaba de ser descrito, o romancista situa o Liso do Sussuarão "[...] mais longe — pra lá, pra lá, nos ermos"$^{(GSV:\ 29)}$ — sendo que além do Liso, "já em tantos terrenos da Bahia", se localiza a fazenda do Hermógenes, a ser atacada de surpresa. Ao nos deslocarmos para a Bahia, cruzando o Carinhanha em direção à Serra da Sussuarana, notamos que, na representação do Liso, este rio é omitido, assim como todos os demais cursos de água ao norte do Tabuleiro. Cria-se dessa forma uma extensão ininterrupta de paisagem desértica, de uns trezentos quilômetros de profundidade no sentido Sul-Norte (o que corresponde à estimativa de "cinquenta léguas" por parte de Riobaldo), até se chegar ao rio das Fêmeas (mencionado à p. 309 de GSV), que efetivamente se encontra nos *gerais* do norte da Bahia. O trabalho de campo nos leva, portanto, a verificar empiricamente quais são os principais procedimentos de uso ficcional da geografia por parte do romancista: as técnicas de fragmentação, desmontagem, deslocamento, condensação e remontagem. O narrador retira pedaços do sertão real e os recompõe livremente — de maneira análoga aos mapas mentais, que nascem da memória afetiva, de lembranças encobridoras, de pedaços de sonhos e fantasias, medos e desejos.

O confronto da geografia ficcional com a geografia real também desperta a percepção para certas transformações ecológicas ocorridas do tempo da publicação do romance para cá. Nas últimas quatro décadas, o sertão tem se tornado uma paisagem tecnicizada e industrial. Haja vista a substituição da vegetação primitiva, o *carrasco*, por extensas plantações de soja, como na Chapada Gaúcha, ou as dezenas de quilômetros de floresta mecanizada, com milhões de eucaliptos plantados maquinalmente, como no chapadão entre o Jequitinhonha e o Arassuaí. Por outro lado, foi criado o Parque Nacional "Grande Sertão: Veredas", que preserva um pedaço de autêntico cerrado com veredas e buritis. O desconhecimento do sertão real por boa parte dos leitores de *Grande Sertão: Veredas* é propício para uma romantização mitificadora, que neutraliza o teor crítico desse retrato do país, quando o desafio consiste, ao contrário, em revelar qual é a função histórica da mitologização posta ali em obra.

É preciso historicizar as representações do sertão também quanto ao tempo anterior ao romance, quando predominavam os paradigmas naturalista e mesológico. O primeiro é representado pela viagem dos alemães Spix e Martius, que exploraram, inclusive, em 1818, a região entre Januária e Goiás. Eles tomaram o seguinte caminho: rio das Pedras (afluente do rio Pandeiros) — Serra das Araras (que eles deixaram à esquerda) — Sete Lagoas (perto da Lagoa Sussuarana) — Ribeirão-dos-Bois — rio Carinhanha (que eles cruzaram) — Chapada do Paranã — Fazenda Rio Formoso, já no limite com Goiás. Essa rota coincide, em sentido inverso, com a da retirada do bando de Medeiro Vaz depois da fracassada tentativa de atravessar o Liso do Sussuarão.(cf. GSV: 45) Vale dizer que a viagem dos dois naturalistas correspondeu a uma incursão ao Liso.

Além de cumprir com o paradigma naturalista — o registro classificatório e taxonômico da geologia, flora e fauna, nos moldes da *histoire naturelle* de Buffon e Lineu —, Spix e Martius abriram perspectivas mais abrangentes e mais arrojadas. Sua descrição fisionômica do sertão como um *tableau de la nature*, de acordo com o gênero consagrado por Alexander von Humboldt sob a influência da *Naturphilosophie* de Schelling e Goethe, expressa uma visão holística da natureza, que é vista como "escultora" da paisagem.[88]

---

[88] Spix e Martius, 1980, II, p. 568; ed. brasileira, II, p. 105. Nas traduções há interpolações minhas.

Por outro lado, eles registram também a ação da "mão destruidora e transformadora do homem", que obstrui e desvia o curso da natureza. Os viajantes, portanto, historicizam a paisagem e manifestam sua preocupação com a ecologia: "Os pesquisadores do futuro não mais obterão os fatos na sua pureza das mãos da natureza, que já hoje em dia, pelo desenvolvimento deste país em vigoroso progresso, está sendo alterada em muitos aspectos".[89] Do lugar onde Guimarães Rosa situa o Liso, Spix e Martius oferecem a seguinte descrição: "[...] uma vasta planície arenosa", "coberta com arbustos espessos em parte sem folhas durante a seca, que quase todos os anos são vítimas do fogo posto pelos sertanejos".[90] É um primeiro retrato dos fazedores de deserto, sobre os quais escreveria mais tarde Euclides da Cunha.(OS: 57-60)

Há ainda um outro tipo de observação dos viajantes: eles mostram a paisagem como produtora de singulares fenômenos de percepção, antecipando não apenas o paradigma mesológico, mas já também a combinação da história topográfica, econômica e das mentalidades, própria da nova historiografia. Escrevem Spix e Martius: "Aqui e acolá a reverberação do calor ardente das areias da charneca produzia uma oscilação constante da atmosfera, de sorte que todos os objetos pareciam dançar diante de nós".[91] Quer dizer que, para registrar mais fielmente a realidade, os naturalistas abandonam o discurso da ciência positiva, para falar da percepção de um espaço virtual, imaginário, *meta*físico. A experiência da travessia os leva a desenvolver o *tópos* do sertão como "terra dos milagres, mas também terra dos perigos".[92] Terra

---

[89] Op. cit., p. 562; ed. brasileira, II, p. 103.

[90] Op. cit., p. 568; ed. brasileira, II, p. 106.

[91] Op. cit., p. 569; ed. brasileira, II, p. 106.

[92] Op. cit., p. 504; ed. brasileira, II, p. 72.

dos perigos, na medida em que as "extensas queimadas" que se propagam, acompanhadas de "enormes colunas de poeira de carvão", constituem uma séria ameaça às suas vidas. Terra dos milagres, na medida em que eles, que então resolvem se locomover depois da meia-noite, encontram "nuvens de pó negro, em cuja base chispavam faíscas, fazendo lembrar as colunas que precediam os israelitas no deserto, indicando-lhes o caminho".[93]

Um povo sendo guiado através do deserto por uma grande força religiosa — esse fato existiu também na história brasileira, tendo sua imagem registrada e desenvolvida por Euclides da Cunha em *Os Sertões*, no contexto de sua teoria mesológica. Essa teoria, de cunho positivista, considera a cultura dos homens, sob todos os aspectos, determinada pelo meio ambiente. Adaptando o modelo de Hippolyte Taine, Euclides expõe como o sertão influiu sobre a ocupação do território, o povoamento e a formação étnica. Com a tese de que aquela rude sociedade sertaneja era "o cerne vigoroso da nossa nacionalidade",[OS: 167] o sertão é destacado dentre todas as demais regiões do país como o espaço da *construção da nação,* definidor da identidade brasileira.[94] O meio ambiente marca também a atividade econômica, a vestimenta e a habitação, o comportamento, a vida social e a religião. Alimentada por crenças e superstições, a religiosidade sertaneja é caracterizada como sincretismo de elementos católicos e místicos, sebastianistas e milenaristas. Como ilustração por excelência de sua teoria, Euclides apresenta a figura de Antônio Conselhei-

---

[93] Op. cit., pp. 569-570; ed. brasileira, II, p. 107. Cf. *A Bíblia de Jerusalém*, Êxodo, 13, 21-22.

[94] Cf. N. Trindade Lima, 1999, *Um sertão chamado Brasil*. Veja-se, por outro lado, o exame crítico dessa tese em B. Zilly, 1996, "Der Sertão als Wiege der Nation?".

ro, "representante natural do meio em que nasceu"(OS: 139) e resumo da sociedade sertaneja. O Conselheiro aparece no duplo papel de líder popular e atravessador do deserto. Sua peregrinação através dos sertões, durante anos e décadas, criou em torno dele uma aura. É como se o meio físico fosse seu poderoso aliado e como se ele fosse o Sertão em pessoa: "Ele surdia [...] como uma sombra das chapadas povoadas por duendes [...] deixando absortos os matutos supersticiosos. Dominava-os, por fim, sem o querer".(OS: 216)

A teoria mesológica de Euclides desemboca numa história das mentalidades e numa teoria política. O autor retoma o *tópos* do sertão como terra dos milagres e terra dos perigos, mas num sentido diferente: o perigo advém agora da própria figura do milagreiro. Antônio Conselheiro, o errante humilde que arrebanhou o povo, produziu uma religião "perigosa", na ótica das autoridades, que se sentiam eclipsadas por ele. De acordo com o arcebispo da Bahia, cujo testemunho é citado por Euclides, o líder dos pobres propagou "doutrinas subversivas, distraindo o povo de suas obrigações".(OS: 216) Vozes como esta serviam para legitimar a intervenção armada por parte da República brasileira.

Nesse embate, o autor de *Os Sertões* não é um espectador neutro. Ele se empenha em organizar uma determinada história e geografia dos sertões. Os mapas que acompanham o livro de Euclides, especialmente o *Esboço geográfico do Sertão de Canudos* e *Canudos e suas cercanias*,(OS: 30a, 166a) não são simples adenda ou ilustrações. Combinados com o espírito do texto de oferecer uma visão épica do país, uma geografia fundadora, "uma versão laica do *Génesis*"[95] — que prefigura "o embate entre o poder

---

[95] R. Ventura, 2001, p. 17. O trabalho pioneiro de interpretar *Os Sertões* com base na narrativa bíblica é de W. Galvão, 1994, pp. 628-633.

central e os sertanejos"[96] — eles contêm uma instrução de *como a paisagem nacional deve ser vista*. Já não se trata da primazia do código científico sobre o poético, mas da subordinação de ambos a um projeto político-ideológico.[97]

A campanha de Canudos se prolonga no texto de *Os Sertões* — e fora dele — como luta entre duas concepções de organizar o território brasileiro: a racional e a labiríntica. A questão se torna mais clara pela comparação com *Grande Sertão: Veredas*. Como perspectiva característica de Euclides identificamos a visão do alto: desde o sobrevôo do planalto central até os panoramas tirados do alto de Monte Santo ou do Morro da Favela e o seu enquadramentro cartográfico. É um *esprit de géometrie* planejador e controlador — uma perspectiva parecida com a que tem o comandante de um exército do alto de sua colina. Esse espírito é precursor de outros planejamentos estratégicos, como o plano-piloto de Brasília, a capital do país implantada meio século depois no coração do planalto; ou a Transamazônica na década de 1970, rasgando a grande floresta tropical de ponta a ponta. Trata-se de uma cartografia derivada do racionalismo instrumental, que instaura o homem como dominador da natureza.

O olhar de Guimarães Rosa sobre o sertão é o exato oposto das vistas euclidianas do alto: é uma perspectiva rasteira. Enquanto o ensaísta-engenheiro sobrevoa o sertão como num aeroplano, o romancista caminha por ele como por uma estrada-texto.[98] Ou então ele atravessa o sertão como um rio.

---

[96] J. C. de Santana, 2001, p. 109.

[97] Num país em que "a nação era uma abstração" e que "não possuía ainda sequer uma carta geográfica completa e detalhada do seu território" (N. Sevcenko, 1983/1995, p. 217), a construção da identidade por meio de uma literatura mapeadora era uma questão político-ideológica de primeira importância.

[98] Cf. a comparação dos dois autores por meio da uma imagem de pensa-

Postado à margem do Rio São Francisco, que é o "grande caminho da civilização brasileira",[99] o narrador-barranqueiro Riobaldo propõe uma leitura alegórica desse rio. A metáfora fluvial impregna a composição de *Grande Sertão: Veredas* na sua essência. Euclides, no seu livro sobre a Amazônia, falou do "ciclo vital" de um rio, como se fosse a biografia de um homem;[100] Guimarães Rosa avança na comparação no sentido de criar um autêntico *narrador-rio*. Se interpretamos o *baldo* em Riobaldo como uma incorporação do núcleo do verbo alemão "*baldo*wern" ("explorar"),[101] chegamos à imagem do protagonista-narrador como explorador de um rio, que é alegoricamente o Rio da História. Esta interpretação, que diverge da leitura costumeira do nome de Riobaldo,[102] mas vai ao encontro do significado etimológico de *história* (de *historeîn* = "investigar"), é sustentada por

---

mento de W. Benjamin (1928b, "Porcelanas da China") in: W. Bolle, 1994-95, pp. 84-85.

[99] João Ribeiro, 1900, *História do Brasil*, apud OS: 89.

[100] E. da Cunha, 1975, pp. 39-50.

[101] Etimologia e significados do verbo alemão *baldowern* (retomando o que foi dito no Prefácio): a palavra hebraica *ba'al-davar* ("o dono das palavras e das coisas"), adaptada pelo iídiche *baldower* como "um eufemismo para o Diabo", entrou para a linguagem dos marginais, designando o "espia", o "olheiro", "aquele que sonda oportunidades para um crime", usando para isso inclusive métodos criminosos; daí é derivado o verbo na linguagem coloquial com o sentido de "sondar, auscultar, explorar", especialmente as opiniões e a mentalidade das pessoas. Cf. esse verbete no dicionário de expressões idiomáticas alemãs, de L. Röhrich, 1991; ver também A. Hatzamri e S. More-Hatzamri, 1995.

[102] A. M. Machado (1976/1991, *Recado do nome*, p. 35), na esteira de C. Proença (1958, pp. 40-42), se atém à significação de *baldo* ("frustrado"), reafirmando que Riobaldo, "como o rio Urucuia, [...] nunca chega ao mar, frustrado em sua vida de jagunço".

vários fatos do texto: 1. a identificação explícita do narrador com o elemento fluvial: "[...] penso como um rio tanto anda: que as árvores das beiradas mal nem vejo...";(GSV: 260) 2. a intenção de contar "a matéria vertente", ou seja, decifrar o "grande sertão" por meio das "veredas" que "sabem" dele;(cf. GSV: 79) 3. a significação alegórica da leitura dos cursos de água por Riobaldo, que na verdade é um comentador de *discursos* — discursos sobre o Brasil que o romance apresenta em forma de desmontagem e remontagem crítica.

Enquanto em Euclides os vários mapas e a descrição verbal visam providenciar um máximo de orientação e controle numa *terra ignota*, o objetivo de Guimarães Rosa, pelo contrário — com os meandros das veredas, dos discursos e da fala do seu narrador-rio —, consiste em caracterizar o sertão como lugar labiríntico.

Qual é a função dessa mitologização do sertão por parte de Guimarães Rosa, no mesmo momento em que o interior do Brasil estava para ser definitivamente controlado pela capital implantada no planalto central? Este feito, afinal, não confirmaria plenamente a visão racionalista e modernizadora de Euclides? Ou será que existem determinadas condições históricas que explicam o aparecimento de discursos labirínticos como em Guimarães Rosa?

O ressurgimento do sertão como labirinto, no nosso romancista, põe em evidência um elemento recalcado por Euclides. Atrás dos mapas de Estado Maior e da vontade de dominar a *silva horrida* por meio da tecnologia e de um volumoso aparato militar, escondia-se um temor. A elite modernizadora do país, à qual pertencia Euclides, temia, assim como a tropa, o confronto com a geografia física e humana do país real: medo de perder-se no "labirinto de montanhas", no "labirinto das veredas" e no "labirinto das vielas" da "*urbs* monstruosa", espaço anárquico de uma população depauperada e crescente, que escapava ao controle e era o oposto dos ideais da ordem e do progresso.

Recorrentes são as passagens em que Euclides fala das "ásperas veredas" do sertão em volta de Canudos, do "dédalo de sangas" e da "rede inextricável dos becos tortuosos" da "Jerusalém [ou Troia] de taipa".(OS: 157) O espírito "do crime e da loucura" daquela cidade, de acordo com os cientistas que examinaram a cabeça cortada de Antônio Conselheiro, estava resumido nas "circunvoluções expressivas" daquele crânio.(OS: 498) A analogia entre o cérebro do líder político e a fisionomia de Canudos está presente também no retrato que nos fornece Euclides. O templo novo, que ali fora executado conforme o plano do Conselheiro, é qualificado pelo escritor como "a própria desordem do espírito delirante".(OS: 168) A cidade como um todo é apresentada como uma "estereografia" da "feição moral da sociedade ali acoitada".(OS: 158) "Cidade selvagem", "*urbs* monstruosa", "*civitas* sinistra do erro", "núcleo de maníacos", morada de uma população de "estádio social inferior" (cf. OS: 157-163) — eis os principais qualificativos que lhe aplica Euclides, numa visão da história inapelavelmente negativa.

Com a transformação do sertão em espaço labiríntico, o autor de *Grande Sertão: Veredas* recupera o desenho desse Brasil recalcado, que Euclides e os adeptos do desenvolvimentismo, com sua mítica fé no progresso, fazem de conta que se apagará — quando as evidências mostram o contrário. Por ironia da história, a fisionomia de Canudos, a despeito de ela ter tido suas 5.200 casas totalmente arrasadas, iria se reproduzir, com o vigor da mitológica Hidra, no traçado dos "polipeiros humanos" que são as quase 4 mil favelas do Brasil dos dias atuais.[103] Convém lembrar que a palavra "monstro" vem de "mostrar". Guimarães Rosa, ao reescrever a obra de Euclides, faz questão de mostrar o que os

---

[103] Conforme o levantamento do IBGE (cf. www.ibge.gov.br), havia 3.850 favelas no Brasil em 2000.

soberanos, desde os tempos do rei Minos de Creta, querem esconder: o duplo monstro que é o irresolvido problema social sobre o qual se estabelece o poder pelo poder. O sertão rosiano em forma de labirinto é o resgate de Canudos — não como cópia daquela cidade empírica, mas como recriação, em outra perspectiva, do Brasil avesso à modernização oficial. A razão de ser histórica do discurso labiríntico de Guimarães Rosa é contestar a visão linear e progressista da história em Euclides.

Metodologicamente falando, a nossa tarefa consistirá em elucidar as estratégias narrativas com as quais o romancista cria as estruturas labirínticas. As errâncias do protagonista Riobaldo pelo labirinto do sertão e sua reconstrução na memória do narrador desenham o mapa de uma mente mítica, individual e coletiva, que é um retrato criptografado do Brasil. Encenando uma "odisseia no espaço", o romance leva o leitor para "dentro" do cérebro e do coração do país. Assim como no filme *2001 — Uma odisseia no espaço*, de Stanley Kubrick (1968), o herói, na luta pela sobrevivência e pela sua identidade, resolve introduzir-se no cérebro da grande máquina que comanda sua vida.

Como movimentar-se adequadamente dentro desse miolo do Brasil representado pelo *Grande Sertão: Veredas*? Precisamos de um método que permita transitar no fio da navalha entre a compreensão analítica da construção do labirinto e a sensação da errância, que é a verdadeira forma de descoberta e de aprendizagem. Mitologizar o mitologizado, como ocorre nas leituras esotéricas, não abre perspectiva nenhuma para o conhecimento do Brasil. Uma alternativa metodológica é a "dissolução" — ou melhor, a *análise* — "da 'mitologia' no espaço da História", tomando cuidado para não liquidar com o potencial cognitivo insubstituível da mitologia.[104] O método que procuramos foi

---

[104] Cf. supra, capítulo I, nota 18.

formulado pelo dramaturgo barroco Daniel Caspar von Lohenstein em forma de um paradoxo: "errar através do labirinto de modo racional".

Utilizando as categorias do estudo de Manfred Schmeling sobre o discurso labiríntico (1987) — que cita a frase de Lohenstein como epígrafe —, podemos distinguir em *Grande Sertão: Veredas* um aspecto teseico e um aspecto dedálico. Assim como o seu mítico precursor Teseu, também Riobaldo é um herói *errando* (itinerando) através do espaço labiríntico. Já do ponto de vista do seu criador, o escritor João Guimarães Rosa, a questão do labirinto se coloca num nível mais técnico. Assim como o labirinto de Creta foi um artefato inventado pelo mítico arquiteto Dédalo, também o labirinto verbal de *Grande Sertão: Veredas* é algo construído, uma *ordem artificial*.

Antes de entrar em detalhes do labirinto *artificial* que é o texto, é preciso distingui-lo dos labirintos *naturais*, de caráter geográfico, como o sertão. Este é um lugar distante da civilização, vasto e escassamente povoado, quase desértico. A paisagem dos chapadões — com caminhos que se bifurcam sem indicação, com nomes repetidos, contraditórios ou trocados — é monotonamente desnorteadora, levando o sujeito a "[andar desconhecido] no errado" e perder-se "em fundos fundos".[GSV: 288-289] Além do mais, trata-se de uma arena de guerra, com despistamentos, camuflagens, emboscadas. Tais características, que já existem em *Os Sertões*, multiplicam-se em *Grande Sertão: Veredas*, onde o teatro de operações não é um lugar fixo como Canudos, mas o sertão inteiro. O material labiríntico fornecido pela natureza é retrabalhado no romance através da invenção artística, com uma toponímia imaginária superpondo-se à geografia real, como vimos no caso do Liso do Sussuarão.

Na combinação de estruturas labirínticas naturais e textuais está uma diferença fundamental do nosso romancista em comparação com o autor d'*Os Sertões*. Enquanto Euclides escreve *sobre* o sertão, apesar da empatia que sente pela "terra", Guimarães Rosa escreve *como* o sertão, incorporando o potencial dedálico da paisagem ao seu método de narrar. O sertão em *Grande Sertão: Veredas* torna-se uma "forma de pensamento".[cf. GSV: 22] [105] O estilo, a composição e o modo de pensar são labirínticos.

O aspecto teseico e o dedálico estão imbricados em *Grande Sertão: Veredas*. Trata-se de um *labirinto narrado* (a história das errâncias de Riobaldo) entrelaçado com o *labirinto da narração* (o trabalho da memória). Um labirinto dentro de um labirinto — essa construção em abismo é o princípio de composição do romance. Também no nível intertextual, sendo a intertextualidade uma das características do discurso labiríntico.[106] Na narrativa rosiana estão embutidos outros textos: entre eles, como já vimos, o labirinto sertanejo descrito por Euclides da Cunha. Com isso, o romance de Guimarães Rosa é um perfeito exemplo daquilo que Penelope Reed Doob define como *invenção labiríntica* — entendendo-se a *inventio* no sentido da poética medieval como um "dar nova forma" a uma obra anterior.[107] É o que caracteriza a relação de *Grande Sertão: Veredas* com *Os Sertões*: "[T]udo o que já está escrito tem constante reforma".[GSV: 410] A ideia da invenção labiríntica contém, portanto, uma teoria da reescrita.

---

[105] Cf. também a declaração de G. Rosa apud G. Lorenz (1970, p. 519; ed. brasileira, p. 89): "die Tatsache, dass ich mich zum Sertão als Denk- und Lebensform bekenne" — "o fato de eu me identificar com o sertão como forma de pensamento e forma de vida" (interpolações minhas).

[106] Cf. M. Schmeling, 1987, pp. 304-306.

[107] P. R. Doob, 1990, p. 198.

Outra característica fundamental do discurso labiríntico é o seu alto grau de reflexividade.[108] É o que ocorre em *Grande Sertão: Veredas* com as duas grandes interrupções da história de vida do protagonista e com inúmeras outras hesitações, dúvidas, perguntas, conjecturas, que expressam uma incerteza constitutiva.[109] "Sei que estou contando errado",(GSV: 77) comenta Riobaldo no momento da primeira interrupção, quando se põe a reorganizar o seu relato. Para poder "decifrar as coisas que são importantes" e contar "a matéria vertente",(GSV: 79) ele tem que se arriscar a "falar do que não sabe", expressando esse transitar pelo desconhecido através da errância pelo sertão. O labirinto natural é também um objetivador para o sujeito narrador poder estruturar o seu trabalho de memória. O labirinto narrado (o sertão) funciona como um *medium-de-reflexão*[110] para o labirinto da narração (a memória), e vice-versa.

O que torna o contar "muito dificultoso"(GSV: 142) — além das intermitências da memória ("a astúcia que têm certas coisas passadas [...] de se remexerem dos lugares") — é o problema da *seleção* dos fatos e da *ordem* de sua apresentação. É o que provoca as interrupções do fluxo narrativo. "[T]odas as minhas lembranças eu queria comigo",(GSV: 236) declara Riobaldo, mas ele sabe que a memória total faria com que tudo se nivelasse e ele não entendesse nada de sua vida. O desafio consiste em "não narr[ar] nada à toa: só apontação principal".(GSV: 234) Riobaldo concentra-se, então, em falar de sua "culpa" e do que "errou".(GSV: 237) A seleção dos fatos, com os quais Guimarães Rosa constrói

---

[108] Cf. M. Schmeling, 1987, pp. 300-307.

[109] Cf. a caracterização do discurso de Riobaldo em F. Schiffer Durães, 1996, pp. 102-115.

[110] W. Benjamin, 1920, pp. 26-40; ed. brasileira, pp. 36-48.

o seu retrato do Brasil, começa desde o proêmio, através da apresentação de *casos*, resultando na triagem dos temas mais significativos: o sertão, o povo, a jagunçagem, o demo, Diadorim e a autorreflexão do narrador.

Quanto à ordem da narração, ela é comandada aparentemente pela espontaneidade da memória afetiva ("Ai, arre, mas: que esta minha boca não tem ordem nenhuma"),^(GSV: 19) pelos movimentos da memória topográfica ("De Arassuaí, eu trouxe uma pedra de topázio"),^(GSV: 49) e pela livre associação ("estou falando às flautas").^(GSV: 49) Na verdade, porém, o escritor tece uma bem calculada *rede de narração* labiríntica a fim de reproduzir adequadamente o emaranhado que é a vida do sertanejo Riobaldo. Em vez de tratar dos complexos temáticos (povo, demo, jagunçagem etc.) um por um, em sequência linear, ele opta por desenvolvê-los simultaneamente, em forma de *redes temáticas*. Trata-se de uma forma de narração espaçada ou constelacional, cujas unidades constitutivas são centenas de fragmentos.

A *fragmentação*, que é uma das características gerais do discurso labiríntico,[111] é em *Grande Sertão: Veredas* um procedimento construtivo básico. Para o narrador rosiano, "o mais importante não é narrar uma história e, sim, despedaçá-la [...]".[112] As redes temáticas constituem-se à medida que os respectivos fragmentos são espalhados por todas as sete partes do romance. Cada uma dessas redes é difícil de ler, mas enquanto no caso do sertão, do Diabo, de Diadorim, da relação narrador : interlocutor e mesmo da jagunçagem, determinadas palavras-chave ajudam a reconstituir o conjunto, a rede labiríntica por excelência é a que trata do povo. Existem, semeadas pelo grande sintagma da nar-

---

[111] M. Schmeling, 1987, p. 299.

[112] "[...] para fazer nascer reflexões"; F. Schiffer Durães, 1996, p. 110.

rativa, bem espaçadas e camufladas pela ênfase dada a batalhas, envolvimentos afetivos, dúvidas existenciais e especulações metafísicas, numerosas *passagens* discretas que retratam a história cotidiana e a cultura do povo. É um "estilo disjuntivo" de narrar,[113] uma forma de "pensa[r] desconjuntado",(GSV: 41) um *discurso labiríntico*.

É pela feitura labiríntica que a representação do sertão por parte de Guimarães Rosa difere radicalmente da de Euclides da Cunha. Enquanto o narrador d'*Os Sertões* descreve o "labirinto monstruoso" do sertão humano com distanciamento e pré-conceitos, como que receando contagiar-se, o narrador de *Grande Sertão: Veredas* mergulha de cabeça nesse labirinto, assemelhando-se a ele no seu modo de pensar e narrar. É a superação da cartografia mimética (mesológica) por um mapeamento da mente humana.[114] O discurso labiríntico de Guimarães Rosa representa o modo como um cérebro trabalha. É a partir do mapa da mente individual de Riobaldo que o escritor elucida o funcionamento da máquina do poder e da mentalidade coletiva, o pensamento do povo sertanejo, resgatando para uma consideração mais objetiva aquilo que Euclides desqualificou como "a própria desordem do espírito delirante".(OS: 168)

Todo leitor de *Grande Sertão: Veredas* já experimentou a dificuldade de reencontrar uma determinada passagem do texto que, de repente, surge na memória, mas não foi anotada na hora. Não a anotamos, porque não nos pareceu tão relevante, a percebemos apenas *en passant*, de modo distraído. Mas agora, que queremos repegá-la, não a achamos no labirinto do texto, nem na primeira, nem na segunda, nem na enésima tentativa,

---

[113] Cf. Demétrios, *Du Style* (*Peri Hermeneias*), §§ 192 e 226.

[114] Cf. S. Weigel, 2002, pp. 164-165.

parece que a frase "mudou de lugar".[cf. GSV: 61] Ora, são essas as passagens com as quais aprendemos, e são justamente essas as que foram deliberadamente escondidas pelo romancista no meio do "entrançado"[GSV: 78] da narração. Se ele provocou em nós a rememoração e a busca, é que o efeito visado foi atingido: fazer com que o leitor compartilhe com o protagonista e o narrador a sensação de errar através do labirinto, experimentando o desconhecido e a descoberta, e remontando junto com o autor o retrato do Brasil.

Grande Sertão: Veredas pertence ao gênero dos romances de aprendizagem.[115] A forma mais intensa, mais proveitosa da aprendizagem é, como se lê no *Doktor Faustus*, de Thomas Mann, "o aprender por cima de vastos espaços de ignorância".[116] Eis o que o romance de Guimarães Rosa proporciona com relação a essa *terra ignota* que é o Brasil: uma viagem de aprendizado através do país. *Grande Sertão: Veredas* combina o potencial das duas vertentes do romance de formação goethiano: os "anos de aprendizado" e os "anos de andanças". Sua composição labiríntica, com buscas, errâncias, autocorreções, descobertas é o modelo de um processo de aprendizagem, no plano da história narrada como do método de narrar. Na tradição dos processos de aprendizagem, a ideia de labirinto sempre ocupou uma posição-chave. Desde a Antiguidade o labirinto é comparado ao cérebro humano e concebido como "metáfora da aprendizagem".[117] É essa a experiência que nos proporciona o romance de Guimarães Rosa, ao localizar o sertão "dentro da gente".[GSV: 235]

---

[115] Cf. D. Arrigucci Jr., 1994, pp. 17-20.

[116] Th. Mann, 1947/1971, p. 59.

[117] P. R. Doob, 1990, pp. 83-84.

O convite para uma participação ativa do leitor, implícito nos reiterados apelos de Riobaldo para que o seu interlocutor "escreva" o que lhe é narrado,^(GSV: 220, 378, 413) configura uma ideia de *reescrita*, projetada desta vez para o futuro. Para pensar possíveis desdobramentos futuros do narrar labiríntico de Guimarães Rosa, as recentes pesquisas no campo da tecnologia da informação podem abrir novas trilhas. Se o sertão rosiano, como vimos, não é apenas um espaço geográfico — seja empírico, seja alegórico —, mas sobretudo o mapa de uma mente, por que não estudá-lo como um *espaço virtual*? Com vistas a novos horizontes, parece-me frutífero reinterpretar o método labiríntico de narrar de *Grande Sertão: Veredas* através dos conceitos de *hipertexto* e *internet*.

O conceito de "hipertexto" eletrônico foi introduzido e definido em 1965 pelo programador e *designer* Theodor Holm Nelson,[118] que se apoiou no trabalho pioneiro de Vannevar Bush, "As We May Think" (1945).[119] Analisando as operações básicas da mente humana — para fundamentar seu projeto de escrever com recursos computacionais um livro novo a partir dos já existentes —, Bush observou que estas se realizam por associação de ideias, construção de "uma rede de trilhas" e um trabalho transitório da memória. Exatamente assim funciona o hipertexto. Escrever ou ler um hipertexto, explica Nelson, libera o sujeito das contingências de uma ordem linear e sequencial; de acordo com sua intuição e suas necessidades de informação, ele pode criar conexões de pensamento, chamados *links*, com outras

---

[118] Cf. Th. Nelson, 1987, 1/14-1/19, em que é retomado o texto de 1965. Como lembra o autor, muito antes do hipertexto *eletrônico* já existiam outras formas de hipertexto, desde a Antiguidade; como exemplo ele cita o Talmude, a coletânea das leis e costumes da tradição judaica.

[119] Reimpresso in: Th. Nelson, 1987, 1/39-1/54.

partes do texto ou com textos de outros autores. Com isso abre-se um espaço informacional — intra e intertextual — que é virtualmente infinito. O potencial revolucionário do novo meio ficou patente quando o hipertexto, de natureza virtual, foi combinado com um suporte material de alcance global, a internet, em forma da *world wide web*, inventada no início dos anos 1990 por Tim Berners-Lee.[120] Com isso, um antigo sonho parece realizável: que cada leitor se torne também autor.

O labirinto é o hipertexto das eras arcaicas, sendo que Guimarães Rosa, no limiar da era eletrônica, teve a intuição do meio tecnológico novo. Vamos focalizar uma observação do romancista sobre a relação entre a invenção da linguagem e um aparelho que tem afinidade com o tipo de construção dos primeiros computadores. No seu prefácio ("Pequena palavra"), escrito em 1956, à *Antologia do conto húngaro* (1958) de Paulo Rónai, o autor de *Grande Sertão: Veredas*, livro publicado naquele mesmo ano de 1956, descreve a língua húngara com estas palavras:

> "[É] uma língua *in opere*, fabulosamente em movimento, [...] toda possibilidades, como se estivesse sempre em estado nascente [...]. [E]la aceita quaisquer aperfeiçoamentos [...], permite todas as [...] manipulações da gênese inventiva individual [...] como os forames de um painel de mesa telefônica, para os engates *ad libitum*." (p. XXIV)

O modo como o romancista fala dos potenciais criativos da língua húngara é uma perfeita descrição dos procedimentos de invenção de uma nova linguagem, que caracteriza a sua própria obra.

---

[120] Cf. T. Berners-Lee, 1999.

O sertão como forma de pensamento

Guimarães Rosa construiu, como vimos, uma rede de redes temáticas, um hipertexto — que, significativamente, se encerra (encerra?) com o signo do infinito. A errância do protagonista e a organização labiríntica do saber por parte do narrador são viagens através de um espaço enciclopédico, o *Grande Sertão: Brasil*, por meio de trilhas ou *links*, que são as unidades de conexão do hipertexto. A especificidade do hipertexto rosiano — eis a diferença em comparação com o ensaio de Euclides da Cunha (ao qual também se poderiam atribuir algumas características "hipertextuais")[121] — está na *narração-em-forma-de-rede*. Com essa forma, Guimarães Rosa antecipa o princípio estratégico que fundamenta a construção da internet: uma rede, que evita um centro hierárquico — como ocorre no relato autoral de Euclides —, para propor rotas múltiplas de comunicação.[122] Ao transitar por intermédio do seu personagem-narrador por centenas de discursos de outros personagens e outros autores, o romancista torna-se o arquiteto de um espaço informacional, um *network* ao qual se refere o nosso estudo com um título que significa *Grande Sertão: Brasil*.

Com efeito, o romance de Guimarães Rosa é "uma rede construída para observar e conhecer [outras] redes".[123] *Grande Sertão: Veredas* é um *website* dedicado ao estudo dos discursos sobre o Brasil. A *home page* desse *site* foi descrita neste capítulo: o sertão como forma de pensamento labiríntico, ou seja, como

---

[121] Cf. a análise d'*Os Sertões*, por W. Galvão (1994, pp. 626-627), em termos de "uma narrativa virtualmente polifônica", "um imenso diálogo a muitas vozes", "um simpósio de sábios", "uma vasta intertextualidade", mediados pelo narrador.

[122] Cf. S. A. da Silveira, 2001, p. 13.

[123] Cf. H. Böhme, 2003, p. 599.

narração em forma de rede. Eis a base do romance, na qual estão conectados todos os demais elementos constitutivos. São redes simultaneamente dispostas, que trataremos de decifrar neste ensaio. Em primeiro lugar, o discurso do poder. Tendo aprendido a retórica do poder com seu mentor Zé Bebelo (ver o capítulo III, "O sistema jagunço"), Riobaldo, enquanto pactário do Pai-da-Mentira e dono de terras e jagunços, lançará mão de recursos retóricos ainda mais astuciosos (capítulo IV, "O pacto..."). Em segundo lugar, a questão da *mediação* entre os códigos culturais em choque e o problema da *inteligibilidade* do "outro", o que é emblematizado pelo narrador enquanto *jagunço letrado* e pela figura enigmática de Diadorim (capítulo V). Em terceiro lugar, as falas e o retrato do povo, presentes em centenas de fragmentos semeados por todo o romance. A multidão é a figura intrínseca da obra, o grande desconhecido, mantido a distância e temido pela camada dominante; é o *monstrum* escondido no labirinto (ver os capítulos VI, "A nação dilacerada", e VII, "Representação do povo e invenção da linguagem").

III. O sistema jagunço

Os Sertões e *Grande Sertão: Veredas*, cuja matéria histórica comum é a guerra no sertão, são retratos do Brasil sob o signo da violência e do crime. Os protagonistas são em ambos os casos os "jagunços", mas o sentido deste termo nos dois livros é muito diferente. O nome "jagunços" é atribuído por Euclides da Cunha de forma bastante arbitrária aos rebeldes religiosos de Canudos, que foram aniquilados pelo Exército brasileiro na campanha de 1897, conforme relata o próprio ensaísta. Já em Guimarães Rosa — que apresenta uma história ficcional (aproximadamente da mesma época) de lutas de potentados locais, como aliados ou opositores do Governo, mas sobretudo entre si —, os "jagunços", de acordo com a acepção mais comum da palavra, são os capangas ou pistoleiros que constituem aqueles exércitos particulares.[124]

A palavra "jagunço" e a instituição da jagunçagem revestem-se, assim, de importância estratégica para se compreender o fenômeno da violência e do crime no Brasil. Ao retratar o país

---

[124] Cf. as distinções entre o banditismo coletivo e o fanatismo religioso em O. Vianna, 1949/1987, I, pp. 153-154; e em R. Facó, 1963/1980, pp. 30-45.

sob o ângulo da jagunçagem, Guimarães Rosa traz à tona o componente de violência que está na origem de todo poder constituído.[125] No enfoque de considerar *Grande Sertão: Veredas* uma reescrita crítica d'*Os Sertões*, pode-se dizer, com uma formulação extrema, que esse romance, narrado por um *jagunço letrado*, coloca em debate a maneira tendenciosa e arbitrária com que o *letrado* Euclides da Cunha apresenta o *jagunço*. O romancista move, por assim dizer, um processo contra o ensaísta-historiógrafo, em nome da autenticidade da língua e da verdade dos fatos. A história é narrada de forma que o leitor compartilhe com o protagonista a iniciação ao mundo jagunço, que é como a aprendizagem de uma língua, em que se trata de aprender e reaprender o significado da palavra "jagunço" no contexto político, social e econômico do Brasil.

Um micromodelo desse processo encontra-se no conto "Famigerado", de *Primeiras estórias* (1962). É a história de um jagunço que vai até a casa de um cidadão-doutor (o narrador) para pedir-lhe uma explicação sobre o significado da palavra "famigerado", ou melhor, exigir satisfação sobre o uso que esse letrado fez da palavra, com referência a ele, o jagunço. Numa instigante leitura, Renato Janine Ribeiro (2002) — interpretando o conto à luz da teoria política e da teoria da linguagem de Hobbes — identificou, no procedimento do letrado, um dos *abusos* do discurso. Em termos hobbesianos, houve o ato de "ferir o outro com a língua", ou seja, o uso da linguagem como arma.

---

[125] Cf. W. Benjamin, 1921, "Zur Kritik der Gewalt" (Crítica da violência — crítica do poder). Note-se que na palavra alemã "Gewalt", com a qual se designam os três poderes constitutivos do Estado moderno, convivem os sentidos de "poder" e de "violência", e que o ensaio de Benjamin é uma investigação jurídica, filosófica e histórica desse campo semântico.

O conto aguça a nossa atenção sobre o que Guimarães Rosa desenvolveu numa escala bem mais ampla em *Grande Sertão: Veredas*. É como se o jagunço letrado que é o narrador do romance batesse à porta do "narrador sincero" de Euclides da Cunha, para resolver uma questão jurídica. Na verdade, o autor d'*Os Sertões* conhecia muito bem o significado da palavra "jagunço". Ele o define como "um bravo condutício [...] batendo-se lealmente pelo mandão que [o] chefia".(OS: 188) Como autor de atos de violência, por exemplo, como "saqueador de cidades",(OS: 186) o jagunço é a expressão dos "desmandos impunes de uma política intolerável de potentados locais".(OS: 188) Não obstante essas constatações, Euclides, ao longo do seu relato da campanha de Canudos, resolve empregar a palavra num sentido deturpado. *Jagunços* passam a ser, para ele, os habitantes de Canudos — que não foram saqueadores de cidades, mas retiraram-se para aqueles ermos do sertão, a fim de organizarem lá a sua comunidade; não eram chefiados por mandões políticos, mas seguiam um líder religioso; e, em vez de sustentar a política abusiva dos potentados locais, desvencilharam-se deles em busca de um projeto político alternativo.

Ao falar dos antecedentes da guerra de Canudos, o autor d'*Os Sertões* deixa entrever, embora apenas por um momento, como funciona o sistema do poder no Brasil. A "justiça armada" do Estado, escreve ele, costuma "parlamenta[r] com os criminosos", isto é, com os chefes de jagunços, e "ratifica[r] [com eles] verdadeiros tratados de paz, sancionando a soberania da capangagem impune".(OS: 189) Quer dizer: existem acordos entre o poder central e os potentados locais, por meio dos quais o que seria crime é reconhecido como lei. Essas observações de Euclides são corroboradas por pesquisas históricas e sociológicas. De acordo com Oliveira Vianna (1949), o *banditismo coletivo*, notadamente a arregimentação de *capangas* pelos chefes políticos do sertão, é no Brasil uma instituição do direito público costumeiro.[126] Longe de ser uma exceção, o banditismo, enquanto exercício organizado da violência particular em conivência com a autoridade pública, "aparece inserido no cerne mesmo da organização sócio-econômico-política" do país.[127] Maria Isaura Pereira de Queiroz, em *O mandonismo local na vida política brasileira* (1969), fala do "equilíbrio de forças", durante a Primeira República, entre o governo central e os mandões locais, que "tratam-se de potência a potência".[128] E Walnice Galvão (2001) informa que um potentado do sertão como o barão de Jeremoabo teve no conflito de Canudos uma influência de peso na política do Estado e na esfera federal.[129]

Euclides da Cunha, apesar de ter descrito com precisão as estruturas de poder, tira repentinamente o foco dos latifundiários chefes de jagunços. Isso, no momento em que era o caso de aprofundar o estudo das causas da guerra com um perfil dos senhores do sertão, que sentiam a migração da mão de obra para Canudos como uma ameaça ao seu sistema.[130] Em vez disso, o autor d'*Os Sertões* passa a substituir o retrato do país real por um Brasil inventado: uma república que seria a retomada do modelo revolucionário francês de 1789! O ensaísta, embora tenha mostrado o Estado brasileiro primando pela "transigência das leis",(OS: 188) resolve estigmatizar como *criminosos* os declarados adversários desse regime. Ao qualificar os membros da comunidade de Canudos como "jagunços" (as recorrências em *Os Sertões* são inú-

---

[126] O. Vianna, 1949/1987, I, pp. 153 e 181.

[127] W. Galvão, 1972, p. 24.

[128] M. I. Pereira de Queiroz, 1969, p. 5.

[129] W. Galvão, 2001, pp. 23-27.

[130] Sobre a posição do barão de Jeremoabo, e em particular sobre "o êxodo de trabalhadores", cf. C. Novais Sampaio (org.), 1999, pp. 17-29 e 43-46.

meras), Euclides da Cunha colaborou, ao lado de outros letrados, na *criminalização* dos habitantes daquela cidade, discriminando-os perante a opinião pública e isolando-os do corpo da nação.[131]

O equacionamento ideológico entre "jagunços" e "canudenses" ou "fanáticos religiosos", disseminou-se em larga escala, a partir da obra de Euclides. Assim, o verbete "jagunço", do *Dicionário da terra e da gente do Brasil* (1961), de Bernardino José de Souza, traz a seguinte informação: "Particularmente [...] o termo crismou o grupo de rebeldes de Canudos, povoação [...] onde se homiziaram os fanáticos de Antônio Conselheiro. [...] Sobre ele há a epopeia d'*Os Sertões* de Euclides da Cunha, um dos maiores livros da língua portuguesa [...]". Essas denominações tendenciosas foram submetidas a uma revisão crítica por parte de José Calasans, que inaugurou nos anos 1950 uma linhagem de estudos "não-euclidianos" sobre Canudos.[132] A partir daí, conforme Walnice Galvão, "o rótulo genérico de 'fanáticos' [...] deixou de ser empregado. E mesmo o termo tão pejorativo de 'jagunço', que afinal é sinônimo de capanga e de bandido, passou a ser usado com mais cuidado".[133] Todavia, apesar desses esforços de pesquisa, a maioria dos estudiosos de Euclides e de Canudos continua se referindo aos canudenses como "jagunços", como pude observar durante o Simpósio Internacional, realizado por ocasião do centenário da publicação d'*Os Sertões*, na primeira semana de dezembro de 2002, em Salvador, Feira de Santana e Canudos.

O historiador e escritor Euclides da Cunha teve portanto amplo sucesso com seu uso tendencioso da palavra "jagunço". Ora, como isso é compatível com a sua intenção declarada de

---

[131] Cf. D. Bartelt, 1997 e 1998.

[132] Cf. J. Calasans, 1986 e 1970.

[133] W. Galvão, 2001, p. 104.

"denunciar" a campanha de Canudos como "um crime" cometido pelos "mercenários inconscientes",[OS: 14] que representariam, em princípio, a parte "civilizada" do Brasil? Lembramos que a denúncia atinge seu auge no capítulo "Um grito de protesto", [OS: 463-464] em que o autor dá seu depoimento de testemunha ocular dos últimos dias da batalha. Comentando a prática dos soldados de degolarem os prisioneiros, Euclides escreve: "Aquilo não era uma campanha, era uma charqueada. Não era a ação severa das leis, era a vingança". O ensaísta concebe seu grito de protesto como uma forma de apelar para "o juízo tremendo do futuro" — comentando, porém, meio resignadamente, que "a História não iria até ali".

O que torna problemática a denúncia da guerra por parte de Euclides, é que ele desenvolve paralelamente um discurso de legitimação da mesma guerra. Baseando-se no pressuposto social-darwinista do "esmagamento inevitável das raças fracas pelas raças fortes",[OS: 14] ele considera o aniquilamento dos sertanejos pela "implacável 'força motriz da História'", de acordo com a teoria de Gumplowicz,[134] como uma espécie de lei. Essa contradição do autor d'*Os Sertões* já foi objeto de comentários. Luiz Costa Lima observa que a denúncia "se manifesta em independência da explicação 'científica'", ficando limitada a uma declaração humanista.[135] Berthold Zilly vê um choque entre os valores da *civilitas*, apenas retórica, e o racionalismo instrumental de uma *civilização* que justifica a modernização pela força.[136]

---

[134] Sobre a leitura ou "desleitura" que Euclides fez da obra de Ludwig Gumplowicz, 1883, *Der Rassenkampf* (*A luta das raças*), ver L. Costa Lima, 1997, pp. 28-32.

[135] L. Costa Lima, 1997, p. 27.

[136] B. Zilly, 1996, pp. 276-277.

Como é que o *éthos* ambíguo de Euclides, a combinação da retórica da denúncia com o discurso de legitimação, afeta o seu método de escrever a história? O "narrador sincero" d'*Os Sertões* apresenta um discurso duplo. Por um lado, a argumentação "científica" na parte II ("O Homem") de que o sertanejo seria um "retardatário" e "retrógrado" serve para justificar a intervenção militar em nome da modernização — um pressuposto básico que jamais é abandonado ou questionado. Por outro lado, a narração na parte III ("A Luta") funciona como compensação estética; é uma estilização literária da campanha, com páginas de heroísmo, de empatia com a tragédia das vítimas e de denúncia. A coexistência equilibrada desses dois tipos de discurso tem sido vista pela crítica como uma prova da qualidade literária da obra. Ora, o que desempata a situação de equilíbrio é precisamente a palavra "jagunço". Usada estrategicamente ao longo de todo o relato, ela faz a balança do juízo pender para o lado desfavorável aos canudenses. O autor d'*Os Sertões*, que se fazia de advogado deles diante do tribunal da História, acusando as forças do Governo, acaba assumindo também o papel do juíz: valendo-se da maleabilidade das palavras, ele estigmatiza como "criminosos" as vítimas, legitimando o seu extermínio.

A revisão crítica do significado da palavra "jagunço", empreendida a partir dos anos 1950 e 1960 por historiadores como José Calasans ou sociólogos como Rui Facó (1963) e Maria Isaura Pereira de Queiroz (1968 e 1969), ocorreu também na literatura, como o mostra justamente o romance de Guimarães Rosa. Com isso levanta-se, aliás, uma pergunta geral, à qual se procura responder ao longo desta investigação: em que consiste a contribuição específica de *Grande Sertão: Veredas* para o conhecimento da jagunçagem?

No centro do seu romance — que, assim como *Os Sertões*, se filia ao gênero dos discursos diante do tribunal — Guimarães

Rosa colocou uma cena de julgamento, que parece ser uma réplica deliberada à obra do seu precursor. Essa cena põe em xeque a afirmação de Euclides da Cunha de que o juízo da História não se deslocaria até o sertão.(cf. OS: 463-464) Trata-se do julgamento de Zé Bebelo na Fazenda Sempre-Verde por Joca Ramiro e seus jagunços,(GSV: 196-217) com a conotação alegórica de um tribunal da História no meio do sertão. Esse episódio já foi objeto de três análises detalhadas (Starling, Bolle e Roncari),[137] que serão comentadas mais adiante.

Aqui eu já gostaria de adiantar que, diferentemente dos dois colegas, não vejo nessa cena uma expressão de supostas utopias políticas de Guimarães Rosa. Entendo-a, pelo contrário, como um retrato do Brasil real, em forma de uma radiografia da instituição chamada pelo autor de "sistema jagunço".(GSV: 391) Essa instituição se autoencena e debate sobre si mesma, com todos os seus elementos: os chefes, os subordinados, os combatentes do lado de cá e o inimigo, a guerra, o crime, a lei, o poder e as estruturas econômicas e sociais. Na ótica dos interessados, essa encenação tem a função de legitimar o sistema vigente. Paralelamente, é promovida uma reflexão crítica sobre a jagunçagem, por uma instância narrativa que às vezes está mais próxima do autor que do protagonista-narrador, uma vez que este, o chefe de jagunços Riobaldo, não deixa de ser parte interessada.

Para compreendermos o retrato dessa instituição em *Grande Sertão: Veredas*, não podemos nos restringir apenas à cena do julgamento. Temos de nos inteirar também do contexto, ou seja, organizar toda a rede dos discursos e comentários da jagunçagem, constituída pelos fragmentos esparsos ao longo do romance, sendo

---

[137] H. Starling, 1999, pp. 91-129 ("O nome rodeante"); W. Bolle, 2000, pp. 34-47 ("O sistema jagunço"); L. Roncari, 2001 ("O tribunal do sertão").

que muitos deles convergem para essa cena-chave, mas há também elementos que sugerem perspectivas diferentes. Nesse sentido, a presente análise da jagunçagem como sistema discursivo, centrada na cena do julgamento na Fazenda Sempre-Verde, será precedida de uma descrição do grande sintagma da história do jagunço Riobaldo,[138] em forma de um resumo topográfico.

1. Topografia da jagunçagem

"Jagunço é o sertão",[GSV: 236] diz o narrador de *Grande Sertão: Veredas*. Com efeito, a história do jagunço Riobaldo e de seus companheiros representa, assim como *Os Sertões*, um caso exemplar de narrativa histórica como história de um espaço. Mas enquanto a epopeia de Euclides, centrada na "Troia de taipa",[OS: 157] retoma o modelo da *Ilíada*, o romance de Guimarães Rosa — uma guerra cavalariana, de constante movimento, tendo como cenário a imensidão dos sertões de Minas Gerais, da Bahia e de Goiás — é a *Odisseia* da literatura brasileira.[139] Aqui procura-se dar conta dessa característica com um resumo cartográfico da história narrada, por meio de mapas que ilustram a topografia da jagunçagem. Uma tal viagem pelo interior equivale a uma incursão pela história do país.[140] Assim como o último mapa do

---

[138] Este procedimento apoia-se na própria história do método: é com base nas análises estruturais da narrativa e do mito elaboradas por R. Barthes e Cl. Lévi-Strauss que M. Foucault desenvolveu a análise do discurso (cf. M. Frank, 1988, pp. 25-44).

[139] Esta comparação entre *Os Sertões* e *Grande Sertão: Veredas* e a *Ilíada* e a *Odisseia*, esboçada aqui a partir das evidências topográficas, mereceria ser desenvolvida também em outros planos.

[140] Cf. C. Prado Jr., 1942/1971, p. 12; e V. Nunes Leal, 1949/1993, p. 254.

capítulo anterior, também os três mapas seguintes foram inspirados pelos trabalhos precursores de Alan Viggiano (1974) e Marcelo de Almeida Toledo (1982) sobre o itinerário do jagunço Riobaldo. No entanto, agora a sua função é diferente. Enquanto lá se tratava de dar uma introdução geral ao cenário do romance, aqui os mapas visam mostrar como o quadro topográfico se transforma em paisagem política.

De acordo com a ordem escolhida pelo narrador de *Grande Sertão: Veredas*, começamos no meio dos acontecimentos (cf. Mapa 5: *Topografia da jagunçagem — in medias res*). Observando o itinerário de Riobaldo nessa fase intermediária entre a primeira e a segunda parte de sua vida, percebemos que se trata de quatro grandes movimentos, correspondendo à exploração dos pontos cardinais. Em direção ao Norte, uma incursão dos jagunços sob a chefia de Medeiro Vaz ao Liso do Sussuarão, numa tentativa (frustrada) de atacar a fazenda do Hermógenes, e a retirada. Depois, numa manobra para escapar das tropas do Governo, um deslocamento do bando para o extremo Oeste e o Noroeste, do rio Acarí até o Jalapão, em Goiás. Em seguida, a grande travessia de Riobaldo em direção ao Leste, como mensageiro estabelecendo contato com os bandos aliados de Sô Candelário, Titão Passos e João Goanhá, na outra banda do Rio São Francisco. Perseguidos pelos soldados, desde o município de Tremedal (Monte Azul) até a Serra Escura, os jagunços se dispersam; sentindo que "durante um tempo, carec[e] de ter algum serviço reconhecido",[GSV: 56] Riobaldo trabalha na mineração, perto de Arassuaí. Finalmente, a sua volta, via Grão-Mogol e Brasília de Minas para a banda oeste do São Francisco, e em direção ao Sul, até o Marcavão, onde Riobaldo encontra Medeiro Vaz agonizante. A chefia acaba sendo assumida por Zé Bebelo, que voltou do exílio e se transformou de caçador de jagunços em partidário deles; ele leva o bando até a Fazenda São Serafim.

Esboçados o roteiro e os principais acontecimentos, examinemos em que consiste, nessa parte do livro, a informação específica sobre o fenômeno da jagunçagem. Registremos que antes, no proêmio, o sertão é introduzido como lugar "onde criminoso vive seu cristo-jesus, arredado do arrocho de autoridade".(GSV: 9) Portanto, um espaço que serve de asilo ou couto aos bandidos. De fato, uma das características do Brasil, como expõe Oliveira Vianna (1949), é o seu povoamento ter começado com o direito expresso de "couto e homizio".[141] O *coiteiro*, ou seja, o indivíduo que dá proteção aos criminosos, e o seu corolário, o *capanga*, são "tipos sociais que o período colonial elaborou" e que "florescem [até hoje], onde a autoridade do poder público é fraca ou ausente". Um conjunto que parece ser de "foragidos [...] por crimes de morte", "esplêndidas vocações de homens-lígios dos senhores rurais",[142] faz-se sugestivamente presente, desde as primeiras páginas do romance, com os nomes de Rincha-Mãe, Sangue-d'Outro, o Rasga-em-Baixo, Faca-Fria etc., jagunços que integram os bandos de chefes como Medeiro Vaz, Joca Ramiro, Zé Bebelo, Ricardão e Hermógenes. Esse quadro inicial é completado com a narração de alguns casos (Joé Cazuzo, Firmiano Piolho-de-Cobra, e o delegado Jazevedão), que evocam um universo onde se misturam a violência, o regime do medo e o desejo de milagres.

Na parte seguinte, *in medias res*, o leitor trava contato com o protagonista já iniciado na jagunçagem. Ele está no meio do caminho entre um raso atirador e um aspirante a chefe, esperando sem pressa a sua hora e sua vez. A condição de vida do raso jagunço é resumida laconicamente nestes termos: "Jagunço não se escabreia com perda nem derrota — quase que tudo para ele é o

---

[141] O. Vianna, 1949/1987, I, pp. 179-181.

[142] Op. cit., p. 180.

Mapa 5: Topografia da jagunçagem — *in medias res*

O traçado do itinerário de Riobaldo nos mapas 5, 6 e 7 se atém às referências geográficas reais na medida do possível; no mais, em se tratando de ficção, é conjectural. Os topônimos inventados são marcados com *.

Sob o comando de Medeiro Vaz, tentativa frustrada de atravessar o Liso do Sussuarão* ------

1. Chapadão do Urucuia, Bom-Buriti*.(GSV: 27, 233-234) — **2.** Aroeirinha*: encontro com Nhorinhá.(GSV: 28) — **3.** "Entortando para a Serra das Araras".(GSV: 29) — **4.** Bambual do (Ribeirão do) Boi.(GSV: 37) — **5.** Entrando no Liso*: "lagoa de areia"(GSV: 39) (G. Rosa suprime os rios, como o Carinhanha). — **6.** Desistência de atravessar o Liso*, retirada.(GSV: 44) — **7.** Lagoa Sussuarana.(GSV: 45) — **8.** Atravessando o rio Pardo.(GSV: 46) — **9.** e o rio Acari.(GSV: 46)

Diante da investida dos soldados do Governo, retirada do bando para Goiás ------

10. Perseguição pelos soldados do Governo.(GSV: 46) — **11.** Rota de fuga: rio Piratinga.(GSV: 46) — **12.** Rio São Domingos.(GSV: 46) — **13.** Descendo para Goiás.(GSV: 46) — **14.** até o Jalapão(GSV: 47) (G. Rosa desloca esse lugar árido do extremo norte de Goiás, atual Tocantins, para o sul). — **15.** na rota do sal, entre Goiás e São Romão.(GSV: 51)

Viagem de Riobaldo como mensageiro; contato com os bandos aliados; perseguição pelos soldados ------

16. Riobaldo inicia sua viagem como mensageiro.(GSV: 52) — **17.** atravessando o rio Acari.(GSV: 53) — **18.** e o Rio São Francisco.(GSV: 53) — **19.** rumo a Tremedal/Monte Azul.(GSV: 53) — **20.** Serra da Jaíba: encontro com João Goanhá.(GSV: 53) — **21.** Cachoeira do Salto: luta contra os soldados de tenente Plínio.(GSV: 53) — **22.** Jacaré Grande: luta contra os soldados de tenente Rosalvo.(GSV: 53) — **23.** Rota de fuga: Serra do Deus-Me-Livre.(GSV: 55) — **24.** Passagem da Limeira.(GSV: 55) — **25.** Chapada do Covão.(GSV: 55) — **26.** Serra Escura.(GSV: 55) — **27.** Arassuaí: trabalho na mineração.(GSV: 56)

Volta de Riobaldo para o bando de Medeiro Vaz; início da chefia de Zé Bebelo ------

28. Grão-Mogol.(GSV: 58) — **29.** Brasília (de Minas).(GSV: 58) — **30.** Atravessando o Rio São Francisco.(GSV: 58) — **31.** Chapadão do Urucuia.(GSV: 58) — **32.** Errâncias.(GSV: 58, 62) — **33.** Marcavão*: morte de Medeiro Vaz.(GSV: 62-63) — **34.** Rio Paracatu: Zé Bebelo assume a chefia.(GSV: 70-71) — **35.** Rio do Sono: tiroteio na Faz. S. Serafim*.(GSV: 76) lembrança de dois lugares traumáticos: as Veredas-Mortas* e o Paredão.(GSV: 76-77)

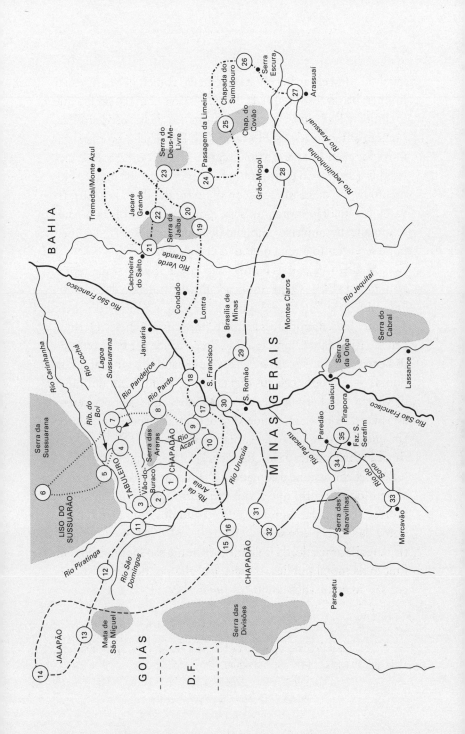

igual. [...] Pra ele a vida já está assentada: comer, beber, apreciar mulher, brigar, e o fim final".(GSV: 45) Não é com tão pouco que se contenta Riobaldo, atento observador dos chefes: Medeiro Vaz, homem antigo e "de estado calado", e Zé Bebelo, progressista, inovador e tendo a paixão do discurso. Nesse contexto são esclarecidos o sentido, o estatuto legal e a legitimação da luta. O elemento básico da história — como, no fundo, de toda a narrativa — é a questão moral, ou seja, a luta do Bem contra o Mal, sendo que, no universo ambíguo de Guimarães Rosa, o jagunço pode servir tanto a uma quanto à outra causa.

Medeiro Vaz e seus homens são caracterizados como representantes do Bem. O que motiva a luta de Riobaldo do lado dos "medeiro-vazes"(GSV: 37) é o desejo de vingar a morte do chefe anterior, Joca Ramiro, assassinado por seus subchefes Hermógenes e Ricardão. O protagonista do romance pertence portanto à categoria dos *bandits d'honneur*, os "bandidos vingadores da honra" — em oposição aos que fazem do banditismo um meio de vida:[143] "os hermógenes e os [ri]cardões" que, além de serem assassinos, "roubavam, defloravam demais, determinavam sebaça em qualquer povoal atoa, renitiam feito peste".(GSV: 46) A legitimação desta guerra é sintetizada pela fala com que o novo chefe, Zé Bebelo, assume o comando: "Vim cobrar pela vida de meu amigo Joca Ramiro, que a vida em outro tempo me salvou de morte... E liquidar com esses dois bandidos, que desonram o nome da Pátria e este sertão nacional!".(GSV: 70) Os valores particulares da amizade, da lealdade e da honra são mobilizados em função da moral pública, ou seja, da "alta política", e os inimigos são anatemizados como "os *Judas*".(GSV: 71)

---

[143] De acordo com a tipologia de bandidos em M. I. Pereira de Queiroz, 1968, pp. 194-195, e 1977, pp. 205-208.

O sistema jagunço

Depois de o protagonista-narrador ter esclarecido, na parte antecipada *in medias res*, o quadro moral e o sentido de sua existência como jagunço, ele passa a narrar sua história em ordem cronológica. A primeira parte de sua história(GSV: 79-234) transcorreu na banda direita do Rio São Francisco (cf. Mapa 6: *Topografia da jagunçagem — iniciação de Riobaldo*). Nesse processo de iniciação podemos distinguir várias etapas.

Uma fase preparatória ocorre na Fazenda São Gregório com a narração de histórias de jagunços pelo padrinho e pai Selorico Mendes,(GSV: 87-88) que marcam a imaginação de Riobaldo desde a adolescência e influenciarão o seu rumo de vida. Com a evocação de cidades como São Francisco da Arrelia, Januária, Carinhanha, Urubú, Pilão Arcado, Chique-Chique e Sento-Sé esboça-se um mapeamento do universo jagunço em todo o vale do São Francisco.[144] Quanto à apresentação da jagunçagem, por parte de Guimarães Rosa, observamos, assim como na temática do sertão, uma mistura entre o real e o ficcional, com a diferença de que agora estes últimos elementos predominam sobre os primeiros. Existem, contudo, na parte que estamos comentando, no mínimo três referências a figuras históricas reais: o Neco, ou seja, Manoel Tavares de Sá, que em 1879 atacou Januária e Carinhanha; o Liobas (Francisco Leobas de França Antunes), que atuou na região de Pilão Arcado; e João Brandão, monarquista e traficante de armas, que aparece também no ensaio de Euclides da Cunha.[145] É mais fácil identificar figuras históricas quando

---

[144] Para uma sinopse cartográfica, ver o mapa da parte navegável do rio, de Pirapora (km 0) até Juazeiro (km 1371), no livro de Z. Neves, 1998, p. 2.

[145] Sobre Leobas, cf. W. Lins, 1952/1960, p. 97. Sobre João Brandão, cf. OS: 304, sendo que G. Rosa grifou este trecho no seu exemplar; cf. também OSB, p. 800.

sua projeção ultrapassa o âmbito estritamente local, para ganhar notoriedade em nível regional ou mesmo nacional, como no caso de Antônio Dó, Horácio de Matos e Rotílio da Manduca, com os quais topamos em outros trechos do romance.[146] Os dados reais conferem maior autenticidade à narração, ao passo que a elaboração ficcional dá às construções do imaginário coletivo e do sentido histórico uma forma exemplar e memorável. Como no caso da aparição do bando de Joca Ramiro, certa madrugada, no São Gregório: o conjunto dos elementos — a figura imponente do chefe, seu sombrio capataz Hermógenes, a massa escura dos cavalos e cavaleiros, a estrela-d'alva e a canção de Siruiz — forma um quadro romantizado, a ser guardado "no giro da memória".(GSV: 95)

Para acompanharmos o contato de Riobaldo com o mundo dos jagunços nas etapas seguintes, o mapa revela-se bastante útil. A primeira parada depois de sua fuga da fazenda do pai é a pequena cidade de Curralinho (Corinto). Aqui também a combinação dos dados do romance com informações encontradas em outras fontes ajuda a ancorar a história de Riobaldo no tempo histórico real. Apesar de o romancista ter apagado propositadamente quase todas as referências cronológicas — ou justamente por causa disso —, subsiste a curiosidade de saber quando se passou de fato essa história. O autor não deixa de incentivar o leitor a recompor a cronologia a partir de pequenas indicações camufladas no texto. Assim, na casa do comerciante seo Assis Wababa, para onde se dirige Riobaldo, o alemão Vupes dá a notícia de "que em breves tempos os trilhos do trem-de-ferro se

---

[146] Cf., respectivamente, GSV: 16, 128-129, e S. Martins, 1979, *Antônio Dó*; GSV: 53, e O. Barbosa, 1956, *Horácio de Matos, sua vida, suas lutas*; GSV: 341, 346, e M. Bandeira, 1957b, "Rotílio Manduca".

armavam de chegar até lá, o Curralinho então se destinava ser lugar comercial de todo valor".[(GSV: 97)] Uma consulta ao *Dicionário histórico-geográfico de Minas Gerais*, de Waldemar de Almeida Barbosa (1968/1995), nos informa que a inauguração da estação da Estrada de Ferro Central do Brasil em Corinto se deu em 20 de março de 1906. Portanto, o primeiro contato de Riobaldo com a jagunçagem é anterior a essa data.[147] E posterior à instituição da República, referência de diversos pronunciamentos de Zé Bebelo. Eis o que permite datar as lutas de jagunços retratadas por Guimarães Rosa num tempo bastante próximo ao da guerra de Canudos.

Esclarecidos os motivos individuais e as circunstâncias históricas do contato de Riobaldo com a jagunçagem, podemos nos valer agora da qualidade sintetizadora do mapa para resumir toda a primeira parte da vida de Riobaldo por meio de três traçados, em tamanho crescente, que marcam suas incursões pelo "alto brabo Norte" de Minas Gerais.

O seu itinerário inicial leva-o de Corinto até a Fazenda Nhanva, à beira do Jequitaí, para ser professor particular do dono. Trata-se de Zé Bebelo, que reuniu com dinheiro do Governo uma tropa de capangas e soldados a fim de "abolir o jaguncismo", o que ele imagina como trampolim para uma carreira política. Como secretário de Zé Bebelo, Riobaldo acompanha a investida dessa tropa contra os jagunços, notadamente os ban-

---

[147] Esses dados contradizem a cronologia estabelecida por F. Aguiar (2001, pp. 71-72), segundo a qual a fuga de Riobaldo do São Gregório e o início de sua vida como jagunço teriam ocorrido em 1913. Há inclusive uma passagem que nos leva a datar a história do jagunço Riobaldo de antes de 1896: "[...] nas eras de [18]96, quando os serranos [...] tomaram conta de São Francisco. [...] Essas coisas já não aconteceram mais no meu tempo, pois por aí eu já estava retirado para ser criador, e lavrador de algodão e cana".[(GSV: 128-129)]

Mapa 6: Topografia da jagunçagem — iniciação de Riobaldo

0. O lugar da cena iniciática: na foz do Rio-de-Janeiro, Riobaldo menino atravessa o Rio São Francisco com o Menino/Diadorim.(GSV: 79-86)

Primeiro contato de Riobaldo com o mundo da jagunçagem junto com o caçador de jagunços Zé Bebelo ....
1. Fazenda São Gregório*: o pai narra histórias de jagunços;(GSV: 87-88) pernoite do bando de Joca Ramiro na fazenda;(GSV: 90-95) Riobaldo foge da casa do pai.(GSV: 96) — **2.** Curralinho/Corinto: Riobaldo é indicado como professor.(GSV: 99) — **3.** Viagem beirando a Serra do Cabral.(GSV: 99-100) — **4.** Fazenda Nhanva*: Riobaldo professor e secretário de Zé Bebelo.(GSV: 100-103) — **5.** Rumo ao "alto brabo Norte": Riobaldo acompanha as tropas de Zé Bebelo que pretende liquidar com os jagunços.(GSV: 103) — **6.** Município de Brasília: vitória sobre o bando do Hermógenes;(GSV: 104) discurso "eleitoral" de Riobaldo em favor de Zé Bebelo.(GSV: 104) — **7.** Entre Lontra e Condado: vitória sobre o bando do Ricardão.(GSV: 105) — **8.** Continuação da guerra rumo a Grão-Mogol; Riobaldo foge.(GSV: 105) — **9.** Cavalgada de uns 20 dias até o Rio das Velhas.(GSV: 106)

Ao reencontrar Diadorim, Riobaldo entra para o bando dos jagunços de Joca Ramiro ____
10. Córrego do Batistério: reencontro com o Menino/Diadorim;(GSV: 107-108) sob a chefia de Titão Passos, Riobaldo se integra ao bando de Joca Ramiro. — **11.** Rumo ao norte, levando munição.(GSV: 109) — **12.** Mata da Jaíba: acampamento do Hermógenes.(GSV: 123-154) — **13.** Alto dos Angicos: sob o comando do Hermógenes, primeiro combate de Riobaldo, sua iniciação à matança.(GSV: 154-165) — **14.** No É-Já*: concentração das forças de Joca Ramiro.(GSV: 185-191) — **15.** Chapada-da-Seriema-Correndo*: vitória sobre Zé Bebelo.(GSV: 191-193) — **16.** Fazenda Sempre-Verde*: julgamento de Zé Bebelo.(GSV: 196-217) — **17.** Via Gorutuba e Solidão rumo ao sul, encostado no Rio São Francisco: Riobaldo e Diadorim, sob o comando de Titão Passos.(GSV: 217-218) — **18.** Guararavacã do Guaicuí: lugar idílico, de repouso.(GSV: 218-224)

Depois da morte de Joca Ramiro: início da luta contra os assassinos Ricardão e Hermógenes ....
19. Notícia da morte de Joca Ramiro, início da "outra guerra".(GSV: 224-226) — **20.** Na região do rio Verde-Grande: enquanto os "judas" escapam para o oeste, o bando de Riobaldo e Diadorim é perseguido pelos soldados.(GSV: 229-230) — **21.** Ribeirão Traçadal: combate em retirada contra os soldados.(GSV: 230) — **22.** Fuga: "Em Bahia entramos e saímos, cinco vezes".(GSV: 231) — **23.** Via Malhada e Brejo dos Mártires: um destacamento com Riobaldo e Diadorim sai rumo ao sul.(GSV: 231) — **24.** perto da barra do rio Urucuia: travessia do Rio São Francisco.(GSV: 232) — **25.** Fazenda Santa-Catarina*: conhecimento de Otacília.(GSV: 233) — **26.** Bom-Buriti* (nos Gerais do Urucuia): Riobaldo e Diadorim integram-se ao bando de Medeiro Vaz.(GSV: 234)

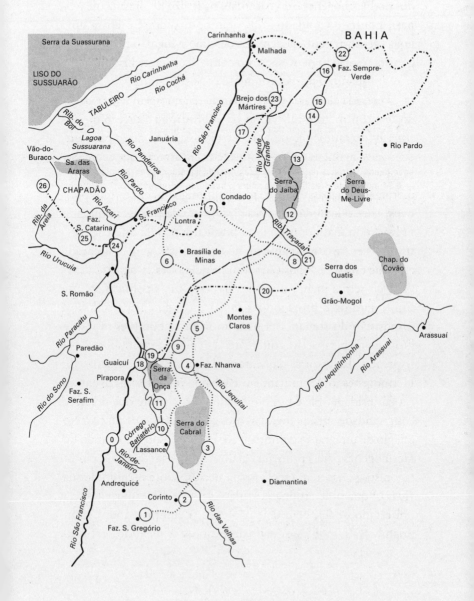

dos do Hermógenes e do Ricardão, na região de Brasília (de Minas), Lontra e Condado. No entanto, quando se prepara uma nova ofensiva, perto da demarca de Grão-Mogol, o nosso protagonista resolve fugir, desgostoso com a "constante brutalidade".

Enquanto o primeiro contato consistiu numa "visão de fora", a entrada efetiva de Riobaldo para a jagunçagem se dá a partir do reencontro com o Menino (Diadorim), no Córrego do Batistério (no município de Várzea da Palma). Sua razão para juntar-se aos jagunços é puramente afetiva: a atração que sente por Diadorim. Como o chefe supremo desse bando é Joca Ramiro, o protagonista passa para o lado do inimigo ou, em termos políticos, para o lado da "oposição". Diga-se de passagem que, no universo do mandonismo local brasileiro, não há diferenças estruturais entre o agrupamento dos que constituem a "situação" e os que estão na "oposição". Em princípio, esses papéis são reversíveis sem a menor mudança das estruturas políticas.[148] Assim, o fato de o protagonista mudar de lado é sobretudo um dispositivo do romancista para focalizar as questões morais e jurídicas de perspectivas diferentes, em plano e contraplano. Na sequência da história, na Mata da Jaíba, no acampamento do Hermógenes, predominam em Riobaldo o espírito de aventura e a curiosidade. Ele é um observador participante que descreve com acuidade antropológica os usos e costumes dos jagunços. No estágio de integração definitiva, ao ser levado sob o comando do Hermógenes para a primeira batalha contra os zé-bebelos, o protagonista já não tem escolha para decidir sobre o rumo de sua vida. O que o determina já "[n]ão era nem o Hermógenes, era um estado de lei, nem dele não era, eu cumpria, todos cumpriam".(GSV: 160) É esse estado de lei que será debatido e ratifica-

---

[148] Cf. M. I. Pereira de Queiroz, 1969, p. 47.

do, como veremos mais adiante, durante o julgamento de Zé Bebelo, na Fazenda Sempre-Verde.

A terceira incursão de Riobaldo pelo Norte de Minas inicia-se no mesmo ponto onde terminara a segunda: na Guararavacá do Guacuí, para onde se deslocaram os jagunços sob a chefia de Titão Passos, a fim de cumprirem tarefas rotineiras como receber remessas e vigiar algum rompimento de soldados. Ali eles recebem a notícia do assassinato de Joca Ramiro. É o início da "outra guerra", ou seja, uma luta interna do bando, das forças leais ao chefe assassinado contra os traidores e criminosos Hermógenes e Ricardão. Fracassa, porém, o estratagema de cercar os inimigos perto de Grão-Mogol e de acabar com eles. Em vez disso, Riobaldo e seus companheiros sofrem a perseguição feroz dos soldados do Governo, que não diferenciam entre o lado do "Bem" e do "Mal" nessa "briga particular"[GSV: 231] entre os jagunços da oposição. Um dos episódios da fuga já foi narrado antecipadamente no proêmio: a visão da Virgem pelo Joé Cazuzo — o único "jagunço comportado ativo para se arrepender no meio de suas jagunçagens"[GSV: 18] —, durante a luta contra os soldados do tenente Reis Leme e os cabras do coronel Adalvino, no ribeirão Traçadal, distrito de Rio Pardo.[GSV: 230] No mais, a perseguição é tão implacável que os jagunços têm que se refugiar várias vezes no estado da Bahia. Finalmente, enquanto os homens de João Goanhá, Alípio Mota e Titão Passos "se escondem, por uns tempos, em fazendas de donos amigos, até que a soldadesca se espairecesse",[GSV: 231] um pequeno destacamento com Riobaldo e Diadorim parte para combater o Hermógenes "da banda de lá do Rio do Chico". Via Malhada, Mingú e Brejo dos Mártires, eles chegam perto da barra do Urucuia, onde cruzam o São Francisco para se juntarem, via Fazenda Santa Catarina (onde Riobaldo conhece Otacília), ao bando de Medeiro Vaz.

Portanto, como foi evidenciado pelo Mapa 6 — que resume as lutas na fase de iniciação de Riobaldo —, o romance apresenta a jagunçagem sob três perspectivas bem distintas e complementares: com os aliados do Governo (Zé Bebelo) contra os jagunços da oposição (Joca Ramiro), com estes contra os partidários do Governo e, finalmente, a luta interna entre os jagunços, com os amigos de Joca Ramiro contra os traidores. Esta guerra "particular" reveste-se de interesse público, na medida em que opõe os jagunços defensores da "alta política" aos jagunços "criminosos". O itinerário que acabamos de percorrer emenda com o já comentado roteiro *in medias res* (Mapa 5), que vai do encontro com Medeiro Vaz até o tiroteio perto da Fazenda São Serafim, sob o comando de Zé Bebelo, que passou, assim como Riobaldo — e também por motivos particulares, não por razões políticas — do lado do Governo para o da oposição. Resta, para completar esta sinopse, a terceira e última projeção (cf. Mapa 7: *Topografia da jagunçagem — chefia de Riobaldo*), que resume a segunda parte da vida de Riobaldo, tendo como cenário a banda esquerda do São Francisco.

De modo geral, ocorre nessa segunda metade da história uma desidealização da condição jagunça. Os elementos épicos e românticos, que incentivaram comparações com o mundo dos cavaleiros medievais,[149] cedem lugar a uma visão desencantada e prosaica, em que a instituição da jagunçagem é vista no seu imbricamento com o problema social.

A primeira etapa, como podemos visualizar com a ajuda do mapa, é o episódio da Fazenda dos Tucanos (perto da cidade de São Romão), onde os homens de Zé Bebelo travam uma luta de sobrevivência contra o bando do Hermógenes, pelo qual foram

---

[149] Cf. sobretudo C. Proença, 1958, pp. 13-29 ("Dom Riobaldo do Urucuia, cavaleiro dos Campos Gerais").

cercados. É ali que Riobaldo percebe que ele e os demais companheiros correm o risco de serem sacrificados em proveito das ambições políticas do seu chefe. Contornado esse problema, a etapa seguinte confronta os jagunços com os catrumanos do Pubo e do Sucruiú. Diante desses homens, que encarnam o "país de mil-e-tantas misérias", o "palavreado" de Zé Bebelo é desmascarado como um mero "faz de conta". O questionamento de Riobaldo — "De que é que adiantava, se não, estatuto de jagunço?"(GSV: 306-307) — atinge seu ponto crítico no encontro com o latifundiário seô Habão, que explora os catrumanos como escravos. Riobaldo, então, se dá conta de sua real condição de raso jagunço: longe de estarem acima dos pobres, ele e seus companheiros fazem parte da plebe rural, são mão de obra a ser usada conforme as necessidades dos poderosos. Nessa situação, o pacto com o Diabo, nas Veredas-Mortas, se lhe apresenta como o meio mágico para passar para o outro lado da máquina social.

Aproveitar-se dos miseráveis do campo, transformando-os em mão de obra jagunça — é assim que Riobaldo assimila a lição de seô Habão, a partir do momento em que ele assume a chefia do bando. O itinerário desses homens vai do Sucruiú e do Pubo, onde são recrutados à força, até o Paredão, onde travam a serviço do chefe a batalha final, depois da qual "os vivos sobrados" são repostos "de volta, na terra deles".(GSV: 455) Portanto, uma viagem da miséria à jagunçagem e de volta da jagunçagem à miséria. É sob o signo dessa moral que se realizam as ações de Riobaldo como chefe e empreiteiro. Em vez de "altas artes de jagunços", o romance narra "muitos fatos miúdos" de violências e sofrimentos. As ações de Riobaldo mostram o quanto ele próprio já interiorizou a brutalidade: na Fazenda Barbaranha, cogita tomar à força uma das moças da família; nos chapadões do Urucuia, ele se exibe diante de seus homens ameaçando de morte vários transeuntes; no Liso do Sussuarão, degola um dos cabras

Mapa 7: Topografia da jagunçagem — chefia de Riobaldo

Sob a chefia de Zé Bebelo: da Fazenda São Serafim até a Fazenda dos Tucanos ....
1. Fazenda São Serafim*.(GSV: 76; 238) — **2.** Ribeirão do Galho-da-Vida.(GSV: 244) — **3.** Fazenda dos Tucanos*: o bando de Zé Bebelo é cercado pelo bando do Hermógenes; tentativa de traição de Zé Bebelo.(GSV: 244-280)

Da Fazenda dos Tucanos até as Veredas-Mortas _____
4. Rumo ao poente: fuga a pé.(GSV: 281-282) — **5.** Currais-do-Padre*: reabastecimento com cavalos.(GSV: 287) — **6.** Chapadão do Urucuia: plano de buscar munição na Virgem-Mãe*.(GSV: 288) — **7.** Errância: "andávamos desconhecidos no errado"(GSV: 288) (confusão de lugares: em vez da Virgem-Mãe*, Virgem-da-Lage*, longe para o sul; limite do rastreamento cartográfico, imprecisão proposital, sensação de labirinto). — **8.** Povoado do Pubo*: encontro com os catrumanos.(GSV: 292, 289) — **9.** Povoado do Sucruiú*: lugar da miséria, *locus terribilis*.(GSV: 296) — **10.** Retiros do Valado* e da Coruja*, propriedades de seô Habão.(GSV: 301, 303) — **11.** Veredas-Mortas*: lugar do pacto de Riobaldo com o Diabo.(GSV: 316-320)

Sob a chefia de Riobaldo: das Veredas-Mortas até a Fazenda do Hermógenes _____
12. Fazenda da Barbaranha*: encontro com seo Ornelas.(GSV: 339-349) — **13.** Os brejos da beira do Paracatú.(GSV: 350) — **14.** Chapadão do Urucuia.(GSV: 351) — **15.** "No findar do Chapadão, longe no poente".(GSV: 365) — **16.** Serra do Tatu.(GSV: 367) — **17.** Serra dos Confins.(GSV: 367) — **18.** No Lagamar: travessia do Urucuia.(GSV: 367) — **19.** Beirando o Ribeirão da Areia: deserção dos urucuianos.(GSV: 368; 375-378) — **20.** Vão-do-Ôco: projeto-surpresa de trespassar o Liso do Sussuarão*.(GSV: 380) — **21.** Passagem pelo Alto-Carinhanha.(lembrada em GSV: 389) — **22.** Travessia do Liso do Sussuarão*: "Sobrelégios?".(GSV: 382-389) — **23.** Ataque à Fazenda do Hermógenes*: captura da mulher dele.(GSV: 389-391)

Da volta estratégica por Goiás até a batalha final ____
24. Por Goiás... o Jalapão... Praticando o "sistema jagunço".(GSV: 391) — **25.** Morro dos Ofícios: "Sertão não é malino nem caridoso".(GSV: 392-394) — **26.** Verde-Alecrim*: as raparigas Hortência e Maria-da-Luz.(GSV: 397-400) — **27.** Fazenda Carimã*: do Zabudo.(GSV: 405-408) — **28.** Contornando a Serra das Divisões.(GSV: 409) — **29.** Travessia do rio São Marcos: "em Minas entramos".(GSV: 410) — **30.** Campos do Tamanduá-tão: vitória sobre o bando do Ricardão.(GSV: 413-422) — **31.** Cererê-Velho: Riobaldo afasta-se para ir atrás de Otacília.(GSV: 426-433) — **32.** Paredão: chegada de Riobaldo;(GSV: 433) batalha final: vitória sobre o Hermógenes, morte de Diadorim.(GSV: 438-454)

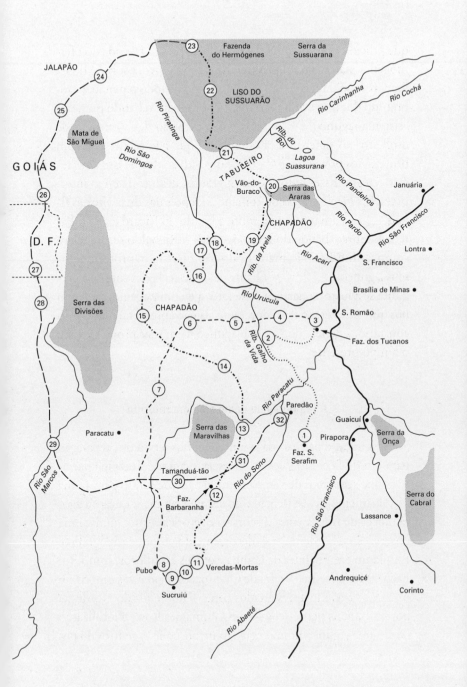

que procura se revoltar. No ataque de surpresa à fazenda do Hermógenes, não se fazem prisioneiros, como outrora sob Zé Bebelo, mas "o mal regueu".(GSV: 390) Ao longo de todo o percurso, sobretudo durante a volta estratégica por Goiás, o bando pratica o "sistema jagunço",(GSV: 391) isto é, a extorsão de "vantagens de dinheiro". A determinação do chefe "que não se entrasse com bruteza nos povoados"(GSV: 395) é um indício de que isso deve ter sido a regra. Esses feitos, todos inglórios, desautorizam as interpretações idealizadoras do romance. Depois das duas vitórias finais — no Tamanduá-tão, sobre o bando do Ricardão, e no Paredão, sobre o bando do Hermógenes —, Riobaldo se estabelece como latifundiário às margens do São Francisco, protegido por seus jagunços.(cf. GSV: 457) Diante desse desfecho levanta-se a pergunta se a história narrada é, de fato, a de um *ex*-jagunço, como nos quer fazer crer o narrador, ou se ela não apresenta, muito pelo contrário, a gênese do sistema jagunço, com suas projeções para o tempo presente.

2. A jagunçagem como sistema retórico

Retraçar o *percurso* da jagunçagem nos serviu de preparação para estudá-la como *discurso*. Ou seja, o grande sintagma narrativo, que acabamos de ver, constitui o pano de fundo para a cena de julgamento de Zé Bebelo e do sistema jagunço, que será agora objeto de uma análise discursiva e retórica. Antes ainda, uma observação de ordem geral, decorrente do enfoque topográfico. Enquanto em Euclides da Cunha e outros estudiosos, como Rui Facó e Maria Isaura Pereira de Queiroz, os *jagunços*, assim como os *cangaceiros*, são apresentados como fenômenos do Nordeste, portanto, mais periféricos — em Guimarães Rosa, a localização do sistema jagunço numa região limítrofe com os centros do poder, incluindo o território do Distrito Federal, confere ao texto o caráter de um retrato alegórico do Brasil. O que significa essa encenação de bandos organizando o crime e disputando o poder no planalto central? O sistema jagunço, enquanto instituição situada ao mesmo tempo na esfera da Lei e do Crime, deixa de ser um fenômeno regional e datado, para tornar-se uma representação do funcionamento atual das estruturas do país.

Qual é, nesse contexto e no conjunto do romance, a importância da cena do julgamento?[GSV: 196-217] Convergem nesse episódio os principais fios da narrativa da jagunçagem: a questão moral e existencial, as considerações sobre crime e lei, os interesses particulares e "políticos". O que fica de fora é o problema social, uma omissão que já pode ser anotada como uma das características da retórica da jagunçagem. Em termos de método, Guimarães Rosa apresenta a guerra no sertão através do prisma dos *discursos*, diferentemente de Euclides da Cunha, que a narra como uma sequência de *acontecimentos*. Com dois terços do texto descrevendo "A Luta", o autor d'*Os Sertões* privilegia a *histoire événementielle*, nos moldes genético-causais e lineares do historicismo. Já em *Grande Sertão: Veredas* questiona-se a primazia dada às "guerras e batalhas", em prol de "outras coisas",[cf. GSV: 77] mais importantes: a compreensão da mentalidade e do sistema de poder que rege o universo dessas guerras. É por meio do enfoque da instituição jagunçagem como sistema discursivo-retórico que o romance se torna uma refinada modalidade ficcional da historiografia das estruturas.[150]

Ao investigar essa questão é preciso examinar quais são as contribuições dos estudos já existentes sobre a jagunçagem em *Grande Sertão: Veredas*.

---

[150] Cf. F. Braudel, 1949 e 1958.

O trabalho pioneiro nesse campo foi realizado por Walnice Galvão em *As formas do falso* (1972). Embora ela não se proponha explicitamente a traçar um retrato do Brasil, seu estudo contém elementos de tal retrato, na medida em que focaliza a jagunçagem como fenômeno não apenas regional, mas revelador das estruturas do país inteiro. A autora analisa detalhadamente a "condição jagunça", sob quatro aspectos: a constituição das unidades de poder no Brasil, a partir da propriedade latifundiária; as unidades de produção econômica e sua função na economia mundial; as relações de trabalho no meio rural; e as formas de organização política a partir da categoria do "inútil utilizado".[151] Estabelecendo um diálogo interdisplinar sobre o fenômeno da jagunçagem, entre o texto de *Grande Sertão: Veredas* e pesquisas conceituais das Ciências Humanas — como as de Capistrano de Abreu e Oliveira Vianna, Caio Prado Jr. e Maria Isaura Pereira de Queiroz —, Walnice fornece os indispensáveis parâmetros históricos, institucionais, econômicos e sociais para se entender o universo descrito no romance. A melhor parte dessa investigação interdisciplinar é o exame crítico de uma forma de discurso, *a medievalização do sertão*, usada por uma legião de letrados para construir o retrato do país.[152] Escreve Walnice Galvão:

> "[A] analogia entre jagunço e cavaleiro andante, latifúndio e feudo, coronel e senhor feudal, sertão e mundo medieval [...] é uma velha tradição em nossas letras, que força uma semelhança nobilitadora e minimiza a necessidade de estudar o fenômeno naquilo que tem de específico."[153]

---

[151] W. Galvão, 1972, pp. 15-47.

[152] Op. cit., pp. 51-68.

[153] Op. cit., p. 52.

Desse uso "ideológico" do discurso medievalizador por parte da classe letrada é preciso distinguir — como bem o mostra o romance de Guimarães Rosa — o uso conforme a tradição popular. Nesse universo pré-conceitual, as histórias de Carlos Magno e dos doze pares de França, de cavaleiros andantes e donzelas guerreiras, de animais e do Diabo são "o único modelo histórico de que dispõe a plebe rural [...] para mais ou menos objetivar o seu destino".[154] A análise realizada em *As formas do falso* exemplifica assim o princípio geral de que a qualidade de um escritor (e de um crítico) se mede pela consciência da linguagem. Uma das principais contribuições de Walnice Galvão consiste em ter introduzido no debate o conceito do "jagunço letrado".[155] No entanto, como o seu estudo caminha de um amplo quadro geral da condição jagunça para a história individual de Riobaldo como "ponteador de opostos" e para a interpretação do caso de Maria Mutema como "a matriz imagética mais importante do romance",[156] a análise do sistema jagunço a partir da perspectiva do jagunço letrado resta como uma tarefa ainda a ser cumprida.

Na linhagem de estudos aberta por Walnice Galvão, o artigo de Sandra Vasconcelos sobre "Coronelismo e jagunçagem em *Grande Sertão: Veredas*" (2002) sublinha a necessidade de estudar o romance com base em conceitos históricos e sociológicos, além das fontes documentais usadas pelo escritor. Nesse sentido convém esclarecer, com Vitor Nunes Leal (1949), o termo-chave "coronelismo".[157] Derivado do título de "coronel" da

---

[154] Op. cit., p. 57.

[155] Op. cit., p. 77.

[156] Op. cit., p. 121.

[157] V. Nunes Leal, 1949/1993, pp. 19-21.

Guarda Nacional,[158] que era concedido geralmente aos mais opulentos fazendeiros e usado pelos sertanejos para designar os chefes políticos em geral, esse vocábulo caracteriza o sistema do mandonismo local na evolução político-social do Brasil. Uma contribuição importante de Sandra é a diferenciação entre os conceitos de *jagunço* e *cangaceiro*, que vários estudiosos, incluindo Walnice Galvão, usam como sinônimos — ao contrário do romancista, que emprega o segundo termo apenas uma vez, na fala de um dos personagens.[159] Os *jagunços* ou *capangas* são "homens assalariados a serviço de um fazendeiro que formava assim seu exército privado", ao passo que os *cangaceiros* são "homens independentes que se organizavam em bandos sob a direção de um chefe prestigioso".[160] Apesar dessa distinção, Sandra afirma que "os jagunços de *Grande Sertão: Veredas*" não são "nem capangas", "nem cangaceiros", e sim, "homens livres", um "tipo compósito que retém características dos dois"[161] — o que não é corroborado pelos dados do texto. Sandra Vasconcelos conclui com a constatação de que Guimarães Rosa "narra a morte do mundo jagunço", no período final da República Velha, em que "entrava em declínio" "o poder político dos coronéis".[162] Essa leitura estritamente cronológica e empírica da história não leva em conta,

---

[158] A Guarda Nacional foi criada em 1831, com o fim de preservar a ordem pública, e substituída depois de 1889 pela Polícia Militar dos estados; cf. V. Nunes Leal, 1949/1993, pp. 181-217.

[159] O velho do Morro dos Ofícios chama Riobaldo de "Chefão cangaceiro".(GSV: 393)

[160] S. Vasconcelos, 2002, p. 325. Cf. também R. Facó, 1963/1980, pp. 30-38 e 164-171; e M. I. Pereira de Queiroz, 1977, pp. 43-44 e 205-208.

[161] S. Vasconcelos, 2002, pp. 327-328.

[162] S. Vasconcelos, 2002, p. 331.

porém, o apagamento proposital de datas por parte de Guimarães Rosa, que visa representar também a dimensão "possível" e alegórica da história.

É precisamente a concepção alegórica que norteia as três interpretações que focalizaram recentemente o episódio central do julgamento de Zé Bebelo (Starling, 1999; Bolle, 2000; Roncari, 2001),[163] sendo que cada um destes autores entende a alegoria num sentido diferente.

Heloisa Starling, que concebe o romance de Guimarães Rosa como "aberto sobre um vazio original instituinte da História do Brasil", interpreta-o *a priori* como uma narrativa de "cenas de fundação" ou "gestos fundadores", realizados pelos chefes de jagunços.[164] Um tal gesto de fundação seria praticado na cena do julgamento por Joca Ramiro, que "transmuta" essa cena na "possibilidade de interação pública entre homens mediados pela lei".[165] De acordo com Heloisa,

"[...] havia ali uma oportunidade inédita de se fazer a experiência política da vida em comum, posto que a ideia do júri proposto por Joca Ramiro situava a direção real da sociedade nas mãos dos governados ou de uma porção dentre eles, espalhando no meio de toda aquela gente algumas virtudes cívicas."[166]

Essa leitura, que projeta sobre o romance um discurso de cidadania extraído de teóricos como Hannah Arendt e Alexis de Tocqueville, não examina em que medida esse discurso é compatível com o do narrador rosiano, que é o mediador de toda a

---

[163] Cf. supra, nota 137.

[164] H. Starling, 1999, pp. 17 e 19.

[165] Op. cit., p. 122.

[166] Op. cit., pp. 112-113.

história e que, enquanto chefe de jagunços e letrado, é peça integrante do sistema vigente. O Brasil dos coronéis e capangas é pouco analisado no estudo de Heloisa Starling, que também fica devendo a prova de que Guimarães Rosa seja o porta-voz de um Brasil alternativo, de utopias políticas e sociais. A meu ver, a única utopia do romancista — com uma estratégia não iluminista, mas luciférica — é a invenção de uma nova linguagem (cf. o capítulo final deste ensaio). No mais, seu projeto consiste em revelar o funcionamento do sistema *real* do poder no país, mostrando inclusive como determinadas utopias são manipuladas pela retórica dominante.

Luiz Roncari, que sublinha a diferença de sua interpretação da cena do julgamento com relação a Heloisa Starling, introduz novas perspectivas teóricas, dentre as quais a de Oliveira Vianna. Contudo, ele também vê na cena do tribunal uma "tentativa, encabeçada por Joca Ramiro, de se constituir uma outra ordem no sertão". Mais precisamente, a fundação de

> "[...] uma instituição que incorporasse o costume, em vez de simplesmente combatê-lo para erradicá-lo e substituí-lo por uma ordem artificial vinda de fora, como fazia Zé Bebelo, usando para isso dos mesmos meios violentos dos jagunços. [...] De alguma forma, o Brasil estava sendo ali também alegorizado, como um enorme espaço periférico [...], experimentando as possibilidades de civilização [...]."[167]

O objetivo principal de Roncari é mostrar como se dá, com a montagem de um tribunal no sertão, "a incorporação das instituições modernas pelos costumes arcaicos".[168] Identificamos

---

[167] L. Roncari, 2001, p. 220.

[168] Op. cit., p. 227.

aqui uma ideia cara a Oliveira Vianna, cujas "ideias e teorias", de acordo com Roncari, "parecem sustentar muitas das representações de Guimarães Rosa". Sem dúvida, a leitura do romance à luz do autor de *Instituições políticas brasileiras* (1949) abre importantes perspectivas de compreensão. O que é problemático, no entanto, é procurar fundamentar, e até certo ponto enquadrar, a complexa ordem ficcional de um escritor com a inventividade de Guimarães Rosa numa teoria já pronta. Não seria mais proveitoso para o conhecimento do Brasil trabalhar com a hipótese de que *Grande Sertão: Veredas* tem um potencial igual (e talvez até superior) ao das teorias já conhecidas, mas que ainda precisa ser decifrado? Eis o grande desafio da interpretação. Quanto à leitura "alegórica" de Luiz Roncari, registremos que ela difere da teoria da alegoria de Walter Benjamin,[169] na qual se apoia a presente análise. Em vez da ruptura e fragmentação do tempo, Roncari propõe uma concepção contínua e linear da história e, em vez da desconstrução do mito, um enfoque mitificador dos personagens ("Zé Bebelo/ Hermes/ Mercúrio", "Joca Ramiro/ Zeus/ Júpiter").[170] A interpretação do episódio do julgamento como "*modernização conservadora*"[171] levanta a pergunta se ela está condizente com a visão desenganada da história por parte de Guimarães Rosa, cujo objetivo, assim como o de Benjamin, não é harmonizar o discurso do poder, mas revelar seu funcionamento.

Na análise que publiquei em 2000 já foi esclarecido que a "instauração de um *tribunal da história*" no meio do sertão não

---

[169] Cf. W. Benjamin, 1928a/1974, pp. 336-409; ed. brasileira, pp. 181-258.

[170] Cf. L. Roncari, 2001, pp. 233 e 242.

[171] L. Roncari, 2001, p. 244.

é importante apenas para se entender a história narrada, mas também "o discurso do narrador".[172] A cena do julgamento constitui uma das provas mais evidentes de que o romance de Guimarães Rosa pertence ao *genus iudiciale*, aos discursos diante do tribunal. O que diferencia a minha investigação das acima comentadas é o enfoque da *relação entre o discurso da jagunçagem como instituição e o discurso mediador do narrador rosiano*, que faz parte dessa estrutura, ao mesmo tempo em que se distancia criticamente dela. O romancista encena o discurso da jagunçagem para desconstruí-lo. O que caracteriza a cena do julgamento e toda a apresentação do sistema jagunço é a combinação de uma visão de dentro com um ponto de vista de fora,[173] numa perspectiva autorreflexiva. Nesse sentido, a invenção do narrador como um *jagunço letrado* é um verdadeiro achado de Guimarães Rosa, através do qual a sua pesquisa sobre a jagunçagem se destaca de todas as demais.

A representação desse sistema em *Grande Sertão: Veredas* é estruturada da seguinte forma. Num primeiro nível, Riobaldo comenta criticamente os discursos sobre a jagunçagem, principalmente as falas dos chefes — a partir de sua perspectiva de iniciante e raso combatente. Num segundo nível, depois de ter se tornado chefe e empresário, ele mesmo passa a ser um dos porta-vozes do sistema jagunço — uma condição que não se limita à história narrada, mas se projeta no presente da narração. O leitor, então, é incentivado a examinar criticamente também o discurso do narrador — aproveitando as lições aprendidas com o Riobaldo comentador de discursos alheios.

---

[172] Cf. W. Bolle, 2000, p. 36.

[173] Cf. a visão "com" e a visão de "fora" em J. Pouillon, 1946, pp. 74-84 e 102-117; ed. brasileira, pp. 54-61 e 74-84.

Trata-se, portanto, de uma composição narrativa e "judicial" muito complexa. Ao contrário de outros estudiosos da jagunçagem, o romancista não coloca o seu narrador numa suposta posição de objetividade "do lado de fora", mas como alguém que vive nas contingências do sistema vigente. Com isso, ele retoma o problema exatamente no ponto onde Euclides da Cunha se desviou e alterou o sentido da palavra "jagunço": na análise da justiça do Estado que "parlamenta com os criminosos" e "sanciona a soberania da capangagem impune".(OS: 189) Ao focalizar o sistema jagunço, Guimarães Rosa não retrata um poder paralelo, mas *o poder*. Procurando dar conta da complexidade dessa questão, resolvi estudá-la em duas etapas, focalizando neste capítulo a iniciação de Riobaldo ao discurso da jagunçagem e seus comentários, e no capítulo seguinte o seu discurso como narrador "pactário", integrante do sistema. Depois de todos esses longos mas necessários pressupostos, vamos agora à análise da cena do julgamento, o episódio-chave a partir do qual se pode ter uma visão de toda a rede de discursos, comentários e fragmentos que definem o sistema jagunço.

O julgamento na Fazenda Sempre-Verde visa muito além da pessoa empírica de Zé Bebelo. Discute-se ali a instituição representada alegoricamente pelo seu nome. "Bebelo" ou "Rebêlo", de *re-bellum* — aquele que sempre volta a praticar a guerra,[174] aquele que "gostava prático da guerra, do que provava um muito forte prazer"(GSV: 287) — é uma figuração da própria guerra. Depois da vitória do bando de Joca Ramiro sobre as forças de Zé Bebelo pode-se ter por um momento a impressão de que "[a]cabou-se a guerra",(GSV: 194) como exclama alegremente um dos personagens. Mas isso não passa de uma ilusão, pois a guerra

---

[174] Cf. K. Rosenfield, 1993, p. 105.

permanente é constitutiva do sistema jagunço — pondo em evidência uma característica do gênero humano. Note-se que o nome da fazenda, "Sempre-Verde", funciona como um daqueles emblemas barrocos, em que um símile da história natural serve para legitimar uma ordem política que se quer perpétua.[175] Por acaso, alguém entre os mais de quinhentos sertanejos ali reunidos manifesta o interesse de fazer a máquina da guerra parar, liquidando com o ofício que é seu sustento de vida? O julgamento do caçador de jagunços, absolvido por "jagunços civilizados",[GSV: 212] tem o mesmo valor desta expressão irônica: é apenas uma encenação. Na verdade, trata-se de encobrir um acordo muito pouco civilizado que se trava ali entre as partes envolvidas: a legitimação da guerra e do sistema vigente. Com efeito, o julgamento controverso vai engendrar "a outra guerra", como constatam "aliviados" Riobaldo e seus companheiros de armas.[GSV: 226]

O julgamento de Zé Bebelo é a peça-chave de uma representação, teatral, retórica e mascarada, em que o sistema jagunço fala de si mesmo. Zé Bebelo, Joca Ramiro, Ricardão, Hermógenes, assim como os demais chefes e seus comandados, são figuras cuja existência está fundamentada no *discurso da jagunçagem* — entendendo-se "discurso", no sentido de Michel Foucault, como a representação verbal de uma instituição[176] —, que existe também fora do romance e condiciona a fala de todos os seus integrantes, sejam eles reais ou ficcionais. Vejamos, um a um, os componentes da retórica do sistema jagunço.

Como matriz da história narrada por Riobaldo podem ser consideradas as histórias de jagunços que ele ouviu na adolescên-

---

[175] Cf. W. Benjamin, 1928a/1974, pp. 268-269; ed. brasileira, pp. 112-113.

[176] Cf. M. Foucault, 1969, p. 136: "Le régime de matérialité auquel obéissent nécessairement les énoncés est donc de l'ordre de l'institution". Ver também P. Schöttler, 1988.

cia narradas pelo seu pai.(GSV: 87-88, 94-95) Dono de extensas fazendas, o pacato e "muito medroso" Selorico Mendes se entusiasma com as "potentes chefias" dos senhores de "jagunços mil" às margens do Rio São Francisco. Ele se gaba de ter "sentado em mesa" com um deles, o famigerado "Neco", que forçou as cidades de Januária e Carinhanha. Essa visão apologética dos "fazendeiros graúdos mandadores" não é um caso isolado, mas típica das crônicas sobre os *coronéis*, como as de Wilson Lins (1952/1960). O personagem-narrador rosiano retoma, cita, adapta, modifica e comenta esse *discurso já preexistente*. "... A guerra foi grande [...] Vão fazer cantigas, relatando as tantas façanhas...".(GSV: 209) Estas palavras de Riobaldo fazem eco às de Selorico Mendes, que enaltece Joca Ramiro como "dono de glórias" e chefe de uma "turma de cabras [que] podia impor caráter ao Governo".(GSV: 94) No mais, o comentário do narrador cria um distanciamento que expõe o que há de mitificador nesse tipo de discurso: "De ouvir meu padrinho contar aquilo [...] começava a dar em mim um enjôo. Parecia que ele queria emprestar a si as façanhas dos jagunços...". Ao caracterizar a fala de Selorico Mendes como "sincera narração",(GSV: 94) Guimarães Rosa parodia também o "narrador sincero" de Euclides, com sua tendência à heroização.

A *visão idealizada* da jagunçagem é expressa através de figuras como Medeiro Vaz, seu Joãozinho Bem-Bem e Joca Ramiro. O primeiro é caracterizado por Riobaldo como "o mais supro, mais sério", o segundo, como "o mais bravo de todos", e o terceiro, como "grande homem príncipe!".(GSV: 16) Essas idealizações fazem parte de um imaginário coletivo, que é alimentado por uma retórica mitologizante, como mostra eloquentemente o exemplo de Zé Bebelo. Ele "tinha estudado a vida" de Joãozinho Bem-Bem "com tanta devoção especial, que até um apelido em si apôs: *Zé Bebelo*".(GSV: 101-102) Mas isso não lhe basta. Ao assumir a chefia do bando de jagunços, ele estufa o peito, ornando-se com as insígnias de todos os precursores: "Meu nome d'ora por diante vai ser ah-oh-ah o de *Zé Bebelo Vaz Ramiro!*".(GSV: 74) Como todo sistema de poder, também o sistema jagunço necessita de figuras míticas para se legitimar. Porém, o irreverente "ah-oh-ah" do narrador é um sinal para o leitor não se empolgar demais com tais figuras, mas observar como são construídas.

Veja-se sob esse ângulo a história do chefe Medeiro Vaz, cujo retrato oscila entre a *mitificação* e a desconstrução do mito. Ele é introduzido como um revoltado contra o mundo de "guerras e desmandos de jagunços", em que "tudo era morte e roubo, e desrespeito carnal das mulheres casadas e donzelas".(GSV: 36) Como um herói, ele se despojou então de todos seus bens materiais. Pôs fogo na casa de fazenda recebida de seus antepassados, para engajar-se à frente de uma turma de "gente corajada" em prol de um valor moral supremo: saiu "para impor a justiça".(GSV: 37) Ora, como se manifesta essa justiça na prática? Na disposição de "dar firme ordem para se matar uma a uma as mil pessoas"?(GSV: 27) Ou na reação dos moradores do sertão, registrada *en passant* com o flagrante de que "de medo de nós, um homem se enforcou"?(GSV: 46) Aquele que parecia ter nascido para ser um grande "bandido social", um Robin Hood do sertão,[177] fica reduzido à dimensão de um mero justiceiro, "cada vez mais esquisito".(GSV: 37)

A nobiliarquia da jagunçagem gosta de se ver e de ser vista como expressão da "alta política".(GSV: 37) Para isso contribui o cultivo de uma "imagem ideal da ordem social", calcada em romances de cavalaria, como a *História de Carlos Magno e de seus doze pares*.[178] A figura que melhor representa esse ideal, na imaginação do povo, é Joca Ramiro, "par-de-frança, capaz de tomar

---

[177] Cf. M. I. Pereira de Queiroz, 1977, p. 205.

[178] Op. cit., p. 37.

conta deste sertão nosso, mandando por lei, de sobregoverno". Assim como Medeiro Vaz, ele "saía por justiça e alta política, mas só em favor de amigos perseguidos; e sempre conservava seus bons haveres".(GSV: 37) Joca Ramiro representa o *tópos* da "guerra por amizade". O aparecimento do seu bando, na casa de Selorico Mendes, é explicado pelo motivo de que um conhecido do padrinho, um fazendeiro de Grão-Mogol e seu irmão, "pessoas finas, gente de bem", teriam "por uma questão política" "encomendado o auxílio *amigo* dos jagunços".(GSV: 91, grifo meu) A retórica da guerra por amizade, no entanto, é desmontada. Citando uma declaração de Zé Bebelo — "Vim cobrar pela vida de meu amigo Joca Ramiro [...] E liquidar com esses dois bandidos [o Hermógenes e o Ricardão]" —, o narrador comenta: "[E]le estava com a raiva tanta, que tudo quanto falava ficava sendo verdade".(GSV: 70-71) Na comunicação dos sentimentos, a encenação da credibilidade prevalece sobre a autenticidade.

O contraponto à idealização e mitificação é a *negativização* e mesmo a *demonização* de outros personagens. Ricardão é apresentado como "bruto comercial",(GSV: 138) e o Hermógenes como "monstro", "homem que tirava seu prazer do medo dos outros, do sofrimento dos outros".(GSV: 138-139) O medo, como mostrou Heloisa Starling com base em Hobbes, cumpre em *Grande Sertão: Veredas* a função de uma categoria política.[179] Isso é ilustrado pela imagem coletiva do homem "pactário", que é gerada pelo "[...] medo, que todos acabavam tendo do Hermógenes".(GSV: 309) Ora, o que intriga Riobaldo é a relação entre esse criminoso e o representante da alta política: "Por que era que Joca Ramiro, sendo chefe tão subido, de nobres costumes, consentia em ter como seu alferes um sujeito feito esse Hermógenes, remarcado

---

[179] H. Starling, 1999, pp. 47-49.

no mal?".(GSV: 132) Afinal, o fato de o Hermógenes "gosta[r] de matar, por seu miúdo regozijo" e de o Ricardão "somente viv[er] pensando em lucros, querendo dinheiro e ajuntando"(GSV: 132, 138) não deve ter passado desapercebido a Joca Ramiro, raciocina o narrador, que lhe atribui a responsabilidade de se cercar de auxiliares desse tipo.

Idealizações e demonizações da jagunçagem encolhem sob a *visão prosaica*, representada pela figura do fazendeiro seô Habão. Ele questiona, inclusive, a poesia e a epicidade que Riobaldo procura ver no mundo dos jagunços. "[Q]uando se falava em Joca Ramiro, no Hermógenes e no Ricardão, em tiroteios com os praças e na grande tomada, por quinhentos cavaleiros, da formosa cidade de São Francisco", comenta o narrador, seô Habão "nem ouvia, apesar de toda a cortesia de respeito".(GSV: 313) Embora Zé Bebelo e Riobaldo cheguem às terras de seô Habão de armas na mão e com um exército de jagunços, não é o discurso deles que se impõe:

> "Seô Habão estava conversando com Zé Bebelo. [...] Fiquei notando. Em como Zé Bebelo [...] mais proseava, com ensejos de ir mostrando a valia declarada que tinha, de jagunço chefe famoso; e daí, sutil, se reconhecia da parte dele um certo desejo de agradar ao outro. [...] Daí [...] o próprio Zé Bebelo se via principiando a ter de falar com ele em todas as pestes de gado, e nas boas leiras de vazante, no feijão-da-seca e nos arrozais [...]".(GSV: 312-313)

Portanto, o discurso que prevalece não é o do jagunço — que "não passa de ser homem muito provisório" —, mas do "fazendeiro-mor" enquanto "sujeito da terra definitivo".

As figuras prosaicas do romance — como seô Habão, Zé Bebelo, seo Ornelas, Ricardão — proporcionam uma visão não camuflada das estruturas de poder. Quando se retira o filtro idealizador ou pejorativo, os personagens aparecem sob uma luz mais objetiva. "[E]ra rico, dono de muitas posses em terras, e se arranchava passando bem em casas de grandes fazendeiros e políticos, deles recebia dinheiro de munição e paga".(GSV: 137) Esse retrato poderia ser o de Ricardão, que era "rico, dono de fazendas" e "somente vivia pensando em lucros, querendo dinheiro e ajuntando" — mas é o de Joca Ramiro, visto com os olhos do jagunço Antenor. Ao comentar a fala de um dos chefes, na hora do julgamento de Zé Bebelo, o narrador observa que "[ele] mesmo tinha de achar correto o razoado [...], reconhecer a verdade daquelas palavras relatadas".(GSV: 204-205) Não se trata de uma pessoa por quem Riobaldo sente simpatia, mas do Ricardão, que relembra as mortes, os sofrimentos e prejuízos causados por Zé Bebelo e faz ponderações sobre a responsabilidade de Joca Ramiro e de seus aliados com relação aos fazendeiros que os financiam. Sob essa perspectiva pode-se dizer que o funcionamento do sistema jagunço se evidencia de maneira muito mais objetiva na figura de Ricardão do que em Joca Ramiro, porque dispensa as camuflagens idealizadoras.

Contudo, a retórica revela-se essencial para a construção do prestígio dos chefes e a manutenção das estruturas do poder, conforme a clássica lição de Maquiavel.[180] No universo de *Grande Sertão: Veredas*, o mestre da arte do discurso, entendida como *arte da persuasão*,[181] é Zé Bebelo. Personagem camaleônico, ele se apresenta ora como aspirante a deputado, prometendo "aboli[r] o jaguncismo",(GSV: 102) ora como chefe de jagunços, vestido com

---

[180] Uma das marcas de leitura de G. Rosa, em seu exemplar de *O Príncipe*, de Maquiavel, realça a frase inicial do capítulo XXI: "*E sopra tutto uno principe si debbe ingegnare dare di sé in ogni sua azione fama di uomo grande e di uomo excellente*". Anotação à margem: "Prestígio".

[181] Cf. Quintiliano, *Institutio oratoria*, II.15, 18.

as insígnias tradicionais do banditismo político e social, mas aproveitando a primeira ocasião para tentar entregar seus subordinados às autoridades... Na verdade, quem propôs a ideia do julgamento foi Zé Bebelo. No círculo daqueles quinhentos homens armados até os dentes, é ele o único desarmado, que domina todos, inclusive Joca Ramiro, pelo poder da palavra. Como que seguindo a recomendação de Maquiavel, ele procura, de acordo com as circunstâncias, usar a força do Leão ou a astúcia da Raposa[182] — uma imagem retomada por Riobaldo, que admira Zé Bebelo, apesar de considerá-lo uma "raposa que demorou".(GSV: 16) De qualquer modo, no julgamento Zé Bebelo consegue transformar a derrota em vitória. É uma reencenação do *tópos* das Armas e das Letras (discutido no *Quixote*, de Cervantes), em que o representante do estamento administrativo consegue se impor ao estamento guerreiro por meio do poder do discurso.[183]

É com Zé Bebelo que Riobaldo aprende a conhecer os mecanismos da retórica do poder. Depois do primeiro sucesso de armas contra o bando do Hermógenes, Zé Bebelo faz questão de

"[...] reunir os municipais do lugar e fazer discurso, [...] subiu [numa tábua por cima de um canto de cerca] e muito falou. [...] tinham volteado um bando de jagunços [...] e derrotado total. [...] elogiou a lei, deu viva ao governo, para perto futuro prometeu muita coisa republicana."(GSV: 104)

Em seguida, ele dá instruções ao seu secretário Riobaldo no sentido de reforçar o seu discurso: "Você deve de citar mais é em meu nome, o que por meu recato não versei. E falar muito na-

---

[182] Cf. Maquiavel, 1513, cap. XVIII.

[183] Cf. Cervantes, *Don Quijote de la Mancha*, cap. XXXVIII; e o comentário de U. Ricken, 1967.

cional...".^(GSV: 104) Como candidato ao governo, Zé Bebelo é prodigioso em projetos: "Vim departir alçada e foro: outra lei — em cada esconso, nas toesas deste sertão";^(GSV: 293) "O que imponho é se educar e socorrer as infâncias deste sertão!";^(GSV: 300) "[...] deputado fosse, então reluzia perfeito o Norte, botando pontes, baseando fábricas, remediando a saúde de todos, preenchendo a pobreza, estreando mil escolas".^(GSV: 102) O narrador manifesta o seu "enjôo" diante de tanta "fraseação", assim como o romancista declara o seu enfado com a linguagem dos políticos.[184] Com efeito, os discursos de Zé Bebelo são a alegoria de um Brasil retórico, eternamente projetado para o futuro.

Sempre que possível, para fundamentar sua autoridade, Zé Bebelo usa (outra recomendação de Maquiavel) referências religiosas, como a invocação da "Santíssima Virgem", no julgamento dos irmãos parricidas. O comentarista deixa claro que se trata de uma religiosidade *construída*: "[...] Zé Bebelo se entesou sério, em pufo, empolo, [...] eu prestes vi que ele estava se rindo por de dentro".^(GSV: 60) Ao mesmo tempo, Riobaldo procura aproveitar as lições do seu mentor em causa própria. No episódio em que os cinco urucuianos lhe anunciam que vão embora, o chefe Riobaldo tenta demovê-los com uma fala que é uma adaptação do estratagema de Zé Bebelo de se dar ares de um *homem de fé*:[185] "Ah, então, para avaliar em prova a dúvida deles, tive um recurso. A manha, como de inesperadamente de repente eu muito disse: '— *Louvado seja Nosso Senhor Jesus Cristo*!'". Desta vez, porém, a fórmula falha. Pelo "tom da voz" de Riobaldo, o cabecilha dos urucuianos percebe o estratagema e o narrador se vê

---

[184] G. Rosa apud G. Lorenz, 1970, p. 508; ed. brasileira, pp. 77-78.

[185] Ser considerado um "homem de fé" é uma qualidade política essencial no ambiente do coronelismo; cf. E. Carone, 1970, p. 252.

obrigado a admitir: "[...] no afã de querer pronunciar sincero demais o santíssimo nome, eu mesmo tinha desarranjado fala — essas nervosias...".(GSV: 378)

Essa autocrítica é um indício de que existem *frestas* no discurso de Riobaldo como dono do poder. Se, num primeiro nível, a feitura dos discursos de Zé Bebelo se torna transparente através dos comentários de Riobaldo, num segundo nível, isso ocorre também com a retórica do próprio protagonista-narrador. Essa crítica ao narrador é articulada por *uma instância metanarrativa*, que se situa acima dos interesses de Riobaldo como dono do poder — instância que atua ora em forma de observações autocríticas, ora por meio de montagens contrastivas, comandadas pelo próprio Guimarães Rosa.

Outro momento em que é revelada a ambiguidade da postura de Zé Bebelo e, por extensão, do discurso do poder, é o episódio da Fazenda dos Tucanos. Vendo o seu bando de jagunços cercado pelo bando inimigo, Zé Bebelo ordena a Riobaldo que escreva cartas para as autoridades, solicitando o envio de soldados para pegar toda a jagunçada ali concentrada. Riobaldo, que desconfia de traição, passa então a "botar" o seu chefe "debaixo de julgamento".(GSV: 275) Comentando o fecho das cartas — "Ordem e Progresso, viva a Paz e a Constituição da Lei! Assinado: *José Rebêlo Adro Antunes, cidadão e candidato*"(GSV: 250) —, ele pergunta: "Por que é que o senhor não se assina, ao pé: *Zé Bebelo Vaz Ramiro*... como o senhor outrora mesmo declarou?...". A resposta de Zé Bebelo — "Muito alta e sincera é a devoção, mas o exato das praxes impõe é outras coisas: impõe é o duro legal..."(GSV: 252) — revela uma atitude hipócrita e oportunista, que encobre o objetivo verdadeiro: "[...] engordar com o Governo e ganhar galardão na política...".(GSV: 280)

A lição principal dos dois episódios de julgamento de Zé Bebelo é que o discurso do poder é, por natureza, duplo e dissimulado.[186] Riobaldo aparece não apenas no papel de crítico desse discurso, mas também de aprendiz, através do qual o sistema vigente se regenera. O que ocorre na Fazenda Sempre-Verde, muito além de uma deliberação sobre a vida de Zé Bebelo, é uma encenação retórica do sistema jagunço diante dos subordinados. Podemos identificar três estratagemas básicos de dissimulação.

Primeiro, a criação da expectativa de que a vitória sobre o adversário significaria o fim da guerra. Ao propor que se julguem os "crimes" de Zé Bebelo — "[...] quem quisesse, podia referir acusação, dos crimes que houvesse, de todas as ações de Zé Bebelo, seus motivos: e propor condena"(GSV: 200) —, Joca Ramiro aparentemente condena a guerra, mas na verdade abre caminho para que ela seja legitimada. Apesar da divergência entre os que julgam Zé Bebelo, ninguém, nem mesmo Hermógenes e Ricardão, que exigem sua morte, o acusa de crime. Conforme o consenso geral de todos os ali presentes, Zé Bebelo "[p]ode ter crime para o Governo, para delegado e juiz-de-direito, para tenente de soldados", mas entre os jagunços é diferente. "Crime?... [...] Que crime? Veio guerrear, como nós também. Perdeu, pronto! [...] jagunço com jagunço [...]. Isso é crime?"(GSV: 205, 203) Portanto, os próprios jagunços, que foram ameaçados de extermínio por Zé Bebelo, acabam por julgar que ele não cometeu crime nenhum. Para nenhum deles trata-se de condenar a guerra, mas, pelo contrário, de reafirmar o seu direito a *guerrear* (note-se o peso jurídico dessa palavra), que é o seu ganha-pão cotidiano. Afinal, os seus superiores lhes acenam com a perspectiva de "ataca[r] bons lugares, em serviço para chefes políticos",(GSV: 177) de "toma[r] dinheiro dos que têm, e objetos e as vantagens, de

---

[186] Cf. W. Müller, 1988.

toda valia...",^(GSV: 337) ou de "cobra[r] avença [...] dos fazendeiros remediados e ricos"^(GSV: 402) — em suma: de praticar o "sistema jagunço".^(GSV: 391) Num plano intertextual, a legitimação da guerra, que neutraliza o discurso de acusação ou denúncia da guerra, é uma encenação paródica, que expõe a contradição básica do livro de Euclides da Cunha.

Segundo, o faz de conta de que a guerra no sertão é uma forma de rebeldia contra as forças do Governo repressor, situado na capital do Estado. "O senhor veio querendo desnortear, desencaminhar os sertanejos de seu costume velho de lei..."^(GSV: 198) — eis a acusação que Joca Ramiro faz a Zé Bebelo, mandadeiro do Governo. Por que se insiste na oposição entre os dois tipos de poder? Trata-se de proporcionar aos combatentes sertanejos, que arriscam diariamente suas vidas, uma *ideologia*, uma imagem de "inimigo": os outros são os "cachorros do Governo".^(GSV: 132) Nessa estrutura, não há lugar para a "solidariedade horizontal" com os combatentes do lado de lá, que pertencem à mesma camada socioeconômica;[187] as eventuais energias de rebelião contra a ordem dominante são desviadas, os jagunços não passam de "cangaceiros mansos".[188] No plano intertextual, ao encenar o conflito *poder da cidade versus poder do sertão*, Guimarães Rosa reconstrói em forma de paródia o padrão maniqueísta de Euclides que opõe a rua do Ouvidor às caatingas.^(OS: 299-301) Essa visão é desconstruída ao longo do romance, na medida em que o leitor é levado a descobrir que os potentados do sertão são os mesmos que mandam no governo das cidades, do estado e do país. O raio de ação do sistema jagunço, comandado por "cidadãos que se representam", como seo Ornelas e o coronel Rotílio

---

[187] Cf. M. I. Pereira de Queiroz, 1975, p. 181.

[188] Cf. R. Facó, 1963/1980, p. 168.

Manduca,[cf. GSV: 343, 346] se estende até a capital da República.[189] O romancista corrige assim a historiografia de Euclides, que deturpou o sentido da palavra "jagunço".

Terceiro, a criação da ilusão de que os chefes se pautam pelo julgamento dos seus subordinados. "Que tenha algum dos meus filhos com necessidade de palavra para defesa ou acusação, que pode depor!" Nesses termos, Joca Ramiro procura animar cada um de seus "cabras valentes" a falar. Mas apenas dois resolvem fazer uso da palavra. Ao mesmo tempo, os chefes dissimulam diante dos subalternos. Assim como Zé Bebelo, na Fazenda dos Tucanos, tenta aproximar-se das autoridades governamentais, não seria a absolvição dele por Joca Ramiro, na Fazenda Sempre-Verde, um arranjo cordial entre um chefe da oposição e um mandadeiro do Governo? As reações de Ricardão e Hermógenes não deixam dúvida quanto a isso. Mas como esses são os caracteres "maus" e portanto suspeitos, ouçamos também o testemunho neutro de um dos rasos jagunços. Com palavras toscas, porém lúcidas, um tal de Gú observa que o acordo serve não tanto para quem é "braço d'armas", mas para os chefes, para os quais "[a] guerra fica sendo de bem-criação, bom estatuto...".[GSV: 207] Isto é: se os chefes, por um lado, representam diante do povo uma determinada imagem do conflito (Sertão *versus* Cidade), por outro lado, há entre eles um arranjo à revelia de seus subordinados.

"... É, é o mundo à revelia!"[GSV: 195] Estas palavras de Zé Bebelo, lembradas por Riobaldo como moral do episódio, contêm o julgamento do julgamento. Com a figura de Zé Bebelo, Gui-

---

[189] Note-se que tanto V. Nunes Leal (1949/1993, pp. 251-258) quanto M. I. Pereira de Queiroz (1975, pp. 187-188) questionam a tese do fim do coronelismo, apontando para a persistência das antigas estruturas de poder.

marães Rosa introduz, como vimos, uma dimensão dialética na historiografia da jagunçagem. Diferentemente do maniqueísmo de Euclides — que acredita poder discernir entre a guerra como "crime" e a guerra como "ação severa das leis", entre a "guerra-charqueada"(cf. OS: 14, 463) e a "guerra de bem-criação"(GSV: 207) —, o autor de *Grande Sertão: Veredas* mostra como no palco da guerra Lei e Crime dialogam entre si e se entendem. Ao fundamentar seu retrato do Brasil numa encenação do sistema jagunço — instituição no limiar entre a lei e a ilegalidade, onde a transgressão é a regra e a guerra é permanente — Guimarães Rosa representa o funcionamento das estruturas de poder no país. Visionariamente, ele retrata uma sociedade que está se criminalizando em ampla escala e em que virtualmente todos são cooptados. Mas o que significa a sentença acima referida de Zé Bebelo, frequentemente citada, porém raramente explicada? Se tomamos a expressão no sentido jurídico, temos a imagem de um réu que é citado para responder a uma ação, mas que não apresenta defesa ou não se apresenta no prazo da lei. Parece-me plausível interpretá-la no sentido de que os principais responsáveis pelo sistema jagunço e pela guerra nesse sertão chamado Brasil[190] não comparecem diante do tribunal da história.

A encarnação efetiva do sistema jagunço é o grande personagem coletivo que constitui o pano de fundo de *Grande Sertão: Veredas*: o corpo político dos donos de terra e gente, que constitui a referência para figuras como o Ricardão:

> "Relembro também que a responsabilidade nossa está valendo: respeitante ao seo Sul de Oliveira, doutor Mirabô de Melo, o velho Nico Estácio, compadre Nhô Lajes e coronel Caetano Cordeiro... Esses estão aguentando acossamen-

---

[190] A expressão é de N. Trindade Lima, 1999.

to do Governo, tiveram de sair de suas terras e fazendas [...]".
(GSV: 204)

Esses chefes da "oposição" e seus jagunços, que por ora sofrem o ataque da soldadesca, se preparam para serem amanhã a "situação" e comandar então por sua vez a "máquina enorme" do Governo, nos moldes do Leviatã: "[...] tendo as garras para o pescoço nosso mas o pensante da cabeça longe, só geringonciável na capital do Estado".(GSV: 230) O corpo político desses "fazendeiros graúdos mandadores", com os quais se empolga Selorico Mendes, é representado por uma figura mitológica, aterrorizadora, o Minotauro, camuflado no nome de quem encabeça a lista:

"DoMINgOs TOURO, no Alambiques, Major Urbano na Macaçá, os Silva Salles na Crondeúba, no Vau-Vau dona Próspera Blaziana. Dona Adelaide no Campo-Redondo, Simão Avelino na Barra-da-Vaca, Mozar Vieira no São João do Canastrão, o Coronel Camucim nos Arcanjos, comarca de Rio Pardo; e tantos, tantos".(GSV: 87-88, realce meu)

Minotauro ou Leviatã, esse personagem corporativo aparece como base de todas as falas que acabamos de ver, especialmente as mitificadoras e dissimuladoras... Se Euclides da Cunha construiu uma historiografia em que a narração mitificada da Luta acaba enfraquecendo o poder analítico da parte estrutural que trata do Homem, a utilização do mito por Guimarães Rosa opera no sentido oposto. Seu romance é carregado de elementos míticos, porque só assim é possível reproduzir o discurso essencialmente mitificador e dissimulador das estruturas de dominação — reproduzir, para que o comentário do narrador possa revelar como a violência institucionalizada articula o seu discurso.

IV. O pacto — esoterismo ou lei fundadora?

"[Q]uem de si de ser jagunço se entrete", declara Riobaldo, "já é por alguma competência entrante do demônio".^(GSV: 11) Faz muita diferença se um retrato do Brasil é construído por um narrador "sincero" ou por um narrador que fez o pacto com o Diabo. No capítulo anterior, estudamos como o sistema vigente no país — representado em *Grande Sertão: Veredas* a partir da instituição "extrema" da jagunçagem — se autoencena, como o protagonista-narrador é iniciado e como ele torna transparente a retórica do sistema. No presente capítulo examinaremos como ele atua enquanto parte integrante — mas também, até certo ponto, autônoma — do sistema jagunço, ou seja, como esse sistema se reproduz e se regenera com a incorporação de novos elementos como o jagunço Riobaldo. Com isso coloca-se a pergunta: qual é a qualidade específica de um retrato do Brasil, cujo narrador é um agente do crime, um jagunço letrado e um pactário?

Estranhamente, a crítica até hoje, pelo que me consta, não questionou a confiabilidade do narrador de *Grande Sertão: Veredas* — o que é uma omissão grave, visto que tudo, nesse romance, é mediatizado por um personagem que fez um trato com o "Pai da Mentira".^(GSV: 317) A análise do grau de verdade das falas do narrador impõe-se como uma tarefa básica. Até que ponto se trata de um narrador confiável ou de uma encenação da credibilidade? Qual é a razão de ser da ambiguidade do narrador, que se apresenta ora como integrante do sistema, ora como independente? Em suma: qual é o *éthos* que rege o seu discurso? Para uma melhor compreensão da especificidade do narrador rosiano, é instrutivo compará-lo com o narrador de Euclides da Cunha.

Em *Os Sertões*, o mundo dos "jagunços" — sejam eles os rebeldes de Canudos ou os capangas dos potentados locais, aliados do Governo — é visto por um narrador que cultiva um distanciamento soberano com relação às contingências do sistema político e social. Já em *Grande Sertão: Veredas*, o narrador é construído de modo a fazer parte do sistema. Diferentemente de Euclides, Guimarães Rosa não fala *sobre* o crime, do lado de fora, a partir de uma tribuna moral supostamente superior, mas ele faz a própria voz do crime falar. Em termos de perspectiva, trata-se de uma apresentação do "mundo brutal do sertão através da consciência [de um] dos próprios agentes da brutalidade".[191] Por meio do relato do jagunço Riobaldo, o romancista proporciona ao leitor uma visão "de dentro" da jagunçagem.

Enquanto jagunço letrado, o narrador rosiano pertence simultaneamente ao universo da violência (no meio rural) e à classe culta (urbana). Ele realiza assim um trabalho de mediação entre duas esferas culturais muito diferentes; ao mesmo tempo é capaz de distanciar-se criticamente de cada uma delas. Essas qualidades de mediação, distanciamento e autorreflexão faltam ao narrador d'*Os Sertões*. Um exemplo patente da falta de espírito de mediação em Euclides é o seu uso arbitrário e ideologicamente comprometido da palavra "nação". A campanha de Canudos dirigiu-se, de acordo com ele, contra os sertanejos, que formam

---

[191] A. Candido, 1970, p. 157.

"o cerne da nossa nacionalidade".(OS: 93, 186, 485) Ora, quem interveio contra essa nacionalidade foi "o exército nacional"[192] em nome da "nação inteira".(OS: 209) Aqui, o escritor trai a nacionalidade brasileira, fundamentada por ele mesmo no sertanejo, em nome de uma *outra* nação brasileira. Esse uso da linguagem merece ser chamado de *diabólico*, no sentido etimológico — sendo o *diabolos* a entidade que separa as pessoas, ou, como aqui, as duas metades da população. Em vez de tentar mediar, por meio de análise e reflexão, o conflito entre as partes de uma nação ainda em formação, Euclides usou do poder da palavra para cindir a nação em duas.[193]

Sem dúvida, o autor d'*Os Sertões* manifesta também sinais de uma consciência cindida — "tivemos na ação um papel singular de mercenários inconscientes"(OS: 14) —, mas ele não vai muito além de um esboço, não chega a elaborar de modo sistemático e abrangente uma reflexão sobre a posição do intelectual no campo intermediário entre o sistema de poder e os excluídos. Esse problema se traduz, tecnicamente falando, na construção do narrador, em Euclides como em Guimarães Rosa. Preso a uma ideologia positivista e republicana, o narrador euclidiano é contraditório, mas não dialético. Já o narrador rosiano, dialético e luciférico, é construído de tal modo que ele se situa ao mesmo tempo dentro e fora do sistema de poder. É o que lhe permite articular reflexões mais agudas sobre o sistema; sobre o intelectual, mais ou menos comprometido com esse sistema; e também, e sobretudo, sobre as representações do sistema de poder no imaginário dos sertanejos.

---

[192] E. da Cunha, 1897/1995, p. 611.

[193] Cf. o desenvolvimento desse problema no capítulo VI ("A nação dilacerada") deste ensaio.

Neste ponto, a diferença entre os dois escritores é total. Euclides da Cunha, embora tivesse em mãos documentos originais que falavam da "Lei do Cão",(OS: 176-177) não se deu ao trabalho de estudá-los a fundo. Ele sentia admiração pela coragem guerreira dos sertanejos e compaixão pela sua derrota, mas apenas desprezo pela sua religiosidade e o seu modo de pensar. Para ele, como homem racional e representante da elite modernizadora, o "gaguejar do povo" "dispensava todos os comentários".(OS: 176-177) Guimarães Rosa, ao contrário, que tinha um genuíno interesse pela mentalidade popular, dedicou à "Lei do Cão" o seu livro inteiro. Pois o que é *Grande Sertão: Veredas* senão uma glosa de mais de quinhentas páginas sobre o pacto com o Diabo?

Com efeito, é a questão do pacto que fundamenta toda a narração. Atormentado pela culpa, Riobaldo quer saber se de fato ele firmou um pacto com o Diabo, sendo que ele não tem certeza de que o Cujo existe. Ele narra sua história para o interlocutor, querendo "[...] armar o ponto dum fato, para depois lhe pedir um conselho".(cf. GSV: 166) Riobaldo gostaria de que o doutor da cidade o reconfortasse na ideia de que o Diabo não existe. Ao estabelecer esse diálogo entre o universo arcaico e "atrasado" das crenças do povo sertanejo e a mentalidade esclarecida dos habitantes das grandes cidades, Guimarães Rosa estimula em seus leitores a curiosidade de decifrar o(s) significado(s) do pacto. Sendo o pacto com o Diabo, em termos da história cultural, uma forma mítica popular de codificar questões do poder e da lei,[194] o romance nos transporta para os domínios da história mítica.

Como é que essa história mítica pode ser decifrada? Podemos adaptar aqui o método de análise e interpretação da "mitologia da Modernidade" desenvolvido por Walter Benjamin no

---

[194] Cf. *Organon*, vol. 6, nº 19, 1992: "O pacto fáustico e outros pactos".

O pacto — esoterismo ou lei fundadora?

Trabalho das passagens (1927-1940). Só que, em vez de "*dissolver* a 'mitologia' no espaço da história", como ele propõe, vamos *analisá*-la.[195] De acordo com a terminologia benjaminiana, o pacto em *Grande Sertão: Veredas* seria uma "imagem arcaica" que permite, quando devidamente decifrada, conhecer a *Urgeschichte*, isto é, a história arcaica, originária ou primeva da sociedade.[196] Diferentemente do conceito de "proto-história", que designa o período empiricamente documentado da transição entre a "pré-história" e a história, o neologismo *Urgeschichte* refere-se sobretudo a uma dimensão mítica e especulativa da história. Com isso, incorporamos a este trabalho um conceito ampliado de história, que completa o estudo dos fatos empíricos — como República Velha, coronelismo, modernização —, realizado no capítulo anterior, pela investigação dos fundamentos arcaicos e teóricos desses fatos e da sua dimensão alegórica.

A nova historiografia de Benjamin é inspirada na teoria da memória e do sonho de Sigmund Freud. No que concerne às lembranças do indivíduo anteriores à memória contínua e linear — os fragmentos mnemônicos mais remotos, que surgem como lampejos involuntários no meio das trevas do esquecimento —, elas têm, de acordo com Freud, a mesma estrutura que a *história primeva* dos povos, articulada em mitos e lendas.[197] Quanto ao trabalho onírico, que é imagético, não-linear e pré-conceitual, Benjamin formula o ofício de historiador, em analogia ao do

---

[195] Cf. supra, capítulo I, nota 18.

[196] Cf. W. Benjamin, 1982, p. 579 [N 3a,2]. Dentre essas três traduções de *Urgeschichte*, será usada sempre a que melhor se adequar ao contexto, pois cada uma delas oferece conotações específicas: história "arcaica" remete às *imagens* arcaicas, história "originária" sublinha a afinidade com o conceito de "origem" (*Ursprung*), e história "primeva" acentua o componente mitológico.

[197] Cf. S. Freud, 1899 e 1904.

psicanalista, como o de um "intérprete dos sonhos coletivos".[198] O autor do *Trabalho das passagens* procura as manifestações da história nas criações do imaginário coletivo, nas "imagens arcaicas", que são inconscientes ou semiconscientes e pertencem aos domínios do mito. Compreender a história significa, portanto, "revelar" as informações históricas contidas nas imagens arcaicas, que são traduzidas em "imagens dialéticas" ou "imagens históricas autênticas".[199]

Eis o método que orientará a presente investigação. Com essa base conceitual, serão analisados numa primeira etapa as características, a função e os significados desse ato-chave do romance que é o pacto de Riobaldo com o Diabo. Em seguida, estudaremos como a condição de pactário repercute nos diversos níveis de discurso do protagonista e narrador Riobaldo.

1. O pacto como alegoria de um falso contrato social

Se lançamos um olhar sobre as interpretações já existentes do pacto em *Grande Sertão: Veredas*, temos em síntese os seguintes tipos de leitura: 1. Elaboração mental de um sertanejo, ligada a um universo mental de superstições e crenças em aparições, devoção a curandeiros e milagreiros e medo do Diabo.[200] 2. Uma problemática existencial do protagonista, na tradição literária do homem pactário, cujo retrato se encontra no "Livro Popular do Doktor Faustus" (*Volksbuch vom Doktor Faust*, 1587) e em obras

---

[198] W. Benjamin, 1982, p. 580 [N 4,1].

[199] Sobre a imagem dialética, ver W. Benjamin, 1982, pp. 577-578 [N 3,1] e 580 [N 4,1]. Ver também A. Hillach, 2000.

[200] Sobre o substrato folclórico do romance, ver L. Arroyo, 1984.

literárias como o *Fausto* de Marlowe (1593) e de Goethe (*Urfaust*, 1775/76; *Faust I*, 1808; *Faust II*, 1832), ou no *Doktor Faustus* de Thomas Mann (1947).[201] 3. Expressão da culpa de Riobaldo, por causa da "paixão equívoca", da "sedução diabólica" que emana de Diadorim.[202] 4. Expressão da culpa de Riobaldo por ter entrado na jagunçagem e cometido todo tipo de crimes.[203] 5. As interpretações esotéricas, que predominam na década de 1990. Kathrin Rosenfield considera esse pacto um "pacto com a vida", com a "redescoberta das harmonias universais"[204] — como se Riobaldo tivesse concluído o pacto com Deus e não com o Diabo. Positiva é também a visão de Francis Utéza, segundo a qual Riobaldo se engaja numa "viagem iniciática": ligando-se às forças telúricas, numa hierogamia entre o Céu e a Terra, regressa "às fontes primordiais" e "avança na via da realização".[205] O sentimento de culpa, que dá origem à narração, é pulverizado nessas leituras.[206]

Esse quadro de interpretações evidencia uma sobrevalorização dos aspectos existenciais, esotéricos, míticos e metafísicos da obra, em detrimento dos significados históricos — a tal ponto que a história, em alguns casos, é explicitamente eclipsa-

---

[201] Cf. R. Schwarz, 1965b; e F. Schiffer Durães, 1996.

[202] Cf. B. Nunes, 1964.

[203] Cf. J. C. Garbuglio, 1972.

[204] K. Rosenfield, 1993, pp. 54 e 114-118. Leitura endossada também por F. Schiffer Durães, 1996.

[205] F. Utéza, 1994, pp. 227-233 e 402.

[206] Acrescentemos ainda as leituras de F. Aguiar (1992), que analisa a relação entre Riobaldo e Zé Bebelo como "um pacto de homens letrados", na tradição brasileira do "pacto civilizador letrado"; e de J. A. Hansen (2000, pp. 92-94), que interpreta o pacto de Riobaldo com o Diabo como "transgressão *do* discurso", "alteração *no* discurso" e "apropriação da força do imaginário".

da.[207] Até bem recentemente, era de praxe nas indagações sobre a problemática existencial de Riobaldo evitar qualquer reflexão sobre a realidade brasileira, considerada assunto de rasa importância, comparado com as grandes questões metafísicas.[208] Com isso, ficou impossível enxergar em *Grande Sertão: Veredas* um retrato do Brasil que conseguisse equiparar-se em qualidade ao do grande livro precursor *Os Sertões*. Ora, é justamente o livro de Euclides da Cunha — enquanto relato sobre um movimento religioso pondo em xeque a modernização oficial no Brasil — que nos alerta como é inoperante a rígida separação entre metafísica e política. Por isso mesmo, seria infrutífero querer inverter agora a perspectiva, substituindo as análises metafísicas do romance de Guimarães Rosa pelas históricas. Trata-se, em vez disso, de desenvolver uma interpretação dialética, no sentido de extrair dos elementos esotéricos, míticos e metafísicos do romance conhecimentos históricos, políticos e sociais. O episódio crucial para esse tipo de hermenêutica é o pacto nas Veredas-Mortas, que é uma representação criptografada da modernização no Brasil. Uma vez que essa modernização tem sido contraditória e perversa,[209] Guimarães Rosa pode ter chegado à conclusão de que poderia ser narrada de maneira autêntica somente a partir *do outro lado*. Não da perspectiva oficial de fachada, mas a partir dos bastido-

---

[207] Ver, por exemplo, K. Rosenfield, 1993, p. 102: "o traço 'incestuoso' e 'autofágico' [de GSV] contradiz a lógica dos conflitos históricos e reais"; F. Utéza, 1994, p. 105: "Se os sertanejos se batem é porque a lei do Cosmos se exprime por seu intermédio".

[208] Um dos poucos estudos que superaram a dicotomia "valor metafísico-religioso" *versus* "realidade sertaneja" é o de D. Henao Restrepo (1992), que interpreta Riobaldo e Zé Bebelo como figuras que encarnam "as tensões fáusticas do progresso".

[209] Cf. R. Faoro, 1992, "A questão nacional: a modernização".

res, do ângulo dos que tiraram vantagens pessoais às custas das vítimas da história. Ricardão, Hermógenes e Riobaldo — três pactários: o rico, o violento, o oportunista. A máquina do poder vista por dentro. É o viés machadiano de Guimarães Rosa, o lado diabólico, luciferino desse escritor, cujas incursões pelos labirintos do Mal ensinam mais sobre a história da modernização do Brasil do que mil bem-intencionados programas. Uma modernização que se escreveu com linhas tortas.

É instrutivo examinar as circunstâncias nas quais Riobaldo realiza o pacto com o Diabo.[210] Em termos metodológicos, convém analisar essa cena como uma função narrativa, tal como foi definida por Vladimir Propp em sua *Morfologia do conto maravilhoso* (1928), ou seja, considerar o episódio pela sua lógica no grande sintagma da narrativa. Vejamos, pois, as ações que precedem o pacto e as consequências. O bando dos jagunços sob a chefia de Zé Bebelo, persegue, há muito tempo, o bando do Hermógenes. No entanto, na vastidão dos sertões o inimigo sempre lhes escapou. Os zé-bebelos sofreram reveses e derrotas. Espalha-se o desânimo, surgem casos de doença, e a moral de combate atinge seu ponto mais baixo. Há uma desilusão geral e sinais de dissolução do bando. A idealização da jagunçagem desvanece e pela primeira vez aparece em primeiro plano o problema social.

Isso ocorre no momento em que o bando chega aos povoados do Pubo e do Sucruiú, castigados por uma epidemia de bexiga preta.[(GSV: 289-298)] O encontro dos jagunços com o fazendeiro seô Habão lhes mostra, sobretudo a Riobaldo, como funciona a economia da região.[(GSV: 311-315)] Falta mão de obra na agricultura, já que os habitantes do lugar estão incapacitados para trabalhar por causa da doença. Quando Riobaldo sente sobre si

---

[210] Cf. W. Bolle, 1990, especialmente pp. 434-435.

e sobre seus companheiros o olhar do fazendeiro, examinando-os como mão de obra em potencial — "cobiçava a gente para escravos!" — nasce nele uma nova forma de consciência. Sem disfarces aparece o caráter ilusório da existência de jagunço, que tinha sido até então encoberto por uma retórica romântica. De repente Riobaldo se dá conta de sua posição social verdadeira. Se ele depusesse as armas nesse momento e abandonasse a jagunçagem, não seria mais que um simples diarista, desaparecendo no meio da plebe rural.

"Nós íamos virando enxadeiros. Nós? Nunca!"(GSV: 315) O protagonista tem clara consciência de que se encontra entre um senhor e seus escravos — e que chegou o momento de optar. É nessas circunstâncias que ele recorre ao meio do pacto com o Diabo. Em que consiste a significação desse ato senão em superar através de um "meio mágico" a diferença de classes que separa um peão de um fazendeiro, um "homem provisório" de um "sujeito da terra definitivo"? É a condição de pactário que conferirá a Riobaldo poderes extraordinários, possibilitando-lhe assumir a chefia do bando. Já antes, o autor fizera alguns arranjos no sentido de diferenciar o seu herói dos demais membros da plebe rural. Filho (ilegítimo) de uma pobre sertaneja, ele é adotado por um rico parente (seu pai biológico), recebe uma boa formação escolar e um treino paramilitar, além de ter a perspectiva de, um dia, herdar vastas propriedades de terras. A essa implementação como jagunço letrado e filho bastardo de fazendeiro acrescenta-se, com o pacto, um meio mágico em grande estilo. O *deus ex machina*, cuja atuação pode ser observada em diversas narrativas de *Corpo de baile*,[211] é sobrepujado no romance por um *diabolus ex machina*.

---

[211] Cf. W. Bolle, 1973, pp. 78, 139 e 141.

O pacto — esoterismo ou lei fundadora?

No episódio do pacto estão centrados todos os demais acontecimentos do romance. É o Diabo que garante a manutenção da guerra — o estado de exceção, em que são suspensas as leis vigentes e forjadas leis novas pelo mais forte. Riobaldo sabe que terá de "[...] sair novamente por ali, por terras e guerras",[GSV: 316] mas esta campanha deverá ser a sua última. A vitória proporcionará a ele, chefe pactário, vantagens não acessíveis a seus companheiros antigos que são seus subordinados atuais. Quando o seu bando no fim derrota o Hermógenes, instaura-se a paz do vencedor. O chefe Urutú-Branco abandona a jagunçagem e se instala como latifundiário protegido por seus jagunços. O problema das diferenças de classe, que Riobaldo chegou a sentir na pele, foi "resolvido" pelo pacto. Assim como o fazendeiro seô Habão consegue mobilizar os peões a trabalharem para ele, assim também Riobaldo recruta e sacrifica seus jagunços. Dentre eles, Riobaldo é o único cujo destino é diferente. A história narrada culmina com o oxímoro de um jagunço metamorfoseado em fazendeiro.

Contra o pano de fundo dos antigos companheiros de armas, que abandonaram a jagunçagem para cair na mendicância — "[...] muito que foi jagunço, por aí pena, pede esmola"[GSV: 23] —, destaca-se a ascensão social de Riobaldo. Para evidenciar o caráter fabuloso dessa ascensão, basta comparar os seus pertences e propriedades antes e depois do pacto. Eis a condição de Riobaldo no seu meio de origem, logo após a morte da mãe:

> "De herdado, fiquei com aquelas miserinhas — miséria quase inocente — que não podia fazer questão: lá larguei a outros o pote, a bacia, as esteiras, panela, chocolateira, uma caçarola bicuda e um alguidar; somente peguei minha rede, uma imagem de santo de pau, um caneco-de-asa pintado de flores, uma fivela grande com ornados, um cobertor de baeta e mi-

nha muda de roupa. Puseram para mim tudo em trouxa, como coube na metade dum saco".(GSV: 87)

Uma condição de extrema pobreza correspondendo à situação de vida da plebe rural. Ora, da perspectiva do fim da história narrada e do presente da narração, houve na vida de Riobaldo uma tremenda mudança de fortuna e de *status* social. Mudança que se esboça desde a sua transferência para a casa do pai:

"[...] um vizinho caridoso cumpriu de me levar, por causa das chuvas numa viagem durada de seis dias, para a Fazenda São Gregório, de meu padrinho Selorico Mendes, [...] [que] me aceitou com grandes bondades. Ele era rico e somítico, possuía três fazendas de gado. *Aqui também dele foi, a maior de todas.*"(GSV: 87; grifo meu)

O que legitima Riobaldo a entrar em posse dessa herança é a sua carreira como chefe de jagunços, sobretudo a glória de ter vencido a batalha decisiva — como que cumprindo o que sempre fora o sonho e a expectativa de seu padrinho. Note-se que a somiticaria de Selorico Mendes é o traço característico também de seô Habão, que figura como uma espécie de padrinho de Riobaldo na hora do pacto, e com o qual esse continua depois em termos de um bom relacionamento.

Riobaldo, o personagem-narrador que recebe e hospeda o jovem doutor da cidade, é portanto um latifundiário. Resultado do estratagema do pacto, juntamente com a herança e um casamento vantajoso. Suas várias fazendas são propriedades muito bem protegidas. Escutemos a sua fala:

"Chegassem viessem aqui com guerra em mim, com más partes, com outras leis, ou com sobejos olhares, e eu ainda sorteio de acender esta zona [...]! E sozinhozinho não estou [...] coloquei redor meu minha gente. [...] aqui, pegado, vereda

O pacto — esoterismo ou lei fundadora?

abaixo, o Paspe — meeiro meu — é meu. Mais légua, se tanto, tem o Acauã, e tem o Compadre Ciril, ele e três filhos, sei que servem. Banda desta mão, o Alaripe [...]! Depois mais: o João Nonato, o Quipes, o Pacamã-de-Presas. E o Fafafa — [...] um pouco mais longe, no pé-de-serra, de bando meu foram o Sesfrêdo, Jesualdo, o Nelson e João Concliz. Uns outros. O Triol... [...] Deixo terra com eles, deles o que é meu, fechamos que nem irmãos. Para que eu quero ajuntar riqueza? Estão aí, de armas areiadas. Inimigo vier, a gente cruza chamado, ajuntamos: é hora dum bom tiroteiamento em paz, exp'rimentem ver. [...] Também, não vá pensar em dobro. Queremos é trabalhar, propor sossego".(GSV: 21-22)

É a fala de um latifundiário, cuidando da defesa de sua propriedade e tendo a seu serviço um exército particular, cujos integrantes estão às suas ordens como vassalos. Note-se o acúmulo de pronomes possessivos, enfatizando a ideia de propriedade, e toda a gama de termos que caracterizam o relacionamento de Riobaldo com sua gente: desde as palavras de maior teor afetivo ("irmãos", "compadre"), com que trata seus ex-companheiros de armas, passando pela ambiguidade de expressões encobridoras ("deixo terra com eles") até o uso de termos muito precisos de dependência: "meeiro meu", [eles] "servem". Portanto, todo o leque de relações sociais, desde a mais perfeita igualdade ("irmãos") até o seu extremo oposto (o senhor e seus servos).[212]

---

[212] O estatuto do "agregado" é descrito por R. Facó (1963/1980, pp. 142-143) nestes termos: "Quando um coronel latifundista admitia um morador em sua fazenda, não necessitava sequer contratar-lhe os serviços, como parcela de seu exército privado [...]. Isto estava implícito no próprio fato de admiti-lo". Cabe registrar que, no exemplar d'*Os Sertões* de G. Rosa, sete das cerca de sessenta anotações se concentram no subcapítulo "Servidão inconsciente".

Há também, nesse discurso de Riobaldo, uma referência a questões jurídicas fundamentais: a questão da "guerra", da "paz" e da "lei". O proprietário de terras está inquieto diante da ideia de que possa irromper uma nova "guerra". Ela se basearia em "outras leis", instituindo regras diferentes daquelas que garantem a "paz" da guerra em que ele foi o vencedor e chegou ao *status* de "dono de gado e gente". De homem provisório e nômade, Riobaldo tornou-se sedentário. Não é mais aquele para quem sertão é "[...] onde os pastos carecem de fechos".(GSV: 9) Pelo contrário: para ele, os fechos tornaram-se essenciais como demarcação de suas propriedades. Na base do discurso de Riobaldo existe um duplo sentimento: a preocupação de ver invadidas as suas terras e a culpa do pactário. Culpa que resulta do estratagema de que ele se valeu, para passar por cima dos jagunços-sertanejos, antigamente seus iguais, mas agora seus agregados. Antigamente Riobaldo *era* jagunço, agora ele *tem* jagunços.

Numa das falas do protagonista-narrador, que expressa o desejo de livrar-se da culpa, pode se entrever a base racional do seu discurso:

"[...] o que devia de haver, era de se reunirem-se os sábios, políticos, constituições gradas, fecharem o definitivo a noção — proclamar por uma vez, artes assembleias, que não tem diabo nenhum, não existe, não pode. Valor de lei! Só assim, davam tranquilidade boa à gente. Por que o Governo não cuida?!".(GSV: 15)

Essa fala de Riobaldo evidencia a insuficiência das interpretações folclóricas, existencialistas e esotéricas do pacto, na tradição beletrística. O elemento supostamente folclórico ou metafísico encontra-se no centro de uma proposição que reúne todos os conceitos-chave para se pensar os negócios do Estado: políticos, assembleia, Governo, Constituição, lei. Nesse contexto, o

O pacto — esoterismo ou lei fundadora?

desejo de "decretar que o diabo não há, não pode haver" equivale a uma preocupação com a existência do Mal enquanto problema social.

Como ficou exposto, o pacto de Riobaldo com o Diabo é o ato-chave do romance. O pacto não é apenas a motivação profunda para o protagonista nos narrar a sua vida, mas traduz também a reflexão de Guimarães Rosa a respeito das instituições sobre as quais repousam a ordem pública, o sistema político do país, as estruturas jurídicas do Estado e o próprio processo da modernização. Cabe a pergunta: qual é exatamente a "lei" em que se baseia Riobaldo? De quando é essa lei, quando foi instituída? Quando houve o primeiro pacto ou contrato?

Em termos históricos e antropológicos gerais, o pacto de Riobaldo com o Diabo pode ser interpretado como uma alegoria da institucionalização da Lei, expressa pelo primeiro pacto ou contrato social, firmado na história primeva da humanidade. Minha tese é que o pacto em *Grande Sertão: Veredas* pode ser entendido como uma visão romanceada da lei fundadora, daquilo que a filosofia política, no limiar da modernidade, imaginou como sendo a base da sociedade civil e do Estado. Durante as lutas da burguesia emergente contra a monarquia "de direito divino", articulou-se, a partir do século XVII, em pensadores como Althusius, Grotius, Pufendorf, Hobbes, Locke e Rousseau, a ideia de um *contrato social*. Enquanto Hobbes concebeu o contrato ou pacto dos cidadãos ou sujeitos como institucionalização do poder soberano do Estado, que poderia ser monárquico, aristocrático ou democrático,[213] Rousseau desenvolveu essa ideia num senti-

---

[213] Cf. Th. Hobbes, 1651/1985, pp. 227-228 e 239. É o mérito de K. Rosenfield (1993, pp. 44-45) ter introduzido a ideia hobbesiana do *pactum subjectionis* na discussão do romance de G. Rosa.

do decididamente democrático. Na sua perspectiva, o "pacto dos sujeitos" seria um *falso* contrato social, legitimando o poder do Príncipe — diferentemente do contrato social verdadeiro, baseado na ideia da soberania do povo, que instituiria um "corpo político" denominado *república*, o correspondente da *civitas* antiga. A base institucional da humanidade civilizada, conforme Rousseau, não deveria ser simplesmente a cidade enquanto conjunto de seus habitantes, mas enquanto corpo político (*civitas*) de "cidadãos" (*cives, citoyens*).[214]

"Solto, por si, cidadão, é que não tem diabo nenhum."[GSV: 11] Essa observação, no romance de Guimarães Rosa, parece fazer eco à distinção de Rousseau entre os dois tipos de contrato social. O pacto arcaico concluído com o Diabo nas Veredas-Mortas seria um modelo do contrato falso. Por que comparar o pacto em *Grande Sertão: Veredas* com a teoria de Rousseau e não com a de Hobbes? É que a narração de Riobaldo não é uma legitimação do *status quo*, mas nasce do sentimento de culpa: "Agora, no que eu tive culpa e errei, o senhor vai me ouvir", declara Riobaldo ao iniciar a segunda metade do seu relato,[GSV: 237] que trata do tempo em que ele travou o pacto e se tornou o chefe do bando. O sentimento de culpa pressupõe a consciência do Bem e do Mal, a distinção entre o "homem humano" e o "homem dos avessos".[215] Focalizando-se a chefia, o problema moral — aquilo "[...] que induz a gente para más ações estranhas"[GSV: 79] — transcende a esfera individual, para tornar-se uma questão polí-

---

[214] J.-J. Rousseau, 1762/1963, p. 68.

[215] Cf. o *Fausto* de Goethe (versos 328-329): "Ein guter Mensch in seinem dunklen Drange/ Ist sich des rechten Weges wohl bewusst". Na tradução de Jenny Klabin Segall: "O homem de bem, na aspiração que, obscura, o anima/ Da trilha certa se acha sempre a par".

tica. Efetivamente, o Mal de que trata *Grande Sertão: Veredas*, lido como história primeva do Brasil, é um mal social. Observemos de perto os termos do primeiro pacto social na história da humanidade, através de uma comparação do modelo ficcional contido no romance de Guimarães Rosa com a teoria política de Rousseau, sobretudo suas reflexões preliminares sobre o contrato social, que se encontram no *Discurso sobre a origem e os fundamentos da desigualdade entre os homens* (1755).

Evidentemente, o romance de Guimarães Rosa não é um decalque da teoria política de Rousseau, nem de qualquer outro teórico, mas uma expressão genuína da literatura como órganon da história. Ao situar o episódio-chave de sua narrativa na história primeva, o romancista opera no terreno pré-conceitual. O filósofo Rousseau, por sua vez, *inventa* personagens arcaicos — o Rico, o Astucioso, e uma multidão de Pobres, de pensamento lerdo, fáceis de engambelar — e os faz representar simbolicamente a cena política primordial.[216] Contrariando a oposição convencional "ciência *versus* ficção", a presente comparação entre Rousseau e Guimarães Rosa pretende demonstrar que existe um vivo trânsito de ideias e procedimentos entre a teoria política e a ficção. O próprio filósofo adverte seus leitores: "Não se deve considerar estas investigações como verdades históricas, mas apenas como raciocínios hipotéticos [...] conjecturas [...]."[217] Com efeito, o recurso da teoria política à ficção é exigido pelo seu próprio objeto. Em se tratando de um pacto concluído na história primeva, é impossível especificar a data, o lugar e as pessoas que praticaram esse ato primordial. No entanto, a hipótese de que houve tal pacto ou contrato torna-se verossímil a partir da existência das

---

[216] Cf. J. Starobinski, 1964, p. LXIV.

[217] J.-J. Rousseau, 1755/1954, pp. 69 e 106.

leis nas sociedades e nos Estados atuais, assim como nas antigas cidades-Estado de Roma e da Grécia, do Egito e da Mesopotâmia. Ao ato histórico fundador — que separou ricos e pobres, chefes e comandados, senhores e servos — só se tem acesso por meio da imaginação e da invenção criadora. Assim como o romance, também a teoria política só pode falar da história primeva, especialmente do "pacto", em termos hipotéticos; ambos recorrem a formas ficcionais.

O pacto político primordial, reconstituído no *Discurso* de Rousseau por via conjectural, ressurge em *Grande Sertão: Veredas* como um ritual arcaico, reatualizado pelo protagonista-jagunço e rememorado pelo narrador-fazendeiro. A contribuição de Guimarães Rosa para a teoria da política e da história consiste em narrar, por meio da "estória" da ascensão de um raso jagunço a chefe e latifundiário, a história da institucionalização da propriedade, da lei e da ordem social. Algo semelhante ocorre na teoria política de Rousseau, o qual reconstrói com a imaginação a passagem do homem selvagem ou natural ao homem civilizado, com o intuito de compreender a constituição da sociedade civil e do Estado moderno. No texto do romancista, o elemento selvagem está presente nos nomes animais do protagonista: Tatarana e Urutú-Branco. O homem selvagem era livre, vivendo no meio de seus iguais — até o momento em que resolveu concluir com eles um pacto. Um contrato fundador que, conforme o filósofo, se deu no tempo da passagem das hordas errantes, dos grupos nômades, para o estabelecimento sedentário, com relações permanentes de vizinhança, famílias delimitadas, sociedades fixas.

Esse processo proto-histórico, caracterizado pela invenção da agricultura e da metalurgia e conhecido pelo termo "revolução neolítica", é representado em *Grande Sertão: Veredas* com os meios da epopeia e de uma geografia simbólica. O cenário do

O pacto — esoterismo ou lei fundadora?

pacto, as Veredas-Mortas, contém uma imagem oculta da civilização urbana. As veredas que se bifurcam e correm em paralelo configuram um micromodelo da Mesopotâmia ("país entre dois rios"), onde, no limiar da proto-história e da história, foram criadas as primeiras cidades e onde foi inventada a escrita.[218] A narrativa é épica na medida em que traz à tona a história primeva ou "antanha"[GSV: 36] da sociedade e da política, na qual o bando de jagunços retratado por Guimarães Rosa pode ser compreendido, em vários momentos, como uma *horda primitiva*.[219] (Eis uma razão artística para o autor deixar vagos os contornos históricos empíricos de sua narração, apagando datas ou reduzindo os nomes de pessoas reais.) Acompanhando o caminho de vida do jagunço Riobaldo pela perspectiva da memória de Riobaldo fazendeiro, a narrativa reatualiza alegoricamente a passagem da condição nômade para o estado sedentário.

Procuremos compreender, então, com os instrumentos teóricos e ficcionais de Guimarães Rosa e de Rousseau, como foram institucionalizados os três princípios fundamentais da sociedade civil: a propriedade, a justiça e a ordem político-social. Acompanhando o caminho da iniciação política de Riobaldo, podemos partir do seguinte quadro. 1. A questão da propriedade é colocada em discussão em *Grande Sertão: Veredas* pelo ato do

---

[218] Significativamente, G. Rosa, no conto "São Marcos" de *Sagarana* (1946/1965, p. 235), fundamenta o seu projeto literário com um poema de reis mesopotâmicos, representando os inícios da cidade, da escrita e da historiografia. Ver o comentário em W. Bolle, 1994, pp. 280-286; 1994-95, pp. 81-82.

[219] Sobre a "horda primitiva" (*Urhorde*), ver S. Freud, 1921/1974, pp. 114-119. As relações intertextuais de G. Rosa ora com Freud, ora com Rousseau nos fazem ver, mais uma vez, que o seu romance não é nenhuma transposição ficcional de uma determinada teoria, mas uma fonte de informações *sui generis*, teoricamente polifônica.

chefe mais antigo, Medeiro Vaz, de abolir a propriedade — ele põe fogo na sua fazenda —, enquanto o fazendeiro Ricardão é o defensor da ordem dos latifundiários. 2. O princípio da justiça é personificado pelo chefe Joca Ramiro, que quer que ela esteja ao alcance de todos e que os conflitos sejam resolvidos de forma não violenta — ao passo que o Hermógenes, "matador muito pontual", encarna o princípio da violência e a lei do mais forte. 3. O problema social se coloca com a presença de um imenso contingente de pobres e miseráveis (de onde se originam também os jagunços), representados em sua forma extrema pelos catrumanos. Enquanto o latifundiário seô Habão é mostrado no papel de explorador dessa gente, Zé Bebelo aparece como o político que propõe a abolição da miséria em nome do "progresso" — mas suas palavras acabam sendo desmentidas por suas ações.

Este quadro dialoga com o modo como Heloisa Starling, em *Lembranças do Brasil* (1997, 1999),[220] organiza a teoria política do romance de Guimarães Rosa. Como sinalizei no meu ensaio de 1997-98 sobre o pacto, a tese de Heloisa (versão 1997), que focaliza os personagens Medeiro Vaz, Joca Ramiro e Zé Bebelo, "aplica", de fora para dentro, determinadas teorias políticas ao texto ficcional — ao passo que o meu trabalho, centrado no pacto de Riobaldo com o Diabo, procura revelar a teoria política intrínseca à forma do romance e a sua perspectiva narrativa.[221]

---

[220] O ano de 1997 (outubro) é a data em que Heloisa defendeu sua tese de doutorado; 1999, a da publicação em livro, em que foi acrescentado (pp. 177-178) o argumento-chave do meu estudo de 1997-98 (pp. 41-42): a tese de que o pacto, enquanto "trato entre iguais em que uma das partes dá as ordens", é a lei fundadora do Brasil.

[221] Cf. W. Bolle, 1997-98, p. 37, nota 43.

O pacto — esoterismo ou lei fundadora?

Enquanto Heloisa concebe a questão da "ficção fundadora"[222] em *Grande Sertão: Veredas* como uma sequência de vários *gestos*, daqueles três personagens secundários, eu considero a obra organizada em torno de uma *lei*: o pacto do protagonista com o Diabo, que fundamenta o comportamento de todos os atores políticos, quer se trate da propriedade, da justiça ou da ordem político-social. Quando se estuda o discurso do narrador,[223] é possível perceber mais claramente essa diferença, que não é apenas temática, mas também metodológica. O que me parece problemático no método de Heloisa é o procedimento de extrair do romance utópicos "gestos fundadores" a partir de uma grade teórica externa, preestabelecida, sem estudar a instância mediadora, precisamente o *narrador pactário*, através do qual o romancista comunica o seu pensamento político. Quando se dá o devido peso ao narrador e à forma da narração, descobre-se que os tais gestos fundadores a rigor não fundam nada — diferentemente do pacto, que institui *a ordem legal vigente*. É o que será demonstrado a seguir, por meio de uma interpretação do pacto à luz da teoria política de Rousseau.

O que fundamenta a sociedade civil — e o que deu origem à desigualdade social entre os homens — é, de acordo com Rousseau, o princípio da propriedade:

> "O primeiro que, tendo cercado um terreno, ousou dizer, este é meu, e encontrou gente suficientemente simples para o acreditar, foi o verdadeiro *fundador da sociedade civil*. Quantos crimes, guerras, assassínios, quanta miséria e horrores não teria poupado ao gênero humano aquele que, arrancando os

---

[222] Cf. D. Sommer, 1991.

[223] Cf. W. Bolle, 2000, pp. 47-63 ("Lei do Cão e narrador pactário").

mourões ou enchendo de terra a valeta, tivesse gritado aos seus semelhantes: Cuidado de dar ouvidos a esse impostor. Vocês estarão perdidos, se esquecerem que os frutos são de todos e que a Terra não é de ninguém".[224]

Com essa cena pode ser relacionado o ato de Medeiro Vaz de incendiar sua fazenda e de sair "para impor a justiça" ao mundo. Ele parece simbolizar o desejo de abolição da propriedade e de volta ao estado do homem natural:

"Quando moço, de antepassados de posses, [Medeiro Vaz] recebera grande fazenda. Podia gerir e ficar *estadonho*. Mas vieram as guerras e os desmandos de jagunços [...]. Então Medeiro Vaz, ao fim de forte pensar, reconheceu o dever dele: largou tudo, se desfez do que abarcava, em terras e gados, *se livrou leve como que quisesse voltar a seu só nascimento*. [...] No derradeiro, [...] por suas mãos pôs fogo na distinta casa de fazenda, fazendão sido de pai, avô, bisavô — espiou até o voejo das cinzas [...]. Daí, *relimpo de tudo, escorrido dono de si*, ele montou em ginete, com cachos d'armas, reuniu chusma de gente corajada, rapaziagem dos campos, e saiu por esse rumo em roda, para impor a justiça". (GSV: 36-37, grifos meus)

Um gesto de rebeldia contra os latifúndios "estadonhos", mantidos nas mãos dos clãs familiares, cujos chefes mandam nos negócios do Estado? Medeiro Vaz parece representar um sertão "onde os pastos carecem de fechos",(GSV: 9) o mítico sertão primevo dos homens *livres*, em oposição a um *ex*-homem-livre e *ex*-jagunço como o fazendeiro Riobaldo, que defende o princípio da propriedade. O que parece ser um ideal de justiça, inclusive de justiça social, revela-se no entanto como um ato sem conse-

---

[224] J.-J. Rousseau, 1755/1954, p. 108, grifos meus.

O pacto — esoterismo ou lei fundadora?

quências. O autor de *Grande Sertão: Veredas* não compartilha da visão rousseauniana de volta a um suposto estado natural puro. Ao lampejo de uma utopia social se sobrepõe a sombra do autoritarismo e da violência. Medeiro Vaz, assim como os inimigos que ele pretendia combater, acaba por simbolizar o espírito da "guerra perpétua",[225] *anterior* ao pacto social e traduzindo o estado de coisas *antes da Lei*.[226]

O estado da guerra permanente é representado em *Grande Sertão: Veredas* pelas intermináveis lutas dos bandos. Zé Bebelo, junto com as forças do Governo, contra Joca Ramiro; os medeirovazes contra o bando de Hermógenes e Ricardão; a continuação das lutas sob o comando de Zé Bebelo e depois, do Urutú-Branco... Estes são apenas recortes de um quadro guerreiro maior. Atrás de tamanha atividade bélica se entrevê, como a roda-viva que move a História, a luta dos grandes proprietários em prol de seus interesses, mantendo seus exércitos em constante mobilização. Um mundo comandado pelo imperativo diabólico de "fazer a guerra para acabar com a guerra"...

Vejamos como Rousseau imagina o momento da instituição do primeiro contrato, a lei fundadora da sociedade civil. Nas circunstâncias da guerra perpétua, com altos riscos para os proprietários, era do interesse deles criar instituições que lhes garantissem suas usurpações. Foi o que se deu por um ato de astúcia por parte do arquipersonagem do Rico:

> "O Rico, pressionado pela necessidade, acabou por conceber o projeto mais refletido que jamais tenha entrado no espírito humano: empregar em seu favor as forças daqueles

---

[225] Op. cit., pp. 123 e 124.
[226] Cf. o conto emblemático de F. Kafka "Vor dem Gesetz" e a interpretação de J. Derrida, 1985.

que o atacavam, fazer de seus adversários seus defensores, inspirar-lhes outras máximas, dar-lhes outras instituições, que lhe fossem tão favoráveis quanto o direito natural lhe era contrário. [...] Vamos nos unir, ele lhes disse, para garantir os fracos contra a opressão, pôr limites aos ambiciosos, e assegurar a cada um a posse daquilo que lhe pertence: vamos instituir regulamentos de justiça e de paz aos quais todos sejam obrigados de se conformar [...]".[227]

Eis a origem do falso contrato social, que sanciona a desigualdade de bens como base legal da ordem política. Falso, porque o corpo político, ou seja, o Estado, foi instituído e usurpado pelos ricos. O *verdadeiro* contrato social, ao contrário, seria estabelecido entre o povo e os chefes por ele eleitos.[228]

Ao personagem alegórico rousseauniano do Rico corresponde no romance de Rosa a figura de Ricardão. No julgamento de Zé Bebelo ele defende a causa de sua classe. A argumentação de Ricardão é calculada e instrumental, subordinada ao imperativo comercial. Contra Zé Bebelo, que "deu prejuízos" e se revelou um sujeito "perigoso", ele não demanda nada mais do que a aplicação das leis existentes:

"[...] este homem Zé Bebelo veio caçar a gente [...] como mandadeiro de políticos e do Governo [...] deu muita lida, prejuízos. [...] Dou a conta dos companheiros nossos que ele matou [...]. Isso se pode repor? [...] Relembro também que a responsabilidade nossa está valendo: respeitante ao seo Sul de Oliveira, doutor Mirabô de Melo, o velho Nico Estácio, compadre Nhô Lajes e coronel Caetano Cordeiro... Esses estão

---

[227] J.-J. Rousseau, 1755/1954, pp. 124 e 125.

[228] Cf. J.-J. Rousseau, 1755/1954, p. 134; e 1762/1963, pp. 65-72.

> aguentando acossamento do Governo, tiveram de sair de suas terras e fazendas, no que produziram uma grande quebra, vai tudo na mesma desordem... A pois, em nome deles, mesmo, eu sou deste parecer. [...] Zé Bebelo, mesmo zureta, sem responsabilidade nenhuma, verte pemba, perigoso. A condena que vale, legal, é um tiro de arma".(GSV: 204)

O próprio Riobaldo tem de "reconhecer a verdade daquelas palavras". Fazendo o balanço destas considerações sobre o princípio de propriedade, constatamos que não é o pseudo-rebelde Medeiro Vaz que deixa sua marca no discurso do narrador latifundiário, mas o pactário Ricardão, que defende a ordem estabelecida das propriedades e da hierarquia político-social, contra a ameaça de "desordem", subversão e anarquia.

Como são apresentadas no romance de Guimarães Rosa as instituições da "justiça" e da "lei", consideradas por Rousseau, juntamente com a propriedade, os termos iniciais do processo da desigualdade?[229] A ideia de justiça, associada num primeiro momento à figura de Medeiro Vaz, acaba sendo personificada por Joca Ramiro, que "também igualmente saía por justiça e alta política"(GSV: 37) e que preside o julgamento de Zé Bebelo na Fazenda Sempre-Verde. Nesse episódio, Zé Bebelo, o homem da cidade, o aliado do Governo que veio para "liquidar com os jagunços" — e não hesitaria de pôr isso em prática, caso ele fosse o vencedor —, é tratado pelo homem do sertão, o chefe de jagunços Joca Ramiro, de forma magnânime e com a maior civilidade. Em vez da pena de morte, ele recebe, num julgamento em que todos se manifestam, uma sentença que equivale a uma absolvição.

É verdade que, nesse episódio, Joca Ramiro propõe um exercício da justiça que difere da ideia de Medeiro Vaz e dos demais

---

[229] Cf. J.-J. Rousseau, 1755/1954, p. 138.

chefes: uma prática oposta à violência. Mas significaria isso que a sociedade representada no romance se encaminha para a utopia de um entendimento sem violência entre as partes conflitantes, um convívio baseado no diálogo e cujo termo de chegada seria "um tempo, em que não se usa mais matar gente..."?[GSV: 20] Para esclarecer esta dúvida, vejamos o que escreve Walter Benjamin no ensaio *Crítica da violência, crítica do poder* (1921):

> "A institucionalização do direito é institucionalização do poder [*Macht*], e nesse sentido, um ato de manifestação imediata da violência [*Gewalt*]. A justiça é o princípio de toda instituição divina de fins, o poder é o princípio de toda institucionalização mítica do direito".[230]

Existe uma diferença fundamental entre a *justiça*, que é um princípio ideal, localizado na esfera do divino, e o *direito*, que é uma instituição e um exercício de poder entre os homens. Fazendeiro de "São João do Paraíso" e considerado por diversos sertanejos "um imperador em três alturas" e "um messias",[GSV: 217, 138, 115] Joca Ramiro é colocado numa esfera quase divina. Ora, a questão crucial é saber em que medida essa idealização do personagem e seu gesto utópico se concretizam em forma de *instituições*, inclusive "manifestações do direito público costumeiro".[231]

Olhando bem, o julgamento na Fazenda Sempre-Verde, onde Zé Bebelo foi absolvido e a justiça parecia ser um bem ao alcance de todos, foi um acontecimento isolado, sem consequências institucionais — assim como o gesto de Medeiro Vaz de abolir a propriedade. É verdade que a proposta de Joca Ramiro é considerada perigosa para as leis em vigor por Ricardão e Her-

---

[230] Cf. W. Benjamin, 1921/1977, p. 198; ed. brasileira, p. 172.

[231] Cf. O. Vianna, 1949/1987, I, pp. 149-160, especialmente p. 156.

mógenes, que resolvem assassiná-lo. Mas, mesmo que quisesse propor "outras leis" (para usar a expressão de Riobaldo latifundiário), Joca Ramiro se contradiz por não questionar em nenhum momento os fundamentos da ordem estabelecida: a propriedade, a hierarquia social e o sistema político. Nunca esboça um gesto no sentido de querer afastar de seus quadros o Ricardão e o Hermógenes, seus subchefes e "compadres", que representam a ordem vigente e, dentro dela, garantem também o seu comando.

Essa contradição entre Joca Ramiro como o representante idealizado da "alta política", da "lei" e da "justiça" e, por outro lado, os brutos executores de suas ordens, é interiorizada como conflito pelo protagonista-narrador, que vive comparando Joca Ramiro com o Hermógenes. Este, sem dúvida, "desmereci[a] de situação política",[GSV: 138] mas como executor de "serviços" mostra-se de uma eficiência insuperável. Entre todos os chefes, o Hermógenes é o representante da violência pura, do mítico "poder sangrento" (*Blutgewalt*),[232] que não concede ao inimigo nem o direito à palavra. Ele reina através do terror ("tirava seu prazer do medo dos outros") e, uma vez que "gosta[va] de matar", executa esse ofício com perfeição. A voz do Hermógenes, dando ordens de guerra, "ficava clara e correta": ele explicava devagar "[c]omo cada qual tinha de atirar com sangue-frio, de matar exato" e "tudo repetia, com paciência: [...] que até o mais tonto aprendesse".[GSV: 154] Os outros jagunços o temem e o admiram, aspiram a ser como ele, "o positivo pactário". Ao lembrar desse seu antigo chefe, que chegou a ser para ele "um estado de lei",[GSV: 160] Riobaldo conclui, com indisfarçada admiração, que o Hermógenes, "senhoraço, destemido", era "[r]uim, mas inteirado,

---

[232] W. Benjamin, 1921/1977, p. 200; ed. brasileira, p. 173.

legítimo, [...] a maldade pura. Ele, de tudo tinha sido capaz, até de acabar com Joca Ramiro, em tantas alturas. [...] Até amigo meu pudesse mesmo ser".(GSV: 309)

Qual é a ideia de justiça que acaba sendo assimilada pelo chefe Riobaldo: o ideal proposto por Joca Ramiro ou a prática do pactário? Um pequeno episódio, ocorrido antes da batalha do Paredão — quando Riobaldo abandona temporariamente seus comandados, para cuidar de interesses particulares — responde a esta pergunta. O protagonista imagina uma cena, em que ele seria julgado pelos dois jagunços que o acompanham (e que mais tarde serão seus agregados):

> "Desjuízo, que me veio. Eu ia formar, em roda, ali mesmo, com o Alaripe e o Quipes, relatar a eles dois todo tintim de minha vida, cada desarte de pensamento e sentimento meu [...]. Eu narrava tudo, eles tinham de prestar atenção em me ouvir. Daí, ah, de rifle na mão, eu mandava, eu impunha: eles tinham de baixar meu julgamento... Fosse bom, fosse ruim, meu julgamento era".(GSV: 432)

Aparentemente, a retomada da proposta de Joca Ramiro: o julgamento democrático de um chefe por seus subordinados. Na verdade, porém, a contrafação daquela proposta: estamos diante de um réu que manda na justiça.

O terceiro estágio da iniciação política de Riobaldo, o confronto com o problema social, se dá próximo ao lugar do Pacto, junto a uma tríade de personagens: os catrumanos do Pubo e do Sucruiú, que representam os miseráveis; seô Habão, que é a alegoria da Propriedade, da Riqueza e da Avarícia e que explora aquela mão de obra; e Zé Bebelo, que veio para remediar a miséria do Sertão e cujos discursos nesse ponto estão sendo postos à prova. Riobaldo observa como esses dois donos do poder se comportam diante do problema social.

O pacto — esoterismo ou lei fundadora?

No "fazendeiro-mor" seô Habão — "sujeito da terra definitivo", ao lado do qual o jagunço, mesmo sendo chefe, "não [...] passa de [...] homem muito provisório"(GSV: 312-313) —, Riobaldo percebe o homem de negócios, inteiramente entregue ao princípio de lucro. Depois de ter verificado que na bexiga do Sucruiú morreram "só dezoito pessoas...", seô Habão faz planos no sentido de "[...] botar os do Sucruiú para o corte da cana e fazeção de rapadura. Ao que a rapadura havia de ser para vender para eles do Sucruiú, mesmo, que depois pagavam com trabalhos redobrados".(GSV: 314) No seu projeto de "botar grandes roças" entram virtualmente também os jagunços: "[...] nós, Zé Bebelo, eu, Diadorim, e todos os companheiros" — "seô Habão [...] cobiçava a gente para escravos!"(GSV: 314) Com a relação *senhor : escravo* ressurge a situação do relacionamento mais degradante entre os homens. Reencontramos aqui os personagens alegóricos rousseaunianos, ou seja, os arcanos da desigualdade:

> "Se nós seguimos o progresso da desigualdade [...], veremos que a institucionalização da Lei e do direito de propriedade foi o seu primeiro termo; a instituição da magistratura, o segundo; e o terceiro, a transformação do poder legítimo em poder arbitrário. De modo que o estado de rico e de pobre foi autorizado pela primeira época; o de poderoso e de fraco, pela segunda; e pela terceira, o de senhor e de escravo, que é o último grau da desigualdade e o termo ao qual acabam levando todos os outros [...]".[233]

Em Zé Bebelo, que se apresenta como defensor de princípios da "justiça" e pioneiro da modernização desse "ô-Brasil!" — "[...] botando pontes, baseando fábricas, remediando a saúde de

---

[233] J.-J. Rousseau, 1755/1954, p. 138.

todos, preenchendo a pobreza, estreando mil escolas"(GSV: 102) —, Riobaldo deposita inicialmente "uma esperança": Zé Bebelo, o "canoeiro mestre, com o remo na mão", era para fazer "o sertão retroceder, feito pusesse o sertão para trás! E era o que íamos realizar de fazer".(GSV: 295-296) Ora, essa esperança se desmancha na medida em que Zé Bebelo profere apenas discursos, aos quais não corresponde nenhuma ação: "Vim departir alçada e foro: outra lei — em cada esconso, nas toesas deste sertão..."; "O que imponho é se educar e socorrer as infâncias deste sertão!"(GSV: 293, 300) etc. Em suma: "[...] Zé Bebelo não desistia de palavrear, a raleza de projetos, como faz de conta".(GSV: 306-307) "[A]quela mente de prosa já me aborrecia",(GSV: 240) conclui taxativamente Riobaldo, o futuro comandante-poeta,[234] o seu julgamento sobre o seu chefe atual.

O faz de conta de Zé Bebelo de remediar o problema social, o cínico espírito de lucro de seô Habão e a alienação dos companheiros, que "não pensavam", mas "[...] semelhavam no rigor umas pobres infâncias na relega [...]",(GSV: 271, 296) causam profunda "inquietação" a Riobaldo. Ele chega a sentir na pele a brutal diferença entre a condição de um senhor das terras e a de um "coitado morador", quase-escravo.(cf. GSV: 308) Num momento de desabafo, ele externa a conclusão de seus pensamentos: "... Só o demo... [...] [só] o cão extremo!".(GSV: 308) Quer dizer: só o Diabo em pessoa é capaz de oferecer uma saída desse dilema. Observando as relações entre o rico e o miserável, o poderoso e o fraco, o senhor e o escravo, Riobaldo entrevê que é o Diabo que rege essas relações. Ele sente que se encontra numa situação de perigo e que precisa optar. Pondo em prática a lição do seu mentor Zé Bebelo de recorrer a identidades diferentes confor-

---

[234] Sobre esse *tópos*, cf. H. U. Gumbrecht, F. Kittler e B. Siegert, 1996.

me a necessidade da situação, o outrora "pobr[e] jagunç[o]" Riobaldo apresenta-se, então, a seô Habão como filho do "fazendeiro Senhor Coronel Selorico Mendes".(cf. GSV: 254 e 315) Essa mudança de identidade é o prelúdio do pacto.

O que significa, em síntese, o pacto com o Diabo concluído por Riobaldo nas Veredas-Mortas? Em termos histórico-político-sociais, trata-se de uma cena alegórica em que a *lei fundadora* da sociedade é ritualisticamente reativada, novamente ratificada através do trato de um sertanejo com o "Pai do Mal" e o "Pai da Mentira".(GSV: 316-317) Como vimos durante esta análise, o protagonista de *Grande Sertão: Veredas* não assimila nenhum dos preceitos idealistas de Medeiro Vaz, Joca Ramiro ou Zé Bebelo, e sim, a diabólica lei fundadora, que instaurou a desigualdade e o Mal social entre os homens. Lei personificada pelo "positivo pactário" Hermógenes, "se avezando por cima de todos",(GSV: 308-309) como também pelo espírito "bruto comercial" do Ricardão e de seô Habão, e mesmo pela retórica engambeladora de Zé Bebelo. O jagunço Riobaldo, que não tem outra opção senão "sair novamente por ali, por terras e guerras",(GSV: 316) quer ao menos tirar vantagem dessa situação e transformar a sua vida de homem provisório na existência de um dono de terras "definitivo", como seô Habão. Para isso, ele precisa conquistar a chefia do bando, impondo-se aos outros chefes e aos seus companheiros que, por enquanto, são seus iguais. Para alcançar esse objetivo, ele recorre ao pacto com o Diabo.

Nesta altura já se percebe a insuficiência das interpretações esotéricas do pacto. Os críticos que vêem no pacto sobretudo um "renascimento" do herói,[235] deixaram de lado uma série de dados fundamentais do texto. Vejamos:

---

[235] K. Rosenfield, 1993, pp. 53-54; F. Utéza, 1994, p. 320.

"— 'Ei, Lúcifer! Satanaz, dos meus Infernos!'
[...] Ele não [...] apareceu nem respondeu [...]. Mas eu supri que ele tinha me ouvido. [...] fechou o arrocho do assunto. Ao que eu recebi de volta um adejo, um gozo de agarro, daí umas tranquilidades — de pancada. Lembrei dum rio que viesse adentro a casa de meu pai".(GSV: 319)

Com a metáfora do rio adentrando a casa do pai, Riobaldo evoca o momento em que ele foi gerado. Na hora do pacto, ele relembra a sua *história originária* pessoal. Interpretá-la como um renascimento telúrico e vital[236] ou negar o componente diabólico dessa cena[237] é passar por cima dos dados do texto. Afinal, o pacto é fechado com Satanás em pessoa, com "aquele que arma ciladas" — portanto, há uma disposição ardilosa do protagonista, mas também um sentimento de culpa, que fundamenta toda a narração. Não se trata de um esotérico e descompromissado renascer para "a vida", mas da forja de uma nova identidade social, que tem implicações políticas. No seu nascimento original, enquanto fruto da união fortuita e ilegítima de um homem rico, Selorico Mendes, com uma mulher pobre, a Bigrí, Riobaldo veio ao mundo como um ser ao mesmo tempo pobre e rico. No seu segundo nascimento, na hora do pacto, ele renega a sua condição de pobre — o que é enfatizado pelo fato de o Pai do Mal e da Mentira fazer as vezes do progenitor. Daí em diante, Riobaldo representará o arquipersonagem rousseauniano do Astucioso. A forja ardilosa de sua nova identidade é descrita nestes termos:

---

[236] Cf. K. Rosenfield, 1993, p. 53.

[237] Cf. F. Utéza, 1994, pp. 232 e 320: "Trata-se de uma ascensão — e não de uma descida para os infernos"; "o entusiasmo que traz consigo o homem que regressa das Veredas-Mortas nada tem de diabólico".

O pacto — esoterismo ou lei fundadora?

"Trato? Mas trato de iguais com iguais. Primeiro, eu era que dava a ordem".(GSV: 317)

Com a fórmula de um trato entre iguais em que uma das partes dá as ordens, Guimarães Rosa introduz em sua narrativa ficcional um elemento de alta relevância teórica. Em termos de história social, esse trato pode ser identificado com o molde em que se deu durante o período colonial a união dos *senhores* com as *coitadas moradoras*, quase escravas, pertencentes à população primeva do país. É o que me levou a considerar essa cena uma alegoria do nascimento do Brasil.[238]

Além disso, a caracterização do *trato* em termos por assim dizer "jurídicos" sugere que se estenda o significado alegórico dessa cena para a esfera política. O que significa um acordo entre parceiros supostamente iguais, quando uma das partes passa a assumir o papel dominante, colocando a outra parte numa situação de inferioridade? No âmbito desta investigação dos três princípios fundamentais da sociedade civil — propriedade, justiça e ordem político-social —, podemos considerar o trato de Riobaldo com o Diabo, pelo prisma da teoria política de Rousseau, como alegoria de um falso contrato social. Nem por isso deixa de existir uma grande diferença entre os nossos dois autores em termos de filosofia da história. Enquanto Rousseau descreve os fundamentos da desigualdade entre os homens e o falso contrato social com o intuito de substituí-lo pelo contrato social verdadeiro, Guimarães Rosa desmonta o discurso utópico iluminista, para revelar lucifericamente a ordem político-social vigente. Ao compararmos, por outro lado, a cena do pacto com o "cão extremo", retratada por Guimarães Rosa, com a expres-

---

[238] Cf. W. Bolle, 1997-98, p. 42, nota 61.

são "a Lei do Cão", com a qual Antônio Conselheiro e seus seguidores designavam a Constituição da República, é possível constatar uma certa convergência de diagnóstico político.[239] É preciso deixar claro, contudo, que o trato entre iguais em que uma das partes dá as ordens representa uma formação política e social mais profunda e mais persistente que as Constituições: a relação entre senhores e escravos, que pode ser considerada a lei fundadora do Brasil.

2. Narrador pactário e função diabólica da linguagem

Complementando a análise anterior, o pacto será estudado agora na sua dimensão linguística e retórica, focalizando-se a figura do *narrador pactário*. Como é que a condição de ser "entrante do demônio" se traduz no discurso de Riobaldo?

Como agente do poder, o protagonista-narrador nos introduz na oficina de linguagem da classe dominante. Luciferinamente, ele revela como se forjam "as formas do falso" — para lembrar uma observação crítica de Riobaldo,[cf. GSV: 275] escolhida por Walnice Galvão (1972) como título do seu estudo pioneiro. A forjadura das formas do falso, cuja investigação foi iniciada por ela, ainda é um vasto campo em aberto para ser pesquisado. Nesse sentido, o estudo da iniciação de Riobaldo à retórica do poder, do capítulo anterior, será completado aqui por uma análise do seu discurso em dois níveis: 1. A prática do discurso do poder, com Riobaldo na condição de chefe de jagunços. 2. A nar-

---

[239] Cf. op. cit., p. 43, e nota 71: "Riobaldo [se assegurou] por meio do pacto com o Diabo, da 'Lei do Cão', que é a lei do mais forte"; "cf. [os] versos do movimento de Canudos dirigidos contra a República: 'Nós temos a lei de Deus/ Elles tem a lei do *cão*!'".

O pacto — esoterismo ou lei fundadora?

ração da história para o interlocutor. Veremos que a credibilidade desse narrador é cuidadosamente construída, incluindo estratégias da retórica do poder e autoanálises críticas. Ou seja, nesse relato misturam-se elementos de dissimulação, próprios de um agente do poder, com elementos de confissão e de crítica. Confissão, na medida em que Riobaldo procura rever seus atos a partir de um outro universo de valores, e crítica, porque ele não visa a uma mera expiação de culpa pessoal, mas a compreensão das estruturas políticas e sociais.[240]

A iniciação do protagonista de *Grande Sertão: Veredas* à retórica do poder começou quando ele era secretário de Zé Bebelo. Riobaldo trabalhou, então, como orador de comícios de seu chefe: "[Zé Bebelo] enxeriu que eu falasse discurso também. [...] Cumpri. O que um homem assim devia de ser deputado — eu disse, encalquei. [...] O povo eu acho que apreciava".(GSV: 104) No episódio do julgamento de Zé Bebelo, a fala de Riobaldo se sobressai entre todas as demais pela sua qualidade oratória; as suas opiniões "matar é vergonha" e "absolver é fama de glória" encontram ampla repercussão entre os ouvintes. Na Fazenda dos Tucanos, Riobaldo, obrigado a escrever cartas para as autoridades, aparece novamente na função de secretário de Zé Bebelo, mas a situação mudou. Ele trava um duelo verbal com o seu superior, arrematando com a frase "Dê as ordens, Chefe!".(GSV: 255) Riobaldo assimila perfeitamente as lições de quem o iniciou na arte de lutar com palavras. Desde as ordens e os decretos proferidos pelo chefe, passando por discursos de candidatura, de posse e de julgamento, até as artimanhas da demagogia, da negociação políti-

---

[240] Eis o ponto em que a minha análise se diferencia das leituras da *confissão* de Riobaldo como "sessão psicanalítica", em que o interlocutor/leitor assume o papel do "psicanalista": cf. D. Moreira Leite, 1961; e A. Bezerra de Meneses, 2002a.

ca e das declarações engambeladoras — quantos gêneros e subgêneros da "camaralística"! É que o autor que criou Zé Bebelo e Riobaldo, foi secretário do Ministério das Relações Exteriores, chefe de divisão, cônsul e embaixador,[241] e conhecia perfeitamente os diversos usos da linguagem política.

O chefe Zé Bebelo transmite a Riobaldo o *know-how* dos *donos do poder*. Uso esse termo no sentido técnico da palavra, de acordo com o estudo homônimo de Raymundo Faoro (1958). Como demonstra Faoro, os negócios políticos do Brasil têm sido conduzidos, desde a Colônia, por um estamento administrativo, um "patronato político", que se amoldou a todas as formas de governo: desde as estruturas feudais da monarquia portuguesa, trazidas pelas caravelas de Cabral, passando pelos caudilhos da Colônia e as reformas pombalinas, a monarquia do país recém-independente e as oligarquias das Repúblicas Velha e Nova, até os regimes autoritários populistas e as intervenções militares do século XX. Além da notável capacidade de adaptar-se a qualquer regime e a qualquer mudança de governo, esse "estamento burocrático" se caracteriza pelo desvinculamento das dinâmicas sociais e pela impenetrabilidade às reivindicações da maioria.[242]

Da facilidade com que os donos do poder se amoldam a novas situações políticas, Riobaldo é um bom exemplo. Ele transita dos jagunços legalistas de Zé Bebelo para os fora-da-lei de Joca Ramiro, deixa-se iniciar à matança pelo Hermógenes e depois assume a chefia para matar Hermógenes, alicia os miseráveis com a promessa de tomar o dinheiro dos ricos e acaba montando um exército de jagunços para defender suas propriedades. Para descrever essa adaptabilidade política do protagonista, o seu

---

[241] Cf. H. Vilhena de Araújo, 1987.

[242] Cf. R. Faoro, 1958/1998, II, pp. 731-750.

O pacto — esoterismo ou lei fundadora?

criador pôde se basear na sua experiência profissional de ter trabalhado a serviço de governos tão diferentes como os de Getúlio Vargas, Gaspar Dutra, Juscelino Kubitschek, Jânio Quadros, João Goulart e Castelo Branco. Conhecendo muito bem o funcionamento da máquina do poder e os diversos tipos da retórica política, o romancista tinha todas as condições para contar, a partir de uma perspectiva de dentro, criptograficamente, como se articula a política do país.

Observador atento dos chefes, Riobaldo aprende a "pensar com poder".(GSV: 262) Ele descobre que o procedimento-chave do discurso do poder é a dissimulação — o que é emblematizado pelo nome duplo do seu chefe: *Zé Bebelo Vaz Ramiro* ou *José Rebêlo Adro Antunes*, conforme a necessidade. Como expõe Maquiavel, um instrumento indispensável da arte de governar do príncipe consiste em ele "ser um grande simulador e dissimulador".[243] Se Zé Bebelo possui essa "raposice", seu discípulo Riobaldo não fica lhe devendo nada. Desde a Fazenda dos Tucanos, ele elabora mentalmente a ideia da tomada do poder: "[Zé Bebelo] fizesse feição de trair, eu [...] efetuava. [...] Daí eu tomava o comandamento [...]".(GSV: 253) Note-se o significado emblemático do lugar. É na Fazenda dos Tucanos, enquanto conjunto de "senzalas" e de uma "casa-grande",(GSV: 245, 267) que se prenuncia a ascensão de Riobaldo da condição de subalterno, quase escravo (onde pesa a condição social de sua mãe) para o *status* de senhor.

A tomada do poder por Riobaldo é preparada por um discurso duplo. Na Fazenda dos Tucanos, ele protestou diante de Zé Bebelo em nome dos "pobres jagunços"(GSV: 254) — declarando sua solidariedade com todos os integrantes do bando. Ora, nos campos do Pubo e do Sucuriú, sob o olhar do fazendeiro seô

---

[243] Maquiavel, 1513, cap. XVIII.

Habão, que cobiça a todos como "enxadeiros",^(GSV: 314-315) Riobaldo se dá conta de que a sua condição de "pobre" não é apenas retórica, mas real. Para os donos da mão de obra não existe diferença nenhuma entre um reles jornaleiro e um "raso jagunço atirador" como ele, "cachorrando por este sertão".^(GSV: 305) Chegou o momento de ele optar entre a senzala e a casa-grande. Riobaldo muda então de discurso, apresentando-se a seô Habão nestes termos: "[O] senhor conhece meu pai, fazendeiro Senhor Coronel Selorico Mendes, do São Gregório?!".^(GSV: 315) Se o envio das cartas para as autoridades, por parte de Zé Bebelo, foi uma tentativa de traição, o que dizer de Riobaldo que, na hora decisiva, renega sua condição de pobre e se apresenta como filho de coronel? O aspirante a chefe reproduz o molde da traição. Está pronto para fazer o pacto com o Diabo, que será o meio para ele passar de pobre jagunço a chefe de jagunços, ou seja: fazer um "trato de iguais com iguais", em que ele será a parte que dá as ordens.

Uma vez instituído como chefe, como é que Riobaldo legitima a guerra, quais são os seus objetivos e qual é a sua ética? Ele afirma trazer "glória e justiça" para o "território dos Gerais"^(GSV: 334) e "guerrea[r] para impor paz inteira neste sertão e para obrar vingança pela morte atraiçoada de Joca Ramiro!...".^(GSV: 337) Essas declarações reproduzem as fórmulas dos chefes anteriores: a "imposição da justiça" de Medeiro Vaz, as ações "gloriosas" e a "guerra por amizade" de Joca Ramiro, e a guerra "para liquidar com os jagunços, até o último" de Zé Bebelo. O que significam as palavras de Riobaldo despidas de seu invólucro retórico, percebe-se pela pronta reação de seô Habão, o qual pragmaticamente lhe oferece dinheiro.^(GSV: 333) De fato, como se vê pela sequência, a grandiloquência e nobreza dos motivos de Riobaldo são desmentidas pela sua praxe de cobrar "dos fazendeiros remediados e ricos [...] avença, em bom e bom dinheiro". "[T]odos", relata ele, "tinham mesmo pressa de dar. Com o que, enchi a caixa";(GSV: 402) "[...] viemos [...] extorquindo vantagens de dinheiro [...] — sistema jagunço".(GSV: 391) Tudo isso, alega Riobaldo, teria se realizado "sem devastar nem matar".(GSV: 391) Ele baixou ordens para "que não se entrasse com bruteza nos povoados"(GSV: 395) e que seus homens "não obrassem brutalidades com os pais e irmãos e maridos" das mulheres que encontravam pelo caminho.(GSV: 396) Contudo, como já foi visto, os "jagunços civilizados" assim como "a guerra de bem-criação" só existem na retórica.

Montando assim os fragmentos do discurso do poder, esparsos pelo romance todo, com suas dissimulações e revelações, o leitor acaba obtendo uma imagem da estrutura política e social vigente.

Qual é a postura do chefe Riobaldo diante do problema social? Em face da calamidade em que se encontram os moradores do Sucruiú e do Pubo, ele declara que "pretendia [...] retirar aqueles, todos, destorcidos de suas misérias".(GSV: 336) Que tipo de ação corresponde a essas palavras? Lembramos que Riobaldo, sensível à discrepância entre discurso e ação, tinha ironizado o palavreado do seu antecessor:

> "Eu estava [...] descrevendo, por diversão, os benefícios que os grados do Governo podiam desempenhar, remediando o sertão do desdeixo. E, nesse falar, eu repetia os ditos vezeiros de Zé Bebelo em tantos discursos. Mas, o que eu pelejava era para afetar, por imitação de troça, os sestros de Zé Bebelo. E eles, os companheiros, não me entendiam. Tanto, que, foi só entenderem, e logo pegaram a rir. Aí riam, de miséria melhorada".(GSV: 321)

Ora, o que Riobaldo criticou em Zé Bebelo, ele próprio acaba praticando: remediar a miséria através da retórica. Na verdade, houve um aliciamento por coerção — "Haviam de vir, junto, à mansa força" —, ao qual Riobaldo atribui cinicamente o sentido de uma ação social: "Isso era perversidades? Mais longe de mim — que eu pretendia era retirar aqueles, todos, destorcidos de suas misérias".[GSV: 336] O episódio ilustra bem os dois aspectos da camuflagem retórica; nas palavras de um teórico barroco: *Dissimulamos quod sumus, simulamus quod non sumus*.[244]

Ou seja: a retórica da simulação é usada para fazer com que o sistema jagunço apareça como instrumento por excelência para resolver os problemas sociais. Na verdade, os chefes se aproveitam da mão de obra dos sem-posse para satisfazer seus interesses particulares, que são dissimulados. De forma geral, o sistema jagunço serve para encobrir os problemas sociais: "Quando se jornadeia de jagunço [...] não se nota tanto: o estatuto de misérias e enfermidades"; a atividade guerreira dissipa os problemas: "Guerra diverte — o demo acha".[GSV: 48] Riobaldo chega a fazer a apologia da jagunçagem:

> "[...] prezei a minha profissão. Ah, o bom costume de jagunço. [...] vida [...] vivida por cima. Um jagunceando, nem vê, nem repara na pobreza de todos [...]. A gente às vezes ia por aí, os cem, duzentos companheiros a cavalo, tinindo e musicando de tão armados — e, vai, um sujeito magro, amarelado, saía de algum canto, e vinha, espremendo seu medo, farraposo: com um vintém azinhavrado no conco da mão, o homem queria comprar um punhado de mantimento: aquele era casado, pai de família faminta".[GSV: 57]

O chefe Riobaldo se vale da miséria geral para aliciar mão de obra para sua empresa. Sua primeira medida é o recrutamen-

---

[244] C. G. Ittig, 1709, *De simulatione et dissimulatione olim hodie usuali*, apud W. Müller, 1988, p. 195.

O pacto — esoterismo ou lei fundadora?

to compulsório dos homens do Sucruiú e do Pubo. Um dos lavradores faz a sensata pergunta: "Quem é que vai tomar conta das famílias da gente, nesse mundão de ausências? Quem cuida das rocinhas nossas, em trabalhar pra o sustento das pessoas de obrigação?". A réplica de Riobaldo é um exemplo da retórica como *ars fallendi*,[245] a arte de enganar o povo:

> "'As famílias capinam e colhem, completo, enquanto vocês estiverem em glórias [...]. Vamos sair pelo mundo, tomando dinheiro dos que têm, e objetos e as vantagens, de toda valia... E só vamos sossegar quando cada um já estiver farto, e já tiver recebido umas duas ou três mulheres, moças sacudidas, p'ra o renovame de sua cama ou rede!...'".(GSV: 337)

Essa fala demagógica, reforçada pela coerção das armas, surte o efeito desejado: "E eles: que todos, quase todos, geral, reluzindo aprovação". Efetivamente, trata-se de um apelo para roubos e saques. É uma praxe em nada diferente daquela do bando do Hermógenes: "A sebaça era a lavoura deles, falavam até em atacar grandes cidades".(GSV: 128) Em ambos os casos, o patrão remunera os serviços prestados por meio de uma empresa criminosa.

Como é que o novo chefe reage diante de um discurso de contestação? É o que mostra o episódio dos cinco urucuianos que resolvem sair do bando para voltar para a sua "labuta de plantações". Eles, que tinham sido trazidos por Zé Bebelo, explicam: "[A] gente gastou o entendido...".(GSV: 377) Vale dizer: eles cumpriram a sua parte do contrato e agora se consideram homens livres. O fato de a sua mão de obra começar a ir embora coloca

---

[245] Quintiliano, *Institutio oratoria*, II.15, 23.

o chefe e patrão Riobaldo diante de um sério problema. Como evitar que a deserção de alguns venha a contagiar os demais integrantes da sua empresa? Nessa situação de crise, em que os truques retóricos revelam-se inoperantes, é preciso inventar uma proeza que tenha a força de impressionar e arrastar todos. Riobaldo resolve então encenar a travessia do Liso do Sussuarão, seu estratagema para surpreender o Hermógenes, como se fosse um milagre. "Sobrelégios"(GSV: 384) — este neologismo, montagem de "sobrenatural" e de "sortilégios", é a palavra-chave de uma retórica milagreira que, junto com a ação espetacular da travessia do Liso, consegue encobrir por algum tempo o prosaico cotidiano do banditismo. Riobaldo constata satisfeito: "O respeito que tinham por mim ia crescendo no bom entendido dos meus homens".(GSV: 385)

A quem serve a guerra? "Os bandos bons de valentões repartiram seu fim", informa o narrador, "muito que foi jagunço, por aí pena, pede esmola".(GSV: 23) Em outras palavras: o sistema jagunço serviu para levar os sertanejos da miséria à mendicância. Por outro lado, para o chefe Riobaldo a guerra acabou sendo de bom proveito. Desde que ele tomou as rédeas do poder, a motivação principal de sua luta contra o Hermógenes já não é a sanção moral, mas o negócio. Enquanto seus homens se preparam para o combate, Riobaldo já pensa na etapa seguinte: "[...] eu queria que tudo tivesse logo um razoável fim, em tanto para eu então poder largar a jagunçagem".(GSV: 434) Muito antes da batalha final — quando se estabelecerá como "lei" a paz do vencedor — ele toma uma medida que ampliará decisivamente suas posses e sua influência. Seô Habão, que lhe serviu de tácito incentivador e cúmplice e lhe entregou como insígnia de poder o esplêndido cavalo Siruiz, é encarregado de servir de mediador no "trato nupcial" com Otacília, "dona de tantos territórios agrícolas e adadas pastagens".(GSV: 268) Mesmo na iminência da luta,

O pacto — esoterismo ou lei fundadora?

Riobaldo, em vez de cuidar da segurança de seus homens, vai tratar de seus interesses particulares, indo atrás de sua noiva, supostamente a caminho. A vitória de Riobaldo sobre o Hermógenes, na batalha sangrenta do Paredão, em que muitos de seus jagunços morrem, é o prêmio que lhe permite retirar-se da jagunçagem e estabelecer-se como um latifundiário remediado e respeitado.

A guerra foi, portanto, um bom negócio para o chefe Riobaldo, embora pelo preço da perda irreparável de Diadorim. Junto com a fama de ter "limpa[do] estes Gerais da jagunçagem",(GSV: 456) ele acaba ganhando amplas propriedades de terras, por meio do testamento deixado pelo seu padrinho e do casamento com Otacília.(cf. GSV: 457) Tornou-se, assim, um integrante da classe dos latifundiários, ao lado dos seô Habão, seo Ornelas, Zé Bebelo, e tantos, tantos. Como dono do poder, Riobaldo reproduz os padrões de fala e comportamento de sua classe. Se Selorico Mendes se gabou de ter "sent[ado] em mesa" com o famigerado Neco,(GSV: 88) Riobaldo, por sua vez, informa que conheceu Antônio Dó e que "Andalécio foi [seu] bom amigo".(GSV: 129) Se seô Habão vive "com a ideia na lavoura",(GSV: 312) Riobaldo, depois de retirado, é "criador, e lavrador de algodão e cana".(GSV: 129) Se Ricardão, "[a]migo acorçoado de importantes políticos, e dono de muitas posses",(GSV: 203) "queria era ser rico em paz: para isso guerreava",(GSV: 16) Riobaldo — numa fala que já analisamos: "Chegassem viessem aqui com guerra em mim, com más partes, com outras leis, ou com sobejos olhares, e eu ainda sorteio de acender esta zona [...]!"(GSV: 21-22) — deixa claro que ele, como dono de amplas propriedades, muito bem protegidas pela sua "gente", não vai tolerar nenhuma subversão da ordem estabelecida. A condição do protagonista-narrador como dono do poder é um elemento crucial da concepção de *Grande Sertão: Veredas*.

Depois de termos analisado os discursos de Riobaldo como aprendiz da retórica do poder e como chefe de jagunços, vejamos, para finalizar, a sua peça oratória mais complexa: o relato de sua vida para o interlocutor, o visitante da cidade. Motivado pela consciência de culpa do dono do poder que passou por cima dos que eram outrora seus iguais e agora são seus servos, o discurso do protagonista-narrador é estruturado como uma *autoacusação* — mas acaba se transformando num *discurso de legitimação*. Atrás dessa história de vida particular entrevê-se alegoricamente a historiografia de toda uma classe. A narração é usada por Riobaldo nos moldes da retórica clássica, em que a *narratio* é uma das partes constitutivas do discurso diante do tribunal.[246] Com efeito, trata-se do discurso de um dono do poder diante de um imaginário tribunal da história constituído pela classe dos letrados representada pelo doutor da cidade. O objetivo do agente do poder Riobaldo é que, no fim, ele seja absolvido — pelo interlocutor e pelo leitor (nas palavras de Baudelaire: o "hipócrita leitor, seu semelhante, seu irmão").

A estratégia discursiva fundamental de Riobaldo consiste em constituir-se diante do interlocutor como um narrador digno de confiança. Existe um tipo de retórica que privilegia a construção da credibilidade em detrimento da busca da verdade. Essa retórica é definida por Quintiliano como arte da persuasão (*vis persuadendi*) e mesmo como arte de enganar (*ars fallendi*).[247] Nessa tradição, Maquiavel explica detalhadamente "como os príncipes devem manter a sua credibilidade". O príncipe precisa aparentar ter estas cinco qualidades: piedade, fé, honestidade, humani-

---

[246] Cf. Quintiliano, III.9, 1: "Nunc de *iudiciali genere* [...] cuius partes quinque sunt: *proemium, narratio, probatio, refutatio, peroratio*".

[247] Cf. nota 245.

O pacto — esoterismo ou lei fundadora?

dade e religião.[248] Vejamos esta última, que é a mais trabalhada por Riobaldo. Ele se apresenta diante do interlocutor e do leitor como um *homem de fé*:[249]

> "Muita religião, seu moço! Eu cá, não perco ocasião de religião. Aproveito de todas. [...] Rezo cristão, católico [...] e aceito as preces de compadre meu Quelemém, doutrina dele, de Cardéque. Mas, quando posso, vou no Mindubim, onde um Matias é crente, metodista: a gente se acusa de pecador, lê alto a Bíblia, e ora, cantando hinos belos deles. [...] Eu queria rezar — o tempo todo".(GSV: 15)

Como é que o conceito de credibilidade da retórica geral e da teoria política se traduz em termos de teoria e prática da narrativa? No seu estudo *The Rhetoric of Fiction* (1961), Wayne Booth distingue entre narradores "confiáveis" e "não-confiáveis". "Confiável" é o narrador "quando ele fala ou age de acordo com as normas da obra (isto é, as normas implícitas do autor)"; "caso contrário, ele não é confiável".[250] Em *Grande Sertão: Veredas* estamos diante de uma narração que é comandada por duas instâncias, correspondendo a dois tipos antagônicos da retórica. Por um lado, a *arte da persuasão*, com o primado dado à construção da credibilidade; essa retórica é representada pelo discurso de Riobaldo como dono do poder. Por outro lado, a busca da verdade e da justiça, que caracteriza a ética do homem justo e bom; é a retórica como *ciência de falar bem*.[251]

---

[248] Maquiavel, 1513, cap. XVIII: "pietà, fede, integrità, umanità, religione".

[249] Sobre o *homem de fé*, cf. supra, capítulo III, nota 185.

[250] W. Booth, 1961/1983, pp. 158-159.

[251] Quintiliano, II.15, 3 (*vis persuadendi*), 33 (*vir bonus*) e 38 (*bene dicendi scientia*).

Esse tipo de retórica aparece nas observações autocríticas de Riobaldo e através de montagens contrastivas. Assim como o protagonista-narrador acompanha criticamente o discurso de Zé Bebelo, existe, atrás das suas falas, uma instância metanarrativa, que nos faz enxergar as contradições e incongruências no discurso do narrador. Com tudo isso, Riobaldo configura-se como um "narrador mais ou menos confiável"[252] — na verdade, um narrador dialético.

Na construção da credibilidade por parte do narrador Riobaldo podem ser identificadas três estratégias capitais: a humildade, a crítica dos desmandos do poder e a religiosidade.

Quanto à postura do orador diante do tribunal, os mestres da retórica clássica recomendam que se evite qualquer ostentação e que, pelo contrário, se mantenha uma atitude simples e até "se dissimule a eloquência".[253] É o que pratica Riobaldo, ao apresentar-se como sendo "só um sertanejo", "naveg[ando] mal" nas "altas ideias" e "[sendo] muito pobre coitado"; sua "[i]nveja [...] pura é de uns conforme o senhor [seu interlocutor], com toda leitura e suma doutoração".[(GSV: 14)] Esse *understatement*, junto com a disposição de Riobaldo de pôr em dúvida as verdades estabelecidas — "Eu quase que nada não sei. Mas desconfio de muita coisa"[(GSV: 15)] — lhe proporciona, por parte do interlocutor e do leitor, uma atenção benevolente.

Por outro lado, o protagonista-narrador de *Grande Sertão: Veredas* tem um *status* social e uma experiência de vida que lhe conferem autoridade. É alguém que conhece bem o comportamento e os discursos dos homens, em todos as camadas — além de ser uma pessoa que se preocupa com os problemas sociais e

---

[252] W. Booth, 1961/1983, p. 279.

[253] Cf. Quintiliano, XII.9, 5.

as questões de interesse público, criticando os abusos da autoridade e os desmandos do poder. Um episódio exemplar, nesse sentido, é o encontro casual do ex-jagunço Riobaldo com o delegado Jazevedão, numa viagem de trem.$^{(GSV:\ 16\text{-}18)}$ Numa ótica neutra, a distribuição dos papéis seria claramente delimitada: de um lado, o jovem delegado profissional e seu assistente, do outro lado, o antigo jagunço com receio de ser identificado. Ocorre que, pelo modo de narrar, os valores são radicalmente invertidos, e o interlocutor/leitor é induzido a tomar partido contra a lei. O delegado é apresentado com "cara de bruteza e maldade", seu ajudante como um "secreta, xereta", um sujeito "caprichando de ser cão"; a "aplicação de trabalho" dos defensores da lei — em princípio, algo muito desejável — é vista como "gerando a ira na gente". Diante das "barbaridades que esse delegado fez", o leitor, assim como o ex-jagunço Riobaldo, precisa se controlar, para "ter mão em si" e não querer "destruir a tiros aquele sujeito". Narrado no proêmio do romance, esse episódio é uma capciosa peça retórica, em que o criminoso julga o representante da lei, apelando para um atávico desejo do leitor de retomar o poder que ele outrora delegou à autoridade e de exercer a justiça com as próprias mãos. Como interpretar esse episódio? Como manifestação de um dono do poder que se sente acima da lei? Ou como preocupação de um cidadão diante dos abusos do poder, consciente de que o estado de direito só está garantido na medida em que existir a vigilância e a disposição dos cidadãos de lutarem pelos seus direitos? A construção ambígua da narrativa permite ambas as leituras.

  O narrador de *Grande Sertão: Veredas* mostra-se, como já vimos, como um homem profundamente religioso, com preocupações essencialmente espirituais e morais. A expressão mais significativa da religiosidade de Riobaldo é o sentimento de culpa por ter feito o pacto com o Diabo. É o que motiva toda a narração, que tem elementos da confissão de um pecador que se acusa.(cf. GSV: 15) A questão básica que se coloca para o intérprete é como avaliar essa autoacusação e confissão do narrador pactário. Em vez de postular que o pacto foi um fato que efetivamente ocorreu, parece-me mais instrutivo tomar como base a carreira bem-sucedida de Riobaldo como dono do poder e interpretar o pacto como um código através do qual ele procura se explicar. Dessa maneira, o pacto, em vez de ser tomado como uma realidade ontológica, é concebido como uma construção mental, ancorada no imaginário coletivo, que o protagonista-narrador preferiu a outras formas de explicação. Como veremos, a argumentação de Riobaldo de ter cometido o mal na condição de pactário tem uma força persuasiva considerável.

Em vez de ser somente um motivo de culpa, o fato de ter recorrido ao pacto com o Diabo serve para Riobaldo também como argumento para relativizar essa culpa. A responsabilidade da pessoa pelos próprios atos é transferida para uma entidade que transcende o indivíduo e que está onipresente no imaginário popular. Será que a vida de Riobaldo não poderia ser explicada em termos semelhantes aos da biografia de Antônio Conselheiro, que, segundo Euclides da Cunha, "compendia e resume a existência da sociedade sertaneja"?(OS: 135) O perfil do chefe de jagunços Riobaldo apareceria, então, "como integração de caracteres diferenciais — vagos, indecisos, mal percebidos quando dispersos na multidão, mas enérgicos e definidos, quando resumidos numa individualidade".(OS: 132) Com isso, a questão da culpa individual se dissolveria no meio cultural do protagonista, no vasto terreno das crenças e dos costumes.

Outro argumento de Riobaldo é que o pacto com o Diabo foi o único meio para vencer o Mal, personificado pelo pactário Hermógenes. Desde o seu primeiro aparecimento, o Hermógenes, "que tirava seu prazer do medo dos outros, do sofrimen-

O pacto — esoterismo ou lei fundadora?

to dos outros",(GSV: 139) impunha o seu modo de ser como um "estado de lei".(GSV: 160) Riobaldo relata "as ruindades de regra" que os hermógenes "executavam em tantos pobrezinhos arraiais: baleando, esfaqueando, estripando, furando os olhos, cortando línguas e orelhas, não economizando as crianças pequenas, atirando na inocência do gado, queimando pessoas ainda meio vivas", e ele pergunta: "Esses não vieram do inferno?".(GSV: 40) De acordo com a firme convicção de Riobaldo, engajado na luta contra o Mal, "Deus [...] devia de ajudar a quem vai por santas vinganças".(GSV: 229) Qual não é a sua consternação, quando percebe que *os judas* levam vantagem em vez de serem castigados. No fim, Riobaldo acaba acreditando na explicação dos companheiros: "*O Hermógenes tem pautas*".(GSV: 40) Resignadamente ele pergunta então: "Contra o demo se podia?".(GSV: 229) Afinal, o Hermógenes "[...] tinha sido capaz, até de acabar com Joca Ramiro, em tantas alturas".(GSV: 309) Por outro lado, ele percebe que era "[o] medo, que todos acabavam tendo do Hermógenes, [...] que gerava essas estórias".(GSV: 309) Ao apresentar tais estórias como uma construção do imaginário coletivo, Riobaldo sinaliza que ele não acredita necessariamente nelas, mas delas se valeu para um fim moral. Foi um recurso de legítima defesa e o meio para combater o Mal com suas próprias armas.

Ao abrir a possibilidade de que o seu pacto com o Diabo tenha sido apenas um estratégico faz de conta, o protagonista-narrador realça a sua qualidade de pessoa religiosa: "[...] quase que já perdi nele a crença, mercês a Deus".(GSV: 10) Desde o início, quando ele conta o caso do "bezerro erroso" como aparição do demo, Riobaldo dá um certo crédito à crença dos moradores, mas ao mesmo tempo distancia-se do "[p]ovo prascóvio".(GSV: 9) Durante toda a história, ele mantém essa atitude oscilante: ora mergulhando no universo mental dos sertanejos, ora afastando-se dele, mostrando que esse imaginário é uma construção cultural.

Por outro lado, o fato de o narrador manter-se ligado aos valores da religião, que são preservados no universo tradicional do sertão, confere ao seu discurso um fundamento axiológico que não existe com a mesma firmeza no ambiente "moderno" do interlocutor urbano. É verdade que em certos momentos Riobaldo usa o seu *status* de *homem de fé* como instrumento de dominação, como na tentativa de evitar a deserção de sua mão de obra. Na maioria das vezes, porém, a religião é para o protagonista-narrador de *Grande Sertão: Veredas* a instância moral que mantém viva a ideia de justiça e impõe limites ao poder mundano.

Diante desses três fortes argumentos, aos quais se acrescentam a disposição de reconhecer a culpa e o sofrimento com a perda de Diadorim — qual interlocutor ou leitor condenaria o fazendeiro endemoninhado e narrador pactário Riobaldo?

Ao longo de dois capítulos foi analisado o sistema jagunço, no qual se fundamenta o retrato do Brasil desenvolvido por Guimarães em *Grande Sertão: Veredas*. No capítulo anterior, foram descritas a narrativa e a topografia da jagunçagem, além de se examinar essa instituição também como sistema retórico. No presente capítulo, procurou-se aprofundar a compreensão por meio de uma visão de dentro. Estudamos a encenação do discurso do poder pelo jagunço-letrado e narrador pactário, como também a desconstrução desse discurso. Chegamos à conclusão de que o pacto com o Diabo, enquanto alegoria de um falso contrato social, representa a lei fundadora que condiciona o comportamento dos chefes, não apenas em suas ações, mas também e sobretudo em seus discursos. O pacto é a base para uma prática de linguagem de forjar "as formas do falso", (GSV: 275) uma retórica do faz de conta que se apodera do espaço público. Complementando o estudo de Walnice Galvão (1972), que trouxe esses fenômenos para o debate, a presente pesquisa sobre o pacto e o narrador pactário procurou elucidar a estrutura fundadora desses fenômenos.

Como distinguir entre os elementos contingentes, no discurso do protagonista-narrador, condicionados pelo seu *status* e seus interesses enquanto dono do poder e, por outro lado, os componentes autorreflexivos e críticos de sua fala, que o caracterizam como um narrador autônomo, livre em relação ao sistema vigente? Eis a pergunta crucial, em termos de ética e de escrita da história. Ela implica uma reflexão sobre a posição do intelectual diante dos poderosos e dos excluídos.

No nível intertextual, o narrador de Guimarães Rosa, pactário e jagunço-letrado, dissimulador e dialético, representa uma crítica contundente ao "narrador sincero" de Euclides da Cunha. Por meio do seu narrador o romancista julga o método como o autor d'*Os Sertões* escreveu a história. A qualidade da historiografia depende da consciência que o autor tem de sua própria posição na máquina político-social e dos conflitos e interesses em jogo. Euclides ora denuncia, ora legitima o sistema do poder, seja apelando para o "tribunal da história", seja atribuindo-se a si mesmo o papel de juiz da história. Mas ele reflete muito pouco sobre a sua própria posição no seu meio político, social e intelectual cheio de contradições. Em nenhum momento se dá ao trabalho de pesquisar aquilo que os rebeldes de Canudos designavam como a "Lei do Cão", isto é, a lei fundadora da República brasileira. Euclides não procurou compreender a visão que tinham seus adversários do sistema político em nome do qual ele atuava e escrevia.

Afinal, o que é que Antônio Conselheiro e seus seguidores entendiam efetivamente pela "Lei do Cão"? O romance de Guimarães Rosa, enquanto história e glosa do pacto com o Cão, representa um forte estímulo para se investigar essa questão. Já que as fontes apresentadas por Euclides da Cunha são insuficientes e que o seu comentário é altamente preconceituoso e superficial,[254] vejamos como a questão é resumida pela crítica. Roberto Ventura (2003) distingue dois significados da "Lei do Cão": o casamento civil, que foi execrado pelos conselheiristas em nome do casamento religioso; e "a eleição dos governantes, introduzida pela República, vista pelos sertanejos como 'obra do demônio'" (cf. o trocadilho *alei-ção = a Lei do Cão*).[255] Mas isso não explica o enorme impacto das prédicas do Conselheiro, que Euclides desqualifica como "turvamento intelectual de um infeliz" e de "bem pouca significação política".[OS: 175] Mesmo quem reconhece essa significação, ainda diz pouco quando resume o sermão "Sobre a República" como desejo de "restauração da Monarquia" e expressão de uma "autoridade religiosa exemplar".[256] O que o Conselheiro destacou em suas prédicas[257] foi o que, quarenta anos depois, um eminente pensador do Brasil considerou "o momento talvez mais decisivo de todo o nosso desenvolvimento nacional":[258] a abolição da escravidão. Invertendo a retórica republicana, à qual está acostumado o cidadão brasileiro, o Conselheiro relembra que a Abolição não foi um feito político da República, mas do Império, "legitimamente constituído por Deus"![259] Com isso se criava a pergunta, na cabeça do

---

[254] Euclides da Cunha[OS: 175-177] limita-se a copiar "ao acaso" alguns "desgraciosos versos" dos canudenses que, de acordo com ele, "dispensa[m] todos os comentários".

[255] R. Ventura, 2003, pp. 206-207.

[256] Op. cit., pp. 212-213.

[257] Antônio Conselheiro, *Prédicas e discursos*, transcrição do manuscrito original in: A. Nogueira, 1974/1997, pp. 63-197.

[258] S. Buarque de Holanda, 1936/1969, p. 127.

[259] Antônio Conselheiro, "Sobre a República", in: A. Nogueira, 1974/1997, pp. 185-195. Citemos as duas ou três passagens mais significativas (pp. 193 e 195):

O pacto — esoterismo ou lei fundadora?

povo, em nome de quem agiam aqueles que tinham retirado o nome de Deus da constituição, que declaravam "todos são iguais perante a lei",[260] mas fizeram de tudo para permanecerem na posição de quem dá as ordens.[261]

O grau de reflexão e autorreflexão do narrador de *Grande Sertão: Veredas* é muito superior ao do narrador d'*Os Sertões*. Ele proporciona ao leitor um *insight* detalhado da máquina do poder e do seu funcionamento. Isso se manifesta sobretudo no modo como Riobaldo desconstrói o discurso de Zé Bebelo, "*o Deputado*".[GSV: 101] No papel do "deputado", este personagem representa emblematicamente o poder fundador do Estado, o poder legislativo, instituinte das leis. Com efeito, Zé Bebelo é um verdadeiro obcecado pelas leis. Seja pelo costume de "sair esgalopado", depois de um combate, "revólver ainda em mão, perseguir quem achasse, aos brados: — 'Viva a lei! Viva a lei!...'"; seja pelo projeto de acabar com as fraudes eleitorais, afastando das urnas "as turmas de sacripantes"; ou ainda, pela decisão final de "estudar para advogado".[GSV: 61, 102, 459] A concentração de tantos comentários do narrador rosiano sobre um personagem-chave que é apenas temporariamente chefe de jagunços e, no mais, um

---

"Deus fará devida Justiça. [...] É preciso, porém, que não deixe no silêncio a origem do ódio que tendes à família real, porque sua alteza, a senhora Dona Isabel, libertou a escravidão, que não fez mais do que cumprir a ordem do céu; porque era chegado o tempo marcado por Deus para libertar esse povo de semelhante estado, o mais degradante a que podia ver reduzido o ente humano. [...] Chegou enfim o dia em que Deus tinha que pôr termo a tanta crueldade, movido de compaixão a favor de seu povo e ordena para que se liberte de tão penosa escravidão".

[260] Cf. *Constituições brasileiras: 1891*, ed. 1999, p. 97.

[261] A principal causa da guerra contra Canudos foi a reação dos oligarcas do sertão contra o Conselheiro que lhes arrebatava os trabalhadores; cf. W. Galvão, 2001, pp. 55-70.

permanente aspirante ao Governo — convencido de que ele é o dono d'"a Lei", com "L" maiúsculo(cf. GSV: 254) —, é uma forte prova de que o autor desse retrato do Brasil visava muito além do sistema jagunço. A jagunçagem é apenas uma instituição extrema, que lhe permite falar, alegoricamente, do sistema político como um todo.

O fato de o narrador ser pactário é também um estratagema para justificar que ele passe a *trair* o sistema dominante e a revelar seus segredos. Em vez de denunciar ou legitimar, ele mostra como se fabricam discursos de denúncia e de legitimação. "[O] diabo, é às brutas; mas Deus é traiçoeiro."(GSV: 21) Este parece ser o *leitmotiv* do nosso romancista, que explora todas as dimensões do narrador luciférico e da função diabólica da linguagem. Se Deus usa o diabo como instrumento e se Ele "escritura [...] os livros-mestres",(cf. GSV: 33, 264) assim procede também, a seu serviço, o autor de *Grande Sertão: Veredas*. A capacidade do narrador rosiano de tornar transparente a função diabólica da linguagem é, no sentido original da palavra, uma qualidade luciférica. Esboça-se, assim, uma afinidade eletiva entre a arte de narrar de Guimarães Rosa e o satanismo de Baudelaire, o poeta no auge do capitalismo, cuja posição foi caracterizada por Walter Benjamin nestes termos:

> "Faz pouco sentido querer incorporá-lo na rede das mais avançadas posições pela luta de libertação da humanidade. Perspectivas melhores se oferecem quando se acompanham suas tramoias no seu próprio meio [...]. Era um agente secreto — um agente da insatisfação secreta de sua classe com a sua própria dominação".[262]

---

[262] W. Benjamin, 1939a/1971, p. 26.

V. Diadorim — a paixão como *medium-de-reflexão*

A "constante brutalidade" da guerra dos jagunços, o dia a dia de violência e privações, a vida rotineira no meio de homens broncos, simplórios e sem rumo, esse mundo-cão presente em todas as páginas de *Grande Sertão: Veredas*, seria insuportável se não passasse por elas também o sopro de um princípio mais elevado e transformador: a Beleza e o Amor, simbolizados pela figura de Diadorim. É uma presença tão marcante e tão enigmática, que em todos os debates sobre o romance sempre surge alguém querendo saber do seu significado. De fato, essa figura, a paixão do protagonista-narrador Riobaldo, é o cerne e o substrato emocional do romance. Não é por acaso que na França, onde a reflexão sobre o amor faz parte da cultura, o livro tenha sido publicado com o título *Diadorim*. Curiosamente, no entanto, dentre os mais de 1.500 estudos já publicados sobre o romance, não existe nenhuma monografia que tenha se dedicado de corpo e alma ao desafio que é interpretar essa figura misteriosa, enigmática, difícil. Em todo caso, com as pesquisas existentes, já se dispõe de um considerável repertório de conhecimentos.

Esboçando uma tipologia dos estudos publicados até agora sobre Diadorim, podemos identificar quatro abordagens diferentes: 1. análises que tematizam o amor, num enfoque filosófico-cultural, representado por Benedito Nunes (1964) e Carlos Fantinati (1965); 2. leituras que identificam Diadorim como encarnação do *tópos* literário da *donzela-guerreira* (M. Cavalcanti Proença, 1958; Leonardo Arroyo, 1984; Walnice Galvão, 1998); 3. estudos mitológicos que vêem Diadorim como figura iniciática, andrógina e expressão da *coincidentia oppositorum*; esse tipo de abordagem, do qual Benedito Nunes (1964) é um dos precursores, tem merecido também a atenção da crítica esotérica (Francis Utéza, 1994); 4. algumas interpretações, de publicação recente, que se interessam por Diadorim como figura da poética de Guimarães Rosa (João Adolfo Hansen, 2000; Cleonice Mourão, 2000).

Diferentemente dos primeiros três tipos, e mais próximo do quarto tipo dessas abordagens, propõe-se aqui um estudo funcional. Diadorim, em vez de ser analisado ontologicamente como um *personagem* (o enigmático amor de Riobaldo) ou como um *tópos* literário-mitológico, é interpretado como uma *figura*, no sentido da retórica clássica, isto é, como uma forma de organizar os elementos do discurso. Pretendo demonstrar que a figura de Diadorim é a peça-chave para Guimarães Rosa estruturar sua narrativa, um recurso artístico para ele compor os inúmeros elementos esparsos. Trata-se de uma interpretação *figural*, na esteira de Erich Auerbach, para quem a figura, na tradição medieval cristã, notadamente a Beatriz de Dante, desempenha a função de guia, perspectiva de salvação e revelação.[263] A figura de Diadorim será investigada aqui com vistas à sua relevância funcional e histórico-filosófica na narrativa.

O conceito guia desta interpretação é a *paixão estética*, que permite abranger os vários planos do romance, inclusive a filoso-

---

[263] Cf. E. Auerbach, 1939, "Figura". Na historiografia atual, esse método repercute no *realismo figural* de H. White (1999).

fia da história do autor. Esse conceito é usado por Walter Benjamin, interlocutor de Auerbach, no seu projeto das *Passagens parisienses* como uma categoria construtiva para organizar a experiência do indivíduo no espaço histórico-cultural da Modernidade.[264] Entendo a paixão como a forma mais densa de organização do tempo, do saber e da energia, na dimensão de uma vida humana, como também de uma geração ou de um período histórico. No romance de Guimarães Rosa, a paixão do protagonista-narrador pelo *personagem* Diadorim, no plano da ação e da rememoração, corresponde, no plano do projeto literário e da composição da obra, à *paixão estética* do autor pela sua invenção ficcional. Diadorim é a musa, o princípio inspirador, a figura constelacional por meio da qual o romancista estrutura uma quantidade enciclopédica de conhecimentos sobre a terra e o homem do sertão, que ficariam caóticos, informes, desconexos, sem essa presença.

Esta hipótese de trabalho é compatível com as descobertas sobre a gênese de *Grande Sertão: Veredas*. De acordo com Elizabeth Hazin, entre os "três temas axiais" presentes desde o início no processo de criação do romance, está — ao lado de "Riobaldo, o jagunço contraditório, reflexivo e filosofante" e "a obsessão pelo demoníaco resolvida através do pacto" — precisamente "a 'donzela-guerreira' encarnada por Diadorim".[265] Certos achados de estudiosos desse *tópos* podem ser bem aproveitados para uma interpretação figural e funcional. Por exemplo, a observação de Cavalcanti Proença, retomada por Leonardo Arroyo, de que as deixas para a descoberta do sexo de Diadorim "localizam-se es-

---

[264] Sobre a historiografia de W. Benjamin como "paixão estética", cf. W. Bolle, 1999.

[265] E. Hazin, 2000, p. 144.

parsamente por toda a narrativa".[266] Note-se que esse procedimento não caracteriza apenas o personagem, mas a forma de composição de todo o romance: é um modo de escrever "espaçado" e "disjuntivo", uma "poética da dissolução".[267] E se Guimarães Rosa, no dizer de Walnice Galvão, "dissimula a História, para melhor desvendá-la",[268] não seria Diadorim a figura emblemática desse estilo dissimulador?

O recurso de Guimarães Rosa ao princípio da paixão estética pode ser melhor explicado se levarmos em conta também a dimensão intertextual e historiográfica. Lembramos que a hipótese guia desta investigação consiste em considerar *Grande Sertão: Veredas* uma reescrita crítica de *Os Sertões* — sem conotações de intencionalidade ou determinação causal, mas por afinidades estruturais entre as obras. Assim, foram estudados nos capítulos precedentes quatro aspectos de reescrita: a narrativa como *genus iudiciale*, o sertão como forma de pensamento, o redimensionamento do discurso sobre o "jagunço" e a detalhada glosa da "Lei do Cão". No presente capítulo, que trata de Diadorim, a relação intertextual é evidenciada pelo fato de *Os Sertões* e *Grande Sertão: Veredas* serem, cada um à sua maneira, *discursos fúnebres*. O relato de Euclides sobre a campanha de Canudos é um réquiem para os "patrícios do sertão" que ali foram aniquilados; a narração de Riobaldo é um trabalho de luto, um *pranto*[269] por Diadorim, a pessoa amada e para sempre perdida.

---

[266] Cf. M. C. Proença, 1958, pp. 26-29; L. Arroyo, 1984, p. 50.

[267] W. Bolle, 1998b, pp. 269-270 — ideia desenvolvida no capítulo II deste ensaio.

[268] Cf. supra, capítulo I, nota 17.

[269] *Pranto* é, como lembra L. Arroyo (1984, p. 89) a respeito da relação de Riobaldo com Diadorim, o gênero da lírica medieval que expressa "a inconformação pela perda de pessoa querida".

O discurso fúnebre representa um gênero de fala pública de significação política muito especial. Como mostrou a historiadora Nicole Loraux em seu estudo *L'Invention d'Athènes* (1981), a consciência e a autoimagem discursiva da pólis grega constituíram-se basicamente por meio do gênero dos discursos fúnebres sobre personalidades da cidade de Atenas. Analogamente, será examinada aqui a relevância do discurso fúnebre em Euclides e em Guimarães Rosa para a construção de seus respectivos retratos do Brasil. A tese que pretendo demonstrar é que Guimarães Rosa, concomitantemente com o trabalho de luto individual do seu protagonista-narrador, organiza uma história coletiva dos sertanejos, uma *história dos sofrimentos*. Essa narração, em estilo discreto e sustentada pela *paixão*, desmonta o discurso fúnebre do autor d'*Os Sertões*, tornando transparentes as fórmulas euclidianas do *páthos* e da heroização, que procuram compensar uma etnografia discriminatória.

1. Funções de Diadorim na composição da narrativa

Comecemos com um mapeamento das diversas funções desempenhadas pela figura de Diadorim na composição da narrativa. É nesse sentido que se adapta aqui um conceito de Vladimir Propp (1928), para quem a *função*, na análise morfológica da narrativa, designa "a ação de um personagem, definida do ponto de vista de sua significação no desenrolar da intriga".[270] A função do personagem Diadorim como *leitmotiv* da história de Riobaldo é realçada de várias maneiras: por uma confissão do narrador ao ouvinte: "[...] o *Reinaldo* — que era Diadorim: sa-

---

[270] V. Propp, 1928/1970, p. 31.

bendo deste, o senhor sabe minha vida";[GSV: 242] pelo significado do nome *Reinaldo*, que designa o "rei que conduz";[271] e também por um depoimento de Ariano Suassuna sobre uma conversa com Guimarães Rosa:

> "Outra coisa de que falamos sobre o *Grande Sertão: Veredas* — desta vez por iniciativa minha — foi ligada à possível presença do romance ibérico 'A donzela que foi à guerra' como fio condutor do enredo do *Grande Sertão: Veredas*. Guimarães Rosa confirmou isso./ Lembro-me até de que, como para a pergunta eu tivesse usado a palavra *guião*, Guimarães Rosa se interessou logo por ela, considerando-a 'um achado', e dizendo que realmente o romance medieval lhe serviria de *guião* para o enredo de seu grande romance guerreiro".[272]

Diadorim é, portanto, o motivo condutor da história de Riobaldo. A rememoração da pessoa amada é para o narrador de *Grande Sertão: Veredas* o recurso capital para ele estruturar o seu relato. Vejamos como isso se dá nas diversas partes constitutivas (ou blocos narrativos) do romance.[273]

O nome de Diadorim é espontaneamente recordado pelo narrador durante o *proêmio*, em que ele introduz seu visitante-interlocutor ao mundo do sertão.[GSV: 9-26] Narrando diversos casos que caracterizam a mentalidade dos sertanejos e lembrando um episódio de perigo de morte, Riobaldo menciona pela primeira vez o nome: "Conforme pensei em Diadorim. [...] Eu queria morrer pensando em meu amigo Diadorim [...]. Com meu amigo Diadorim me abraçava, sentimento meu ia-voava reto para

---

[271] J. A. Hansen, 2000, p. 141.

[272] A. Suassuna, apud Hazin, 2000, p. 142.

[273] Cf. a sinopse das sete partes constitutivas supra, capítulo II.

ele...".[GSV: 19] Trata-se de um perigo, tal como o definiu Walter Benjamin em suas teses *Sobre o conceito de história*: é o momento autêntico para o sujeito "apropriar-se de uma recordação", a fim de "articular historicamente o passado".[274]

Com a introdução da figura de Diadorim, coloca-se a questão básica da *ordem* da narração. Mal Riobaldo começou a falar do seu sentimento, ele se censura: "Ai, arre, mas: que esta minha boca não tem ordem nenhuma. Estou contando fora, coisas divagadas. No senhor me fio?".[GSV: 19] Em termos retóricos, uma *ordem natural*, comandada pela espontaneidade da memória afetiva do protagonista-narrador, interage com uma *ordem artificial*, estabelecida pela arte de Guimarães Rosa de tecer uma bem calculada rede narrativa labiríntica. Dessa forma, a paixão amorosa do personagem Riobaldo corresponde à *paixão estética* do romancista, ou seja, ao princípio inspirador do seu livro. Em ambos os níveis, Diadorim é essencialmente uma figura labiríntica. Com ele, o signo fundador do romance, que é o sertão-como-labirinto, desdobra-se numa forma humana. Nessa função, Diadorim é instaurador da desordem e, ao mesmo tempo, o elemento organizador. Para esclarecer melhor essas duas faces do *mythos* — o aspecto teseico e o aspecto dedálico, que estão imbricados em *Grande Sertão: Veredas* —, lembremos um dos textos clássicos sobre o labirinto de Creta. Na *Ilíada*, Homero fala de um tablado de dança (*chorós*), que Dédalo construiu para Ariadne.[275] Nesse tablado era executada uma dança que reproduzia simbolicamente as errâncias das vítimas e do herói Teseu através do labirinto.

No mapa emocional e topográfico organizado pelo narrador Riobaldo, Diadorim é a figura-guia. Já não se trata das errân-

---

[274] W. Benjamin, 1940/1974, p. 695; ed. brasileira, p. 224.

[275] Homero, *Ilíada*, XVIII, 591-592.

cias ao vivo através do labirinto do sertão, mas de sua *reprodução*. Discípulo de Dédalo, Guimarães Rosa é também o autor de um vasto tablado narrativo sobre o sertão, com o título coreográfico *Corpo de baile* — de onde *Grande Sertão: Veredas* se originou. Lendo o romance à luz do mito narrado por Homero, podemos dizer que o romancista construiu, com Diadorim, uma figura que inicia o leitor num labirinto que é um *tablado de dança*. Significativamente, a arte coreográfica aparece como um dos atributos dessa figura: "— 'Diadorim, você dansa?' [...] — 'Dansa? Aquilo é pé de salão...'"; "[...] Diadorim raiava, o todo alegre, às quase dansas".(GSV: 135, 194) A dança era para os antigos uma arte de estabelecer correspondências miméticas entre as constelações no céu e a vida dos indivíduos e das comunidades.[276] Nesse sentido, Diadorim é, no universo de *Grande Sertão: Veredas*, uma figura constelacional, mediadora entre os dois "livros-mestres" escriturados por Deus:(cf. GSV: 264) a esfera das "[a]bsolutas estrelas"(GSV: 319) e o teatro do mundo, em que cada pessoa representa "com forte gosto seu papel", "que antes já foi inventad[o]".(cf. GSV: 187, 366)

Quando Riobaldo propõe guiar seu visitante-interlocutor através do sertão-labirinto,(cf. GSV: 23) a figura que conduz, na verdade, é Diadorim. A memória topográfica nasce da memória afetiva, e vice-versa. A lembrança das serras, dos rios, dos animais selvagens, da garoa, do "neblim", traz a memória da pessoa amada: "Quem me ensinou a apreciar essas as belezas sem dono foi Diadorim... [...] Por esses longes todos eu passei, com pessoa minha no meu lado, a gente se querendo bem. [...] Eu estava todo o tempo quase com Diadorim".(GSV: 23, 25) É a saudade de Diadorim que desencadeia em Riobaldo a narração da história.

---

[276] Cf. W. Benjamin, 1933/1977, p. 211.

Diadorim — a paixão como *medium-de-reflexão*

Assim se dá a transição do proêmio para o *segundo bloco narrativo*, ou seja, para o relato *in medias res* da vida do jagunço Riobaldo.(GSV: 26-77) Essa parte, em que o bando de jagunços está sob o comando de Medeiro Vaz, começa com um episódio que é uma experiência-limite, um confronto com a quintessência do sertão: a tentativa de travessia do Liso do Sussuarão, que resulta em total malogro.[277] "[D]epois eu soube", diz o narrador, "que, a ideia de se atravessar o Liso [...], ele Diadorim era que [...] tinha aconselhado".(GSV: 44)

Em seguida, Riobaldo narra uma outra travessia, realizada por iniciativa dele e para a qual, de propósito, não convidou Diadorim, mas o jagunço Sesfrêdo. O motivo pelo qual ele levou esse companheiro foi a curiosidade de ouvi-lo contar a história de "uma moça que apaixonava".(GSV: 52) O comentário dessa história — que se revela como sendo uma "estória falsa", inventada — lê-se como uma explicação do romancista-fingidor quanto à invenção de Diadorim: "Era como se eu tivesse de caçar emprestada uma sombra de um amor".(GSV: 52) Eis *in nuce* a ideia de *paixão estética*. O *tópos* do amor inventado aparece também numa das canções de Siruiz: a figura da *moça virgem*,(GSV: 93) que expressa um perpétuo desejo dos cavaleiros andantes do sertão.[278] É em consonância com esse imaginário coletivo, que o autor de *Grande Sertão: Veredas* e seu duplo, o protagonista-narrador, operam com a invenção. Mesmo ausente, Diadorim não deixa de ser a referência magnética para Riobaldo, na "viagem por este

---

[277] Para localizar as diversas intervenções de Diadorim na narrativa, o leitor poderá se valer dos mapas topográficos 4, 5, 6 e 7 (cf. supra, pp. 68-69, 102-103, 108-109, 114-115).

[278] Segundo J. A. Hansen (2000, p. 140), "Diadorim/Deodorina poderia ser designada/significada como a *moça virgem* da cantiga".

Norte, meia geral",(GSV: 52) que o leva até os campos de mineração no extremo leste do estado, e de volta até o oeste — primeira das várias incursões etnográficas contidas nesse livro. Diadorim se faz presente através da memória do lugar mais distante: Arassuaí. É de lá que Riobaldo lhe traz de presente um objeto mágico, cujas propriedades são a cristalinidade, o caráter cambiante e o poder de concentração. Trata-se de uma pedra preciosa (topázio-safira-ametista), simbolizando a ideia de Beleza e sintetizando o projeto do escritor de concentrar na magia das palavras, de um romance, de um nome, a experiência de sua travessia de vida e a sua visão do Brasil.

Figura da dúvida do protagonista-narrador, Diadorim, "que dos claros rumos me dividia",(GSV: 74) é o motivo que leva Riobaldo a interromper a história. Nesse *terceiro segmento narrativo*(GSV: 77-79) — que faz com que o relato começado *in medias res* seja substituído pela narração da história desde o início dos acontecimentos —, Diadorim é associado à figura retórica da interrupção do discurso.

"Sei que estou contando errado, pelos altos. Desemendo", (GSV: 77) declara o narrador. A narração é interrompida por dois motivos: por razões emocionais, porque Riobaldo lembrou o lugar traumático do Paredão, a "rua da guerra", onde se travou a batalha final ("E eu não revi Diadorim. [...] O senhor não me pergunte nada"), e por razões de composição. Trata-se de um método de narrar que é decididamente diferente do de Euclides da Cunha. Enquanto este estrutura seu relato da campanha de Canudos como uma sequência cronológica linear dos acontecimentos bélicos, Guimarães Rosa questiona a primazia dada a "guerras e batalhas", em nome da importância dos sentimentos.(cf. GSV: 77) Em vez de verter os acontecimentos em fórmulas literárias já prontas — épicas, heroicas, trágicas —, o autor de *Grande Sertão: Veredas* se empenha em "entender" e "decifrar" as emoções que estão em jogo.^(cf. GSV: 79) Nesse trabalho, Diadorim representa ao mesmo tempo a maior dificuldade e o maior incentivo. Com tal atitude de narrar investigando, o romancista revela-se muito mais *historiador* que o historiógrafo.[279]

O "primeiro fato"^(GSV: 79) significativo na vida de Riobaldo (*quarto bloco narrativo* ^{GSV: 79-234}) foi o encontro com o Menino, no porto do Rio-de-Janeiro — rio de *Janus*, deus de dupla face e dos rituais de passagem —, de onde eles partem, numa canoa, para a travessia do Rio São Francisco. O Menino (Diadorim), por quem Riobaldo sente "um prazer de companhia, como nunca por ninguém não tinha sentido", é a figura iniciática que o atrai para o labirinto, levando-o para um espaço que dá "medo maior" e que simboliza a aventura da vida: "[...] aquela terrível água de largura: imensidade", "[...] o bambalango das águas, a avançação enorme roda-a-roda"...^(GSV: 82-83) É ali que Riobaldo recebe um ensinamento que repercute profundamente em sua vida: "— 'Carece de ter coragem...'".^(GSV: 83) Com seu modo de agir "sem malícia e sem bondade", o Menino é como uma personificação do Sertão, que "não é malino nem caridoso".^(GSV: 394)

Ao narrar o reencontro com o Menino, isto é, com o jagunço Reinaldo — ocorrido anos depois, num lugar de nome duplamente iniciático: na casa de Malinácio, junto ao Córrego do Batistério —, Riobaldo declara: "[D]esde que ele apareceu, moço e igual, no portal da porta, eu não podia mais, por meu próprio querer, ir me separar da companhia dele, *por lei nenhuma*; podia?".^(GSV: 108-109, grifo meu) A figura de Reinaldo-Diadorim começa a se tornar o elemento-chave do discurso de *legitimação* de

---

[279] Tomando-se a palavra "historiador" no sentido etimológico: de *historeîn* ("investigar"); cf. a explicação do nome "Rio*baldo*" a partir de "*baldo*wern" ("explorar"), supra, capítulo II, nota 101.

Riobaldo — ex-chefe de jagunço, latifundiário solidamente estabelecido e *dono do poder* —, na medida em que é citada como a causa principal por ele ter entrado para a jagunçagem. "Quando foi que minha culpa começou?",(GSV: 109) pergunta o narrador na hora de relatar o reencontro. O *tópos* da culpa é recorrente ao longo de todo o seu depoimento.

O primeiro encontro, que foi a travessia do Rio São Francisco sob a égide do Menino, é assim comentado: "Por que foi que eu precisei de encontrar aquele Menino?".(GSV: 86) Não existe explicação causal para essa pergunta; trata-se de um problema constitutivo do romance de formação. No protótipo do gênero, *Os anos de aprendizagem de Wilhelm Meister,* há um encontro do herói com o Desconhecido.[280] A razão de ser desse episódio é fazer com que o protagonista se pergunte, a cada encontro com uma pessoa, se se trata de mero acaso ou de necessidade. O encontro e reencontro com Diadorim são interpretados por Riobaldo como necessidade, *lei, destino*: "Por que era que eu precisava de ir por adiante, com Diadorim e os companheiros, atrás de sorte e morte, nestes Gerais meus? Destino preso".(GSV: 152)

É Diadorim, na figura do jagunço Reinaldo, que desempenha a função de puxar Riobaldo de volta para o mundo do qual este tentou fugir: o mundo da "constante brutalidade".(GSV: 105) Se a travessia do Rio São Francisco foi uma prova iniciática apropriada para um menino, o ingresso do moço Riobaldo para a jagunçagem configura-se como uma prova de coragem à altura de um homem: viver num mundo em que todos lutam contra todos e em que a lei é a lei do mais forte. Nessa nova iniciação, Riobaldo passa por vários estágios. Graças à fiança do Reinaldo, ele é incorporado sem dificuldade ao grupo chefiado por Titão

---

[280] J. W. Goethe, 1795-96, I.17.

Diadorim — a paixão como *medium-de-reflexão*

Passos, colaborando num transporte de munição, junto com os "companheiros", "[b]ons homens no trivial, cacundeiros simplórios desse Norte pobre".(GSV: 115) Um estágio mais difícil começa no acampamento do Hermógenes, um lugar de "deslei", de "más gentes", o "inferno".(GSV: 123) No meio dessa "cabralhada", "todos curtidos no jagunçar",(GSV: 126) ambos, Diadorim como Riobaldo, têm que se impor através de feitos de armas: um pela luta à faca, o outro pelo talento de atirador. O grau de adaptação de Riobaldo se mede por observações oscilantes — "[...] eu era diferente de todos ali? Era"; "[...] eu era igual àqueles homens? Era"(GSV: 133) — e pela preocupação: "[S]erá que eu mesmo já estava pegado do costume conjunto de ajagunçado?".(GSV: 142)

O estágio seguinte é a iniciação de Riobaldo à matança, de que se encarrega o chefe do bando, o Hermógenes. Diante das ponderações de Riobaldo sobre a maldade daquele homem, Diadorim responde categoricamente: "O Hermógenes é duro, mas leal de toda confiança. Você acha que a gente corta carne é com quicé, ou é com colher de pau? Você queria homens bem-comportados bonzinhos, para com eles a gente dar combate a Zé Bebelo e aos cachorros do Governo?!".(GSV: 132) Esse argumento acaba sendo parcialmente assimilado por Riobaldo.

Um aspecto inteiramente positivo da jagunçagem — nobre, elevado, romantizado — é introduzido com a figura de Joca Ramiro, chefe supremo dos jagunços e pai de Diadorim, como este confia em segredo a Riobaldo. "— 'Você vai conhecer em breve Joca Ramiro [...]. Vai ver que ele é o homem que existe mais valente!'".(GSV: 116) A idealização da figura fica por conta de Diadorim. Riobaldo comenta: "Joca Ramiro era um imperador em três alturas! Joca Ramiro sabia o se ser, governava; [...] o Hermógenes, Ricardão? Sem Joca Ramiro, eles num átimo se desaprumavam, deste mundo despareciam — valiam o que pulga pula".(GSV: 138) O clímax do quarto bloco narrativo é o julgamento de Zé Bebelo na Fazenda Sempre-Verde,^(GSV: 196-214) ato solene presidido por Joca Ramiro, numa távola redonda de "jagunços civilizados".^(GSV: 212) Pouco depois, quando o grupo de Riobaldo e Diadorim descansa no lugar idílico da Guararavacá do Guaicuí, perto das cabeceiras do rio Verde-Grande, sobrevém o anticlímax: a notícia do assassinato de Joca Ramiro por Hermógenes e Ricardão.^(GSV: 225)

"Joca Ramiro morreu como o decreto de uma lei nova",^(GSV: 227) declara o narrador, continuando o seu discurso de legitimação. Foi por solidariedade com Diadorim, que ele se engajou, junto com os demais companheiros, nesse duelo épico da luta contra o bando dos "judas".

Uma nova interrupção da história^(GSV: 234-237) ocorre quando Riobaldo chega num lugar chamado Bom-Buriti, perto do Urucuia. Esse foi o ponto inicial do trajeto cuja narração ele antecipou: da integração dos companheiros ao bando de Medeiro Vaz até um combate na Fazenda São Serafim, já sob Zé Bebelo, que voltou e herdou o comando. Esse *quinto segmento narrativo* — em que Riobaldo anuncia: "Agora, no que eu tive culpa e errei, o senhor vai me ouvir"^(GSV: 237) — mostra a importância da figura de Diadorim na organização do complexo de culpas do protagonista-narrador. Na primeira parte do relato, predominavam as explicações de Riobaldo sobre o "jeito condenado"^(GSV: 74) de ele gostar do Reinaldo, sendo o desejo sexual de um homem por outro homem um tabu, naquela sociedade. A sensação de culpa potencializa-se na segunda parte, com o episódio-chave do livro, que é o pacto com o Diabo, nas Veredas-Mortas. A justificativa de Riobaldo de ter travado o pacto para vencer o Hermógenes revela-se insuficiente diante da culpa que ele sente pela morte de Diadorim — além do fato de que houve também outros motivos, não explicitados, para ele fazer o pacto... Com toda essa retórica de explicar a culpa, é reforçada uma característica de *Grande*

Sertão: Veredas, para a qual foi chamada a atenção desde o início: de pertencer, assim como o livro precursor *Os Sertões*, ao gênero dos discursos diante do tribunal.

O *sexto bloco narrativo*, o mais extenso do romance, em que Riobaldo relata a segunda parte de sua vida,(GSV: 238-454) as errâncias pelos imensos gerais do Oeste, pode ser sintetizado como a "tristonha história de tantas caminhadas e vagos combates, e sofrimentos". Em comparação com a primeira parte da vida de Riobaldo, a figura de Diadorim passa a ter uma presença mais discreta. Trata-se de uma medida estratégica do romancista e que combina com o seu estilo discreto de estruturar concomitantemente o retrato do povo. Na primeira parte, Diadorim foi para Riobaldo a figura iniciática que o trouxe para o meio dos jagunços; na segunda parte, onde se aguçam os problemas político-sociais, ele/ela se confunde cada vez mais com esse meio, ao passo que Riobaldo, na medida em que avança na carreira do poder, vai se afastando do povo. Vejamos as diversas etapas desse processo.

Durante o cerco na Fazenda dos Tucanos,(GSV: 244-280) Riobaldo ainda se identifica fortemente com os jagunços comuns. Diante de Zé Bebelo, que invoca "a Lei", para encobrir sua tentativa de traição, Riobaldo protesta nestes termos: "[...] nós, a gente, pobres jagunços, não temos nada disso, a coisa nenhuma...". (GSV: 254) Ele assume a causa dos jagunços comuns mesmo contra Diadorim: "[...] os de lá — os judas — [...] deviam de ser [...] pessoas, feito nós, jagunços em situação. [...] por resgate da morte de Joca Ramiro [...] agora se ia gastar o tempo inteiro em guerras e guerras, morrendo se matando [...] os homens todos mais valentes do sertão?".(GSV: 274) Consequentemente, ele propõe a Diadorim abandonarem a jagunçagem, com o sensato argumento: "Não chegam os nossos que morremos, e os judas que matamos, para documento do fim de Joca Ramiro?!".(GSV:

283) Com sua tripla réplica, Diadorim mostra que adivinhou os objetivos de Riobaldo e lhe *prenuncia* os futuros rumos: a tomada do comando ("[...] quando você mesmo quiser calcar firme as estribeiras, a guerra varia de figura..."); a realização de feitos espetaculares, como a travessia do Liso do Sussuarão (aqui, na forma do desafio: "— 'Riobaldo, você teme?'"); e a opção final pelo estatuto de fazendeiro ("[...] eu sei que você vai para onde: relembrando [...] a moça [...] filha do dono daquela grande fazenda [...] Com ela, tu casa. Cês dois [...] se combinam...".(GSV: 284, 283, 285)

Nos "campos tristonhos" do Sucruiú e do Pubo, onde o bando cruza com os catrumanos, Diadorim — em contraste com a retórica politiqueira de Zé Bebelo — sente compaixão com as crianças subnutridas e miseráveis.(GSV: 300) Isso faz lembrar outro momento da narrativa, em que a figura de Diadorim — ao observar "Mulher é gente tão infeliz..."(GSV: 133) — é projetada sobre o pano de fundo da população civil. É também nas terras do Sucruiú, sob o olhar do latifundiário seô Habão, que Diadorim aparece como fazendo parte da plebe rural: "[...] entendi a gana dele: que nós, Zé Bebelo, eu, Diadorim, e todos os companheiros, que a gente pudesse dar os braços, para capinar e roçar, e colher, feito *jornaleiros* dele [...] *escravos* [...] *enxadeiros*".(GSV: 314-315, grifos meus)

Desse momento em diante, como já vimos, Riobaldo resolve se diferenciar dos companheiros jagunços, preparando-se para fechar o pacto com o Diabo. Note-se que essa ideia vem acompanhada do projeto de ascensão social através do casamento com Otacília. Primeiro, enfatiza Riobaldo, ele tentou pelo caminho do Bem. Porém, as rezas para "todas as minhas Nossas Senhoras Sertanejas [...] não me davam nenhuma cortesia. Só um vexame, de minha extração e da minha pessoa: a certeza de que o pai dela nunca havia de conceder o casamento, nem tolerar meu remarcado de jagunço, entalado na perdição, sem honradez costumeira". (GSV: 310) É mais uma justificativa do protagonista-narrador de ele ter feito o pacto com o Diabo.

Assim como Zé Bebelo na Fazenda dos Tucanos, Riobaldo faz jogo duplo. O motivo aparente e nobre de suas ações é derrotar o Hermógenes, vingando a morte de Joca Ramiro e comprovando sua lealdade a Diadorim. O motivo não confessado — motivo prosaico, calculado e lucrativo — é realizar feitos de armas resultantes na imagem pública de um chefe competente e corajoso que conseguiu "limpar estes Gerais da jagunçagem". (GSV: 456) Obter essa fama sempre fora a ambição do candidato a deputado Zé Bebelo — mas quem acaba por ganhá-la é, ironicamente, seu discípulo e crítico Riobaldo.

As primeiras ações de Riobaldo, depois do pacto e da conquista da chefia do bando, são uma série de desmandos. Diadorim o acompanha como uma consciência moral vigilante, defendendo o partido das vítimas. Em determinado momento das andanças por Goiás, depois da segunda, bem-sucedida travessia do Liso do Sussuarão e do ataque à fazenda do Hermógenes, Diadorim declara: "— 'Menos vou, também, punindo por meu pai Joca Ramiro, que é meu dever, do que por rumo de servir você, Riobaldo, no querer e cumprir...'". (GSV: 404) Sem dúvida, trata-se de uma declaração de amor, embora sem esperança, pois, nessa altura, Riobaldo já definiu seu trato de núpcias com Otacília. Mas o que é mais significativo, no contexto desta investigação, é que Diadorim se integra completamente — ou devemos dizer: ironicamente? — aos demais membros do bando, que estão na jagunçagem sem ambições pessoais, apenas cumprindo seu ofício.

A caminho do Paredão, preparando-se para a batalha final contra o Hermógenes, Riobaldo — depois de ter recebido uma notícia que ele interpreta como a vinda da noiva dele ao seu encontro — enfrenta um dilema, uma "incerteza de chefe": "[...] eu ali, em sobregoverno, meus homens me esperando, e lá Otacília, carecendo do meu amparo".^(GSV: 428) Nesse momento decisivo, ele antepõe seu interesse particular ao dever de cuidar de seus subordinados. Na verdade, o desejo de Riobaldo, nessa altura, é "largar a jagunçagem": "O tudo conseguisse fim, eu batia para lá, topava com ela [Otacília] [...]. Aí eu aí desprezava o ofício de jagunço, impostura de chefe".^(GSV: 434) A decisão de ir ao encontro de Otacília é comunicada aos jagunços — e de modo contundente a Diadorim — com o argumento autoritário de ele, Riobaldo, ser *o Chefe*.^(cf. GSV: 428)

A réplica se dá no meio da batalha do Paredão. Riobaldo, que se culpa de "não [ter chegado] em tempo", é persuadido por Diadorim a deslocar-se para o ponto estratégico do sobrado: "— 'Tu vai, Riobaldo. Acolá no alto, é que o lugar de chefe'".^(GSV: 441) Topográfica e emblematicamente, Riobaldo fica acima dos seus homens, mas também isolado deles. No momento final, quando os combatentes, no meio deles Diadorim, resolvem decidir a luta na faca, o chefe Riobaldo fica condenado a assistir de longe, impotente. "— 'Mortos muitos?'", pergunta ele depois da batalha. "— 'Demais...'", é a resposta. A vitória se deu pelo preço irreparável da perda de Diadorim. Só então Riobaldo fica conhecendo o segredo: "[...] Diadorim era o corpo de uma mulher, moça perfeita...".^(GSV: 453)

No *epílogo*, sétimo e último segmento narrativo,^(GSV: 454-460) Riobaldo informa sobre uma viagem de luto até o lugar Os-Porcos, nos *gerais* de Lassance, onde moravam os tios de Diadorim, e sobre um certificado de batistério, encontrado na matriz de Itacambira, em nome de *Maria Deodorina da Fé Bettancourt Marins*. A viagem pelo sertão termina com a volta ao lugar da narração, a fazenda de Riobaldo na margem esquerda do Rio São Francisco. Ao que tudo indica, é um lugar "menos longe"

Diadorim — a paixão como *medium-de-reflexão*

de Os-Porcos, situado na banda direita do rio, parece até que muito perto, mas irremediavelmente na outra margem...[281]

O que faz com que a construção desses blocos narrativos e topográficos, através da rememoração de Diadorim, não seja apenas um ato de memória afetiva individual, mas também uma reflexão sobre a sociedade e a história? Para poder responder melhor a esta pergunta, vamos desdobrar o mapeamento das funções poéticas da figura numa indagação sobre sua função histórica.

2. Paixão *versus* tragédia

Vamos investigar agora, por meio da figura de Diadorim, a visão da história em *Grande Sertão: Veredas*, procurando mostrar em que sentido ela é radicalmente diferente da concepção da história em *Os Sertões*. Os materiais necessários para esta pesquisa foram reunidos no mapeamento anterior das funções de Diadorim na composição do romance. Vimos que essa figura é para o protagonista-narrador um meio de iniciação e observação participante do ambiente dos jagunços e relacionado, portanto, com a questão da representação do povo. Resta explicitar como o trabalho de luto individual do protagonista-narrador por Diadorim serve ao romancista para organizar o retrato histórico-etnográfico da coletividade. O eixo metodológico desta análise será o gênero retórico-literário do discurso fúnebre que é, como foi observado inicialmente, o substrato comum dos retratos do Brasil de Euclides da Cunha como de Guimarães Rosa.

Na tarefa de retratar o povo do sertão, Diadorim é para Guimarães Rosa não só uma figura elegíaca, mas também um

---

[281] Cf. o Mapa 4, supra, pp. 68-69.

medium-de-reflexão (*Reflexionsmedium*).[282] Com este conceito Walter Benjamin sintetizou o trabalho de crítica poética elaborado pelo Romantismo alemão.[283] "Romantizar", de acordo com Novalis, é investigar por meio do gênero romance, ou seja, exercer a reflexão nesse *medium* literário específico. Se consideramos a poética de Guimarães Rosa nessa tradição, podemos dizer que é através do *medium* do romance que ele critica o discurso euclidiano sobre o Brasil. Tal trabalho implica também, como esclarece ainda o poeta alemão, uma "autoperscrutação" (*Selbstdurchdringung*) — o que caracteriza perfeitamente o intenso processo de reflexão posto em obra por Guimarães Rosa com a sua invenção Diadorim.

Figura ambígua, dúplice e dissimulada, Diadorim aguça a sensibilidade do leitor para todo tipo de disfarces, especialmente para discursos dissimulados. Um discurso assim é a representação do sertanejo pelo "narrador sincero" d'*Os Sertões*, que encobre, como já vimos, um discurso *dúplice*. Nesse sentido, examinemos como o romance *Grande Sertão: Veredas* critica com os seus meios artísticos a historiografia, etnografia e poética de *Os Sertões*.

Assim, por exemplo, a figura bissexual de Diadorim é um meio para evidenciar, por contraste, o que há de unilateral e redutor no retrato do povo apresentado por Euclides. O autor d'*Os Sertões* valoriza o sertanejo apenas como guerreiro — postura sintetizada na frase que se tornou célebre: "O sertanejo é, antes de tudo, um forte".(OS: 105) Quase todos os demais valores culturais das pessoas do sertão — suas práticas religiosas, formas de organização econômica e política, sua fala, sua sensibilidade e, em par-

---

[282] Esta leitura é corroborada pela etimologia do nome, que incorpora a palavra grega *diá* ("através").

[283] Cf. W. Benjamin, 1920/1974, pp. 36-44; ed. brasileira, pp. 45-52.

ticular, todo o universo feminino — são relegados à margem ou desprezados. À exaltação euclidiana das qualidades guerreiras, Guimarães Rosa responde de forma irônica e provocativa com a representação de um amor homossexual: "De que jeito eu podia amar um homem, meu de natureza igual, macho em suas roupas e suas armas [...]?! Me franzi. Ele tinha a culpa? Eu tinha a culpa?".(GSV: 374) A combinação dos elementos masculino e feminino em Diadorim — que costuma ser lida como expressão do *tópos* da donzela guerreira ou do mito do andrógino — pode ser interpretada também como uma *figuração* do corpo social *do povo*.

Enquanto conjunção dos gêneros, no plano biológico e no poético, Diadorim é uma figuração exemplar da *lei do gênero*, tal como a expõe Jacques Derrida (1986). De acordo com ele, o gênero não deve ser entendido apenas como categoria artística ou literária, uma vez que nas formas simbólicas se faz presente também a lei da natureza. *Gênero* (em alemão: *Gattung*) tem a ver com o ajuntamento dos sexos masculino e feminino (*Gatte/ Gattin* = esposo/esposa), com a capacidade de procriar, de *engendrar* (*sich gatten* = "acasalar").[284] O próprio Guimarães Rosa fala dessa conjunção do biológico e do poético numa entrevista: "Enquanto eu escrevia o *Grande Sertão*, minha mulher sofreu muito, pois nessa época eu estava casado com o livro". "Minha relação com a língua é [...] uma relação de amor. A língua e eu somos um casal de amantes, que juntos procriam apaixonadamente."[285] Na figura de Diadorim, a *paixão estética* simboliza a conjunção do potencial de criação artística e das forças biológicas. É através de sua criação Diadorim que o autor engendra um

---

[284] Cf. J. Derrida, 1986, p. 277.

[285] G. Rosa apud G. Lorenz, 1970, pp. 510 e 516; ed. brasileira, pp. 79 e 83 (interpolações minhas).

gênero que podemos chamar de *romance etnopoético*.[286] A sociedade sertaneja é vista com uma sensibilidade *masculina e feminina*, o que proporciona um retrato muito mais matizado do que a etnografia unilateral de Euclides.

A caracterização euclidiana do sertanejo — sobretudo na parte mais extensa do livro, "A Luta", que é o relato da campanha — é comandada pelo trinômio da *heroização*, do *páthos* e da *tragédia*.

Sobre o arsenal euclidiano dos procedimentos de heroização do sertanejo informa uma valiosa sinopse de Berthold Zilly: embora frequentemente caracterizado pelo autor d'*Os Sertões* como "bárbaro", o sertanejo é "equiparado aos deuses primordiais, pré-olímpicos, aos semideuses, ao heróis da Antiguidade, elevado a 'titã', 'centauro', 'Anteu', 'Proteu', 'gladiador', a 'Hércules' [...]. É o herói que, em momentos de maior perigo, de quase derrota, realiza façanhas 'épicas' e inflige 'hecatombes' ao exército, que derrota tal qual os guerrilheiros germanos derrotaram as legiões do estrategista romano Varus no ano 9 antes de Cristo".[cf. OS: 304] "Através de um sem-número de metáforas, metonímias, antonomásias, alusões, comparações, incluindo muitos paradoxos, antíteses, oxímoros que traduzem a sua imagem cambiante e até contraditória do sertanejo, Euclides eleva esse mestiço atávico, inferior, desprezado, à altura dos heróis da literatura universal."[287]

Guimarães Rosa — como se pode ver pelas marcas de leitura em seu exemplar d'*Os Sertões* — era avesso às frases de efeito euclidianas, mantendo diante do *páthos* do precursor uma postura de *impassibilidade* e *oubli actif*.[288] O autor de *Grande*

---

[286] Cf. H. Fichte, 1987, *Etnopoesia*.

[287] B. Zilly, 2000, pp. 334 e 336.

[288] Cf. W. Bolle, 1998a; sobre *oubli actif*, cf. supra, capítulo I, nota 26.

Diadorim — a paixão como *medium-de-reflexão*

Sertão: Veredas distancia-se do estilo grandiloquente de Euclides através da desmontagem da heroização. O herói, o chefe Urutú-Branco, é um personagem que sente medo. Sobretudo no episódio que é considerado o seu feito de glória: a batalha final contra o Hermógenes. Paralelamente à narração da batalha, o herói nos comunica o que ele estava sentindo. Acompanhemos o seu testemunho:

1. "[O] resumo da minha vida [...] era para dar cabo definitivo do Hermógenes — naquele dia, naquele lugar. [...] me deu um enjôo. *Tinha medo não*. Tinha era cansaço de esperança". (GSV: 434, grifos meus em todas as citações deste bloco)

2. "[A] guerra descambava, fora do meu poder... E eu [...] escutava essas vozes: — Tu não vai lá, tu é doido? [...] Não vai, e deixa que eles mesmos uns e outros resolvam [...] Assim ouvi [...]. *O meu medo? Não. Ah, não*". (GSV: 439)

3. "Aí eu era Urutú-Branco: mas tinha de ser o cerzidor, Tatarana [...]. *Medo não me conheceu*, vaca! Carabina". (GSV: 440)

4. "[N]aquele instante, pensei: aquela guerra já estava ficando adoidada. E *medo não tive*. Subi a escada". (GSV: 443)

5. "O José Gervásio e o Araruta [...] me recomendaram me acautelasse. Mas eu permaneci. Disse que não, não, não. Minhas duas mãos tinham tomado um tremer, que *não era de medo* fatal. Minhas pernas não tremiam. Mas os dedos se estremecitavam esfiapado, sacudindo, curvos, que eu tocasse sanfona". (GSV: 446)

6. "[A]li era para se confirmar coragem contra coragem, à rasga de se destruir a toda munição. [...] E conheci: ofício de destino meu, real, era o de não ter medo. *Ter medo nenhum. Não tive!* Não tivesse, e tudo se desmanchava [...]". (GSV: 447-448)

7. "Gago, não: gagaz. Conforme que, quando ia principiar a falar, pressenti que a língua estremecia para trás, e igual assim todas as partes de minha cara, que tremiam — dos beiços, nas faces, até na ponta do nariz e do queixo. Mas me fiz. Que *o ato do medo não tive*".(GSV: 448)

Finalmente, depois de terem se acumulado todos esses sintomas, a negação do medo torna-se insustentável, o sentimento irrompe e explode: "Ai, eles se vinham, cometer. [...] Como eu estava depravado a vivo, quedando. Eles todos, na fúria, tão animosamente. [...] eles vinham, se avinham [...], bramavam, se investiram... [...] Diadorim — eu queria ver — segurar com os olhos... *Escutei o medo claro nos meus dentes...*".(GSV: 450, grifo meu) Diferentemente de Euclides, Guimarães Rosa caracteriza o seu protagonista sertanejo, o chefe de jagunços Riobaldo, não como titã, centauro ou gladiador, a rigor nem mesmo como *herói*, mas como uma "pesso[a], de carne e sangue".(cf. GSV: 15)

Outro procedimento irônico do autor de *Grande Sertão: Veredas*, no sentido de desmontar a heroização euclidiana do sertanejo, consiste em personificar a coragem por uma mulher, uma donzela guerreira. Através da figura de Diadorim, o romancista proporciona um verdadeiro ensinamento da coragem. Distanciada dos clichês, a coragem é relacionada com a palavra de mesma origem — o *coração* — e com a bondade, tanto no homem quanto na mulher. Sob esse signo, Diadorim aproxima as figuras do pai (o seu pai, o valente chefe Joca Ramiro, cf. GSV: 116) e da mãe: "— 'Riobaldo, se lembra certo da senhora sua mãe? Me conta o jeito de bondade que era a dela...'".(GSV: 34) O nome da mãe de Riobaldo, a *Bigrí* (como observa Flávio Aguiar) compõe "uma associação por complementaridade" com o de Diadorim: enquanto o "dois" do "Di" de Diadorim remete à ideia de "divisão, conflito", o "Bi" de Bigrí remete à ideia de duplicação, "mãe que é vicariamente pai".[289] De fato, como ocorre com tantas crianças neste Brasil,[cf. GSV: 35] Riobaldo foi criado pela mãe, que assumiu também as funções de pai. Com a coragem civil da mãe contrasta o retrato do padrinho e pai, Selorico Mendes, grande contador de histórias de jagunços e, no mais, homem "muito medroso".[GSV: 88]

Como vimos nesses exemplos, a coragem é para Guimarães Rosa algo muito diferente da heroicidade. Não é uma qualidade já pronta, mas objeto de investigação. Ao querer "entender do medo e da coragem",[GSV: 79] o narrador formula um verdadeiro projeto de pesquisa. O romance torna-se uma espécie de laboratório em que se estuda a dialética do medo e da coragem.[290] Tanto em termos de introspecção e autoanálise do protagonista-narrador, que registra escrupulosamente todas as ocorrências desse par de sentimentos, quanto em termos de observação antropológica de campo. O romancista observa, perscruta e disseca todas as manifestações do medo e da coragem, cioso para não deixar escapar nenhum detalhe. Com isso, aliado a uma postura de permanente dúvida e autorreflexão, a narrativa ficcional de Guimarães Rosa acaba sendo mais científica[291] do que o relato de Euclides da Cunha, apoiado grandemente em "ideias e imagens pré-fabricadas".[292]

---

[289] F. Aguiar, 1998, p. 121.

[290] De fato, o romance de G. Rosa enriquece significativamente a história cultural do medo e da coragem, como se procura mostrar no excurso que segue.

[291] Ao caracterizar a sua tarefa de escritor, G. Rosa (apud Lorenz, 1970, p. 524; ed. brasileira, p. 89) defende explicitamente o princípio de "trabalhar como um cientista e segundo as leis da ciência".

[292] Cf. B. Zilly, 2000, p. 324.

Os feitos e as qualidades guerreiras são representadas pelo autor d'*Os Sertões* conforme um código estético, que pode ser descrito como um conjunto de *fórmulas de páthos*. O conceito de *Pathosformel*, cunhado por Aby Warburg,[293] permite distinguir melhor entre o *páthos*, enquanto emoção ou sofrimento sentido pelo autor, e a *estilização* ou *encenação* desse sentimento. Como procedimentos estético-retóricos, as fórmulas de *páthos* visam provocar no público sentimentos como o medo, a compaixão ou a catarse. São recursos característicos do estilo patético ou sublime, pelo qual optou Euclides. No uso dessas fórmulas, o risco de desgaste é sempre muito grande.[294]

Eis um exemplo concreto de fórmula de *páthos* em Euclides. Na parte final d'*Os Sertões* ("Últimos dias"), em que relata o uso de bombas de dinamite contra os últimos sobreviventes de Canudos, o autor comenta: "Entalhava-se o cerne de uma nacionalidade. Atacava-se a fundo a rocha viva da nossa raça."(OS: 485) À luz de um estudo de Ernst Robert Curtius, que retoma a terminologia de Warburg, é possível identificar essa fórmula de *páthos* como a do *corpus calcatus*, o "passar por cima do cadáver do pai, da mãe ou de outros nossos semelhantes".[295] De fato, é isso que Euclides evoca com aquela imagem: a nação que se mutila a si mesma.

A referida passagem é a única fórmula de *páthos* que Guimarães Rosa, de resto um leitor impassível, marcou em seu exemplar d'*Os Sertões*. E não só isso. Em *Grande Sertão: Veredas*, ele retoma o mesmo *tópos*. Na batalha do Paredão, que é a etapa decisiva para Riobaldo progredir em sua carreira e avançar de

---

[293] A. Warburg, 1905/1998, p. 446.

[294] Cf. U. Port, 1999, pp. 33-34.

[295] E. R. Curtius, 1950/1960, pp. 24-25.

provisório chefe de jagunços para latifundiário definitivamente estabelecido, o protagonista passa por cima de "muitos mortos", inclusive Diadorim. Não se trata, contudo, de uma encenação do sofrimento num estilo grandiloquente, como em Euclides, e, sim, da narração de um trabalho de luto, em forma contida, num estilo discreto.[296]

Para o distanciamento de Guimarães Rosa das fórmulas de *páthos* do seu precursor contribui também o próprio gênero do romance. Diferentemente da epopeia, cujo herói é o povo, o romance é construído a partir da dimensão de vida de um indivíduo.[297] *Grande Sertão: Veredas* é, em primeiro plano, um trabalho de luto individual, pessoal, e só num segundo plano uma história dos sofrimentos do povo, embora este seja o protagonista secreto do livro. Para se poder demonstrar que Guimarães Rosa desmonta as fórmulas de *páthos* do discurso fúnebre euclidiano por meio da *paixão*, temos que nos inteirar previamente das características e funções da visão *trágica* da história em *Os Sertões*. Pois é a essa concepção trágica que Guimarães Rosa contrapõe uma historiografia que narra a história dos sofrimentos como história da paixão. Expliquemos as duas concepções.

Narrado num estilo patético e sublime, o aniquilamento da comunidade de Canudos é apresentado por Euclides da Cunha em forma de *tragédia*, "gênero literário nobre que dignifica os personagens e os seus feitos, enfatiza o caráter conflituoso e fatal de sua vida, enobrece as suas derrotas com uma auréola heroica".[298] Trata-se de uma estratégia poético-retórica que visa comover e abalar o público. Desde as comparações iniciais de Canudos com

---

[296] Cf. H. Lausberg, 1990, p. 902.

[297] Cf. G. Lukács, 1920/1971, pp. 57-58; ed. brasileira, pp. 67-68.

[298] B. Zilly, 2000, p. 334.

a antiga Troia[OS: 95, e passim] — que incorporam a *urbs* sertaneja à história universal —, até a fase final da luta, quando são degolados os prisioneiros e massacrados os sertanejos, e quando a cidade agonizante se torna "cenário da tragédia".[OS: 450-452] A visão *trágica* do autor d'*Os Sertões*, explica Berthold Zilly,[299] é expressão da impossibilidade de Euclides de mediar entre sua concepção afirmativa da civilização moderna e a lamentação das vítimas, uma raça de "retardatários", destinada à extinção.[cf. OS: 13] A função principal do discurso fúnebre de Euclides consiste em preservar a memória dos mortos. Mas, por outro lado, marcado por uma concepção de história ao mesmo tempo progressista e pessimista, "o discurso em defesa dos sertanejos ainda vivos soa estranhamente lúgubre, como se o próprio autor não acreditasse na salvação e como se se tratasse de um discurso fúnebre antecipado".[300]

Essa questão não é apenas estética, mas também moral. Aos vencedores, o autor d'*Os Sertões* oferece um discurso de acusação, que é um *mea culpa* com função catártica — aos vencidos, o *ersatz* de um monumento literário, onde ele se arvora em porta-voz deles e os dispensa de eles próprios contarem a sua história. O fato de Euclides apoiar-se em moldes bíblicos na composição do seu livro[301] não abre nenhuma perspectiva de salvação para a história dos sofrimentos que ele relata, pois ele mantém inalterada a sua concepção trágica da história. Diante dessa moral de duas medidas, das aporias e dos paradoxos da historiografia euclidiana, existiam boas razões para ter surgido essa reescrita crítica que é *Grande Sertão: Veredas*.

---

[299] Cf. B. Zilly, 1994, p. 778.

[300] Op. cit., p. 782.

[301] Sobre o uso de padrões bíblicos, notadamente do Gênese e do Apocalipse, na composição d'*Os Sertões*, cf. W. Galvão, 1994, pp. 628-633.

Resta explicar como Guimarães Rosa transforma a história do sofrimento individual e coletivo em história da paixão. Para isso, nos servirá de apoio o estudo de Erich Auerbach (1941), "*Passio* como paixão amorosa" ("Passio als Leidenschaft"). Na Antiguidade, explica o estudioso, tanto a palavra grega *páthos* quanto a latina *passio* significavam "dor, sofrimento, doença", o que se manteve durante toda a Idade Média até os inícios da Era Moderna. Apenas no século XVII, o francês *passion* começou a ser usado como "paixão amorosa" no sentido moderno. A pergunta que Auerbach coloca é: como o significado fervoroso, ardente, ativo chegou a entrar no campo semântico primitivo? A mudança ocorreu durante a Idade Média cristã, com o misticismo e o culto dos mártires. O objetivo, então, já não era fugir das perturbações do mundo, como ensinara o estoicismo, mas superar o mundo *através do sofrimento*. Este sentimento, enquanto sofrimento-contra-o-mundo, tornou-se ativo. Os fiéis mais fervorosos procuravam imitar a Paixão do Cristo, que era o sinal do amor de Deus pelos homens, aspirando a uma *paixão gloriosa*.[302] Assim, a semântica da palavra, originalmente passiva, se enriqueceu com os elementos de calor e desejo ardente. Contagiados por essa valorização cristã da paixão, os trovadores provençais inventaram a moderna poesia amorosa ocidental — cujo espírito se sente também nos romances populares d'*A donzela que vai à guerra*, nos quais se inspirou o criador de Diadorim.[303]

Nossa leitura tem que se fazer na contracorrente do tempo — da moderna paixão amorosa de volta para a história da paixão cristã —, para chegar à interpretação dos teores históricos

---

[302] Cf. E. Auerbach, 1941, "Passio als Leidenschaft", e 1958, "Gloria passionis".

[303] Cf. L. Arroyo, 1984, pp. 30-81.

contidos no romance de Guimarães Rosa. A paixão amorosa de Riobaldo por Diadorim é o *medium*, através do qual o romancista expressa seu amor pelo povo sertanejo. *Amor ao povo* soa um pouco piegas, mas como é que um conhecimento do povo se desenvolveria sem esse amor?[304] Na estética romântica, na peça de Friedrich Schiller, *A donzela de Orléans*, a jovem guerreira, filha de pastores, é a personificação do amor à nação. Superando o espírito geral de resignação através da fé ("Sim, ainda acontecem milagres!"), Joana d'Arc resolve libertar o seu povo "do jugo de um senhor que não ama o povo".[305] O amor ao povo vem a ser a quinta modalidade de amor na obra de Guimarães Rosa, completando as quatro formas de amor que Benedito Nunes (1964) já estudou e que são representadas respectivamente pelas figuras de Eva, Helena, Maria e Sofia.[306] A personificação desse amor é Diadorim, sendo que essa figura representa também a paixão do escritor pela língua e pela invenção.

Diadorim é o *medium* artístico que faz com que a história da paixão amorosa de Riobaldo por Diadorim não seja apenas um ato de memória afetiva individual, mas também um retrato da sociedade, através de um profundo mergulho na língua. Se, em *Os Sertões*, toda a energia retórica se consome num discurso fúnebre regido pela lógica de que os sertanejos têm que estar mortos, para poderem se tornar heróis na literatura,[307] em *Grande Sertão: Veredas*, ao contrário, o trabalho de luto do narrador pela

---

[304] No contexto brasileiro atual, o "amor ao povo" é para o teólogo da libertação Leonardo Boff (1997, p. 33) um critério decisivo para avaliar a qualidade do chefe do Governo.

[305] F. Schiller, 1802, *Die Jungfrau von Orléans*, I.10.

[306] Cf. B. Nunes, 1964, especialmente p. 171.

[307] Cf. B. Zilly, 1996, p. 292.

pessoa amada faz com que se construa, através de uma linguagem inovadora, um símile da vida, um tablado da dança do labirinto, onde se apresenta, numa imensa coreografia, com tristezas e alegrias, a história do povo.

Quais são os procedimentos?

Em primeiro lugar, a estratégia do narrador de contar, paralelamente à reconstituição da *via crucis* de sua paixão individual, também a "tristonha história" do seu grupo social, os jagunços, e por extensão, a história cotidiana do povo nas veredas do grande sertão.[308]

Segundo, a construção — por meio de todos esses lugares da memória, que são repositórios das emoções do protagonista — do mapa de uma história social que pulsa em cada página do *Grande Sertão*. As dezenas de *veredas* desse mapa topográfico traçado a partir da rememoração de Diadorim desdobram-se em centenas de retratos de sertanejos e jagunços que Riobaldo (Guimarães Rosa) conheceu e criou. Enquanto paixão estética e *medium* artístico, Diadorim é indissoluvelmente ligado ao registro da vida da coletividade; enquanto emblema do encontro com o desconhecido, Diadorim representa também a dificuldade dos letrados brasileiros de retratar esse desconhecido maior que é o povo. No primeiro encontro de Riobaldo com o Menino, numa observação aparentemente irrelevante, está contido todo o programa do escritor: "[E]le [o Menino] apreciava o trabalho dos homens, chamando para eles meu olhar".[(GSV: 81)] Com efeito, o que Guimarães Rosa organiza por meio da figura de Diadorim, nas frestas do *grand récit*, nos intervalos entre as batalhas, é a historiografia dos trabalhos e dos dias no sertão.

---

[308] O desejo de Riobaldo de enterrar Diadorim "num aliso de vereda, adonde ninguém ache",[(GSV: 454)] faz com que a figura da pessoa amada se sobreponha a todas as veredas.

Um terceiro tipo de superposição entre Diadorim e o povo se dá através do monstruoso, que é aquilo que causa vergonha, que não se pode mostrar e que tem que ser banido para dentro do labirinto. É o que ocorre, no mito antigo, com o Minotauro, nascido da união antinatural da rainha Pasifaé com um touro enviado por Poseidon. A atração de Riobaldo por Diadorim representa o *eros tabu*: "Reajo que repelia. Eu? Asco!".(GSV: 50) O tabu do eros traz à tona *um outro tabu, de ordem social*, constituído pela multidão dos excluídos, em reclusão permanente nos fundos fundos do Brasil. É o conjunto das "más gentes" do acampamento do Hermógenes;(GSV: 123) são as "tristes caras" dos catrumanos das brenhas, "molambos de miséria", "máscaras" "por trás da fumaça verdolenga" das "pilhas de bosta seca de vaca", esses catrumanos, os quais que "nem mansas feras" "viviam tapados de Deus, nos ocos", mas que "para obra e malefícios tinham muito governo";(GSV: 290-297) são "[...] os doentes condenados: lázaros de lepra, aleijados por horríveis formas, feridentos, os cegos mais sem gestos, loucos acorrentados, idiotas, héticos e hidrópicos [...] criaturas que fediam [...] um grande nojo".(GSV: 48) É dessa forma que Guimarães Rosa evoca o lado do Brasil que suscita vergonha, horror e asco, o país recalcado, arrenegado, infame, o país dos avessos, mundo-cão, inferno.

O que se oculta e se revela, por meio dessas figuras do labirinto e do tabu, é um problema social monstruoso, cuja solução é sempre postergada pelos donos do poder, dos quais faz parte o protagonista-narrador rosiano. Por intermédio de uma visão de Riobaldo, Guimarães Rosa compõe um quadro ficcional, que a história real se encarregou de copiar: multidões de excluídos pondo-se em movimento em direção aos grandes centros urbanos. Apesar de já ser bastante conhecida, a passagem em questão merece ser novamente citada:

"E de repente aqueles homens podiam ser montão, montoeira, aos milhares mis e centos milhentos, vinham se desentocando e formando, do brenhal, enchiam os caminhos todos, tomavam conta das cidades. Como é que iam saber ter poder de serem bons, com regra e conformidade, mesmo que quisessem ser? Nem achavam capacidade disso. Haviam de querer usufruir depressa de todas as coisas boas que vissem, haviam de uivar e desatinar. Ah, e bebiam, seguro que bebiam as cachaças inteirinhas da Januária. E pegavam as mulheres, e puxavam para as ruas, com pouco nem se tinha mais ruas, nem roupinhas de meninos, nem casas. Era preciso de mandar tocar depressa os sinos das igrejas, urgência implorando de Deus o socorro. E adiantava? Onde é que os moradores iam achar grotas e fundões para se esconderem — Deus me diga?". (GSV: 295) [309]

Assim, por meio da história da paixão de Riobaldo por Diadorim, uma paixão que questiona radicalmente a identidade do protagonista, Guimarães Rosa desperta o leitor para a compreensão da "história como história mundial do sofrimento" — a *Leidensgeschichte*, de que fala Walter Benjamin[310] —, dentro e fora da literatura.

Superar o mundo por meio de uma *paixão ativa* tinha sido a concepção de história de Antônio Conselheiro e seus seguidores.[311] Sua opção pelo sofrimento ativo foi uma forma de resis-

---

[309] Com a citação dessa passagem e um comentário encerrei em 1994 o meu livro *Fisiognomia da metrópole moderna* (cf. pp. 399-400).

[310] W. Benjamin, 1928a/1974, p. 343; ed. brasileira, p. 188.

[311] Um texto fundamental para compreender o movimento de Canudos é a prédica de Antônio Conselheiro, "Tempestades que se levantam no coração de

tência contra o sofrimento imposto pelo mundo, foi para eles uma perspectiva de *salvação*. Euclides da Cunha fez pouco caso dessa visão da história, procurando substituí-la por uma historiografia do heroísmo e do *páthos* em que a última palavra é o sofrimento *trágico*, combinado com uma visão fatalista do progresso.[312] Guimarães Rosa, por meio da história do amor de Riobaldo por Diadorim, resgata a formação histórica, política e poética da paixão cristã. A superação do sofrimento se dá pelo trabalho de luto, pelo ato de narrar e reviver a paixão, pela retomada da história no que ela tinha de "prematuro, sofrido e malogrado".[313]

Apesar de estas últimas palavras remeterem a uma visão alegórica da história, Diadorim, muito mais do que uma alegoria, é uma figura — de acordo com a ideia-guia da presente interpretação. É uma *figura*, na medida em que este termo expressa, como expõe Erich Auerbach, o seguinte conjunto de qualidades: é uma forma plástica, da mesma origem que *fingir* e *ficção*, uma arquiimagem ou imagem onírica, o encoberto, o engano, a sombra, a transformação, a capacidade organizadora do discurso...

Maria" (in: A. Nogueira, 1974/1997, pp. 65-112). Detalhadamente o Conselheiro descreve todas as etapas da pobreza, humilhação e dor sofrida pela Virgem Maria ao acompanhar a vida do seu filho Jesus. Todos esses padecimentos, assim como o desterro, a retirada para o deserto e a *via crucis* ofereciam aos sertanejos intensas possibilidades de identificação. O texto termina com uma confissão dos "infelizes escravos do pecado" e a invocação de Maria como Rainha dos Mártires e do Salvador.

[312] Por meio de uma minuciosa análise estilística, P. L. Vasconcellos (2002, p. 112) detecta um paralelo estabelecido por Euclides entre a morte dos canudenses e a paixão de Cristo.(cf. OS: 451) Na mesma página, no entanto, o autor d'*Os Sertões* reafirma tratar-se de "um ato de tragédia".

[313] W. Benjamin, 1928a/1974, p. 343; ed. brasileira, p. 188.

Além disso, é radicalmente histórica e dialética, portadora de profecias e guardiã da história do povo e das leis. É mediadora entre o mundo terreno e o Ideal. E: essencialmente inclinada para a interpretação de textos, para a decifração dos sentidos manifestos e latentes, das dificuldades, das dúvidas, das perguntas sem resposta..."[314]

Todas essas são razões de sobra para o autor de *Grande Sertão: Veredas* ter se enamorado da figura.

Breve excurso sobre Amor, Medo e Coragem[315]

"[Eu] queria entender do medo e da coragem [...]",[(GSV: 79)] declara o protagonista-narrador de *Grande Sertão: Veredas*. O romance corresponde plenamente a esse desejo, na medida em que é organizado como uma pesquisa, com os meios da ficção, sobre esses dois sentimentos, que, junto com o amor, constituem o miolo da experiência existencial de Riobaldo.

Por quase todos os povos, a coragem é considerada um dos valores mais altos. Na sociedade sertaneja existe um verdadeiro

---

[314] Cf. E. Auerbach, 1939, "Figura".

[315] Depois de ter concluído a redação deste livro, senti necessidade de acrescentar algumas reflexões sobre os três sentimentos em questão. Num primeiro momento, iria me limitar a "Amor e Medo", mostrando que a história de Riobaldo e Diadorim é uma retomada original do *tópos* estudado por Mário de Andrade (1935) em seu ensaio homônimo. Depois achei que o tema teria que ser ampliado pela dimensão "Medo e Coragem", em que me animou o belo estudo linguístico, cultural e filosófico *Angst und Mut*, de Mario Wandruszka (1950/1981). No presente mapeamento das emoções, procurei organizar os campos semânticos propostos pelo texto ficcional de G. Rosa numa perspectiva em que, de acordo com Goethe, "tudo o que é factual já é teoria" ("wo alles Faktische schon Theorie ist").

culto em torno da valentia. No entanto, como bem observa o narrador rosiano: a coragem é um sentimento "variável".(GSV: 38) Não se trata de algo fixo que o sujeito possui de uma vez por todas ou que possa ser decretado, mas de uma "matéria vertente", uma emoção em movimento. A verdadeira coragem é um sentimento dialético, que nasce no meio da luta. Ela pode também assumir formas falsas ou reverter em seu contrário: assim, por exemplo, a ostentação de macheza do jagunço Firmiano é apenas crueldade e um mascaramento do medo de ser manso.(cf. GSV: 19-20) A coragem será estudada aqui não isoladamente, mas em sua relação dialética com o medo. Além do mais, para filósofos como Platão, Cícero e Kant, a coragem não é a virtude mais alta, mas só faz sentido em conjunção com outras manifestações espirituais, como a sapiência, a justiça, o amor...[316] Nesse contexto mais amplo, o par dialético *medo e coragem* proporciona um conhecimento-chave tanto do caráter de um indivíduo quanto da identidade de uma cultura ou época.

Vejamos, pois, o que esse preceptor do Brasil que é Guimarães Rosa tem a ensinar sobre esses dois sentimentos, ainda mais que eles são iluminados em sua obra por um terceiro elemento, o amor, que, dos gregos a Dante, é uma força que move o universo.

Em seu percurso de vida, Riobaldo se defronta com vários padrões culturais da coragem. Na fase inicial, podemos distinguir os três seguintes:

1. O padrão cultural do padrinho e pai. Apresentado como um fanfarrão "muito medroso", Selorico Mendes é, na verdade, um exemplo formador negativo. Contudo, as histórias de valen-

---

[316] Cf. M. Wandruszka, 1981, pp. 153-157, 159 e 182, resumindo as posições de Platão, Cícero e Kant.

tões narradas por ele não deixam de ser fundamentais na medida em que representam a transmissão de uma memória cultural e pesam na opção de Riobaldo pela vida de jagunço. Esse padrão cultural é a variante local da historiografia oficial ou história dos vencedores, que se articula em nível nacional como um culto dos heróis. A heroização está presente, de forma meio dialética, meio ambígua, no retrato do Brasil publicado por Euclides da Cunha na mesma época em que Guimarães Rosa situa a história de Riobaldo. O livro *Os Sertões* distancia-se até certo ponto do padrão da heroização, mas, por outro lado, também lhe é tributário. Já *Grande Sertão: Veredas* é decididamente uma desmontagem do discurso heroizante.

2. Diametralmente oposto ao ensinamento recebido pelo pai é a experiência da coragem que Riobaldo faz com o Menino (Diadorim). Esse aprendizado, anterior ao do pai, é rememorado pelo protagonista como "fato primeiro" de sua vida e ocorre na cena que podemos chamar de iniciática. Essa experiência se condensa na exortação "Carece de ter coragem", que será relembrada por Riobaldo em momentos cruciais de sua vida.

3. De forma muito mais discreta que os ensinamentos do pai e do Menino, porém recordada numa camada anterior da narração de Riobaldo, se faz presente a formação recebida pela mãe. É Diadorim quem puxa o assunto: "— 'Riobaldo, se lembra certo da senhora sua mãe? Me conta o jeito de bondade que era a dela...'" "— '... Pois a minha eu não conheci...'".(GSV: 34) Ao recordar-se de sua mãe, Riobaldo não menciona explicitamente a coragem, mas alguns valores essenciais para que a coragem possa surgir e fazer sentido: "A *bondade* especial de minha mãe tinha sido a de *amor* constando com a *justiça*, que eu menino precisava. E a de, mesmo no *punir meus demaseios*, querer-bem às minhas *alegrias*".(GSV: 34, grifos meus) É ainda Diadorim quem vai combinar — sob o signo da "bondade" — os valores do pai

dele, Joca Ramiro, com os da mãe de Riobaldo: "Em hora de desânimo, você lembra de sua mãe; eu lembro de meu pai...".(GSV: 38) Parece que só assim, a coragem, enquanto ânimo para enfrentar os desafios da vida, fica completa.

Logo após a declaração de querer "entender do medo e da coragem", Riobaldo narra o que pode ser considerada a arquicena da história: o encontro com o Menino (Diadorim), ou seja, a travessia do Rio São Francisco.(GSV: 79-86) Numa complexa constelação, essa cena reúne todas as emoções-chave da vida de Riobaldo: o medo, a coragem e o amor. Trata-se do *ritual de iniciação* dele, então com catorze anos, em plena puberdade, realizado por outro jovem, fascinante e enigmático, o Menino, que, na verdade, é uma moça que esconde a sua identidade sexual.

Desde o início, Riobaldo experimenta a mistura de três sentimentos: o intenso prazer de estar perto do Menino, a perturbação e o medo provocado pela natureza selvagem e a tentativa quase impossível de ser corajoso, o que o exige até o limite. Como se dá o desabrochar dessas emoções e como se manifestam fisicamente? Concomitantemente com as sensações de "receio", "vacilo" e "pouca firmeza", com as quais se inicia o passeio de canoa, Riobaldo sente o contato prazeroso da mão do menino, o que o deixa "vergonhoso" e "perturbado".(cf. GSV: 81) Quando entram do de-Janeiro para o Rio São Francisco, essas sensações se intensificam:

> "[...] de repentemente, aquela *terrível* água de largura: imensidade. *Medo* maior que se tem, é de [...] dar, sem espera, no corpo dum rio grande. [...] 'Daqui vamos voltar?' — eu pedi, *ansiado*. O menino [...] deu ordem ao canoeiro [...] — 'Atravessa!' [...] Tive *medo*. Sabe? Tudo foi isso: tive *medo*! [...] *Medo e vergonha*".(GSV: 82-83, grifos meus)

O rio no qual Riobaldo começa a navegar, junto com o Menino, é do tamanho do seu sentimento: "imensidade". Esse rio que, no final da história, será comparado a "um pau grosso, em pé, enorme...",[GSV: 460] simboliza a eclosão do amor e da sexualidade.[317] O sentimento que Riobaldo experimenta é duplo: medo do perigo representado pela força selvagem do rio, e medo (com vergonha) do sentimento que se manifesta dentro dele: a crescente atração pelo Menino. Por meio da descrição da natureza externa, o protagonista-narrador fala do seu estado interno. O rio (aquela "terrível água", "imensidade", "aguagem bruta") é para Riobaldo o símile de um sentimento nunca experimentado antes: algo que sobe de dentro, incontrolável, e se apodera dele em todas as células do seu ser. Assim, o personagem-narrador fluvial, *Rio*baldo, começa a fazer pleno jus ao seu nome.[318]

Esta cena da travessia de Riobaldo e do Menino ilustra em estágio embrionário a síndrome emocional estudada por Mário de Andrade (1935) em seu ensaio *Amor e medo*.[319] Trata-se da inibição do homem diante da mulher amada, no momento em que tudo está preparado para o primeiro encontro sexual. Ora,

---

[317] Para uma leitura psicanalítica das imagens do "rio" no romance, ver A. Bezerra de Meneses, 2002b.

[318] O significado "Riobaldo é aquele que... represa águas", proposto por A. Bezerra de Meneses (2002b, p. 20), é muito adequado, neste contexto. Para o conjunto da travessia, eu acrescentaria mais dois significados: Riobaldo como "explorador do rio", como já foi explicado no capítulo II, e como "combatente audacioso", de acordo com o significado da palavra "*bald*" na *Canção dos Nibelungos* (cf. M. Wandruszka, 1981, p. 128).

[319] O ponto de partida desse ensaio é o poema homônimo de Casimiro de Abreu, citado por M. de Andrade (pp. 200-201) e contendo o verso que lhe serve de *leitmotiv*: "És bela — eu moço; tens amor — eu medo!...".

esse encontro não se realiza por um excesso de imaginação e uma espécie de bloqueio, quando a mulher não é nem "fácil", como a prostituta Nhorinhá, nem "garantida", como Otacília, por ora virgem e "santa", mas que dará direito ao sexo a partir do casamento. Ambas representam amores previsíveis, sem perigo, não exigem coragem. Diferentemente de Diadorim, por quem Riobaldo sente um medo-atração como diante das forças selvagens e incomensuráveis da natureza[320] e quem, num episódio posterior, é comparado a um "rio bravo".[(GSV: 323)]

Voltando à arquicena da travessia, vejamos como se acumulam os sintomas do medo:[321] "Apertei os dedos no pau da canoa. [...] Eu tinha o medo imediato. [...] Me deu uma tontura. [...] lágrimas".[(GSV: 83)] É nessa situação que o Menino transmite a Riobaldo o seu conselho:

"— 'Carece de ter coragem...'"[(GSV: 83)]

É um ensinamento marcado pelo imperativo absoluto da *valentia*, típico da sociedade machista e que Riobaldo experimentará inúmeras vezes no meio dos jagunços. Quando ele pergunta ao Menino "Você nunca teve medo?", este responde: "Costumo não... [...] Meu pai disse que não se deve de ter... [...] Meu pai é o homem mais valente deste mundo".[(GSV: 83)] Embora o

---

[320] Sobre a fusão da natureza com a mulher amada, enquanto variante do *tópos* "Amor e medo", ver os versos de Fagundes Varela — "Tenho medo de ti!... Sim, tenho medo/ [...]/ eu te adoro [...]/ Como adoro as florestas primitivas/ [...] os desertos e as tormentas" — citados e comentados por M. de Andrade, 1935, pp. 213-214.

[321] Cf., no campo semântico do medo estudado por M. Wandruszka, 1981: aperto (*Beklemmung*, p. 29), tontura (*Schwindel*, p. 32), medo do espaço (*Raumangst*, p. 37), estremecer e tremer (*Zittern und Beben*, p. 44), receio (*Sorge*, p. 53) etc.

Diadorim — a paixão como *medium-de-reflexão*

imperativo de "nunca ter medo" seja para a filha de Joca Ramiro uma ordem absoluta, à qual ela sacrificará a sua plena realização como mulher ("[...] *Maria Deodorina da Fé Bettancourt Marins* — que nasceu para o dever de guerrear e nunca ter medo, e mais para muito amar, sem gozo de amor..."),(GSV: 458) ela, na figura do Menino, ensina a Riobaldo a pesquisar o sentimento:

> "— 'Que é que a gente sente, quando se tem medo?'".
> (GSV: 83)

Riobaldo, daí em diante, desenvolverá essa pesquisa através de uma constante autoanálise e observação do comportamento das pessoas ao seu redor.

É também a partir do encontro com o Menino que ele compreende que existe uma relação dialética entre medo e coragem. Num dado momento, quando encara o Menino e eles medem forças com o olhar, Riobaldo nota:

> "[...] de me ver tremido todo assim, o menino tirava aumento para sua coragem. Mas eu aguentei o aque do olhar dele. Aqueles olhos então foram ficando bons, retomando brilho".(GSV: 84)

Daí ele tira um ensinamento que lhe valerá para toda a vida: numa luta, a coragem de um é proporcional ao medo do outro.

É ainda com o Menino, para não dizer, com a jovem Maria Deodorina, que Riobaldo aprende que a coragem não é um valor isolado ou absoluto. A coragem, para ser plena, precisa coexistir com outros valores fundamentais. Vejamos esta passagem:

> "[O] menino pôs a mão na minha. Encostava e ficava fazendo parte melhor da minha pele, no profundo, desse a minhas carnes alguma coisa. [...] '— Você também é animoso...' — me disse".(GSV: 84)

A palavra aqui usada (do latim *animus/anima* = "o ânimo de viver") designa algo maior e mais abrangente que a coragem. Riobaldo sente essa cena, em que ele descobre o amor, como o "amanhecer" e a "aurora" de sua vida.

O que faz com que a cena iniciática seja efetivamente uma relação triangular dos sentimentos *medo*, *coragem* e *amor*, é o episódio com o mulato. Riobaldo e o Menino são surpreendidos por um rapaz, de uns dezoito ou vinte anos, "altado, forte, com as feições muito brutas".(GSV: 84) Com a introdução desse terceiro personagem, o encontro de Riobaldo e do Menino, no meio da natureza, ganha um subtexto complementar. Na perspectiva do mulato, tratar-se-ia de um encontro íntimo entre dois jovens — um rapaz (Riobaldo) e uma moça (a fala e o jeito do Menino "imitavam de mulher") — tendo a sua primeira experiência sexual. Sentido corroborado, aliás, pela reação culposa de Riobaldo, "contestando, que não estávamos fazendo sujice nenhuma".(GSV: 85)

Nesse episódio, o narrador realça a presença de espírito e a intrepidez do Menino, seu sorriso "prático" e superior numa situação de real perigo, sua astúcia de preparar uma armadilha, sua reação feroz ("Urutú dá e já deu o bote?"), seu sangue-frio e sua capacidade de transmitir segurança. É a coragem em sua encarnação perfeita;[322] não poderia existir para Riobaldo exemplo melhor. Com isso, no entanto, o episódio ganha também uma conotação de advertência, que repercutirá subrepticiamente em Riobaldo ao longo de todo o seu relacionamento com Diadorim.

---

[322] Cf., no campo semântico da coragem estudado por M. Wandruszka, 1981: intrepidez (*intrepidus*, *impavidus*, p. 104), o sorriso, o olhar brilhante (*das Lächeln*, *der strahlende Blick*, p. 111), coração e coragem (*Herz und Beherztheit*, pp. 112-115), ferocidade e bravura (*ferox*, *Bravour*, pp. 130-131) etc.

Para sempre ficou gravada na sua memória a imagem da faca que o Menino cravou "na coxa do mulato, a ponta rasgando fundo...". Ou seja: Riobaldo sabe que Diadorim é capaz de castigar de modo absolutamente feroz a quem se aproxima dele para satisfazer o seu impulso sexual.

Considerando todos esses elementos da cena iniciática — a conjunção *amor e medo*, misturada com o ensinamento da coragem; a primeira experiência sexual, secretamente desejada, mas não admitida nem realizada; o castigo feroz do impulso sexual; a pesquisa dos sentimentos; a relação dialética entre medo e coragem; e a coragem vista com relação aos outros valores, notadamente o amor —, somos levados a perguntar se o tema do amor e medo aqui introduzido não é desenvolvido em grande escala no romance todo de Riobaldo e Diadorim. É o que verificaremos através da análise que segue.

" — 'Você tem receio, Riobaldo?' — 'Vau do mundo é a coragem...' — eu disse".(GSV: 232) É o diálogo que travam Riobaldo e Diadorim na *segunda* travessia do Rio São Francisco, quando renovam o ritual iniciático, mas num momento e em condições bem diferentes. Agora são adultos e vivem há bastante tempo entre os jagunços. Estamos numa fase da história posterior ao assassinato de Joca Ramiro, já no meio da guerra contra os hermógenes, que começou para Riobaldo e Diadorim com tremendos revezes. Depois de sofrerem a perseguição feroz dos soldados, que dizimaram o seu bando, os dois amigos e mais alguns fiéis retomam a luta, procurando a aliança com as forças de Medeiro Vaz, na outra margem do rio. Nessa altura da vida, *ter coragem* significa para eles sobreviver e perseguir o objetivo da vingança, numa sociedade de valentes.

Antes de fugir de casa, em busca de sua experiência de vida própria, Riobaldo conhecia a valentia dos jagunços apenas através das narrações do pai. Histórias em que se misturam fatos reais e inventados, casos e exemplos, e cujos protagonistas são os "donos de agregados valentes":[GSV: 87] desde a figura de Joca Ramiro — "par-de-frança", "inteirado valente, no coração" e homem "bom"[GSV: 37, 116] — que representa a valentia suprema do cavaleiro medieval e do *vir bonus*,[323] passando pelos homens famigerados do vale do São Francisco como João Duque e António Dó, até os "bandos de valentões",[GSV: 23] integrados pelo tipo antropológico característico dessa região, o "valente e valentão", [GSV: 229] isto é, o homem de briga, feito para ser jagunço, como o Hermógenes.

O primeiro convívio de Riobaldo com um homem valente se dá com Zé Bebelo, que ele acaba considerando um pai por opção. A característica específica dele é ser "inteligente e valente" — o "que muito não pode".[GSV: 61] Como homem de briga, "Zé Bebelo era o do duro — sete punhais de sete aços", "e medo, ou cada parente de medo, ele cuspia em riba e desconhecia"; era o "homem couro-n'água, enfrentador".[GSV: 101] Cercado pelos jagunços de Joca Ramiro, já sem chance alguma, Zé Bebelo enfrenta-os com o punhal, "querendo morrer à brava".[GSV: 193] E "brabo gritou: — [...] *Ou me matam logo, aqui, ou então eu exijo julgamento!*".[GSV: 194] Na cena do julgamento, Riobaldo defende Zé Bebelo com o argumento de que se trata de um "homem valente de bem, e inteiro, que honra [...] a palavra que dá", um "chefe [...] sem ter ruindades [...] nem matar os inimigos que prende, nem consentir de com eles se judiar...".[GSV: 208] A com-

---

[323] Sobre a concepção medieval da valentia e da virtude, ver M. Wandruszka, 1981, pp. 166-169 (*Mittelalterliche Manneskraft*) e 170-174 (*Der hohe Mut*); e também E. R. Curtius, 1948/1993, pp. 506-521 ("Das 'ritterliche Tugendsystem'"); ed. brasileira, pp. 633-654 (O "sistema de virtudes do Cavaleiro").

binação entre a valentia e as qualidades de um homem de bem — o que se mostra sobretudo no tratamento dado aos inimigos prisioneiros — é essencial para identificar a verdadeira coragem.

A partir do momento em que Riobaldo se integra ao bando de jagunços — tornando-se, ele também, um daqueles homens que arriscam diariamente a vida —, ele acumula as mais variadas observações sobre a valentia, como num prodigioso trabalho antropológico de campo: os discursos da coragem, a retórica dos chefes, a sensatez que é ora coragem, ora pusilanimidade, os casos narrados pelos rasos jagunços, as rixas e provocações no meio deles, o exibicionismo, as provas concretas de valentia, a ferocidade de Diadorim etc. Focalizemos aqui a valentia do ponto de vista da moral coletiva.

Para se conhecer o espírito predominante num bando de jagunços, é decisivo o exemplo moral dado pelos chefes. Sobre o pessoal de Titão Passos, Riobaldo observa: "[...] gente muito valente. Valentes como aquele bom chefe".(GSV: 205) Já entre os jagunços de Sô Candelário, os exercícios de valentia propostos por esse chefe — que "se prezava de bondoso" — não têm nada de bondade: para seus homens "não se abrandar[em] nem esmorecer[em]", ele "mandava mesmo em tempo de paz, que [...] saíssem [...] para estropelias".(GSV: 131) Quanto aos cabras do Hermógenes, estes, então, "comem o cru de cobras".(GSV: 131) Para eles, a valentia é equivalente a atos de crueldade e de crime, assim como lhes ensina o seu chefe, que gosta de "judiar de criaturas filhos-de-deus" e que é conhecido como "matador [...] felão de mau" e "senhor de todas as crueldades".(GSV: 144, 177)

Como se vê por esta amostra, as facetas da coragem são múltiplas e cambiantes. A valentia não é um valor absoluto ou fixo, nem na sociedade dos jagunços. Em cada situação e em cada caso é preciso discernir entre a falsa e a verdadeira coragem. Nesse terreno movediço, magistralmente explorado pelo narrador rosiano, podemos distinguir *grosso modo* os três seguintes tipos de comportamento.

1. A valentia impostada ou inócua — "[P]ara a gente se transformar [...] em valentão [...] basta se olhar [...] no espelho — caprichando de fazer cara de valentia".(GSV: 38) Essa receita, transmitida de forma jocosa por Riobaldo, pode servir de epígrafe a todas as formas de faz de conta ou de exibicionismo da valentia, como as fanfarrices de Selorico Mendes,(cf. GSV: 87-89) as ameaças verbais do ex-jagunço Firmiano(cf. GSV: 19-20) ou a ostentação de ferocidade por parte de alguns companheiros de Riobaldo, os quais, para "completo ser jagunços", aperfeiçoam com faca os dentes em pontas, querendo "remedar o aguçoso de dentes de peixe feroz [...] — piranha".(GSV: 127) Todos esses casos dos que querem por completo ser valentes deixam-se resumir num *exemplo* narrado com boa dose de humor por Riobaldo:

> "[...] qualquer um vira brabo corajoso, se puder comer cru o coração de uma onça pintada. É, mas, a onça, a pessoa mesma é quem carece de matar; mas matar a mão curta, a ponta de faca! Pois, então, por aí se vê, eu já vi: um sujeito medroso, que tem muito medo natural de onça, mas que tanto quer se transformar em jagunço valentão — e esse homem afia sua faca, e vai [...] capaz que mate a onça, com muita inimizade; o coração come, se enche das coragens terríveis!".(GSV: 119-120)

2. A falsa valentia, que se confunde com a crueldade — Ela começa onde a confusão entre valentia e crueldade se faz ação e se dirige propositalmente contra vidas humanas. A própria instituição da jagunçagem, baseada na existência de bandos de valentões, opera com a instauração do medo como meio para impor e exercer o poder. Quem cumpre esse papel de modo sistemático e com perversa maestria é o Hermógenes, "homem que tir[a] seu prazer do medo dos outros".(GSV: 139) O seu comporta-

mento — por exemplo, o de matar os prisioneiros, depois de longa tortura — repercute entre os outros jagunços, que o temem e admiram, entre eles o próprio Riobaldo. Quanto ao medo causado pelos jagunços nos moradores, olhando bem, trata-se de um fenômeno geral, não importa quem seja o chefe: "[D]e medo de nós, um homem se enforcou",(GSV: 46) reporta Riobaldo, como integrante do bando de Medeiro Vaz, que se propõe a "impor a justiça". "A gente carecia agora de um vero tiroteio [contra] alguma vila sertaneja dessas", "para exercício de não se minguar",(GSV: 307) é a proposta de um dos companheiros, prontamente aprovada por Riobaldo, sendo o bando o de Zé Bebelo, "chefe sem ruindades". "[Os catrumanos] com temor ouviam minha decisão"; "[a]preciei de ver como todos souberam jeito de esconder o medo que de mim deviam de ter"; "[q]uem [nos] visse, fuga fugia, corria: tinham de temer [...] Ah, [...] eu bem que tinha nascido para jagunço."(GSV: 336, 352, 340) Quem causa todo esse temor à população é o próprio Riobaldo, agora no papel de chefe. Num momento, porém, ele se coloca na perspectiva dos moradores: "Aqueles [...] eram [...] os amigos bondosos", diz ele de seus companheiros; "[m]as [...] se dar fogo contra o desamparo de um arraial, de [...] gente como nós [...] — eles achavam questão natural [...]. O horror que me deu — [...] Eu tinha medo de homem humano".(GSV: 307)

3. O lado inconfessável, oculto e tabu da valentia: o medo — Na sociedade dos jagunços, onde a valentia é um imperativo absoluto, é proibido ter medo; quando se manifesta, tem que ser ocultado. O "medo", diz Riobaldo narrando a experiência de sua primeira batalha, é "o que um não confessa: vara verde".(GSV: 163) Essa atenção para o surgimento do medo dentro de si aguça a sua percepção para as manifestações desse fenômeno nos outros. No meio de uma batalha, Riobaldo observa:

"Aí cada um gritava para os outros valentia de exclamação, para que o medo não houvesse. Aí os judas xingávamos. Para não se ter medo? Ah, para não se ter medo é que se vai à raiva". (GSV: 261)

O apelo à raiva para impedir o medo, que é um dos mecanismos básicos da máquina emocional humana,[324] se manifesta muitas vezes ao longo dessa história, nos indivíduos como no bando todo. Enquanto principal interessado na moral de combate de seus jagunços, o chefe Riobaldo observa atentamente as práticas deles de combaterem o medo; notadamente antes da batalha final contra o Hermógenes:

"[A]preciei [...] a minha jagunçada. [...] eles deviam de lavorar maior raiva. Raiva tampa o espaço do medo, assim como do medo a raiva vem. Reparei isto: como nenhum não citava o nome do Hermógenes. Aí estava direito — que no inimigo, em véspera, não se proseia..."(GSV: 434)

Por superstição não se fala nem o nome do adversário, nem do medo — fazendo de conta que não existem.

A luta contra o medo pode ser fonte de coragem. Um belo exemplo disso é o discurso com o qual Zé Bebelo combate publicamente o medo:

"[A]gradeço, senhor chefe Joca Ramiro [...]. Agradeço sem tremor de medo nenhum [...]. Sou crescido valente, contra homens valentes quis dar o combate. [...] Julgamento [...] com arma ainda na mão pedi [...]. Julgamento — [...] é o que a gente tem de sempre pedir! [...] Careci deste julgamento, só por ve-

---

[324] Cf. M. Wandruszka, 1981, p. 106: "O medo chama a coragem para lhe socorrer, a raiva ativa a coragem às chicotadas".

Diadorim — a paixão como *medium-de-reflexão*

rem que não tenho medo... Se a condena for às ásperas, com a minha coragem me amparo. [...] se eu receber sentença salva, com minha coragem vos agradeço. Perdão [...] não peço: [...] acho que quem pede [...] merece é meia-vida e dobro de morte".(GSV: 211-213)

Do ponto de vista metodológico, é interessante observar como a história, seja de um indivíduo, seja de uma sociedade, pode ser conhecida melhor por meio do estudo dos sentimentos que ela oculta do que por aquilo que ela ostenta.

"[Nem] valente nem mencionado medroso", mas "um homem restante trivial."(GSV: 53) É assim que Riobaldo se considera, apesar de ser elogiado como "valente" por seus chefes, companheiros e outros. "Tenho medo?" — eis a dúvida que sempre volta e que o protagonista se coloca nos momentos cruciais de sua vida e de sua narração. E ele mesmo responde: "Não. Estou dando batalha".(GSV: 237) Sabemos que "guerras e batalhas" são apenas a parte superficial da história narrada em *Grande Sertão: Veredas*; "[o] que vale, são outras coisas": os "signo[s] e sentimento[s]" das pessoas.(cf. GSV: 77) Nesse sentido, estudemos aqui as batalhas de Riobaldo contra o seu medo.

Reflexões sobre o medo encontram-se em todos os pontos estratégicos da narrativa. No final do proêmio, por exemplo, ao comentar a fala de Diadorim — "Matar, matar, sangue manda sangue" —, Riobaldo declara: "[...] eu tinha medo. Medo em alma".(GSV: 26) Esse sentimento se projeta ao longo de todo o trecho *in medias res*, a ponto de ser espantosa a quantidade de vezes em que Riobaldo sente medo:

Receio [no Bambual do Boi, antes de entrar para o Liso do Suassuarão GSV: 38];

Medo, meu medo [durante a tentativa de travessia do Liso ^(GSV: 41)];

Pela fraqueza do medo [Riobaldo é o primeiro a crer que o Hermógenes fez o "pauto" ^(GSV: 53)];

Medo, meu, muito maior [na hora de ele e seu bando serem perseguidos pelos soldados ^(GSV: 56)];

Estremeci por interno, me gelei [confessa Riobaldo, depois da morte de Medeiro Vaz, quando os companheiros querem que ele assuma a chefia ^(GSV: 64)].

Tantos registros do medo; mas, ao mesmo tempo, Riobaldo é um homem valente. É que a sua coragem resulta principalmente da luta contra o medo. Vejamos o que ele diz das pesquisas do medo dentro de si.

A primeira batalha de Riobaldo contra o medo ocorre quando se dá conta de que pode ser morto pelos zebebelos "por culpas de desertor...".^((GSV: 118)) Essa perspectiva desencadeia nele uma avalanche de sensações:

"Me *amargou* no cabo da língua. Medo. Medo que maneia. [...] *Bananeira* [...]. Homem? É coisa que *treme*. [...] Tem diversas *invenções de medo* [...]. Pior de todas é essa: que *tonteia* primeiro, depois *esvazia*. Medo que já principia com um grande *cansaço*. [...] um *suor* meu se *esfriava*. Medo do que pode haver sempre e ainda não há. [...] eu [...] de repente podia [...] morrer. [...] Devia de me lembrar de [...] ódios [...]. Não pude [...]. *Medo não deixava*. Eu estando com um *vapor* na cabeça, *o miolo volteado*. Mudei meu coração de posto. [...] Purguei a passagem do medo: grande *vão* eu atravessava".^((GSV: 118, grifos meus))

Essas sensações físicas e psíquicas que se manifestam em Riobaldo, misturadas com fantasias, preocupações e reflexões, constituem um quadro bastante completo da sintomatologia do medo.[325]

Riobaldo procura lutar. Mas como vencer o medo dentro de si — existe algum tipo de remédio ou exercício?

> "[...] eu carecia de sozinho ficar. [...] de sozinho careço, sempre nas estreitas horas [...]. Eu queria mesmo algum desespero. Desespero quieto às vezes é o melhor remédio que há. Que alarga o mundo e põe a criatura solta. Medo agarra a gente é pelo enraizado."(GSV: 118-119)

Finalmente, ele entrevê uma saída. Nas palavras do compadre Quelemém, que mais tarde lhe dará esse conselho, um meio seguro para combater o medo seria o de "[...] cumprir, sete dias seguidos, [...] de só fazer o que dá desgosto, nojo, gastura e cansaço, e de rejeitar toda qualidade de prazer".(GSV: 119) É o que Riobaldo na hora acaba descobrindo por conta própria e que leva ao resultado desejado:

> "[...] eu não ia pitar [...] não ia dormir [...] não ia caçar a companhia do Reinaldo, nem conversa, o que de tudo mais prezava. Resolvi aquilo, e me alegrei".(GSV: 119)

Curiosamente, esse exercício de adquirir coragem é relatado junto com aquele outro — o de matar a onça e comer o coração dela —, como se fossem duas provas equivalentes. Disso resulta um efeito engraçado. Em todo caso, o resultado é o desejado: "O medo se largava de meus peitos, de minhas pernas. [...] abreviei o poder de outras aragens. Cabeça alta".(GSV: 119)

---

[325] Além dos itens já referidos na nota 321, cf. no campo semântico do medo, estudado por M. Wandruszka, 1981: calor e frio (*Hitze und Kälte*, p. 42), medo diante do tempo (*Zeitangst*, pp. 40-42) e apreensão, preocupação (*Vorfurcht*, p. 66).

A segunda batalha de Riobaldo contra o medo se dá na hora do seu batismo de fogo, quando luta do lado dos jocaramiros contra os zé-bebelos. "[U]ma coisa me esmoreceu [...]. Medo, não, mas perdi a vontade de ter coragem",(GSV: 152) declara ele já na fase da preparação, sabendo que ali é proibido ter medo, e quando se tem, o sentimento tem que ser negado. Quando Riobaldo é chamado pelo Hermógenes, ele se sente

> "[...] homem de matar e morrer, com a minha valentia. [...] Eu era feito um soldado, obedecia a uma regra alta, não obedecia àquele Hermógenes. [...] Nem precisava mais de ter ódio nem receio nenhum. [...] tudo isso no bater do ser. [...] Dessas boas fúrias da vida."(GSV: 155)

Portanto, uma radical mudança de ânimo. Só que o soldado Riobaldo se engana quanto aos motivos que a provocaram. Ele não é movido por nenhuma "regra alta", mas pelo seu comandante, o Hermógenes, diante de quem sente um medo maior do que diante do inimigo. Em fuga, nem pensar:

> "Tem um ponto [...] que dele não se pode voltar para trás."(GSV: 163-164); "O Hermógenes mandava em mim. [...] ele era mais forte!"(GSV: 159-160); "[...] o Hermógenes estava [...] em mim encostado."(GSV: 164); "[...] minha coragem regulada somente para diante."(GSV: 164)

No momento do ataque, quando reaparece o medo, Riobaldo se concentra no seu ofício de guerreiro:

> "[Eu] já tinha resumido pontaria [...] aquele homem alto [...]. Não tremi, e escutei meu tiro [...]. Me deu uma raiva, deles, todos".(GSV: 161)

O medo é substituído pela raiva e pela *fúria de matar*. Essa é também a disposição de que falam os relatos do *front* da Primeira Guerra Mundial.[326]

Durante todo o combate, Riobaldo experimenta os dois sentimentos ao mesmo tempo: medo e coragem. Ou seja, a máquina das emoções é dinâmica, como mostra esta passagem, que fala dos sentimentos provocados nele pelo Hermógenes e, de outro lado, por Diadorim:

> "[O] sentir da gente volteia [...], rodando em si mas por regras. O *prazer* muito vira *medo*, o medo vai vira *ódio*, o ódio vira esses *desesperos*? — desespero é bom que vire a maior *tristeza*, constante então para o um *amor* — quanta *saudade*... —; aí, outra *esperança* já vem...".(GSV: 177-178, grifos meus)

É a própria descrição da "matéria vertente".

Sua melhor batalha contra o medo, Riobaldo trava-a como o subordinado que enfrenta o chefe. Na Fazenda dos Tucanos, diante da tentativa de traição por parte de Zé Bebelo, Riobaldo, que se sente responsável pelo conjunto dos companheiros, está disposto a impedir que isso aconteça e a assumir o comando, se for necessário. Ora, como todos os demais, ele sente o peso da autoridade do chefe:

> "Eu sendo água, [Zé Bebelo] me bebeu; eu sendo capim, me pisou; [...] eu estava ali [...] em a-cú acôo de acuado?! Um ror de meu sangue me esquentou as caras, o redor dos ouvidos, cachoeira, que cantava pancada".(GSV: 253)

Desse medo, no entanto, Riobaldo procura extrair coragem, e ele acaba conseguindo:

---

[326] Notadamente Ernst Jünger, 1920, em seu diário de chefe de comando, intitulado *In Stahlgewittern* (Em tempestades de aço).

"Eu apertei o pé na alpercata, espremi as tábuas do assoalho. [...] — uma decisão firme me trastornava [...]. [Zé Bebelo] fizesse feição de trair, eu [...] efetuava. [...] tomava o comandamento [...]. E eu mesmo senti, a verdade duma coisa, forte, com a alegria que me supriu: — eu era [...] Riobaldo! [...] meu coração alto gritou. [...] terminei de escrever [...] tranquilizado [...] [e] entreguei o escrito a Zé Bebelo — minha mão não espargiu nenhum tremor. O que regeu em mim foi uma coragem precisada, um desprezo [...]. E eu ri, riso de escárneo, [...] de homem ou de chefe nenhum eu não tinha medo".(GSV: 253-254)

Riobaldo descobre que a parte essencial da luta é mental e que os dois oponentes disputam entre si a distribuição do medo e da coragem. Nas palavras dele: "uma criatura [...] tira o leite do medo de outra".(GSV: 277) Daí a medida prática que ele se propõe:

"Eu tinha de encher de medo as algibeiras de Zé Bebelo".(GSV: 264)

Só que o oponente também sabe disso, e é ele, Zé Bebelo, quem domina Riobaldo com o olhar e com as palavras. Mais uma vez, as reações de Riobaldo espelham a autoridade do chefe, não obstante sua reiterada afirmação de "não ter medo":

"— 'É. Eu vou, com o senhor [...] O que será vai ser ou vai não ser...' — alastrei, no mau falar, no gaguejável. [...] Só porque ele me mirou [...] e eu a meio me estarreci — apeado, goro. Apatetado? Nem não sei. Tive medo não. Só que abaixaram meus excessos de coragem [...], fiquei outra vez normal demais; o que eu não queria. Tive medo não. Tive moleza, melindre. Aguentei não falar adiante. Zé Bebelo luziu, ele foi de rajada: '— Ao silêncio, Riobaldo Tatarana! Eh, eu sou o

> Chefe!?...' [...] no vertiginosamente: avistei meus perigos. [...] Aí como as pernas queriam estremecer para amolecer. Aí eu não me formava pessoa para enfrentar a chefia de Zé Bebelo?".(GSV: 265)

Novamente, porém, Riobaldo encara o medo, procurando reverter a distribuição das energias. Contra o olhar de dominação do chefe, ele se defende com o seu olhar de atirador, mirando o ponto vulnerável do outro:

> "[E]u não estava mais aceitando os olhos de Zé Bebelo me olhar. [...] '— [...] Tem esse chefe nenhum...' — eu estabeleci, em mansas ideias. Aceitei os olhos dele não, agarrei de olhar só para um lugarzinho, naquele peito, [...] aonde se podia cravar certeira bala de arma, na veia grossa do coração... Imaginar isso [...]. Tive medo não. Só aquele lugarzinho mortal. Teso olhei, tão docemente. Sentei em cima de um morro de grandes calmas? Eu estava estando".(GSV: 265-266)

Essa disposição permite a Riobaldo rebater também a fala impositiva de Zé Bebelo, com um autorrebaixamento irônico: "— 'Pois é, Chefe. E eu sou nada, [...] nadinha de nada, [...] o menorzinho de todos [...]'"(GSV: 266) — a ponto de causar em seu chefe "surpresas" e "uma desconfiança perturbada". "Ele não tinha medo? Tinha as inquietações. Sei disso, soube, logo. Assim eu tinha acertado. [...] — eu tinha marcado. Agora, ele ia pensar em mim, [...] ele não ia poder trair, simples, [...] a situação dele aparvada. Eu estava com o bom jogo."(GSV: 266) O que Riobaldo aprendeu nesse episódio é sintetizado numa sentença: "A vida é para esse sarro de medo se destruir".(GSV: 278)

A batalha seguinte que Riobaldo procura travar contra o medo é tamanha que ultrapassa a capacidade de qualquer indivíduo: é o medo diante da miséria social. Esse sentimento é provocado pelo encontro com os catrumanos, aos quais o narrador atribui também o poder de muita maldade:

> "[P]ara obra e malefícios tinham muito governo. [...] De homem que não possui nenhum poder nenhum, dinheiro nenhum, o senhor tenha todo medo!".(GSV: 294)

O medo de Riobaldo diz respeito aos choques que podem resultar da enorme desigualdade social e se condensa numa visão apocalíptica, em que o mundo dos ricos e remediados seria invadido por multidões de miseráveis se desentocando das brenhas do sertão.(cf. GSV: 295) A passagem pelo lugar da miséria é caracterizada como a terceira "travessia". Além de usar aqui explicitamente este termo, o narrador chama a Zé Bebelo de "canoeiro mestre" e retoma o lema de Diadorim *Carece de ter coragem*.(cf. GSV: 296-297) Nenhum desses dois, no entanto, é capaz de remediar a situação. Riobaldo roga então pela "salvação" divina, pretendendo retirar da miséria e do perigo todas as criaturas. Na sua arca da salvação ele nega lugar apenas ao Hermógenes, como se este pudesse comprometer todo o plano.

Ou seja, o Hermógenes é para Riobaldo não só a arquifigura de fazer medo, mas também associado à própria existência do mal social.

> "[E]u queria poder sair depressa dali [...] Tivesse medo? O medo da confusão das coisas [...]. [E]nquanto houver no mundo um vivente medroso, um menino tremor, todos perigam — o contagioso. Mas ninguém tem a licença de fazer medo nos outros [...]."(GSV: 297-298)

De alguma maneira, para Riobaldo, a batalha contra a miséria se confunde com a luta contra o Hermógenes. Ora, o medo desse homem, no qual ele vê o Demônio em pessoa, deixa-o como hipnotizado:

"[D]o Hermógenes [...] me atormentou sempre aquele meu receio [...]. [E]u não queria ter de pensar naquele Hermógenes, e o pensamento nele sempre me vinha, ele figurando, eu cativo. [...] [A]quilo me corria [...] os calafrios de horror."(GSV: 177)

Desse medo, na verdade, Riobaldo não consegue se livrar nunca. O que vai acontecer daí para a frente é uma pseudobatalha: em vez de lutar contra o Hermógenes, Riobaldo concluirá um pacto com o Diabo.

Mas não seria esse pacto um meio legítimo para ele dar cabo do Hermógenes — um ritual necessário para combater o inimigo com as próprias armas? É a convenção estabelecida pela crítica, mas ela se baseia num raciocínio falacioso. Na verdade, Riobaldo nunca enfrenta o Hermógenes em pessoa (quem o encara e mata é Diadorim). Em vez de enfrentar o Hermógenes, que é o seu inimigo real, o protagonista — num ato de falsa coragem — se confronta com uma figura de substituição, imaginária: o Diabo.[327] Convém lembrar que, ao longo de toda a história, Riobaldo teme-e-admira o Hermógenes, assim como fazem os demais jagunços, exceto Diadorim. Essa admiração — que não é senão uma forma de Riobaldo aplacar o seu medo diante do Hermógenes — vai até o ponto de ele admitir que

"[aquele] pactário [...], se avezando por cima de todos. [...] [aquele] senhoraço, destemido. [...] a maldade pura. [...] Até amigo meu pudesse mesmo ser."(GSV: 309)

Onde está aqui o espírito de luta? Diadorim jamais agiria assim. Ao fechar o pacto com o Pai do Mal e o Pai da Mentira,

---

[327] Na palavra "demo" espelha-se a palavra "medo", como bem observou K. Rosenfield, 1993, pp. 21-22.

Riobaldo acaba compactuando com aquele contra quem ele deveria combater. O pacto com o Diabo é encenado como se fosse uma batalha contra o medo — Riobaldo fala em "coragem de decisão" e "coragem de enfrentar a Figura"(GSV: 309) —, mas trata-se apenas de uma batalha figurada, um *ersatz* da luta contra o Hermógenes que não ocorre, um ritual para exorcizar o próprio medo.

A luta de Riobaldo, logo após o pacto e a tomada da chefia, não se dirige contra o Hermógenes, mas contra a população sertaneja. O pactário Riobaldo e seu bando, em vez de lutarem contra o medo, espalham o medo! Sua primeira ação é o recrutamento à força dos catrumanos. Na parada seguinte, nas terras de seo Ornelas, ao perceber no tom da fala do velho fazendeiro "o leve medo de tremor" — que é o medo de que os jagunços possam abusar das mulheres —, Riobaldo se regozija: "Isso foi o que me satisfez".(GSV: 345) Qual é a diferença, nesse momento, entre o nosso protagonista e o Hermógenes, "que tirava seu prazer do medo dos outros"?

O pactário Riobaldo está sendo cavalgado pelo Diabo. Quem percebe a mudança de comportamento e o adverte é Diadorim:

> "— '[...] você está diferente de toda pessoa, Riobaldo... Você quer dansação e desordem... [...] ... A bem é que falo, Riobaldo, não se agaste mais... E o que está demudando, em você, é o cômpito da alma — não é razão de autoridade de chefias...'"(GSV: 353)

Diadorim está chamando a atenção de Riobaldo para seus desmandos e sua soberba.[328] No meio de seus atos, Riobaldo

---

[328] Sobre a *soberba*, que é um dos sete pecados capitais, cf. M. Wandruszka, 1981, pp. 143-145 (*Hochmut und Übermut*). A soberba de Riobaldo atinge seu auge na batalha do Tamanduá-tão, quando ele se considera "o homem maior valente no mundo todo".(GSV: 420)

acaba tomando consciência disso, reconhecendo que a luta que ele deveria travar seria contra essa falsa forma de valentia que é a soberba; notadamente nos encontros com seo Ornelas, nhô Constâncio Alves, o homenzinho-da-égua e o lázaro. Em todos esses casos, Riobaldo se compraz em provocar o medo nas pessoas, como se fosse um espetáculo. Ao tomar consciência do mal dentro de si, Riobaldo sente medo de, no futuro, "ter de pagar" por seus desmandos, "com graves castigos".(GSV: 361)

Esse medo do castigo divino[329] traz à tona a grande, a obsessiva preocupação de Riobaldo: de ter vendido a sua alma.

> "Vendi minha alma [...]? [...] Rezo. [...] Eu não vendi minha alma. [...] minha alma tem de ser de Deus: se não, como é que ela podia ser minha? O senhor reza comigo. [...] Então, não sei se vendi? Digo ao senhor: meu medo é esse. Todos não vendem? Digo ao senhor: o diabo não existe, não há, e a ele eu vendi a alma... Meu medo é este. A quem vendi? Medo meu é este, meu senhor [...]"(GSV: 365-366)

Em outros tantos momentos, porém, ele deixa de lado a sua preocupação com a formação da alma,[330] como nesta passagem, que é um exemplo de aguda autoobservação, durante "o instante entre o sono e o acordado":

> "[P]eguei, aos poucos, o costume de pular, num átimo, da rede, feito fosse para evitar aquela inteligencinha benfazeja, que parecia se me dizer era mesmo do meio do meu coração. Num arranco, desfazia aquilo [...] e daí já estava inteirado no

---

[329] Sobre o medo diante de Deus (*Gottesfurcht*), cf. M. Wandruszka, 1981, pp. 90-97 e 100.

[330] "Ah, para o prazer e para ser feliz, é que é preciso a gente saber tudo, formar alma, na consciência."(GSV: 237)

comum, nas meias-alegrias: a meia-bondade misturada com maldade a meio".[GSV: 371]

Fazendo o balanço dessas últimas lutas de Riobaldo — contra o medo da miséria social e do Hermógenes, e também contra a sua própria soberba —, notamos que lhe falta a coragem inteira, a que vem "do meio do coração". Se Riobaldo acaba ganhando ou perdendo a sua luta contra o medo, nós só o saberemos na hora da batalha final.

Depois do pacto, feito às ocultas,[331] Riobaldo afasta-se cada vez mais dos ensinamentos de Diadorim. Lembramos que na cena inicial da travessia, não estão em jogo apenas o medo e a coragem, mas também o amor. Como é que aquela complexa tríade de sentimentos da cena iniciática é transposta para a vida dos adultos, para o meio dos jagunços e suas batalhas? Pois é nesse ambiente que se desenvolve o relacionamento entre Riobaldo e Diadorim, como um amor tabu. O germe desse amor, como vimos, já está contido na cena iniciática. A breve "estória" do encontro entre Riobaldo e o Menino — quando surge embrionariamente o medo de amar — será desenvolvida ao longo do romance como a extensa história do amor proibido entre dois homens, numa sociedade machista, acabando com a morte de Diadorim, que só então se revela mulher.

Vejamos quais as emoções que Riobaldo experimenta com relação ao jagunço Reinaldo, cujo nome secreto, *Diadorim*, é exclusivamente revelado a ele:[cf. GSV: 121]

"Diadorim, duro sério, tão bonito [...]. [E]ra um *delém* que me tirava para ele [...]. Por mim, não sei que tontura de

---

[331] Significativamente, um dos nomes do Diabo é "o Ocultador".[GSV: 188]

Diadorim — a paixão como *medium-de-reflexão*

vexame [...]. Eu não tinha *coragem* de mudar para mais perto."(GSV: 25, grifos meus em todas as citações deste bloco)

"Diadorim pôs mão em meu braço. Do que me *estremeci*, de dentro, mas repeli esses alvoroços de doçura. [...] [D]e mim eu sabia: [...] era que eu, às loucas, gostasse de Diadorim, e também, [...] a *raiva* [...] de não ser possível dele gostar como queria [...]."(GSV: 32-33)

"[E]u gostava dele, dia mais dia, mais gostava. [...] [C]omo um feitiço? Isso. Feito coisa-feita. Era ele estar perto de mim, e nada me faltava. [...] E em mim a vontade de chegar todo próximo, quase uma *ânsia* de sentir o cheiro do corpo dele."(GSV: 114) 332

"Diadorim — mesmo o bravo guerreiro — ele era para tanto carinho: minha repentina vontade era beijar aquele perfume no pescoço [...]. Ele fosse uma mulher, e à-alta e desprezadora que sendo, eu me *encorajava*: no dizer paixão e no fazer [...] ela no meio de meus braços! Mas, dois guerreiros, como é, como iam poder se gostar [...] por detrás de tantos brios e armas? Mais em antes se matar, em luta, um o outro."(GSV: 436-437)

Chama a atenção uma certa semelhança estrutural. Para falar das suas reações diante do amor por Diadorim, Riobaldo — que tem medo de amar — usa praticamente os mesmos termos com os quais descreve suas lutas contra o medo representado por pe-

---

332 "Ânsia" tem a mesma raiz que "angústia"; ambas as palavras são derivadas do latim *angustus* ("estreito, apertado"), que vem do grego *ango, anxi* ("apertar a garganta ou o coração"). M. Wandruszka (1981, p. 30) comenta, com referências em alemão, a passagem semântica do "aperto" pelo "ímpeto" ao "desejo": "aus Bedrängnis wird Drang: so wird *ânsia* zur Begierde".

rigos e inimigos externos. A semelhança estrutural em questão é condensada nesta frase: "Homem com homem, de mãos dadas, só se a valentia deles for enorme".(GSV: 379) Essa "valentia enorme" de encarar a pessoa amada, de declarar-se a ela e de tocar o seu corpo, Riobaldo não chega a tê-la em momento nenhum durante todo o seu relacionamento com Diadorim.

Por outro lado, falta a Riobaldo também a coragem de ir embora, de afastar-se de vez, de deixar Diadorim: "[...] Diadorim, por onde queria, me levava".(GSV: 152) Na primeira vez que Riobaldo propõe ir embora da jagunçagem, o olhar de Diadorim obriga-o a abaixar os olhos.(cf. GSV: 140-141) Quando Riobaldo faz essa proposta pela segunda vez, Diadorim acusa-o de falta de coragem: "— 'Riobaldo, você teme?'". Além disso, Diadorim põe às claras o motivo que Riobaldo não tem coragem de assumir diante dele: casar-se com a "filha do dono daquela grande fazenda, [...] na Santa Catarina".(cf. GSV: 283, 285)

Com a crescente importância de Otacília nos sentimentos e planos de Riobaldo, ocorre uma significativa mudança de perspectiva na constelação *amor, medo e coragem*. Enquanto Diadorim, perto do final da travessia, dá sinais do seu amor —

> "— '... Riobaldo, o cumprir de nossa vingança vem perto... Daí, quando tudo estiver repago e refeito, um segredo, uma coisa, vou contar a você...'"(GSV: 386)

> "— 'Menos vou [...] punindo por meu pai Joca Ramiro, que é meu dever, do que por rumo de servir você, Riobaldo, no querer e cumprir...'"(GSV: 404)

—, Riobaldo acaba renegando o seu amor por Diadorim. Não apenas por uma questão de convenção ou por causa de Otacília, mas também por interesses de ascensão social! Trata-se de mais uma expressão do *tópos* "Amor e Medo", como pode ser esclarecido através do exemplo de Gonçalves Dias, referido por Mário de Andrade: o poeta ama e é amado, porém, sacrifica seu amor a uma posição social.[333]

Vem ao caso perguntar: Qual é a posição social de Diadorim? Embora Maria Deodorina seja filha de Joca Ramiro, e portanto também sua herdeira, nunca se fala na questão da propriedade — diferentemente de Otacília, várias vezes lembrada como "dona de adadas pastagens". Sobre a sua mãe, Diadorim diz que não a conheceu. Teria sido esposa de Joca Ramiro ou apenas uma relação passageira? Não o sabemos, mas chama a atenção o fato de Diadorim ter sido batizado e ter passado sua infância em lugares longe da fazenda de Joca Ramiro, respectivamente Itacambira e Os-Porcos — nome plebeu e que evoca o campo semântico da "sujice",[334] fazendo contraste com "São João do Paraíso" e "Santa Catarina". E o que significa a ideia de Riobaldo de que, após a batalha final, Diadorim pudesse "vir viver em companhia com a gente, numa fazenda", isto é, dele, Riobaldo, e de sua esposa Otacília?[(GSV: 445)] Nesse momento, ele parece referir-se a Diadorim como se fosse um agregado. Será que Riobaldo não acaba tratando Diadorim do mesmo modo funcional como este foi tratado por Joca Ramiro: como alguém "que nasceu para o dever de guerrear e nunca ter medo, e mais para muito amar, sem gozo de amor..."? Finalmente, deve ser lembrado

---

[333] Cf. M. de Andrade, 1935, p. 214.

[334] Esse campo semântico, do "sexo impuro", acompanha o relacionamento entre Riobaldo e Diadorim. Alguns exemplos: "[...] Diadorim me queria tanto bem, que o ciúme dele por mim também se alteava. Depois dum rebate contente, se atrapalhou em mim aquela outra vergonha, um estúrdio *asco*".[(GSV: 32)] "Sofismei: se Diadorim segurasse em mim com os olhos, me declarasse as todas as palavras? Reajo que repelia. Eu? *Asco*!"[(GSV: 50)] "De Diadorim eu devia de conservar um *nojo*. De mim, ou dele?"[(GSV: 240, grifos meus nas três citações)]

que, durante o longo convívio, estabeleceu-se entre Riobaldo e Diadorim, apesar do amor tabu, uma espécie de trato tácito de "amor mal disfarçado em amizade". Esse trato foi desfeito unilateralmente por Riobaldo.

O gradual afastamento e desencontro entre Riobaldo e Diadorim manifesta-se também em suas concepções da coragem, cada vez mais divergentes. Enquanto Diadorim critica os desmandos de Riobaldo como soberba e falsa coragem, Riobaldo interpreta a declaração de amor de Diadorim equivocadamente como uma manifestação de medo.^(cf. GSV: 404)

O confronto dos dois tipos de coragem e de amor — de Riobaldo e de Diadorim — ocorre no episódio final, na batalha do Paredão. Certa vez, antes do pacto, Riobaldo declarou: "Esse menino, e eu, [...] éramos destinados para dar cabo do Filho do Demo, do Pactário!".^(GSV: 310) Mas não é isso que ocorre. Na batalha do Paredão, quem mata o Hermógenes — e é morto por ele — é Diadorim. Riobaldo assiste a essa cena de longe, a partir do seu posto de comandante, na janela do sobrado, incapaz de intervir, impotente, paralisado por um fulminante ataque de fraqueza.

Os esclarecimentos decisivos sobre medo, coragem e amor, Riobaldo os obtém *a posteriori*, quando já não podem intervir no rumo de sua vida. A história dele é a de um homem que deixou morrer o grande amor de sua vida. A narração dessa história, enquanto trabalho de luto sem fim, é pura melancolia. Como bem observou um leitor do romance, o caminho de Riobaldo aos diversos lugares, na tentativa de "repor Diadorim em vida", descreve no mapa a figura de um infinito. Ao recordar a história do seu relacionamento com Diadorim, Riobaldo conta tudo, não apenas a busca do seu caminho próprio e a sua experiência no meio dos homens, mas também a sua história oculta: seus sentimentos e suas emoções; seus diversos amores, com uma certa dispersão e falta de inteireza, seus interesses de ascensão social, a habilidade de usar os outros e o gosto pelo poder, as batalhas contra o medo, os sentimentos de culpa e o pacto secreto com o Diabo que lhe proporcionou uma suposta superioridade sobre os companheiros e um tipo de valentia, que lhe serviu de fachada e como imagem pública, mas com a qual não é possível "formar alma". Com tudo isso, a narração da história oculta do jagunço Riobaldo não deixa de ter as marcas da coragem. Ela serve também de apoio ao romancista para contar paralelamente, de modo criptografado, a história oculta do país.

VI. A nação dilacerada

Depois de termos analisado o sertão, a jagunçagem, o pacto com o Diabo, e o personagem Diadorim, está preparado o terreno para estudarmos os dois elementos constitutivos mais complexos de *Grande Sertão: Veredas*: a representação do povo e a invenção da linguagem, o que será feito neste capítulo e no capítulo final. É o momento de retomar, com novo alento, o objetivo-guia que consiste em revelar o retrato do Brasil contido no romance. A expectativa de conseguir extrair dessa obra um tipo de conhecimento do país que não se encontra nos ensaios históricos e sociais deverá se concretizar através de um diálogo entre os gêneros; ou seja, através de uma análise comparada dos meios da ficção com as categorias conceituais da tradição ensaística. Até certo ponto, esse tipo de trabalho já foi realizado nos capítulos precedentes, por meio da comparação contínua com *Os Sertões*, o livro fundador dos modernos *retratos do Brasil*. Para levar esta pesquisa a termo falta, contudo, uma comparação mais abrangente: estudar o romance de Guimarães Rosa à luz daqueles seis ou sete ensaios que constituem, junto com o de Euclides, o cânone das interpretações do país elaboradas ao longo do século XX, e os quais, devido ao uso enfático da palavra "formação", podem ser considerados os *ensaios de formação* do Brasil.

Neste estudo comparativo será focalizado um conceito usado com frequência ao longo deste ensaio, porém até agora de forma bastante genérica: o conceito de *povo* e seu correlato *nação*. A historiografia, as ciências sociais, os estudos literários e a própria literatura têm tratado intensamente da questão da "identidade nacional", a ponto de este ser o tema nuclear dos retratos do Brasil. Ora, sobre a concepção da temática "nacional" em Guimarães Rosa sabe-se muito pouco, inclusive porque ele parece tê-la evitado. É verdade que no seu romance há ocorrência das palavras "povo" e "nação", mas, conceitualmente falando, são ariscas. Para decifrar o conhecimento social e histórico contido nelas, é preciso um trabalho de investigação que entre no âmago da forma e composição da obra.

Qualificar *Grande Sertão: Veredas*, com um termo de Antonio Candido, como "forma de pesquisa e descoberta do país",[335] pode ser um recurso heurístico útil, porque assim tomamos a obra como um instrumento de investigação social de alta precisão artística. Vejamos o que isso significa na prática. "Todas as minhas lembranças eu queria comigo", diz o narrador no meio do caminho. "Os dias que são passados vão indo em fila para o sertão."[(GSV: 236)] Enquanto imenso arquivo da memória, o *sertão* de Guimarães Rosa não é um repositório de lembranças fixas, mas um lugar de escavação[336] da "matéria vertente". Temos ali os componentes da história de vida pessoal de Riobaldo — mãe e pai, os chefes, os amores — interligados com lembranças coletivas — os meninos, os vaqueiros, os jagunços, os representantes da ordem, as longínquas cidades —, que se fundem, no limite, com categorias da história social, como "gente sertaneja", "povo",

---

[335] Cf. A. Candido, 1959/1981, II, p. 112.

[336] Cf. W. Benjamin, 1972, pp. 400-401; ed. brasileira, pp. 239-240.

"nação". Só que estas categorias coletivas, antes de se cristalizarem em conceitos abstratos, são dissolvidas pelo narrador num conjunto de indivíduos, cada qual com seu nome. Ou seja, em contraponto ao conhecimento conceitual, o romancista põe em obra o poder poético de nomear, de atribuir nomes próprios. Exemplo de como a ficção — desconfiada, mítica, autônoma — atravessa o *lógos* discursivo do ensaio.

Como organizar, então, o trabalho de memória realizado em *Grande Sertão: Veredas*? A forma de narração é, como já vimos, labiríntica; os temas são estruturados em forma de redes. Estudamos até aqui quatro dessas redes, uma por capítulo: o sertão, o sistema jagunço, o Demônio e Diadorim. Deixamos para os dois capítulos finais a rede temática mais complexa, a mais enciclopédica, a mais difícil de ler entre todas: a representação do povo, intimamente ligada à questão da invenção da linguagem. A estratégia de leitura não será nem indutiva nem dedutiva ou somatória, mas intuitiva, holística e constelacional: trata-se de captar a ideia ou invenção subjacente à representação do povo e da nação em Guimarães Rosa. "Inventar significa apreender os objetos em sua profundidade", diz Goethe em uma de suas *Máximas e reflexões*.[337] Existiria, nesse sentido, em *Grande Sertão: Veredas* uma constelação na qual se condensa a visão rosiana da sociedade e da história?

Minha hipótese de trabalho é que o retrato do Brasil neste romance é centrado no problema da nação dilacerada. Lembramos que o ponto de partida deste ensaio foi a observação da falta de diálogo entre as classes sociais — dilaceramento tratado pelo romancista em sua dimensão linguística e simbólica, com o Diabo encarnando o princípio do desentendimento. Para chegarmos a

---

[337] J. W. Goethe, 1977, IX, p. 644.

um claro conhecimento da representação da nação e do povo em *Grande Sertão: Veredas*, será realizada neste penúltimo capítulo uma análise com categorias da história social e política. Esta descrição "de fora" será complementada no capítulo final por um estudo "de dentro", pelo prisma da linguagem. Vejamos nesta primeira etapa como a compreensão do universo essencialmente não-conceitual do romance pode ser aprofundada através do diálogo com as categorias conceituais desenvolvidas pelos ensaístas intérpretes do Brasil, investigando inclusive em que medida eles problematizam a divisão da nação.

Historicamente falando, o problema da nação dilacerada foi diagnosticado por Euclides da Cunha (como será visto neste capítulo, no item 1, "O problema"). Guimarães Rosa o trouxe para o plano da micro-história, desenvolvendo-o por meio de um protagonista-narrador que é socialmente dividido pelas condições de seu nascimento (cf. o item 2, "Nação e nascimento"). Como observa Antonio Candido, o romance "estabelece uma paridade entre o dilaceramento do narrador e o dilaceramento do mundo, que se condicionam e se reforçam mutuamente".[338] Esta observação, vista contra o pano de fundo das análises da "divisão do ser" do indivíduo realizadas pelo mesmo crítico em *Tese e antítese* (1964), me fez optar pela ideia-guia da "nação dilacerada". Ou seja: *Como é que o problema da "divisão do ser" é aprofundado por Guimarães Rosa no plano de uma história de vida individual e projetado a partir daí para a história social?* O estudo desta questão se fará por meio da hipótese de que o dilaceramento do protagonista-narrador e seu modo despedaçado de narrar são a forma artístico-científica através da qual *Grande Sertão: Veredas* expressa o dilaceramento da nação.

---

[338] A. Candido, 1970, pp. 156-157.

A nação dilacerada

Os antagonismos que dividem a nação, observados por Euclides na campanha de Canudos, foram redimensionados por Gilberto Freyre em *Casa-grande & senzala* (1933), outra obra incorporada como referência por Guimarães Rosa. A comparação nos faz descobrir em *Grande Sertão: Veredas* uma arqueologia do regime escravocrata, apoiada num estratégico mapa das fazendas (cf. o item 3, "eu escravo — Eu, senhor!"). Como contraponto veremos em seguida uma história do país contada da perspectiva da mão de obra. Trata-se de uma leitura do romance pelo prisma dos retratos do Brasil de Caio Prado Jr., *Formação do Brasil contemporâneo* (1942), Celso Furtado, *Formação econômica do Brasil* (1958) e Darcy Ribeiro, *O povo brasileiro: a formação e o sentido do Brasil* (1995) (ver o item 4, "Máquina de gastar gente").

A migração de multidões de pobres e miseráveis, do sertão para as cidades, ocorrida durante a construção de Brasília (1956-1960) e comentada detalhadamente por Darcy Ribeiro, além de surgir também numa visão angustiada de Riobaldo,[cf. GSV: 295] me faz perguntar, no item 5, "Cidade *versus* Sertão?", se é mesmo este o principal antagonismo do país, como afirmou Euclides da Cunha, ou se Guimarães Rosa não tinha em mira outros antagonismos, mais pungentes. A questão é discutida detalhadamente à luz de Sérgio Buarque de Holanda, *Raízes do Brasil* (1936). No item 6 ("Esse velho regime de desmandos"), o principal apoio teórico é Raymundo Faoro, *Os donos do poder* (1958); o objetivo é mostrar que certas estruturas de poder são as mesmas no país inteiro, sendo que o *sertão*, simbolicamente falando, existe também nas cidades do Brasil.

O item final, "Quem é o povo? Quem é a nação?", o mais extenso e o mais detalhado, é uma espécie de síntese. Tomando como balizas os principais marcos da história do país — 1822, 1888-1889, 1930-1937 e 1945 até 1956, início da construção de Brasília e ano da publicação de *Grande Sertão: Veredas* —, são elaborados fragmentos de diálogo entre determinadas passagens do romance e os significados de *povo* e *nação* naqueles contextos históricos, inclusive nas respectivas constituições. Partindo da *Formação da literatura brasileira* (1959), de Antonio Candido, como estudo da formação de uma consciência do povo e da nação, procuro demonstrar que o romance de Guimarães Rosa se articula como uma história criptografada do Brasil, a ser organizada pelo leitor. As linhas de força de todos esses aspectos da *nação dilacerada* convergem no pacto travado por Riobaldo com o Diabo nas Veredas-Mortas, interpretado como emblemática lei fundadora do país.[339]

Uma reflexão conclusiva sobre o problema da nação dilacerada encontra-se no capítulo final, onde é estudado o trabalho de mediação em *Grande Sertão: Veredas*, realizado essencialmente pelo narrador, nosso principal guia durante toda a investigação. De fato, esta análise se orientou pela maneira como o problema da nação dilacerada é sentido existencialmente pelo personagem-narrador. Com base em determinadas reflexões dele, de ordem ética e estética, espalhadas estrategicamente por todo o romance, procura-se aqui sentir-e-pensar os diversos aspectos da divisão do ser. Este problema, em vez de ser julgado meramente como algo a ser superado, é analisado também em sua riqueza dialética. Com base na visão desenvolvida por Antonio Candido em "Literatura de dois gumes" (1968), são consideradas, no final deste ensaio, como alternativa às elaborações ideológicas dos letrados a serviço do poder, as perspectivas e possibilidades do letrado autônomo.

---

[339] Cf. o capítulo IV deste ensaio.

A nação dilacerada

1. O problema

O diagnóstico é de Euclides da Cunha. "A nação inteira interveio",(OS: 209) escreve ele sobre a luta contra Canudos, que mobilizou tropas de todos os quadrantes do Brasil. A campanha visava, nas palavras do autor, "uma sociedade de retardatários" que "era o cerne vigoroso da nossa nacionalidade".(OS: 209, 93) Com essa luta da "nação" contra a "nacionalidade" configura-se o quadro de um país dilacerado.

Na descrição dos últimos dias da batalha, quando se investiu contra o arraial agonizante com bombas de dinamite, Euclides retoma o tema do dilaceramento com duas imagens: "entalhava-se o cerne de uma nacionalidade", "atacava-se a fundo a rocha viva da nossa raça".(OS: 485) Guimarães Rosa que, no mais, era avesso ao estilo enfático de Euclides, marcou estas passagens em seu exemplar de *Os Sertões*. Seu romance *Grande Sertão: Veredas*, enquanto reescrita crítica do livro precursor, dedica-se profundamente ao problema da nação dilacerada, como será demonstrado mais adiante. Antes, vejamos em detalhe até que ponto o tema foi desenvolvido por Euclides. Diante das "loucuras e os crimes das nacionalidades",(OS: 499) de que a campanha de Canudos foi uma amostra, presenciada pelo escritor *in loco*, ele próprio se sentiu dilacerado — inclusive porque, com seus escritos na imprensa, ele tinha pleiteado a destruição da cidade rebelde. *A posteriori*, o intelectual, sentindo-se corresponsável pelo que aconteceu, declarou sua culpa: "tivemos um papel de mercenários inconscientes".(OS: 14)

Euclides, que desejava a unidade nacional — apesar de constatar que "Não temos unidade de raça. Não a teremos, talvez, nunca"(OS: 71) —, manifesta seu dilaceramento, na medida em que, por um lado, se identifica com as ideias da República e, por outro, sente empatia com os adversários sertanejos. Tendo afirmado, inicialmente, sua fé na superioridade dos valores da civilização, viu com revolta e desengano como esta se perverteu em barbárie. Essa experiência do autor como um ser dividido se expressa na estrutura contraditória de sua obra. Tentemos aqui elucidar os elementos de contradição quanto à questão da *nação* e da *nacionalidade*, examinando-a dos pontos de vista político, cultural, étnico e social.

A campanha de Canudos foi, antes de mais nada, expressão de um conflito político. Aquela comunidade — autônoma dos pontos de vista religioso, social, econômico e militar — era para as autoridades constituídas um desafio à soberania do Estado. O antagonismo se aguçava na medida em que a república recém-instaurada ainda se debatia, durante os anos 1890, com os defensores da monarquia. Como expõe Euclides, o governo civil, iniciado em 1894, estava às voltas com um "país dividido".(OS: 245) Nessa situação, em que o líder dos rebeldes, Antônio Conselheiro, "pregava contra a República",(OS: 174) Euclides tomou decidamente partido. Ao traçar em seu artigo "A nossa Vendeia" (março e julho de 1897) um paralelo entre a situação brasileira e a luta das tropas da Revolução Francesa contra aquele movimento regional de fanáticos religiosos e monarquistas, ele defendeu a intervenção armada até a derrota completa dos insurgentes. Essa argumentação é retomada, embora com algum distanciamento, em *Os Sertões*.

Quanto à terminologia política de Euclides, quando diz que "a nação interveio" contra "o cerne da nossa nacionalidade", é preciso esclarecer que a palavra "nação" designa, na verdade, o Estado, ao passo que a palavra "nacionalidade" se refere ao povo, no sentido de "raça" ou "etnia". Contudo, dependendo do contexto, como nesta passagem —

"Insulado no espaço e no tempo, o jagunço [...] só podia fazer o que fez — bater, bater terrivelmente a nacionalidade que, depois de o enjeitar cerca de três séculos, procurava levá-lo para os deslumbramentos da nossa idade dentro de um quadrado de baionetas, mostrando-lhe o brilho da civilização através do clarão das descargas."(OS: 300)

—, "nacionalidade" pode significar também "nação" ou "Estado". O uso dos conceitos é fluido.

Ambas as palavras, "nação" e "povo", sofreram uma grande valorização a partir da Revolução Francesa, tornando-se conceitos políticos-chave, cujo significado "correto", de lá para cá, tem sido objeto de acirradas disputas entre todos os partidos. Por isso, ao discuti-las, é indispensável precisar as circunstâncias históricas e os interesses em questão. O significado de *povo* e *nação* muda conforme a perspectiva partidária: conservadora, liberal, radical-democrática, socialista etc.[340]

O problema que se colocou para Euclides e para a geração de intelectuais republicanos da qual fez parte, pode ser assim sintetizado: Como chegar a uma integração do povo brasileiro e do seu Estado, criado em 1822 e constituído em 1889 como República?[341] Apesar de os termos "povo" e "nação" constarem lado a lado da Constituição de 1891 para definir o soberano do país, existia na verdade uma incongruência entre elas — além do abismo entre estas palavras e a situação real. "Le Brésil n'a pas de peuple", constatou em 1881 o pesquisador francês Louis Couty,

---

[340] Cf. R. Koselleck et al., 1992b, pp. 284, 357, 361-362 e 364.

[341] Esta questão, que foi objeto de vários estudos de B. Zilly (1996 e 2000), é aguçada aqui em termos conceituais, com o intuito de investigar o sentido de *povo* e *nação* em E. da Cunha.

no sentido de diagnosticar a falta de um povo-nação.[342] Essa formulação taxativa iria ser retomada por boa parte dos principais intérpretes do país, sendo que a dúvida se o Brasil chegou a ser um povo-nação se prolongou entre os intelectuais brasileiros até, no mínimo, meados do século XX.

Tudo isso deve ser levado em consideração, para entender as dificuldades conceituais com as quais se defrontava Euclides da Cunha no contexto dos acontecimentos de 1897. Suas propostas teóricas, com contradições e omissões, traduzem sua perplexidade diante de uma situação objetivamente mal definida. O Brasil dos anos iniciais da República estava apenas no começo de um longo caminho de autoconscientização étnica, social e política. Trata-se de transformações em profundidade, que se processam num ritmo mais lento que as mudanças de regime decididas pela camada dominante. É essa diferença, esse atropelamento de tempos, junto com o temperamento impaciente de Euclides, que explica um certo arbítrio seu no uso dos conceitos de nação e nacionalidade.

Em vez de analisar o Brasil a partir de seus antagonismos econômico-sociais, o autor de *Os Sertões*, na tentativa de entender a falta de "tradições nacionais uniformes",(OS: 14) empolgou-se com um esquema explicativo baseado numa teoria geral da civilização, de cunho étnico ou "racial". Euclides testemunhou, como resume Gilberto Freyre, "um choque violento de culturas: a do litoral modernizado, urbanizado, europeizado, com a arcaica, pastoril e parada dos sertões".[343] Esse choque se enquadrava em uma visão geral da história, em que Euclides, como

---

[342] L. Couty, 1881, p. 87. Curiosamente, na edição brasileira (1988, p. 102) a frase foi traduzida como "o Brasil não é povoado".

[343] G. Freyre, 1944, p. 44.

A nação dilacerada

contemporâneo do Imperialismo por volta de 1900, compartilhava da convicção social-darwinista de que o avanço da civilização resultaria no "esmagamento inevitável das raças fracas pelas raças fortes".(OS: 14)

O que significava isso para o Brasil, como país novo e nação ainda em formação? No entendimento de Euclides, devido à "velocidade adquirida pela marcha dos povos neste século" não havia tempo para se chegar a "uma situação de parada ou equilíbrio" dos diversos componentes étnicos do país. Em vista da "concorrência material intensiva das correntes migratórias", provenientes sobretudo da Europa, as já existentes "sub-raças sertanejas", caracterizadas como "retardatárias", "se extinguir[iam] de todo".(OS: 13)

Nessa apresentação do problema étnico, a ideologia social-darwinista e o "fatalismo de raça"[344] sobrepujam qualquer perspectiva de diálogo e mediação. Euclides tinha não apenas um "senso dramático dos antagonismos que turvam a unidade brasileira",[345] mas todo o seu pensamento era comandado por antíteses. Assim, o dilaceramento da nação, que de fato existia, ainda foi potencializado pelo tipo de personalidade desse escritor.

Diante do culto alienador dos valores da cultura europeia, por parte da elite brasileira, Euclides sentiu a necessidade de valorizar a identidade do seu país, distanciando-se dos que "vive[m] parasitariamente à beira do Atlântico dos princípios civilizatórios elaborados na Europa".(OS: 14) Foi em nome desses princípios que se destruiu a alternativa sertaneja do Brasil, com a qual Euclides sentiu profunda empatia — não em termos políticos, mas em termos étnicos e culturais. Na esteira dos românticos brasileiros

---

[344] Op. cit., p. 41.
[345] Op. cit., p. 36.

que *inventaram* "um tipo de história", "um passado que já fosse nacional",[346] o autor de *Os Sertões* se empenha em forjar uma teoria do povo brasileiro. "Fora do litoral, em que se refletia a decadência da metrópole e todos os vícios de uma nacionalidade em decomposição insanável",(OS: 83) ele vislumbra uma mestiçagem por assim dizer "pura", existente nos sertões.(cf. OS: 94) Essa "grande raça"(OS: 13) é uma mistura de dados da miscigenação real com elementos de construção ficcional. Note-se a profunda ambiguidade dessa teoria do povo brasileiro: por um lado, o autor exalta nos sertanejos a perfeita capacidade de adaptação ao meio e as virtudes guerreiras, por outro lado, desqualifica sua capacidade mental e política, estigmatizando-os como "retardatários".

Essas incongruências evidenciam sérias limitações dos métodos de conhecimento de Euclides, que não são superadas mas ocultadas pelo fato de ele usar dois tipos de discursos: um, entre científico e pseudo-científico, e outro, ficcional.[347] A compreensão que Euclides tem da nação dilacerada fica limitada sobretudo pelas seguintes razões:

1. O autor expressa um desejo de "unidade nacional",(OS: 422) sem refletir sobre os pressupostos dessa questão nem sobre os próprios conceitos de "nação" e "nacionalidade".

2. Quando afirma que em Canudos "interveio a nação inteira", ele não esclarece que se trata apenas de uma parte do povo: aquela representada pelo Estado e seus cidadãos ativos, a que dispõe da imprensa e se arvora em porta-voz de todos, articulando "a opinião nacional" e criando uma "comoção nacional".(OS: 387, 405)

---

[346] Cf. A. Candido, 1968/1987, pp. 173 e 175.

[347] Cf. L. Costa Lima, 1997, pp. 127-135 e passim; e B. Zilly, 2000, p. 340.

3. Este molde de pensamento, *autoral* e autoritário, caracteriza a postura do próprio Euclides, que não se preocupa em saber se as ideias de "nação" ou "nacionalidade" fazem parte do modo de pensar dos sertanejos; quando ele afirma que "aquela rude sociedade era o cerne vigoroso da nossa nacionalidade", trata-se de uma definição exterior, uma invenção de letrado, uma "ideia arranjada".

4. A "nacionalidade", no sentido de um "povo-nação" brasileiro, é para Euclides na verdade apenas um *conceito-expectativa* (*Erwartungsbegriff*),[348] ao qual não corresponde nenhuma experiência real. Como compensação dessa falta, ele *inventa* a "nacionalidade" sertaneja, tanto no código pseudocientífico, quanto no código épico-ficcional. Ambos os discursos barram-lhe um terceiro caminho: contribuir para que o povo-nação pudesse se formar como sujeito histórico autônomo a partir de sua autoconsciência.[349] Este foi o projeto literário e político de Guimarães Rosa.

Com todas as suas contradições, Euclides sabia dos limites do seu trabalho de mediação como escritor:

> "Arrebatados no caudal dos ideais modernos [...], iludidos por uma civilização de empréstimo, fugindo [...] às exigências da nossa própria nacionalidade, tornamos mais fundo o contraste entre o nosso modo de viver e o daqueles rudes patrícios".(OS: 174-175)

Estas observações contêm também uma autocrítica e uma consciência do que restava por fazer. A obra de Euclides expressa o despertar da intelectualidade brasileira para a existência de

---

[348] R. Koselleck et al., 1992b, p. 149.

[349] Cf. op. cit., p. 150.

"duas sociedades, de todo alheias uma à outra".(OS: 422) Entre as linhas se esboça, tenuemente, uma outra ideia: o antagonismo de maior peso no Brasil não é étnico-cultural, nem geográfico (litoral *versus* sertão), mas econômico e social. Depois do diagnóstico pioneiro de Euclides sobre o dilaceramento da nação e sobre a sociedade dividida, outros intérpretes do país trataram de refinar a análise.

2. Nação e nascimento

O problema da nação dilacerada, discutido em *Os Sertões* em termos étnico-culturais bastante abstratos, é retomado em *Grande Sertão: Veredas* e trazido para um plano micro-histórico.[350] Valendo-se da maior concretude do gênero ficcional, Guimarães Rosa incorpora o dilaceramento à vida do seu protagonista e ao modo de este narrar sua história. A ideia de *nação* é desenvolvida pelo romancista no nível da raiz da palavra, de modo que, para conhecê-la, temos que decifrar a história de Riobaldo a partir do seu *nascimento*.

Ambas as palavras têm a mesma etimologia. O latim *natio* teve inicialmente o sentido de "nascença", "nascimento". Na língua rústica, a palavra tomou sentido concreto, designando o nascimento dos filhotes de um animal, isto é, a "barrigada"; a partir daí, surgiu o sentido de um conjunto de "indivíduos nascidos ao mesmo tempo ou no mesmo lugar", o que desembocou no significado de "nação".[351] A questão do nascimento de Riobal-

---

[350] Sobre o conceito de "micro-história" e suas afinidades com as histórias de ficção, ver C. Ginzburg e C. Poni, 1981; e Ginzburg, 1993.

[351] Verbete "nasc-", in: *Dicionário Houaiss da Língua Portuguesa*, 2001.

do coloca-se em dois momentos de sua história: sua vinda natural ao mundo e seu re-nascimento social. Comecemos por este segundo nascimento, que ocorre na hora do pacto com o Diabo:[352]

> "— 'Ei, Lúcifer! Satanaz, dos meus Infernos!' [...] Ele [...] não apareceu nem respondeu [...]. Mas eu supri que ele tinha me ouvido. [...] Como que adquirisse minhas palavras todas; fechou o arrocho do assunto. Ao que eu recebi de volta um adejo, um gozo de agarro, daí umas tranquilidades — de pancada. Lembrei dum rio que viesse adentro a casa de meu pai. [...] [A] noite tinha de fazer para mim um corpo de mãe — que mais não fala, pronto de parir [...]."(GSV: 319-320)

Relembrando sua história primeva (*Urgeschichte*) pessoal, Riobaldo regressa até o instante em que foi gerado, o ato da união do seu pai com sua mãe — enxertando-a com um renascer, que se dá com a intervenção do Diabo. Não se trata, de modo algum, como afirma a crítica esotérica, de um "pacto com a vida", nem do "nascer de um iniciado",[353] mas do forjamento de uma nova identidade social, apadrinhada por Satanás em pessoa,[354] isto é, "Aquele que arma ciladas", o "Pai do Mal", o "Pai da Mentira".

Lembramos que o ato que deu origem à vida de Riobaldo foi a união fortuita e ilegítima de um abastado latifundiário, Selorico Mendes, com uma mulher pobre, a Bigrí. União carnal que é uma reprodução do molde em que se deu parte significativa da gênese étnica do Brasil: a união de um *senhor*, coloniza-

---

[352] Retoma-se aqui, da perspectiva do "nascimento", a cena que foi analisada no capítulo IV em função do pacto. Note-se de modo geral que, nesta tentativa de decifrar a história narrada "em-forma-de-rede", não há como não voltar, obsessivamente, a certas encruzilhadas do texto.

[353] K. Rosenfield, 1993, pp. 53-54; F. Utéza, 1994, p. 320.

[354] "Apadrinhar", no sentido de "fazer as vezes do pai".

dor, com uma *coitada moradora*, quase escrava, pertencendo à população primitiva do país. O renascimento social de Riobaldo nas Veredas-Mortas é vincadamente diferente do seu nascimento natural, em meio à miséria. Enquanto a primeira condição não foi escolhida por ele, o pacto com Satanás configura uma opção. Riobaldo, dali em diante, trilhará pelo caminho da desigualdade social: ele dominará seus pares e não hesitará em aproveitar-se da miséria existente para perseguir suas ambições. Os termos em que ele propõe o pacto contêm seu programa: "Trato? Mas trato de iguais com iguais. Primeiro, eu era que dava a ordem".(GSV: 317) Um trato entre "iguais" em que uma das partes dá as ordens — eis uma formulação sintética para configurações políticas que mascaram a situação básica de iniquidade. Daí a pergunta: Não seria esse episódio — a superposição do ato de engendramento com um falso contrato social — uma alegoria do nascimento do Brasil?[355]

Minha hipótese de trabalho é que, com esse duplo nascimento, Guimarães Rosa retoma o problema da divisão do ser da nação, diagnosticado por Euclides, mas superando os impasses do precursor, na medida em que ele consegue expressar como o problema étnico está imbricado com o problema social. Nessa superação, talvez tenha tido parte a obra de Gilberto Freyre, *Casa-grande & senzala* (1933), que realizou de modo pioneiro um estudo dos antagonismos sociais com base nessa célula social que é a família sob o regime da economia patriarcal.

No primeiro momento da história de vida de Riobaldo vem à tona a dimensão étnica. "Não me envergonho, por ser de escuro nascimento",(GSV: 35) declara ele quando Diadorim lhe pede

---

[355] Cf. W. Bolle, 1997-98, p. 42; e supra, capítulo IV, item 1, "O pacto como alegoria de um falso contrato social".

para falar de sua mãe. O "escuro nascimento" do protagonista e o nome de sua mãe, a *Bigrí*, em que repercute a estrutura consonantal de *bugre*, são sugestivos. Parece que nas veias de Riobaldo corre certa dose de "sangue de gentio", de "raça de bugre", "nação desses" que se vê "para lá fundo dos gerais de Goiás, adonde tem vagarosos grandes rios, [...] correndo em deita de cristal roseado".(GSV: 20) [356] Assim, Guimarães Rosa retoma discretamente o *tópos* da nação miscigenada, presente na interpretação de Euclides, assim como em precursores como Martius e Sílvio Romero, e em seguidores como Darcy Ribeiro.[357] Na visão de história de Guimarães Rosa, contudo, o enfoque étnico cede o primado à questão social, o que aguça o problema da nação dilacerada. Assim como em Gilberto Freyre, que não estuda o negro *per se*, mas em "sua condição de escravo".[358]

"[M]edo tenho não é de ver morte, mas de ver nascimento".(GSV: 49) Com esse comentário, Riobaldo refere-se ao caso de um casal, no rio do Borá, em que marido e mulher eram primos carnais e os filhos vieram nascendo como aleijões: "sem braços e sem pernas, só os tocos...". Essa geração do monstruoso, esse "estado de demônio", é projetado por Guimarães Rosa da esfera da genética sobre a história social. Aqui, no mais tardar, o leitor se dá conta de que o Diabo está intrometido nas coisas do "nascimento" e da "nação" desde as primeiras linhas do romance, onde

---

[356] Essa correspondência entre as palavras "Bigrí" — "bugre" — "gentio" — "nação" caracterizam o que eu chamo de *história criptografada do Brasil*, em G. Rosa. Ao longo deste ensaio, serão apontados vários exemplos desse tipo de historiografia. Note-se também que nas palavras "RIOs" e "ROSeAdo" estão contidos os nomes do protagonista e do seu criador.

[357] O texto fundador de uma historiografia do país baseada na "mescla de raças" é de C. F. Ph. von Martius, 1845.

[358] Cf. G. Freyre 1933/1975, p. 315.

surge a figura do bezerro nascido "por defeito", com "cara de gente, cara de cão".³⁵⁹ Ideia reforçada por uma cena do imaginário popular. A pessoa que vai, em meia-noite, a uma encruzilhada fazer o pacto, pode ali presenciar um espetáculo insólito: "[...] se comparece uma porca com ninhada de pintos, se não for uma galinha puxando barrigada de leitões".(GSV: 40) Assim como o sentido culto de *natio* ("nação") surgiu do sentido rústico de *natio* ("barrigada"), assim pode surgir, em qualquer dobra do texto, o espectro de uma nação dilacerada pela monstruosidade social.

Ou, então, uma nação de faz de conta, uma "nação de maracatu", como aquela "população de um arraial baiano", que cruza o caminho dos jagunços nos chapadões perto de Goiás, com padre, "homens, mulheres, as crias, os velhos", cruz, imagem de igreja e até bandinha de música. Esse povo, que vai "para os diamantes", é comparado a um cortejo carnavalesco. Desfile alegórico de um sonho coletivo: "[...] indo da miséria para a riqueza".(GSV: 47)

Não é esse também o caminho de Riobaldo? Vejamos. "De herdado, fiquei com aquelas miserinhas",(GSV: 87) constata ele logo após a morte de sua mãe. Pela condição em que nasceu, Riobaldo normalmente seguiria o mesmo rumo que milhões de menores pobres e miseráveis. Mas a história se desenrola de modo diferente. Ao ser levado para a fazenda de Selorico Mendes, Riobaldo é aceito "com grandes bondades". É um ambiente em que "vive na lordeza",(GSV: 95) recebe uma formação de letrado e de guerreiro, e no fim, se torna herdeiro de duas grandes fazendas. Sua herança por parte do pai, portanto, é em tudo o oposto daquela outra. Até aqui, a história tem algo de maravilhoso, como que

---

³⁵⁹ "Gente" contém um amplo espectro semântico: "pessoa", "família", "povo".

regida por um *deus ex machina*. O problema surge no momento em que Riobaldo faz a sua opção social. E esta ocorre, como vimos, na forma do pacto.

"[Q]uem foi que foi que foi o jagunço Riobaldo?"[GSV: 236] é a pergunta que se faz o protagonista-narrador. Como deve ele elaborar a sua história, tão desigual, tão antagônica, como a história social do Brasil? Ele apenas sabe que narrar é pesquisar a si mesmo: "Conto minha vida, que não entendi[?]"[GSV: 370] É um modo de narrar fragmentado e também, como veremos ao longo desta análise, criptografado.

Riobaldo concebe a sua história como uma história dividida: "O São Francisco partiu minha vida em duas partes".[GSV: 235] Esse grande caminho da civilização brasileira, que costuma ser visto como o rio da "unidade nacional" (inclusive por Euclides), aparece aqui sob uma perspectiva radicalmente diferente: como o rio que divide. Essa divisão não tem nada de esquemático, tudo está embaralhado. Na margem esquerda do rio, ou seja, na banda onde ele nasceu, de mãe pobre, ocorrerá a ascensão de Riobaldo a chefe e sua integração à classe dominante. Já na margem direita, onde ele vivia com as regalias de um filho de latifundiário, Riobaldo opta pela existência de um raso jagunço, destino comum dos homens da plebe.

Esses elementos contraditórios talvez tenham que ser cruzados, como nas fórmulas das estruturas elementares de parentesco.[360] Uma chave se encontra, a meu ver, num episódio no meio do caminho, onde o protagonista reelabora sua história, num lugar chamado Currais-do-Padre. Ali, Riobaldo "deletreia" um romance, no qual acha "verdades, muito extraordinárias": o *Senclér das Ilhas*.[GSV: 287] Este livro, como sugere Marlyse Meyer,

---

[360] Cf. Cl. Lévi-Strauss, 1949.

proporciona uma compreensão de *Grande Sertão: Veredas* como uma "história familiar".[361] Se lermos o episódio do Currais-do--Padre sob a ótica freudiana do *romance familiar* — em que costuma ocorrer um enaltecimento fantasioso da figura do pai[362] — observamos ali, pelo contrário, um decidido rebaixamento. É que no Currais-do-Padre, onde os jagunços, que vinham andando a pé, recuperam seus cavalos, Riobaldo escolhe um animal "sendeiro e historiento"[363] ao qual dá o nome de "Padrim Selorico". Cria-se assim a imagem do filho cavalgando em cima do pai. O que significa essa imagem? Uma carnavalesca troca de papéis: o filho "livre", porém quase *famulus* — pertencendo meio à esfera da *família*, meio à da escravidão[364] — dominando o onipotente *pater famílias*? Neste caso, seria retomada aqui uma cena emblemática da história social brasileira — o filho do senhor cavalgando o moleque escravo[365] —, mas desta vez com papéis trocados. E reforçada, ao que parece, por uma fantasia do herói, que procura vingar-se do homem que possuiu sua mãe, fantasia perversa e indizível, porém sugerida pelo nome do lugar.[366] Esse rebaixamento é o contraponto dialético de uma outra imagem, em que Riobaldo

---

[361] M. Meyer, 1996, p. 47 e nota 59.

[362] Cf. S. Freud, 1909.

[363] Isto é: "velho, ruim e cheio de enjoamento"; cf. os verbetes "sendeiro" e "historiento", in: N. Sant'Anna Martins, 2001.

[364] Cf. S. Buarque de Holanda, 1936/1969, p. 49.

[365] Cf. G. Freyre, 1933/1975, pp. 336 e 370. Cf. também o episódio da cavalgada de Brás Cubas em cima do moleque Prudêncio, no romance de Machado de Assis, 1880, cap. XI ("O menino é pai do homem").

[366] Quanto às fantasias de Riobaldo, enquanto filho de uma *bugre*, convém lembrar a conotação de "pecado imundo" e "sodomita" que tinha esse termo entre os colonizadores portugueses; cf. G. Freyre, 1933/1975, p. 119.

enaltece o seu pai: antes e depois do pacto com o Diabo, ao medir forças com o fazendeiro-mor seô Habão.(cf. GSV: 315 e 335)

Portanto, um autêntico romance familiar, no sentido freudiano — e que se desdobra num episódio altamente significativo do romance de formação do Brasil.

Por meio do enfoque do nascimento, da formação da família e da introdução do elemento satânico, a compreensão do dilaceramento da nação, diagnosticado por Euclides, é substancialmente aprofundada por Guimarães Rosa. Além de trazer a questão da esfera racial e culturalista para os campos social, econômico e político, ele substitui as abstratas antíteses por uma apresentação mais concreta, micro-histórica, de "pessoas de carne e sangue". Selorico Mendes possuindo a Bigrí, e o filho *famulus* cavalgando satanicamente o *pater familias* — eis a *forma familiar* através da qual o romancista nos confronta com o antagonismo mais profundo da sociedade brasileira: senhor *versus* escravo. Atormentado pela culpa, Riobaldo vive esse antagonismo em seus delírios de febre, no fim da história, entre a lembrança da "casinha pobre" e a entrada na posse da "grande fazenda".(GSV: 456) Chegou o momento de aprofundarmos o estudo da sociedade dilacerada em *Grande Sertão: Veredas* com base em um ensaio já várias vezes referido e que interpreta o Brasil precisamente a partir desses dois ambientes: a fazenda e a casinha pobre, ou seja, a casa-grande e a senzala.

3. "eu escravo — Eu, senhor!"

Com *Casa-grande & senzala* (1933), de Gilberto Freyre, a análise do dilaceramento do país desloca-se da perspectiva étnico-cultural para a econômico-social. A teoria euclidiana do choque entre povos, raças e civilizações é substituída por uma explicação que focaliza as estruturas econômicas e a diferença entre as forças sociais. Em seu estudo sobre a formação da família brasileira sob o regime da economia patriarcal, Freyre identifica como "predominando sobre todos os antagonismos, o mais geral e o mais profundo", o antagonismo entre "o senhor e o escravo".[367] Contudo, este conflito acaba sendo apresentado com uma visão amainadora; de acordo com o sociólogo, "a formação brasileira tem sido [...] um processo de *equilíbrio* de antagonismos".[368]

Como é que Guimarães Rosa se posiciona diante dessas colocações? Assim como existe no seu romance um intenso diálogo com a obra de Euclides, também se observa em *Grande Sertão: Veredas* uma forte presença de *Casa-grande & senzala*. O paralelismo entre os dois títulos é perfeito, em termos semânticos, sonoros e métricos — mas não menos significativa é a oposição entre o símbolo do entrelaçamento harmonioso, na obra de Freyre, e a composição em forma de contraponto, em Guimarães Rosa. Essa divergência mínima na composição dos títulos revela-se máxima no tratamento dado por cada um dos dois autores ao antagonismo fundamental da sociedade brasileira. De modo geral, podemos antecipar que Guimarães Rosa é mais radical que Freyre: o antagonismo senhor *versus* escravo é incorporado à sua obra discretamente, mas sem harmonização.

Essa discreção é condicionada também pelo fato de a escravatura, na região pastoril do sertão, se manifestar de forma menos ostensiva que na zona açucareira — o que não significa que seja inexistente. As afirmações de Freyre sobre a influência "apenas indireta e remota" da escravidão no sertão ou sobre o

---

[367] G. Freyre, 1933/1975, p. 53.

[368] Ibidem; grifo meu.

sertão "antiescravocrata"[369] são contestadas pelo testemunho de Euclides da Cunha sobre a "servidão inconsciente" dos sertanejos e o estatuto dos vaqueiros como "servos submissos".(OS: 65, 111) Essa servidão inconsciente é tematizada em *Grande Sertão: Veredas* e trazida para o nível da consciência.[370] É o que será demonstrado aqui por meio de uma análise, no romance, desses lugares emblemáticos da ordem escravocrata que são as casas-grandes ou fazendas. Longe de serem lugares de um *"equilíbrio de antagonismos"*, como quer Gilberto Freyre, elas se revelam, em Guimarães Rosa, sítios arqueológicos da história da servidão.

A leitura de *Grande Sertão: Veredas* pelo prisma de *Casa-grande & senzala* aguça a percepção para a importância das fazendas no romance.[371] O regime vigente no sertão de Guimarães Rosa — que representa a região central do Brasil e, alegoricamente, o país inteiro — é o da sociedade patriarcal, caracterizada pelo pleno poder do grande proprietário ou grande potentado sobre seus agregados, cuja condição oscila entre "homens livres" e servos. Os símbolos dessa ordem são as casas-grandes: "A casa-grande, completada pela senzala, representa todo um sistema econômico, social, político: de produção [...]; de trabalho [...]; de transporte [...]; de religião [...]; de vida sexual e de família [...]; de higiene do corpo e da casa; de política [...]".[372] Se examinamos sob esse aspecto a composição de *Grande Sertão: Veredas,* percebe-

---

[369] Op. cit., pp. 376 e 31.

[370] É significativo que, no exemplar d'*Os Sertões* anotado por G. Rosa, sete das cerca de sessenta anotações se concentrem no subcapítulo "Servidão inconsciente".

[371] Convém lembrar, com E. da Cunha,(OS: 94) que todos os povoados, vilas ou cidades do sertão têm sua origem em antigas fazendas de gado.

[372] G. Freyre, 1933/1975, p. lxiii.

mos que a espinha dorsal do romance é constituída por um "mapa de fazendas". Como pontos de comando dos donos do poder e símbolos da ordem de servidão, elas balizam a trama dos acontecimentos e a narração. A análise desse mapa será feita aqui em função do antagonismo "senhores *versus* escravos".

Comecemos pela perspectiva narrativa. O narrador é um latifundiário e o lugar da narração, uma de suas fazendas, às margens do Rio São Francisco.[373] Constitui-se assim, emoldurado pelo proêmio e o epílogo, um retrato do Brasil próximo da visão da classe dominante. Nesse quadro, a história narrada inicia-se, cronologicamente falando, com Riobaldo pedindo esmolas, no porto do Rio-de-Janeiro, assim como, no final da história, pedem esmolas os ex-jagunços, dispensados pelos seus patrões. Quer dizer: a ordem patronal representada pelo *status* do narrador é emoldurada, por sua vez, pela multidão dos marginalizados e dos sem-posse. Pesa aqui a dupla posição social do personagem-narrador, pertencendo, pelo lado paterno, à classe dos fazendeiros e, pelo lado da mãe, à plebe. Essa dupla identidade social é responsável também pela fragmentação do relato, o constante vai e vem entre as classes e a variação de perspectiva.

No mapa das fazendas, a principal referência para Riobaldo é a casa-grande do São Gregório, sobretudo em termos de busca de identidade. Em relação ao dono, seu padrinho e pai, o coronel Selorico Mendes, o protagonista-narrador mantém uma posição de meia distância, como se vê por esta declaração: "Eu não gostava dele, nem desgostava. [...] Acabei [...] fugindo do São Gregório".(GSV: 90) A história de Riobaldo é a de um filho de fazendeiro que sai da casa do pai, "sujeito da terra definitivo", para fazer seu

---

[373] Aqui também o leitor pode recorrer aos mapas topográficos 4, 5, 6 e 7 (pp. 68-69, 102-103, 108-109, 114-115).

aprendizado da ordem social no meio dos "homens provisórios". Essa trajetória permite-lhe conhecer todos os degraus intermediários na escala social entre o *famulus* quase escravo, o filho meio liberto, meio rebelde, o "homem livre" e o herdeiro sucessor do *pater famílias*, que é o papel com o qual, no final da história, Riobaldo acaba se integrando na classe dos latifundiários.

Com isso, a postura do narrador rosiano é bem diferente da de Gilberto Freyre, afetiva e ideologicamente envolvido com a tradição da casa-grande. A meia distância em relação à classe dominante é um recurso estratégico de Guimarães Rosa para poder tratar com maior liberdade do antagonismo entre senhores e escravos. Em vez de procurar harmonizar, como Freyre, as duas esferas antagônicas, ele coloca em cena um sistema cuja função político-ideológica consiste precisamente em mascarar o antagonismo entre senhores e servos: o "sistema jagunço", que proporciona à mão de obra a ilusão de estar acima da pobreza e miséria generalizadas. *Grande Sertão: Veredas* é a encenação e o desmascaramento desse sistema, com um protagonista-narrador que transita entre a esfera dos braços-de-armas e a dos senhores. Se a harmonização por parte de Freyre encobre os conflitos sociais, Guimarães Rosa apresenta uma leitura a contrapelo, mostrando como funciona a ideologia desse encobrimento.

"[C]ada lugar é só de um grande senhor, com sua família geral, seus jagunços mil."[GSV: 88] Com estas palavras, Selorico Mendes, como membro da oligarquia rural, esboça um panorama da rede dos latifundiários que comandam a "alta política". A perspectiva narrativa está próxima das ramificações locais do poder, de patrões como seô Habão, seo Ornelas e, mais tarde, o próprio Riobaldo; a partir daí entrevêem-se interações com "grandes fazendeiros e políticos" do Estado, como seo Sul de Oliveira, coronel Caetano Cordeiro ou o doutor Mirabô de Melo, que financiam as campanhas de chefes de jagunços como Joca Ramiro ou Zé Bebelo;[cf. GSV: 137, 103] sendo que algumas dessas conexões alcançam o nível nacional, como o atestam as viagens do coronel Rotílio Manduca à capital da República.[cf. GSV: 346] Todos esses homens são exemplos dos "verdadeiros donos do Brasil",[374] isto é, de senhores sobre a vida e morte das pessoas comuns. Seu poder é poder de matar: seo Ornelas: "[a]í falam em sessenta ou oitenta mortes contáveis",[GSV: 341] coronel Rotílio Manduca: "[d]ele [...] se diz: umas duzentas mortes!",[GSV: 346] Medeiro Vaz: "[...] era solene de [...] se traçar o sinal-da-cruz e dar firme ordem para se matar uma a uma as mil pessoas".[GSV: 26-27]

Na primeira metade do romance predomina a idealização da jagunçagem, com a apologia dos "fazendeiros graúdos mandadores", por parte de Selorico Mendes; o gesto espetacular de abolição da propriedade, por Medeiro Vaz, que "pôs fogo na distinta casa de fazenda, fazendão sido de pai, avô, bisavô";[GSV: 36-37] e a cavalgada "por justiça e alta política", dos guerreiros chefiados por Medeiro Vaz e Joca Ramiro. A idealização atinge seu auge no episódio do julgamento de Zé Bebelo na Fazenda Sempre-Verde, do doutor Mirabô de Melo, que funciona como uma grande *mise-en-scène* do *sistema jagunço*. Com Joca Ramiro abrindo a palavra para qualquer um dos quinhentos cabras ali presentes, para julgar aquele chefe, encena-se uma ilusão de igualdade entre os senhores todo-poderosos e os rasos jagunços. Trata-se de um "equilíbrio de antagonismos" ou de uma grande dissimulação?

A partir do assassinato de Joca Ramiro, quando se inicia a segunda metade da história, acentuam-se os sinais de desidealização e degradação do sistema. Mesmo antes, já surgiram alguns sinais que desmentem a apologia da vida "livre" no sertão. Ao explicar a palavra "vereda" — que é o contraponto do *grande*

---

[374] G. Freyre, 1933/1975, p. lxvii.

sertão, e que ocupa no título do romance de Guimarães Rosa o lugar correspondente à palavra "senzala" no ensaio de Freyre —, Riobaldo evoca uma fazenda velha no ribeirão Entre-Ribeiros: "[...] lá judiaram com escravos e pessoas, até aos pouquinhos matar...". Logo ele acrescenta: "[...] eu nisso não acredito [...]. O senhor deve de ficar prevenido: esse povo diverte por demais com a baboseira, dum traque de jumento formam tufão de ventania. Por gosto de rebuliço. Querem-porque-querem inventar [...]".(GSV: 59) O leitor está, portanto, diante de dois depoimentos contraditórios: um povo que supostamente inventa e um narrador que não acredita nessa história.

O tema controvertido da escravidão, introduzido discretamente naquela passagem, ressurge com maior visibilidade no episódio da Fazenda dos Tucanos, descrita detalhadamente como uma "casa-grande" com suas "senzalas"(cf. GSV: 267, 245) — o que faz com que esse lugar represente também um lugar intertextual, de diálogo com a obra de Gilberto Freyre. A escravidão vem à tona através de um trabalho por assim dizer arquelógico. Riobaldo descobre papéis velhos, ainda do tempo do Imperador, entre os quais "[a] fatura de negócios com escravos, compra, os recibos, por Nicolau Serapião da Rocha".(GSV: 251) Desta vez, o narrador tem em mãos documentos escritos, aos quais costuma-se atribuir autoridade e valor de prova maiores que aos testemunhos da memória popular e da história oral. Ocorre que a Fazenda dos Tucanos não é só um lugar onde antigamente se negociava o ser humano, mas onde os "pobres jagunços", inclusive Riobaldo, nesse exato momento, correm o risco de se tornarem objeto de uma negociata entre seu chefe Zé Bebelo e as forças do Governo. Ironicamente, o documento dessa transação é "o espaço em baixo, ou a banda de trás, reverso dita", daquela mesma fatura, usada por Riobaldo como papel, "achado por ali, nos quartos, em remexidas gavetas". Escrevente sob as ordens de Zé

Bebelo, Riobaldo estaria assinando assim o recibo de sua própria venda...

Dali em diante, a degradação da vida dos jagunços acentua-se cada vez mais. Nos latifúndios de seô Habão, Riobaldo, junto com seus companheiros, sente na carne a ameaça de um sistema que, conforme a história oficial, já não devia existir mais: "[S]eô Habão [...] cobiçava a gente para escravos!".(GSV: 314) Quer dizer, a estrutura secular da ordem escravocrata, apesar de ter sido formalmente abolida — no que foi "o momento talvez mais decisivo de todo o nosso desenvolvimento nacional"[375] — continua presente na mentalidade e na atitude dos senhores, cujo poder econômico e político ficou intacto. O comportamento de seô Habão provoca em Riobaldo uma "inquietação": ele sente com toda força o antagonismo entre o "fazendeiro-mor", que é "sujeito da terra definitivo", e o jagunço, que "não passa de ser homem muito provisório".(GSV: 312-313)

Esse estado latente de escravidão, essa "presença ausente" na vida dos jagunços "livres",[376] de que Riobaldo se conscientiza frente a seô Habão, na verdade já havia sido experimentado por ele num episódio anterior. Em sua primeira batalha, na Mata da Jaíba, ele se dá conta de que sua vida está inteiramente nas mãos do comandante, o Hermógenes: "[...] eu estava ali era feito um escravo de morte, sem querer meu, no puto do homem, no danadório!".(GSV: 163)

Individual é o diagnóstico do problema, e individual é também a solução. Por meio do pacto com o Demônio, Riobaldo consegue algo que não costuma acontecer na história: a ascensão do escravo a senhor. No momento em que ocorre essa metamor-

---

[375] S. Buarque de Holanda, 1936/1969, p. 127.

[376] Cf. M. S. de Carvalho Franco, 1969/1974, p. 9.

fose, Riobaldo exclama exultante: "Ao pois, quem era que ordenava, se prazia e mandava? Eu, senhor, eu: por meu renome, o Urutú-Branco...".(GSV: 335) É a manifestação indisfarçada do prazer de comandar os outros, de reduzi-los a "rebanho". O protagonista está embevecido do poder: "eu de todos era o chefe", "quando eu mandasse uma coisa, ah, então tinha de se cumprir", "[t]inham me dado em mão o brinquedo do mundo".(GSV: 338, 332) 377

O restante pode ser sintetizado em poucas palavras. São os estratagemas usados por Riobaldo para passar da "casinha pobre" para a "grande fazenda".(GSV: 456) Primeiramente, a preparação cuidadosa do casamento com Otacília, da Fazenda Santa Catarina, "perto do céu", filha do dono e também "dona de tantos territórios agrícolas e adadas pastagens".(GSV: 145, 268) Segundo, a campanha contra o Hermógenes, proprietário de "gados e fazendas [...] nos gerais da Bahia", cujo aniquilamento se inicia com uma ofensiva contra a base: "[...] eu [...] ia atacar a Fazenda dele, com família".(GSV: 309, 382) Para esse empreendimento, Riobaldo recruta toda a mão de obra disponível, "rebanhal", entre os sem-posse e os miseráveis. E em terceiro lugar, as alianças com figuras da oligarquia local, seô Habão e seo Ornelas, num jogo de ameaças e oferta de proteção. Com tudo isso, e mais as duas fazendas recebidas em testamento de Selorico Mendes, Riobaldo acaba se integrando à classe dominante.

Considerando-se toda essa trajetória do protagonista-narrador de *Grande Sertão: Veredas*, seu intenso transitar pela rede dos donos do poder, com graus variáveis de distanciamento e aproximação, e levando em conta também o seu duplo nascimen-

---

[377] Mais uma vez deve ser lembrada a cena da cavalgada de Brás Cubas, para quem o moleque Prudêncio não é o "companheiro de brinquedos" (G. Freyre, 1933/1975, p. 223), mas o próprio brinquedo.

to, seria o fazendeiro e dono de jagunços Riobaldo uma figura representativa de sua classe?

É verdade que Riobaldo *representa* o sistema, mas ele não o *reproduz*. Apesar de toda a valorização da família, chama a atenção o fato de Riobaldo não deixar filhos. O protagonista rosiano não encarna o desejo de perpetuar o sistema vigente através de herdeiros. Assim, embora o romance apresente uma descrição exata da grande propriedade rural, enquanto concentração do poder patriarcal e símbolo da servidão, ele mantém uma postura de distanciamento com relação ao seu objeto. Enquanto Gilberto Freyre valoriza a ação civilizatória dos senhores de terras e escravos com uma atitude de empatia, Guimarães Rosa mostra o funcionamento da ordem vigente através de uma distância móvel. É a ótica de um grande proprietário, sim, mas com uma profunda inquietação social — como o fazendeiro endemoninhado da estória que "no quarto de sua casa, uivando lobúm, suplicava alívio do calorão, e carecia mesmo que os escravos despejassem nele latas e baldes d'água, ao constantemente [...]".(GSV: 456)

Também é verdade que Riobaldo, apesar de não reproduzir biologicamente o sistema, o representa e o encena através de seus discursos. O sistema das "potentes chefias", dos senhores de extensas terras e de jagunços, acaba sendo encarnado de modo exemplar pelo protagonista-narrador rosiano, que deixa uma inequívoca advertência para os que pensam em reverter essa ordem:

> "Chegassem viessem aqui com guerra em mim, com más partes, com outras leis, ou com sobejos olhares, e eu ainda sorteio de acender esta zona [...]! E sozinhozinho não estou, [...] coloquei redor meu minha gente. [...] Inimigo vier, a gente cruza chamado, ajuntamos: é hora dum bom tiroteiamento em paz, exp'rimentem ver."(GSV: 21-22)

Essa fala do latifundiário Riobaldo cuidando da defesa de sua propriedade já foi detalhadamente comentada em nossa análise do pacto. Depois de termos examinado o dilaceramento da sociedade a partir de uma perspectiva próxima da dos senhores, consideremos agora o ponto de vista da mão de obra.

4. Máquina de gastar gente

A análise do Brasil por Gilberto Freyre, em termos de um antagonismo entre a *casa-grande* e a *senzala*, foi redimensionada por interpretações posteriores que levaram em conta a transição, ocorrida na segunda metade do século XIX, da economia escravista para o trabalho assalariado. Assim, um diagnóstico mais preciso da divisão da sociedade brasileira foi apresentado por Caio Prado Jr. em *Formação do Brasil contemporâneo* (1942). O autor realça a diferença fundamental entre o "pequeno número de empresários e dirigentes que senhoreiam tudo, e a grande massa da população que lhe serve de mão de obra". Enquanto aquele grupo se caracteriza por uma "concentração extrema da riqueza", a grande maioria é mantida num "nível ínfimo de existência". Desta "organização fundamental do país", "o trabalho escravo não é senão um dos aspectos, que abolido, se substitui por outro que continuou, com pouca diferença".[378]

Concomitantemente, a *Formação do Brasil contemporâneo* focaliza um contingente que Gilberto Freyre não considerou e que corresponde a cerca da metade da população: os "desclassificados, inúteis e inadaptados", "aquele contingente vultoso em que Couty [...] veria o 'povo brasileiro', e que [...] daria como ine-

---

[378] C. Prado Jr., 1942/1971, pp. 129 e 124.

xistente, [...] com aquela sentença que ficaria famosa: 'Le Brésil n'a pas de peuple'".[379] A partir do estudo de Caio Prado Jr., a importância do "povo" foi enfatizada também por outros intérpretes do país: sob o ângulo de uma análise econômica da mão de obra, em Celso Furtado (1958);[380] sob a categoria dos "homens livres", em Maria Sylvia de Carvalho Franco (1969); e como uma história alternativa do Brasil, centrada na mão de obra, em Darcy Ribeiro (1995).[381] Em que medida estes estudos podem contribuir para uma melhor compreensão do romance de Guimarães Rosa, onde a sociedade é mostrada tanto a partir do ângulo dos senhores quanto da mão de obra?

Uma vez que o caminho de uma análise de *Grande Sertão: Veredas* à luz de pesquisadores como Caio Prado Jr. e Maria Sylvia de Carvalho Franco já foi trilhado por Walnice Galvão (1972),[382] vamos nos inteirar primeiramente dos resultados obtidos. O estudo de Walnice sobre a "plebe rural" e o "inútil utilizado" é uma síntese muito elucidativa, porém as informações dos sociólogos e historiadores predominam totalmente sobre as do romancista, como se este fosse apenas corroborá-las. Ora, o que resta a descobrir é a qualidade específica do conhecimento proporcionado pela ficção, em comparação com o dos estudos histórico-sociológicos. É preciso investigar os recursos de forma, perspectiva e composição do romance, usados para a representação da mão de obra, que fornecem informações ao mesmo tempo complementares e diferentes dos termos cognitivos do sociólogo ou do historiador.

---

[379] Op. cit., p. 281.

[380] C. Furtado, 1958/1995, sobretudo pp. 117-141.

[381] D. Ribeiro, 1995, pp. 287-444.

[382] Cf. W. Galvão, 1972, especialmente pp. 35-47.

No contingente dos "desclassificados, inúteis e inadaptados", trazido para o primeiro plano por Caio Prado Jr., recruta-se a mão de obra jagunça que povoa o romance de Guimarães Rosa. Acompanhando o dia a dia do "raso" jagunço Riobaldo, o romance faz o leitor viver a ideologia dos *homens livres*. A sensação dos jagunços de estarem acima das contingências da pobreza e da submissão que afetam o grosso da população, faz parte de sua autoconsciência e autoestima: "[P]rezei a minha profissão [...], vida [...] vivida por cima",(GSV: 57) declara Riobaldo. Essa sensação de liberdade coloca-se como um véu diante do "país de mil-e-tantas-misérias". Trata-se de uma imagem construída e propagada pelos chefes, que acenam com vantagens para seus comandados e apelam para instintos criminosos, que são legitimados: "[A]tacando bons lugares, em serviço para chefes políticos".(GSV: 177) Como integrante do sistema jagunço, o sertanejo é alienado de sua condição real: é condicionado para achar-se superior aos pobres e miseráveis, apesar de continuar pertencendo a esse seu meio de origem. Com Riobaldo situado no meio dos jagunços, o romance nos faz experimentar aquela ilusão, para aos poucos desmontá-la — um processo mental que o gênero ficcional sabe expressar com qualidade superior.

O componente ideológico e enganador do sistema é identificado por alguns dos próprios jagunços, como mostra a fala do Gú: "A gente é braço d'armas, para o risco de todo dia".(GSV: 207) Para Riobaldo, a consciência de ser usado como "material humano" — o que ele já pressentiu sob o comando do Hermógenes e durante a batalha da Fazenda dos Tucanos — desperta definitivamente no confronto com a miséria dos catrumanos: "[Q]ue é que eu era? Um raso jagunço atirador, cachorrando por este sertão".(GSV: 305) A partir desse momento, Riobaldo decide mudar de rumo. Fortalecido pelo pacto com o Demônio, ele disputa e assume a chefia, passando para o outro lado da ordem social. De raso jagunço, ele se transforma em empresário de jagunços. Com isso o leitor, acompanhando a perspectiva de Riobaldo, passa a ver a história de outro ângulo social.

Assim como existe em *Grande Sertão: Veredas* um mapa das fazendas, há também um "mapa da mão de obra". Este mapa, porém, não tem referências topográficas fixas, tão pouco como os sem-posse, que são os jagunços companheiros de Riobaldo e a população civil que eles encontram pelo caminho. "Ali eu estava no entremeio deles",(GSV: 143) explicita o narrador a sua perspectiva de apresentação, que é frequente também nos contos de Guimarães Rosa. O traço original do romance é a metáfora usada para designar esse meio: "Aquele povo — rio que se enche [...]".(GSV: 197) Com isso, o papel do narrador Riobaldo, cuja etimologia definimos inicialmente como a de um "explorador do rio da civilização brasileira", se desdobra no de um investigador do povo; sendo que "povo", nesse contexto, é amplamente sinônimo de "mão de obra". A observação participante do narrador rosiano tem traços em comum com o trabalho de campo do antropólogo ou sociólogo, mas difere deste pelo engajamento existencial, de vida ou morte. Só que ainda não chegou o momento de nos determos nisso.

Outra peculiaridade do romance é que a apresentação do "povo" se faz essencialmente por meio de nomes próprios individuais. É a função primordial da linguagem, nomeadora, que se opõe à dissolução pela abstração conceitual. A título de exemplo, vejamos o "rol de nomes" mais significativo, bem no meio do livro. São cerca de oitenta nomes de indivíduos com brevíssimo retrato, destacando profissão, habilidade, fisionomia ou alguma peculiaridade. Eis um recorte:

> "Aí o senhor via os companheiros, um por um: [...] o
> *Alaripe*, que era de ferro e de ouro, e de carne e osso, e de minha

melhor estimação; [...] *João Concliz,* que com o *Sesfrêdo* porfiava, assoviando imitado de toda qualidade de pássaros, este nunca se esquecia de nada; o *Quipes,* sujeito ligeiro, capaz de abrir num dia suas quinze léguas, cavalos que haja; *Joaquim Beijú,* rastreador, de todos esses sertões dos Gerais sabente; o *Tipote,* que achava os lugares d'água, feito boi geralista ou buriti em broto de semente; [...] o *Quêque,* que sempre tinha saudade de sua rocinha antiga, desejo dele era tornar a ter um pedacinho de terra plantadeira; o *Marimbondo,* faquista, perigoso nos repentes quando bebia um tanto de mais; o *Acauã,* um roxo esquipático, só de se olhar para ele se via o vulto da guerra; [...] o *Conceiço,* guardava na sacola todo retrato de mulher que ia achando, até recortado de folhinha ou de jornal; *José Gervásio,* caçador muito bom; [...] o *Prêto Mangaba,* [...] dizia-se que entendia de toda mandraca; [...] o *Coscorão,* que tinha sido carreiro de muito ofício, [...]; o *Jacaré,* cozinheiro nosso; [...] o *Marruaz,* homem desmarcado de forçoso: capaz de segurar as duas pernas dum poldro; *Guima,* que ganhava em todo jogo de baralho, era do sertão do Abaeté; *Jiribibe,* quase menino, filho de todos no afetual paternal; o *Moçambicão* — um negro enorme, pai e mãe dele tinham sido escravos nas lavras; [...] o *Jequitinhão,* antigo capataz arrieiro, que só se dizia por ditados; o *Nelson,* que me pedia para escrever carta, para ele mandar para a mãe, em não sei onde moradora; *Dimas Dôido,* que doido mesmo não era, só valente demais e esquentado; o *Sidurino,* tudo o que ele falava divertia a gente; *Pacamã--de-Prêsas,* que queria qualquer dia ir cumprir promessa, de acender velas e ajoelhar adiante, no São Bom Jesus da Lapa; *Rasga-em-Baixo,* caolho [...], com movimentos desencontrados, dizia que nunca tinha conhecido mãe nem pai; o *Fafafá,* sempre cheirando a suor de cavalo, se deitava no chão e o cavalo vinha cheirar a cara dele; [...] um *José Quitério*: comia de tudo, até calango, gafanhoto, cobras; [...] *Raymundo Lé*, puçanguara, entendido de curar qualquer doença, e *Quim Queiroz*, que da munição tomava conta, e o *Justino*, ferrador e alveitar". (GSV: 242-243)

Este retrato coletivo, registrado pouco antes do episódio da Fazenda dos Tucanos, é da fase de melhor integração de Riobaldo no bando, no caso, o dos zé-bebelos. Sua relação com eles é de "boa camaradagem": "Com todos, quase todos, eu bem combinava [...]". (GSV: 242) Antes, apesar de o primeiro contato com o meio dos jagunços ter sido facilitado por Diadorim, Riobaldo passou por um demorado processo de adaptação, no bando dos hermógenes, e mesmo ainda entre os medeiro-vazes. Depois, com ele exercendo o papel de comandante, o próprio cargo criou um afastamento. O protagonista-narrador é um espírito aberto ao meio em que vive, mas não nega suas idiossincrasias e não deixa de marcar diferenças. "A companheirada naqueles derradeiros tempos", declara Riobaldo sobre o contato com os medeiro-vazes, "[...] me caceteava com um enjôo, todos eu achava muito ignorantes, grosseiros cabras". (GSV: 50) É uma observação participante e crítica, sem idealização do povo, nem do próprio observador. A postura geral do narrador em relação aos braços-de-armas acaba sendo, portanto, de meia distância, assim como em relação aos donos do poder.

Com o retrato acima, Guimarães Rosa sintetiza num rico painel a coletividade dos jagunços, mostrando a variedade de tipos humanos, sua adaptação ao meio, sua condição social, pedaços de sua história, seus conhecimentos, suas habilidades e funções no grupo, temperamentos e formas de afetividade, desejos, necessidades, privações, crenças, em suma: um quadro da cultura, da mentalidade e do tipo de sociabilidade.

Não é uma sociabilidade que se articula politicamente. O

narrador chama a atenção para o fato: "Olhe: jagunço se rege por um modo encoberto [...]; quando no meio deles se trança um ajuste calado e certo, com semelho, mal comparando, com o governo de bando de bichos — caititú, boi, boiada, exemplo".(GSV: 129) Ou seja, é uma forma de convívio rudimentar, um ajuntamento temporário, com cada qual permanecendo recluso em sua individualidade, em detrimento de uma articulação coletiva dos interesses.[383] Essa sociabilidade rudimentar é expressa no romance de Guimarães Rosa pela forma de composição: pela justaposição assindética dos nomes e pela encenação do movimento de ajuntamento e dispersão. Aquele rol de cerca de oitenta nomes é um instantâneo que concentra várias das constelações de cinco, seis, dez indivíduos, que até aí apareceram esparsas pelo livro; sendo que, dali em diante, haverá uma nova dispersão em pequenos conjuntos... [384]

A dispersão é mais característica ainda da população civil, que vive nas veredas e nos chapadões atravessados pelos jagunços em suas andanças. Enquanto os companheiros de Riobaldo são retratados de perto, através de uma observação participante, os moradores são vistos de mais longe, como pela ótica de um viajante. Esparsas pelo livro inteiro, aparecem assim figuras como estas:

---

[383] Cf. M. S. de Carvalho Franco, 1969/1974, pp. 217-218, que observa entre os homens livres, na defesa de seus interesses, o predomínio da ação "pessoal" sobre os "termos organizados" coletivamente.

[384] Fica assim demonstrada também a tese lançada no capítulo II deste ensaio, a de que a representação do povo em GSV se dá em forma de constelação ou de hipertexto. Trata-se de uma escrita essencialmente não-sequencial, uma composição em pedaços, em que o leitor tem de saltar de um fragmento para outro, seguindo os caminhos de leitura sugeridos pelo narrador e descobrindo os seus próprios, num mapa deliberadamente labiríntico.

"pretos [que] bateavam em faisqueiras";(GSV: 28) um "pai de família faminta";(GSV: 57) "vaqueiros [...] vaquejando";(GSV: 58) um "preto [...], descampando mato";(GSV: 111) "um capiauzinho", "levando meio saco de milho na garupa";(GSV: 160) "uma tropa de cargueiros";(GSV: 182) um lavrador, com sua "mulherzinha" e "cinco ou seis meninos";(GSV: 222-223) "um boiadeiro, [...] com seus camaradas";(GSV: 244) "[u]m homenzinho distante, roçando, lenhando";(GSV: 289) "groteiros" e "catrumanos", "que nem mansas feras"(GSV: 291-292); "[g]ente, gentinha, [...] roceiros em seu serviço";(GSV: 332) um "arrieiro de tropa", "com carga de fumo, mantas de borracha, couros de onça e cera de palmeiral";(GSV: 354) um velho que "sabia todas as coisas práticas da labuta, da lavoura e do mato".(GSV: 393) [Sem falar da legião de prostitutas GSV: 102, 180 e de enfermos.GSV: 48, 296-297] Tudo isso em meio de "gente [...] de todas as pobrezas e desgraças"...(GSV: 336) [385]

A forma dispersa de o romance representar o povo e a mão de obra corresponde a um quadro real: é "uma massa de população totalmente desarticulada, trabalhando com baixíssima produtividade numa agricultura de subsistência". Assim, Celso Furtado, em *Formação econômica do Brasil*,[386] caracteriza a situação em Minas Gerais, em fins do século XVIII, quando o sistema, com o colapso da produção de ouro, foi se atrofiando e se desagregou. Tal situação é recorrente. A "*economia de subsistên-*

---

[385] Notem-se, nesse retrato coletivo, dois momentos de maior identificação do narrador com pessoas do povo: Riobaldo ora se imagina um "capiau",(GSV: 160) ora um "coitado morador".(GSV: 308) Essa seria de fato a condição comum de uma pessoa nascida, como ele, de mulher pobre.

[386] C. Furtado, 1958/1995, p. 86.

cia" é associada por Furtado com um estágio ao qual o país sempre volta nos momentos de recessão[387] — sendo o sertão a região típica do regime de subsistência, estagnação e subdesenvolvimento. Enquanto Furtado, que realça a "disparidade" entre as regiões desenvolvidas e estagnadas do Brasil, aposta no "desenvolvimento", Guimarães Rosa retrata um país quase parado. Representando-o alegoricamente através do sertão, ele focaliza as estruturas rotineiras, quase imóveis, os problemas cronicamente não resolvidos.

A presença dispersa da mão de obra em *Grande Sertão: Veredas* é também indício de um problema social mais abrangente. Ao longo da história do Brasil, como lembra Darcy Ribeiro, o sertão foi considerado um "vasto reservatório de força de trabalho barata".[388] Se os moradores são ariscos que nem bichos do mato (aos quais são comparados pelo narrador rosiano), é também por um medo atávico de recrutamento. O recrutamento — "o maior espantalho da população", durante toda a fase colonial e até os tempos do Império[389] — é um tema tratado detalhadamente no romance.

Com o recrutamento de braços "para o risco de todo dia", de "jagunços mil",(GSV: 207, 88) por parte dos empreiteiros de "alta política" e de crimes, ocorre uma concentração da mão de obra dispersa. Numa situação de penúria e miséria generalizadas, com perspectivas de melhoria praticamente nulas, a passagem do trabalho na roça para o ofício de armas é uma alternativa tentadora. É o que se observa em casos individuais, como o de Jõe Bexiguento; em pequenos grupos, como o dos cinco urucuianos; e em gran-

---

[387] Cf. op. cit., p. 84.

[388] D. Ribeiro, 1995, p. 347.

[389] C. Prado Jr., 1971, p. 310.

de escala. Foi assim que Medeiro Vaz reuniu a "rapaziagem dos campos, e saiu por esse rumo em roda, para impor a justiça".(GSV: 37) De modo semelhante procedeu Joca Ramiro, com seus sub-chefes Ricardão e Hermógenes, reunindo mais de quinhentos homens. "De onde vinha tudo [...]?", pergunta-se Riobaldo, em vista da "farta comida" e dos "[g]êneros e bebidas boas", "em redondezas tão pobrezinhas".(GSV: 128) Um contingente de "perto por uns mil" cavaleiros em armas é contratado por Zé Bebelo. Esse "povo reunido na beira do Jequitaí, por ganhar seu dinheirinho fiel, feito tropa de soldo", é pago com "dinheiro do cofre do Governo".(GSV: 159, 103) No caso do dono da Fazenda Nhanva, que verifica o ofício e as habilidades de cada um, registra em caderno nomes e números, e efetua "semanal de pagamento", fica mais evidente que se trata de um verdadeiro negócio empresarial.

Com efeito, cada uma dessas empreitadas, de Medeiro Vaz a Zé Bebelo, e também a de Riobaldo, é um micromodelo da macroempresa Brasil. Na interpretação de Caio Prado Jr., o sentido da colonização do Brasil foi o de uma vasta empresa comercial[390] — um ângulo de abordagem retomado por Celso Furtado e Darcy Ribeiro.[391] Nas três atividades fundamentais da economia colonial (agricultura, mineração e extrativismo) "encontra-se [...] o empresário [...] que dirige e explora [...] uma numerosa mão de obra que trabalha para ele e sob suas ordens".[392] A partir dessa situação cristalizou-se uma história bipartida do país: de um lado, a dos dirigentes, empresários, grandes proprietá-

---

[390] C. Prado Jr., 1971, pp. 19-32, especialmente p. 31.

[391] C. Furtado (1995, p. 9) caracteriza o Brasil como a "primeira grande empresa colonial agrícola europeia"; ver também D. Ribeiro, 1995, pp. 176-179 ("A empresa Brasil").

[392] C. Prado Jr., 1942/1971, pp. 123-124.

rios, chefes e "cidadãos"; do outro lado, a dos de baixo, com "o que seria o povo brasileiro como entidade cívica e política" sendo reduzido "a uma oferta de mão de obra servil".[393]

O romance de Guimarães Rosa faz o leitor sentir essa dupla perspectiva da história do país através da experiência de vida de Riobaldo: primeiro, na condição de raso jagunço, depois na posição de chefe, empreiteiro de jagunços. De fato, *Grande Sertão: Veredas* é — com um termo usado por Antonio Candido para designar o tipo de empreendimento que se torna fonte de renda dos mandões locais — uma narração sobre a jagunçagem como "empreita de crimes".[394] Significativamente, o protagonista usa esse termo-chave numa conversa confidencial: "— 'Uai, Diadorim, [...] você [...] não é [...] o dono da empreita?!'".[GSV: 403] Astuciosamente, Riobaldo mascara aqui o fato de o empreiteiro ser ele próprio.

De longa data, Riobaldo, com seu lema de "estudar os chefes",[cf. GSV: 199] preparou-se para esse papel. Além da aprendizagem com Medeiro Vaz, Joca Ramiro e Zé Bebelo, ele se vale também da lição de um empresário "civil" como seô Habão, que explora os miseráveis: "Disse que ia botar os do Sucruiú para o corte da cana e fazeção de rapadura. Ao que a rapadura havia de ser para vender para eles do Sucruiú, mesmo, que depois pagavam com trabalhos redobrados".[GSV: 314] A mesma compulsão ao lucro move também um empresário como o Ricardão: "[...] rico, dono de fazendas, somente vivia [...] querendo dinheiro e ajuntando".[GSV: 138] Ao descrever a empreita de Riobaldo, desde a tomada da chefia até a batalha final contra o Hermógenes, o romancista coloca em cena todos os componentes característi-

---

[393] D. Ribeiro, 1995, pp. 178-179.

[394] A. Candido, 1970, p. 145.

cos de uma exploração: o recrutamento à força da mão de obra, a resistência dos moradores, a demagogia para aliciá-los, o problema das deserções, a exploração "bruta comercial" do ser humano, e o resultado final, em termos do gasto em vidas. Com isso, o drama da mão de obra é apresentado pelo romance de Guimarães Rosa com uma concretude e intensidade humana que, dessa forma, não se encontra nos ensaios sobre o Brasil.

O poder dos chefes é sentido pelos comandados como algo absoluto. Os jagunços de Medeiro Vaz sabem que ele é capaz de "[...] dar firme ordem para se matar uma a uma as mil pessoas".(GSV: 27) Sob as ordens do Hermógenes, Riobaldo sente-se "[...] feito um escravo de morte, [...] no danadório".(GSV: 163) Mesmo de Joca Ramiro, tão idealizado, ele chega a suspeitar que "[...] estava no propósito de deixar a gente se acabar ali, na má guerra, em sertão plano".(GSV: 176) Fica assim caracterizada uma estrutura em que a mão de obra é mero "material humano" nas mãos dos poderosos. Variando uma expressão de Darcy Ribeiro, pode se falar numa "máquina de gastar gente".[395]

Na Fazenda dos Tucanos, onde Riobaldo presencia a matança dos sertanejos entre si, ele registra, estarrecido, o funcionamento dessa máquina e a sua revolta por se sentir usado:

"[Os] de lá [...], aqueles hermógenes eram gente em tal como nós, até pouquinho tempo reunidos companheiros, se diz — irmãos; e agora se atravavam, naquela vontade de desigualar. Mas, por quê? Então o mundo era muita doideira e pouca razão? [...] [A]gora se ia gastar o tempo inteiro em guerras e guerras, morrendo se matando, aos cinco, aos seis, aos dez, os homens todos mais valentes do sertão?"(GSV: 262, 274)

---

[395] Cf. o capítulo "Moinhos de gastar gente", in: D. Ribeiro, 1995, pp. 106-140.

A nação dilacerada

Dessa loucura, Riobaldo teve um pressentimento, na hora do julgamento de Zé Bebelo, quando houve na verdade uma ratificação da guerra permanente:

> "[...] que se armasse ali mesmo rixa feia: metade do povo para lá, metade para cá, uns punindo pelo bem da justiça, os outros nas voltas da cauda do demo! Mas que faca e fogo houvesse, e braços de homens, até resultar em montes de mortos e pureza de paz..."(GSV: 207)

Montes de mortes e pureza de paz. Essas cenas de *Grande Sertão: Veredas* relembram a história do país, desde a colonização. A "empresa Brasil" como máquina de gastar gente.[396] Uma máquina que tem sua lógica própria. De um lado, os poucos que dela se aproveitam, do outro lado, o "material humano" sendo queimado aos montes: bugre matando bugre, escravo matando escravo, sertanejo matando sertanejo. É a história de uma nação se dilacerando.

A divisão do ser vai tomando conta do próprio Riobaldo. Por um lado, ele sente compaixão pelas vítimas, entre os jagunços e entre a população civil, imaginando-se inclusive no papel de "um coitado morador, em povoado qualquer", onde "aqueles que agorinha eram meus companheiros, podiam chegar lá, façanhosos, avançar em mim, cometer ruindades".(GSV: 308) Por outro lado, tudo o que ele sofreu como raso jagunço, ele fará sofrer a seus comandados depois de ter em mãos o poder absoluto. "Todos deviam de me obedecer completamente",(GSV: 354) observa ele a respeito dos seus subordinados. "[E]les nem careciam de ter nomes — por um querer meu, para viver e para morrer, era que

---

[396] Cf. D. Ribeiro, 1995, pp. 176-179 ("A empresa Brasil") e 167-175 ("As guerras do Brasil").

valiam".^(GSV: 332) Dali em diante, os homens lhe interessam cada vez menos como pessoas, e cada vez mais como instrumento e material.

Qual é o balanço final dessa empreita da jagunçagem? Afora os sobreviventes que são repostos em seus lugares, a última versão do mapa da mão de obra em *Grande Sertão: Veredas* é o mapa dos mortos:

> "Solón Nelson morreu. Arduininho morreu. Morreram o Figueiró, Batata-Roxa, Dávila Manhoso, o Campêlo, o Clange, Deovídio, Pescoço-Prêto, Toquim, o Sucivre, Elisiano, Pedro Bernardo — acho que foram esses, todos."^(GSV: 55)

Listas de nomes assim figuram como epitáfios ao longo da *via crucis* da narração. Esse tipo de rememoração é próprio de Riobaldo como raso jagunço. Trata de uma "democratização da memória dos mortos", para usar um termo de Reinhart Koselleck, num estudo sobre as vítimas das guerras nos tempos modernos.[397] A atitude de Riobaldo como empreiteiro de jagunços é diferente. Os nomes dos que ele recrutou "rebanhal" são substituídos por números. A avaliação do chefe de jagunços passa a ser do mesmo tipo que a do fazendeiro-mor seô Habão: "morreram só dezoito pessoas".^(cf. GSV: 314) Enquanto Riobaldo era braço-de-armas, fez questão de lembrar, um por um, o nome dos companheiros que morreram; depois, passa a referir-se aos homens mortos em termos sumários:

> "— 'Mortos, muitos?' — 'Demais...'"^(GSV: 452)

Há uma morte, contudo, que não é contabilizável assim. Uma morte em que o grande número cede lugar a uma fisiono-

---

[397] R. Koselleck, 2002.

mia individual que, por sua vez, lembra todas as mortes que Riobaldo presenciou — desde sua primeira expedição com o pessoal, "perto por uns mil", de Zé Bebelo, até a sua própria campanha, ambas destinadas a acabar com os jagunços:

> "Diadorim tinha morrido — mil-vezes-mente — para sempre de mim."(GSV: 451)

A morte que sofreu Diadorim é exatamente a que Riobaldo temia tanto para si mesmo: a de um "escravo de morte", mandado por seu comandante "avança[r], a fino de faca", "para cumprir".(GSV: 163, 449-450) Esse comandante foi — impotente diante do outro chefe maior, o Hermógenes ou o Demônio em pessoa, — em última instância, o próprio Riobaldo.

O resto é ficção. O que significa a frase obscura, com a qual Riobaldo comenta seu reencontro com Diadorim: "[...] como se [...] eu tivesse acertado de encontrar, para o todo sempre, as regências de uma alguma a minha família"?(GSV: 109) Será que o desejo de Riobaldo, que não tem filhos com Otacília, era formar família com Diadorim? O que parecia impossível, mas o que poderia ter acontecido se ELA não tivesse morrido, acaba se realizando numa outra dimensão, no meio da travessia. No Chapadão do Urucuia, o protagonista dá sua contribuição ao nascimento de um menino pobre:

> "— 'Toma, filha de Cristo, senhora dona: compra um agasalho para esse que vai nascer defendido e são, e que deve de se chamar Riobaldo...'".(GSV: 353)

No tabuleiro do Jalapão, um geralista lhe pede para ser padrinho de filho:

> "O menino recebeu nome de Diadorim".(GSV: 47)

Assim, Riobaldo e Diadorim se perpetuam, através de duas crianças que levam seus nomes, em meio à pobre gente sertaneja, onde eles se conheceram.

5. Cidade *versus* Sertão?

Depois de termos visto que o problema da nação dilacerada — formulado por Euclides da Cunha em termos da oposição "patrícios do litoral" *versus* "patrícios do sertão" — não se coloca para outros intérpretes do Brasil (Gilberto Freyre, Caio Prado Jr., Celso Furtado, Darcy Ribeiro e Guimarães Rosa) como confronto entre duas sociedades diferentes, mas como antagonismo dentro da mesma sociedade, retomemos a oposição euclidiana "litoral *versus* sertão" num nível aprofundado.

Euclides, assim como Sarmiento, é daqueles pensadores latino-americanos cuja reflexão sobre a realidade social foi marcada, como observa Antonio Candido, pelo "senso dos contrastes e mesmo dos contrários — apresentados como condições antagônicas em função das quais se ordena a história dos homens e das instituições".[398] Com efeito, o que Euclides considera "contraste maior na nossa história",[OS: 82] a saber, a diferença radical entre o Norte, apegado ao litoral, e o Sul, caracterizado pelas entradas sertão adentro, tornou-se um paradigma de interpretação do país, com desdobramentos em pares antagônicos complementares e ampla repercussão entre outros pensadores. Vamos mapear o campo semântico desses contrastes, para examinar em que consiste a contribuição específica de Guimarães Rosa.

---

[398] A. Candido, 1969, pp. xiv.

Os pares antagônicos nos quais se desdobra a oposição "litoral *versus* sertão" são basicamente os três seguintes. 1. Civilização *versus* barbárie. A interpretação da realidade latino-americana proposta por Sarmiento no *Facundo* (1845) — cujo subtítulo é precisamente *Civilización y barbarie* — é retomada e aprofundada por Euclides, com base na experiência da campanha de Canudos.[399] Embora o autor de *Os Sertões* não chegue a uma "avaliação dialética dos aspectos contrários", existe nele, assim como no seu precursor, o "vislumbre" de uma "dialética da civilização".[400] 2. Cidade *versus* campo. Na esteira do pensamento de Euclides situa-se também a obra de Sérgio Buarque de Holanda, *Raízes do Brasil* (1936), em que "o rural e o urbano" funciona como um par de conceitos contrastivos para analisar e compreender as estruturas sociais e políticas do Brasil.[401] De acordo com Antonio Candido, a obra de Sérgio Buarque "alarga e aprofunda a velha dicotomia da reflexão latino-americana", na medida em que é construída sobre "uma admirável metodologia dos contrários", com um "jogo dialético" entre os conceitos polares.[402] 3. Modernização *versus* atraso. É um desdobramento simbólico da oposição topográfica anterior. Não obstante o avanço das abordagens dialéticas, as fórmulas dicotômicas continuam impregnando fortemente as interpretações do Brasil: desde o diagnóstico de Euclides sobre a existência de "duas sociedades"[cf. OS: 80] até a interpretação dualista de Jacques Lambert em *Os dois Brasis* (1959),

---

[399] A obra de D. Sarmiento é comentada por E. da Cunha (1975, pp. 109-124, especialmente pp. 110-111) num estudo sobre o papel das vias férreas como agentes do progresso e da civilização na América Latina.

[400] B. Zilly, 1997, p. 98; e 2001, p. 291.

[401] Cf. A. Candido, 1969, p. xv.

[402] Op. cit., p. xiv.

passando pelas oscilações de Sérgio Buarque de Holanda entre lances dialéticos e contradições não esclarecidas.

Diante desses avanços e recuos, impõe-se a pergunta: onde termina a visão dualista e onde começa a compreensão dialética das estruturas sociais e políticas do Brasil? *Raízes do Brasil* é uma obra paradigmática para estudar essa questão, inclusive porque esse retrato do país inclui também uma reflexão sobre quem constrói tais retratos: a classe dos letrados. Um contraponto propício para a discussão desse texto é precisamente o romance de Guimarães Rosa, construído como um diálogo entre um narrador sertanejo e um doutor da cidade. Vamos, nesse sentido, a uma leitura comparada de *Grande Sertão: Veredas* e de *Raízes do Brasil*, contra o pano de fundo da obra de Euclides e de alguns outros intérpretes.

Num grau significativo, inclusive pelo título, a interpretação do Brasil por Sérgio Buarque é tributária da dicotomia básica "rural *versus* urbano". Seus principais postulados são expostos no capítulo "Herança rural":

> "O que os portugueses instauraram no Brasil foi, sem dúvida, uma civilização de raízes rurais. [...] Toda a estrutura de nossa sociedade colonial teve sua base fora dos meios urbanos. [...] As cidades são [...] simples dependências [das propriedades rurais]. [...] Tal situação não se modificou essencialmente até à Abolição".[403]

Esse esquema de explicação dualista, onde a civilização rural predomina sobre a urbana, se desdobra num outro tipo de afirmação contrastiva:

---

[403] S. Buarque de Holanda, 1936/1969, p. 41.

"A influência dessa colonização litorânea, que praticavam [...] os portugueses, ainda persiste até os nossos dias. [...] Os portugueses criavam todas as dificuldades às entradas terra a dentro. [...] A obra realizada no Brasil pelos portugueses teve um caráter mais acentuado de feitoria do que de colonização".[404]

Tese problemática, pois se a "civilização rural" fica reservada para a faixa litorânea, como qualificar então a ocupação das terras do interior? E por que desconsiderar o papel estratégico das cidades, na empresa da colonização?

Sob esse aspecto, a interpretação dialética do Brasil proposta por Raymundo Faoro em *Os donos do poder* (1958) revela-se mais esclarecedora que a abordagem dicotômica de Sérgio Buarque. Faoro explica as estruturas políticas e econômicas do Brasil com base na configuração do Estado português, caracterizado desde o fim da Idade Média por uma aliança de interesses entre o rei latifundiário (como "principal lavrador da Nação") e a burguesia citadina, detentora do capital e *know-how* necessários para a empresa colonizadora.[405] Enquanto Sérgio Buarque enfatiza a resistência dos portugueses às entradas terra adentro, Faoro lembra o mito do Eldorado e os imperativos militares para Portugal estabelecer seu domínio também sobre o interior. De nada adiantaria fortificar somente o litoral, se existia o perigo de uma ocupação inimiga a partir de bases no rio de La Plata e no Amazonas, que, de dentro dos sertões, fizesse com que a linha do Tratado de Tordesilhas se movesse contra os portugueses, encerrando-os à praia, sustentação muito precária, como tinha de-

---

[404] Op. cit., pp. 67, 66 e 73-74.
[405] Cf. R. Faoro 1958/1997, I, pp. 3-10, especialmente p. 9.

monstrado a experiência da Índia.[406] Lembrando a longa tradição de administração centralizadora da colônia, empreendida desde meados do século XVI, Faoro considera "falso o conflito sertão-litoral"[407] — contestando assim a explicação dicotômica do país, que se tornou canônica a partir de Euclides da Cunha e da qual é tributária também a obra de Sérgio Buarque. Explicar as estruturas políticas da República Velha com base no conflito sertão-litoral seria falso, conforme Faoro, porque já não se trata de "explicar a vida municipal do interior como a trincheira do atraso contra a tendência modernizadora, imposta pelos núcleos à beira-mar". Trata-se, pelo contrário, de entender que "o interior, salvo as ilhas remotas da lavoura autossuficiente, de substância, integrou-se na economia nacional, intermediando o processo, adaptando-o, em formas pessoais de domínio, ao curso global".[408]

Esses enfoques, ora dicotômicos, ora dialéticos, do antagonismo "Cidade *versus* Sertão" são o pano de fundo necessário para se entender melhor o tratamento dessa questão em *Grande Sertão: Veredas*. "Cidade acaba com o sertão", afirma Riobaldo a certa altura da narrativa, mas logo ele duvida: "Acaba?".[(GSV: 129)] Essa consideração ambígua consta como conclusão de um relato sobre a tomada da cidade de São Francisco por bandos de jagunços, no início e no meio da República Velha. O episódio descrito no romance corresponde a fatos históricos reais.[409] Na fase final da República Velha, com o fortalecimento das cidades e do po-

---

[406] Cf. op. cit., pp. 139-167, especialmente p. 157.

[407] R. Faoro, 1958/1998, II, p. 647; cf. 1958/1997, I, p. 156.

[408] R. Faoro, 1958/1998, II, p. 647.

[409] Para um enfoque histórico do caudilhismo no sertão, ver W. Lins, 1952/1960.

der central, a ação dos coronéis chefes de bandos armados, no vale do Rio São Francisco assim como no país inteiro, foi coibida de forma contundente. "Ah, tempo de jagunço tinha mesmo de acabar", observa Riobaldo, para concluir com a referida constatação ("Cidade acaba com o sertão. Acaba?"), em que ressoa o duplo sentido do verbo "acabar".

O avanço da cidade sobre o sertão culminou, seis décadas depois da destruição de Canudos, com a construção da capital Brasília, iniciada no ano da publicação de *Grande Sertão: Veredas*. O nome da cidade aparece ali numa dessas passagens aparentemente irrelevantes, mas estratégicas. No "município de Brasília", relata Riobaldo, as tropas de Zé Bebelo "tinham volteado um bando de jagunços [...] e derrotado total".[GSV: 104] Naturalmente, trata-se, do ponto de vista referencial, de Brasília de Minas, a antiga Contendas, situada entre Montes Claros e São Francisco — sendo que Brasília, Distrito Federal, nem existia na época em que se passa a ação do romance. Alegoricamente, porém, o episódio em questão põe em cena o novo centro de decisões do Brasil. Os acontecimentos e discursos que o romancista situa nesse "sertão de Brasília" representado pelo *Grande Sertão* ultrapassam o âmbito local e regional, para constituir um retrato do país inteiro. É um retrato na contramão da história: o romancista focaliza as velhas estruturas internas, que desmentem as aparências da fachada.

Símbolo da modernização do país, Brasília veio coroar um projeto político que foi esboçado desde os tempos da Independência, por José Bonifácio, e reforçado, com o advento da República, por intelectuais como Euclides da Cunha, que advogou o avanço da civilização sobre os sertões. Examinando o ideário nacional-desenvolvimentista da era Juscelino Kubitschek, Vânia Moreira em seu livro *Brasília: a construção da nacionalidade* (1998) identifica um pseudoconflito entre os novos e os velhos donos do poder. O Instituto Superior de Estudos Brasileiros (ISEB), que forneceu subsídios ideológicos ao governo JK, preparou um projeto político no sentido de as classes "dinâmicas", sob a direção da burguesia, trabalharem para "aniquilar a influência das 'velhas classes latifúndio-mercantis' sobre o Estado brasileiro".[410] Ora, em vez da suposta luta das dinâmicas classes urbanas contra o velho *establishment* rural, o que se observou na realidade foi "um pacto tácito entre os grandes interesses do 'interior' e do 'litoral'".[411] A aliança de interesses entre cidade e campo, existente desde a dinastia de Avis e desde a implantação da agroindústria canavieira no Brasil quinhentista, comprovou-se assim mais uma vez. "A melhor definição para a operação Brasília", conclui Vânia Moreira, "é vê-la como uma política de conciliação entre, de um lado, os interesses industrialistas e modernizadores e, de outro lado, os grandes interesses agrários".[412]

Pelo que vimos até aqui, não é a oposição Cidade *versus* Sertão que explica o funcionamento das estruturas de poder no Brasil. Por que então Sérgio Buarque faz questão de contrapor a "cultura das cidades" à "civilização de raízes rurais"? Uma razão fundamental foi sem dúvida a intenção de distanciar-se claramente das antigas estruturas patriarcais, cuja memória foi preservada, de forma bastante idealizada, por Gilberto Freyre em *Casa-grande & senzala*. O autor de *Raízes do Brasil* parece estar em busca de um símbolo que expressasse o advento dos "novos tempos"

---

[410] V. Moreira, 1998, p. 142, referindo Hélio Jaguaribe, 1957, *Condições institucionais do desenvolvimento brasileiro*.

[411] V. Moreira, 1998, p. 179.

[412] Op. cit., p. 198.

após a Abolição.[413] Assim, ele afirma que o "novo sistema" tem "seu centro de gravidade não já nos domínios rurais, mas nos centros urbanos". O sentido da "revolução brasileira", que é o ponto de chegada do seu estudo, "parece ser o do aniquilamento das raízes ibéricas de nossa cultura para a inauguração de um estilo novo, que crismamos talvez ilusoriamente de americano". Com base no texto de um viajante estrangeiro, Herbert Smith, Sérgio Buarque valoriza a emergência de uma nova classe, a dos operários.[414] No mais, sua caracterização da cidade como lugar simbólico da democratização permanece bastante genérica, talvez deliberadamente, para mantê-la aberta a certas contradições.

A *civitas* como berço da urbanidade e da *civilitas* — quem nos leva a questionar radicalmente esse *tópos* é Euclides da Cunha. Ele que participou da campanha nos sertões como um dos "mercenários inconscientes", para depois denunciar os equívocos dessa "missão civilizatória". Sarcasticamente, ele retrata a nação que procura levar o sertanejo "retardatário" "para os deslumbramentos da nossa idade dentro de um quadrado de baionetas, mostrando-lhe o brilho da civilização através do clarão das descargas".(OS: 300) Revoltado, ele observa que os soldados do Exército, antes de degolarem os sertanejos presos, "exigiam-lhes vivas à República",(OS: 460-461) sendo que "o principal representante do governo [...] silenciara" diante disso. Naqueles ermos, onde não havia de se temer nenhum juízo, "a consciência da impunidade [...] arrojou [...] em cima da mísera sociedade sertaneja, a multidão criminosa e paga para matar". Desiludido, o autor constata: "A animalidade primitiva, lentamente expun-

---

[413] Cf. S. Buarque de Holanda, 1936/1969, p. 127; nesta página encontram-se também as citações seguintes.

[414] Op. cit., pp. 135-136.

gida pela civilização, ressurgiu, inteiriça".[(OS: 461)] É sobretudo a guerra que mostra até que ponto a técnica e a ciência modernas são usadas para fins anticivilizatórios e como a barbárie subsiste na civilização.[415]

O ressurgimento do animal no homem civilizado. Com isso, a explicação do país por meio de dicotomias é superada por uma compreensão baseada numa dialética dos contrários, diagnosticada por Euclides, reelaborada por Sérgio Buarque e aperfeiçoada por Guimarães Rosa.

"Sertão: é dentro da gente",[(GSV: 235)] declara o narrador rosiano. O sertão não é somente uma referência geográfica externa, mas igualmente um espaço interior, simbólico, e a narração é a sondagem desse espaço. Essa concepção, que existe apenas em esboço na obra de Euclides, é levada por Guimarães Rosa às últimas consequências. Num sentido antropológico, o sertão é para o romancista a antipaisagem, mas também a arquipaisagem da civilização. A constatação de Euclides, "O sertão é o homizio",[(OS: 464)] é potencializada por Guimarães Rosa: "Sertão é o penal, criminal",[(GSV: 86)] "Deus mesmo, quando vier, que venha armado!".[(GSV: 18)] É um lugar onde as leis ainda estão sendo forjadas, e onde a institucionalização do poder se dá a partir de um magma de justiça, violência e crime.[416] Nesse sentido, o sertão é o país arcaico, no limiar entre a mitologia e a história, onde se pode observar *in statu nascendi* a história primeira (*Urgeschichte*) do Brasil. Num plano psicológico (individual e coletivo), imbricado com o antropológico, o sertão é a arquipaisagem das emoções, desde o medo até a coragem. A selvageria, como já experimentou Euclides, é parte constitutiva do homem civilizado. À

---

[415] Cf. B. Zilly, 1997, p. 100; e 2001, p. 284.

[416] Cf. W. Benjamin, 1921/1977; ed. brasileira, 1986.

desilusão euclidiana para com o progresso corresponde em Guimarães Rosa a crença na "ruindade nativa do homem".(GSV: 33) "[O] que guerreia" em nós "é o bicho, não é o homem",(GSV: 417) constata o romancista através da boca de Riobaldo.

Por outro lado, não existiria uma força moral que faz o homem apostar na vitória do seu lado urbano sobre seu lado selvagem? É o que parece expressar o reiterado desejo de Riobaldo de "morar em cidade grande";(GSV: 188) de comparecer numa cidade como Januária, "sem glórias de guerra nenhuma", apenas para "conhecer o pessoal sensato" e se sentir bem no meio do "povo morador" e da "passeata das bonitas moças morenas, tão socialmente";(GSV: 256) de "sa[ir] do sertão", para "morar [...] perto de cidade";(GSV: 435) ou até mesmo de "ter nascido em cidades", feito o interlocutor, "para poder ser instruído e inteligente".(GSV: 308) A valorização das qualidades urbanas do interlocutor (grau de instrução, respeito, afabilidade, juízo) é uma tônica da narração de Riobaldo do início até o fim. A chegada do visitante doutor, "em seu jipe",(GSV: 80) é associada a uma mudança de tempos: abertura do sertão à modernização, superação das estruturas políticas baseadas no crime e na violência, transformação dos padrões de gosto e da mentalidade ("os vaqueiros [...] acham que traje de gibão é feio e capiau",(GSV: 23) em suma: uma disposição do Sertão para aprender com a Cidade.

Nesse sentido, *Grande Sertão: Veredas* é estruturado como um diálogo entre um sertanejo letrado e um doutor da cidade. Na construção dessa situação narrativa consiste, como veremos, a diferença qualitativa do romance de Guimarães Rosa em relação às interpretações do Brasil por parte de Euclides e de Sérgio Buarque. A discussão das relações antagônicas e dialéticas entre Cidade e Sertão, com todos os desdobramentos examinados até aqui, não ocorre mais somente no plano dos argumentos, mas se instaura no interior da forma do discurso. A situação dialógica entre Riobaldo e seu interlocutor suscita uma pergunta crucial. Se é verdade que o doutor da cidade representa o papel de um conselheiro, um tipo de conhecimento superior e até uma perspectiva ética que o narrador sertanejo aceita como padrão — não haveria, por outro lado, nos reiterados e enfáticos elogios de Riobaldo ao seu interlocutor urbano, uma ponta de ironia, e até mesmo uma trama irônica, visando a própria imagem da Cidade?

Trata-se — como ajuda a esclarecer a comparação com Sérgio Buarque de Holanda — da presença do elemento arcaico na modernização. O autor de *Raízes do Brasil*, apesar de acreditar na vitória da civilização urbana, não deixa de manifestar seu ceticismo: "Como esperar transformações profundas em país onde eram mantidos os fundamentos tradicionais da situação que se pretendia ultrapassar?".[417] De acordo com o historiador, o "país ainda preso à economia escravocrata" procurou "vestir [...] os trajes modernos de uma grande democracia burguesa" — importada por uma aristocracia rural que "tratou de acomodá-la [...] aos seus [...] privilégios".[418] Ou seja: os novos tempos urbanos trazem em si o germe do velho regime patriarcal. A expressão mais evidente disso é a elite do país, constituída pelos bacharéis. Formados pela monarquia, quando a velha nobreza de senhores agrários foi substituída pela nova nobreza citadina das letras, esses quadros sobreviveram durante a República Velha e mesmo depois da Revolução de 1930.[419] Trata-se de "uma classe artificial", aferrada às "lutas de conquista e [à] conservação das posições", dando inteira "primazia [às suas] conveniências particulares so-

---

[417] S. Buarque de Holanda, 1936/1969, p. 46.

[418] Op. cit., pp. 46 e 119.

[419] Op. cit., pp. 122 e 131.

bre os interesses de ordem coletiva".[420] Na medida em que Sérgio Buarque fala da "missão nitidamente conservadora e senhorial" de "nossa intelectualidade",[421] sua crítica dos bacharéis se estende da esfera política para a intelectual. Como traço característico dos letrados brasileiros, ele observa o gosto pelo "brilho das fórmulas", a "confiança no poder milagroso das ideias" e a "fabricação de uma realidade artificiosa e livresca"; todos esses são derivativos para "o horror à nossa realidade cotidiana", configurando um *bovarismo* nacional", que "se envergonhava", inclusive, da própria "realidade *biológica*".[422] A análise do bacharelismo desemboca assim numa (auto-)reflexão crítica sobre os autores dos retratos do Brasil.

Persistência da "herança rural" nos "novos tempos". Enquanto Sérgio Buarque explica o problema através de métodos e conceitos historiográficos, Guimarães Rosa elucida-o por meio de uma construção narrativa, em que cabe um papel estratégico à figura do "doutor da cidade". O romancista Guimarães Rosa, um "letrado urbano" assim como o bacharel e historiador Sérgio Buarque (embora com um conhecimento mais profundo do sertão, por origem e por opção), fala através de um narrador letrado sertanejo e jagunço, que investiga a herança rural e arcaica dentro de si. Ambos os retratistas do Brasil têm em comum o objetivo de "exorcizar" o elemento arcaico no bacharelismo, mas seus procedimentos são diferentes. Enquanto o historiador apresenta o problema evolutivamente, em termos de uma temporalidade causal (os bacharéis como descendentes dos senhores ru-

---

[420] Cf. op. cit., pp. 132-133 e 137. O retrato da classe dos bacharéis é retomado e aprofundado por R. Faoro (1958), que a caracteriza como "o estamento".

[421] S. Buarque de Holanda, 1936/1969, p. 123.

[422] Op. cit., pp. 133, 118, 121 e 124-125.

rais), diagnosticando a sobrevivência das velhas estruturas no presente, o romancista constrói um quadro dialógico — uma "conversa" entre um narrador sertanejo e um ouvinte urbano —, em que as estruturas presentes são escavadas até revelarem seus fundamentos na história empírica e na história primeva.

Do narrador rosiano pode se dizer que ele é, de certa forma, o reverso do doutor da cidade ("O senhor não é como eu?" GSV: 10). Para sustentar esta afirmação, examinemos de perto a relação singular entre Riobaldo e seu interlocutor. Trata-se, como já foi esclarecido por Roberto Schwarz, de um "monólogo *inserto* em situação dialógica".[423] "O senhor é de fora, meu amigo mas meu estranho. [...] Falar com o estranho assim [...] faz do jeito que eu falasse mais mesmo comigo".(GSV: 33) Para termos uma ideia mais exata do valor dessa construção, imaginemos a alternativa. Se o doutor urbano interviesse ativamente, a narração do indivíduo Riobaldo — e, concomitantemente, da história do país — perderia sua tensão contraditória e dialética, para cindir-se em duas vozes com identidades separadas. Por outro lado, se o interlocutor urbano estivesse ausente, desapareceria a perspectiva de o Brasil arcaico poder se comparar com o Brasil moderno, e de este poder enxergar em si a permanência das velhas estruturas. Como amigo do visitante assisado e instruído da cidade, mas também "bom amigo" de jagunços como Andalécio(cf. GSV: 129) — e até amigo em potencial de assassinos como Hermógenes(cf. GSV: 309) —, o protagonista-narrador rosiano fornece uma radiografia do letrado, que sente dentro de si a arquipaisagem da violência. Aprofundando o retrato (auto)crítico do bacharel, por parte de Sérgio Buarque, e o diagnóstico de Euclides da Cunha sobre a animalidade no homem civilizado, o au-

---

[423] R. Schwarz, 1965a/1983, p. 379.

tor de *Grande Sertão: Veredas* encena um monólogo, que não é somente uma fala individual, mas a expressão de toda uma cultura. É como se o impulso a falar desse sertanejo letrado fosse a manifestação de uma instigação da linguagem,[424] no sentido de uma autorreflexão da civilização urbana sobre suas violentas contradições, com suas "loucuras e crimes" e seus "doutores na arte de matar".[cf. OS: 499, 203]

Se "a sociedade foi malformada nesta terra, desde as suas raízes", e se "os brasileiros estão hoje expiando os erros dos seus pais, tanto quanto os próprios erros",[425] como é que deveria se fazer esta expiação? Através de uma *"liquidação* [...] de nossa velha herança rural e colonial", um *"aniquilamento* das raízes ibéricas de nossa cultura", e um *"extirpar* [...] das sobrevivências arcaicas", como propõe Sérgio Buarque de Holanda?[426] Ou através de uma reelaboração do passado culposo, num trabalho paciente e sofrido de memória,[427] como ocorre no romance de Guimarães Rosa, por meio da narração de Riobaldo? "[N]o que eu tive culpa e errei, o senhor vai me ouvir".[GSV: 237] Eis o lema para se narrar uma história culposa e escondida do Brasil, em que os erros e os crimes, em vez de serem liquidados, aniquilados, extirpados — e, com isso, recalcados —, são trazidos à luz do dia, com a expectativa de uma redenção. Trata-se de uma narração da história em forma de confissão, à espera do Dia do Juízo. Como no caso de Maria Mutema, que confessa os crimes que ela

---

[424] Sobre o monólogo como manifestação do "impulso a falar" e sinal da "instigação da linguagem", ver Novalis, 1988, pp. 195-196.

[425] Herbert Smith, 1922, *Do Rio de Janeiro a Cuiabá*, apud S. Buarque de Holanda, 1936/1969, p. 135.

[426] S. Buarque de Holanda, 1936/1969, pp. 42, 127 e 135, grifos meus.

[427] Cf. S. Freud, 1914.

— "onça monstra, [...] cobra, bicho imundo"(GSV: 172) — cometeu, e a quem o povo, reconhecendo nela um pedaço de si, acaba perdoando.

"Agora, o mundo quer ficar sem sertão."(GSV: 220) "Mas só se sai do sertão é tomando conta dele a dentro...",(GSV: 212) declara o romancista através de seus personagens. Ou seja: é preciso trazer à tona o que a historiografia oficial oculta no espaço simbolizado pelo sertão — assim como o Minotauro, escondido no labirinto sob o palácio, representa o avesso da história dos vencedores. Eis a razão por que Guimarães Rosa narra a história do país de forma criptografada. Trata-se para ele de resgatar os fragmentos de uma história da violência e dos sofrimentos, para impedir que o presente repita mecanicamente o passado. Assim, por exemplo, é retomado em *Grande Sertão: Veredas* um problema levantado por Euclides da Cunha e que é de uma atualidade inquietadora: "[...] a justiça armada parlamenta com os criminosos [...] e acaba [...] sancionando a soberania da capangagem impune".(OS: 189) O ex-jagunço Riobaldo, numa viagem de trem, se implica com a bruteza de um dos representantes oficiais da justiça, o delegado Jazevedão, a ponto de sentir o desejo de destruí-lo a tiros. Mas em seguida ele pergunta:

> "[...] Jazevedão — um assim, devia de ter, precisava? Ah, precisa. [...] Só do modo, desses, por feio instrumento, foi que a jagunçada se findou. Senhor pensa que Antônio Dó ou Olivino Oliviano iam ficar bonzinhos por pura soletração de si, ou por rogo dos infelizes, ou por sempre ouvir sermão de padre?"(GSV: 18)

Os papéis da justiça e do crime, neste episódio, mudam várias vezes de lugar. E o problema continua em forma de uma pergunta em aberto: o que é, afinal, um homem civilizado e deveras urbano?

6. "Esse velho regime de desmandos"

"[O] senhor conhece meu pai, fazendeiro Senhor Coronel [...]?"(GSV: 315) — pergunta Riobaldo, quando se apresenta ao latifundiário seô Habão, ainda na condição de raso jagunço, mas já se preparando para a ascensão. O presente item é basicamente um comentário desta frase. A linhagem do pai será estudada num sentido alegórico — como a figura do dono do poder, na sociedade patriarcal —, e a linhagem correlata do *jagunço letrado*, em sua dimensão arqueológica e atual. Na verdade, desde a adolescência, Riobaldo teve as regalias de um filho de casa-grande, mas ele sai para fazer sua experiência da jagunçagem. Encerrada essa fase e já na condição de narrador, ele deixa bem claro qual é o seu *status* social: latifundiário e comandante de uma turma de jagunços, agora como antigamente — em suma, um coronel, dotado além do mais de um notável poder de expressão. Essas características fazem do protagonista-narrador de *Grande Sertão: Veredas* um membro em potencial da oligarquia, perfeitamente preparado para integrar a camada dominante.

Com o título *Os donos do poder*, Raymundo Faoro elaborou, na mesma década em que Guimarães Rosa publicou o seu romance, um estudo já clássico sobre a formação do patronato político brasileiro. Esse retrato do Brasil tem dois componentes básicos: o poder patrimonial, que se fundamenta na propriedade particular, e o estamento, que é a corporação dos altos funcionários do Estado. Como expõe Faoro, é a combinação dessas duas forças, a patrimonial e a estamental, que impregnou profundamente as estruturas do poder em Portugal como no Brasil, durante um percurso de seis séculos, de D. João I a Getúlio Vargas. Partindo da dupla característica de Riobaldo, enquanto dono de um patrimônio latifundiário e de uma admirável capacidade retórica, vamos situar esse personagem em relação à camada dos donos do poder.

"Meu padrinho Selorico Mendes [...] [q]ueria que eu aprendesse a atirar bem, e manejar porrete e faca. [...] Mas eu não sabia ler. Então meu padrinho [...] me enviou para o Curralinho, para ter escola".[GSV: 88] Graças às providências do pai, Riobaldo recebe desde cedo uma dupla formação: a de um *guerreiro letrado*.

O *tópos* existe desde a Antiguidade, tendo Júlio César entre seus pioneiros. Nos primórdios da Era Moderna, Cervantes desenvolve explicitamente, no *Dom Quixote*, um discurso sobre as Armas e as Letras.[428] Trata-se de uma codificação das relações entre os dois estamentos que compunham a nobreza: a *chevalerie* e a *clergie*. Diante das reivindicações do *terceiro estamento*, a burguesia, de participar do poder, a nobreza viu na junção das Armas com as Letras um meio para se fortalecer. Note-se que, na Espanha como em Portugal, a palavra "letrado" designava, desde o fim da Idade Média, o jurista, que se destacava dentre os membros da camada culta pelo seu preparo profissional para exercer o poder, junto ao rei.[429]

Através do *tópos* das Armas e das Letras pode ser especificada a afinidade entre o romance de Guimarães Rosa e o referido estudo de Raymundo Faoro. Ao investigar as origens do Estado patrimonial, Faoro destaca a complementariedade entre a gestão dos letrados e a organização militar. O que constituiu e plasmou a sociedade, na Península Ibérica, e o que fundamentou a ascendência dos reis foi a guerra. Para poder administrar uma empresa militar e econômica de envergadura global, das Índias ao Brasil, o rei de Portugal se baseava, além do seu patrimônio, no capital

---

[428] Cf. Cervantes, *Don Quijote de la Mancha*, cap. XXXVIII.

[429] Cf. U. Ricken, 1967.

da burguesia, numa avançada tecnologia e num quadro de *letrados*, isto é, de conselheiros e executores, que formavam *o estamento*. Esta palavra, derivada da mesma raiz que *status* e *Estado*, foi incorporada ao português a partir do espanhol. Introduzido à sociologia por Max Weber, o termo "estamento", de cunho político, marca uma diferença em relação às conotações sobretudo econômicas do conceito de *classe*, para designar "um círculo elevado, qualificado para o exercício do poder".[430]

Como é que Riobaldo direciona sua competência nas letras, iniciada com a aprendizagem da "gramática" e o "estudo pátrio"?[cf. GSV: 14] Modestamente, ele se apresenta como leitor de almanaques, vidas de santo, virtudes e exemplos, ou de romances como o *Senclér das Ilhas*.[cf. GSV: 14, 287] Não nos enganemos, porém, com essas inócuas leituras de horas vagas. Na verdade, Riobaldo emprega todo seu talento de letrado para conhecer o funcionamento da máquina do poder. "Estudei foi os chefes",[GSV: 199] declara ele por ocasião do julgamento de Zé Bebelo, e eis o lema que orienta sua narração desde o início.

> "Montante, o mais supro, mais sério — foi Medeiro Vaz. [...] Seu Joãozinho Bem-Bem, o mais bravo de todos [...]. Joca Ramiro — grande homem príncipe! — era político. Zé Bebelo quis ser político, mas teve e não teve sorte: raposa que demorou. Sô Candelário se endiabrou, por pensar que estava com doença má. Titão Passos [...] só por via [...] de suas [...] amizades, foi que tão alto se ajagunçou. Antônio Dó — severo bandido [...]. Andalécio, no fundo, um bom homem-de-bem, estouvado raivoso em sua toda justiça. Ricardão, mesmo, queria era ser rico em paz: para isso guerreava. Só o Hermógenes foi que nasceu formado tigre, e assassim. E o 'Urutú-Branco'?"[GSV: 16]

---

[430] R. Faoro, 1958/1997, I, p. 46.

Dez lapidares perfis de chefes, a serem detalhadamente desenvolvidos ao longo da narrativa que, sob esse aspecto, pode ser lida como um tratado romanceado sobre o patronato político. Dez retratos de chefes e uma pergunta, que expressa a busca de Riobaldo por sua identidade com relação aos donos do poder.

A principal aprendizagem de Riobaldo sobre o funcionamento das artimanhas e da retórica do poder se dá no convívio com Zé Bebelo. Como secretário, Riobaldo ajuda seu patrão em discursos de comício. Na arte da retórica, o discípulo acaba superando o mestre. No julgamento na Fazenda Sempre-Verde, sua argumentação culmina com um oximoro estupendo: dar a Zé Bebelo "condena de absolvido".^(cf. GSV: 210-211) A mesma habilidade manifestada por Riobaldo em suas falas pode ser observada também na expressão escrita: nos bilhetes que ele redige na função de "amanuense" para as autoridades.^(cf. GSV: 250) No momento em que Zé Bebelo lhe ordena "larga o rifle [...] Escreve...", flagra-se o instantâneo: o protagonista encarna o *tópos* das Armas e das Letras.

"[E]u não sabia pensar com poder. Aprendendo eu estava?",^(GSV: 262) observa Riobaldo durante o estratégico episódio da Fazenda dos Tucanos. *Grande Sertão: Veredas* é um romance de aprendizagem das estruturas do poder. Aprendizado que acaba levando a resultados práticos: Riobaldo conquista a chefia, monta e gere sua própria empreita de jagunçagem, para finalmente integrar-se à oligarquia local. O que faltaria, para ele ser, no sentido pleno da palavra, um dono do poder?

Ao identificar Riobaldo como um guerreiro letrado, não podemos abstrair do fato de ele ser criação de um funcionário do alto escalão do Estado. Certamente várias experiências e observações significativas feitas por Guimarães Rosa de dentro da máquina do poder entraram, de forma elaborada, na construção do seu romance. A figura do guerreiro letrado, além de sua dimensão universal, adquiriu também uma tonalidade brasileira e regional: a de jagunço letrado[431] e sertanejo letrado.[432]

Compreender a figura do jagunço letrado exige decifrar a experiência de poder feita pelo protagonista em nível regional como uma alegoria do funcionamento das estruturas políticas em nível nacional. Se for verdade que nas páginas de *Grande Sertão: Veredas* "perpassa a sombra do letrado brasileiro",[433] a interpretação teria de ser organizada de tal modo que, através de Riobaldo enquanto sertanejo letrado, como por um meio heurístico, pudéssemos enxergar os caracteres sociais que são seus precursores e parentes, próximos e longínquos, e situá-lo com relação a eles: o letrado medieval, colonial e contemporâneo, o bacharel do Brasil monárquico, e o coronel da República Velha, com seus antecedentes e desdobramentos.

À primeira vista, o único letrado no universo de *Grande Sertão: Veredas* parece ser o interlocutor de Riobaldo, com "toda leitura e suma doutoração". Todavia, em comparação com esse doutor já estabelecido em seu saber, Riobaldo leva vantagem num ponto decisivo: seu ímpeto e talento para comentar e discutir discursos qualificam-no como um mestre no gênero do discurso diante do tribunal (*genus iudiciale*), que é a pedra de toque de todo jurista de verdade. Por isso, pelo fato de a narração inteira de Riobaldo ser uma argutíssima justificativa de seus atos, incrementada com todo tipo de discursos de legitimação dos chefes,

---

[431] O conceito de jagunço letrado, aplicado a Riobaldo, foi introduzido ao debate por W. Galvão, 1972, p. 77.

[432] Um ilustre exemplo de sertanejo letrado é Antônio Conselheiro, estudado por R. Ventura, 1997.

[433] W. Galvão, 1972, p. 14.

detalhadamente comentados por ele, podemos situá-lo na linhagem dos letrados.

Os antecessores do letrado brasileiro surgiram, como expõe Raymundo Faoro,[434] no Portugal medieval, com a dinastia de Avis. O *estamento*, a camada que comandava o Estado, junto ao rei, era basicamente constituído por especialistas em leis. Com a empresa colonial, essa alta burocracia de *letrados* foi crescendo em importância, sendo transplantada também para o Brasil. Quando surgiu aqui o Estado independente, foram criadas faculdades de Direito, em Olinda-Recife e São Paulo, com a finalidade de formar os quadros: os letrados ou bacharéis. No que concerne o outro tipo de "letrado", o literato ou autor de obras literárias, lembra-nos Antonio Candido que a literatura brasileira, no início de sua formação, era apenas "um subproduto da vida religiosa e da sociabilidade das classes dirigentes".[435] A *Formação da literatura brasileira*, aliás, não é uma história literária como as outras, mas um estudo da literatura enquanto um dos componentes da história geral do país. Percebe-se através desse livro a grande importância que tiveram as manifestações da "musa utilitária", os gêneros públicos e os escritos a serviço do poder, tanto no período de transição para a independência, quanto no Brasil monárquico afora. Literato e letrado muitas vezes se confundem. É muito instrutivo, nesse sentido, ler a *Formação da literatura brasileira* a partir do apêndice, onde se encontram as biografias dos autores estudados. "Secretário do Governo", "Ouvidor Geral", "filho de desembargador", "filho de fazendeiro abastado", "filho de coronel" — eis os qualificativos mais frequentes dessa gente letrada; uma rara menção como "nasceu de gente hu-

---

[434] R. Faoro, 1958/1997, I, pp. 45-51.

[435] A. Candido, 1959/1981, I, p. 77.

milde" apenas confirma a regra. O fato é que bacharéis e literatos, todos bem-nascidos e cujos atributos muitas vezes se reuniam na mesma pessoa, compunham a elite do Império.[436]

O prestígio da figura do bacharel e do letrado não deixa de repercutir também no sertão rosiano, na figura de Zé Bebelo. No meio do tiroteio na Fazenda dos Tucanos, ele discute com Riobaldo as diferenças entre a Lei, com "L" maiúsculo, e a lei, com "l" minúsculo.[cf. GSV: 254] No final da história, o mesmo personagem comunica sua decisão de ir para a capital, "estudar para advogado".[GSV: 459] Com a iniciativa de contratar um professor particular, "para o ensino de todas as matérias",[GSV: 99] Zé Bebelo desempenha no romance o papel pioneiro de introduzir o elemento letrado no universo do coronelismo tradicional.

O coronelismo, como esclarece Raymundo Faoro na esteira de Sérgio Buarque de Holanda,[437] é uma expressão da estrutura patrimonial. Historicamente falando, o patrimônio, constituído pela grande propriedade rural, foi a base para a criação do seu elemento complementar, o estamento, formado pelas figuras essencialmente citadinas do letrado e do bacharel. No Portugal medieval, o rei, enquanto o maior dono de latifúndios, fez do Estado sua empresa particular.[438] No Brasil do Império e na República Velha, o coronel, "antes de ser um líder político, era um líder econômico". "O homem rico — o rico por excelência, na sociedade agrária, o fazendeiro, dono da terra — exerce poder político, num mecanismo onde o governo será o reflexo do

---

[436] Cf. J. M. de Carvalho, 1980; e L. Moritz Schwarcz, 1998/2000, pp. 121-124.

[437] Cf. R. Faoro, 1958/1998, II, p. 637; e S. Buarque de Holanda, 1936/1969, pp. 105-106.

[438] Cf. R. Faoro, 1958/1997, I, pp. 1-29.

patrimônio pessoal."[439] No romance de Guimarães Rosa, esse fato é ilustrado por personagens como Ricardão, Selorico Mendes e seô Habão.

Dessas três figuras de coronel, Selorico Mendes é o que tem melhor visão da mudança dos tempos. O fato de ele enviar seu filho Riobaldo para os estudos na cidade, onde este recebe o incentivo de "ir para cursar latim, em Aula Régia" e "tirar carta-de--doutor",(GSV: 14, 89) pode ser lido como uma alegoria da "mudança social e cultural da sociedade brasileira do fim do século XVIII ao meado do XIX", de que nos fala Antonio Candido no sentido da adaptação e colaboração das "elites tradicionais" com "as novas camadas em ascensão".[440] Em *Sobrados e mucambos* (1936), Gilberto Freyre descreve a história dessa mudança, mostrando como os filhos dos senhores de engenho, via de regra, optaram pela formação e carreira de bacharéis. Sob essa ótica, não deixa de ser emblemático o comportamento de Riobaldo na batalha do Paredão, onde estão em jogo os seus planos de ascensão social: ele se instala no *sobrado*, isto é, no lugar simbólico do bacharel. Mais um exemplo de que às páginas de *Grande Sertão: Veredas* está subjacente toda uma história criptografada do Brasil.

Tomando como guia esse letrado *sui generis* que é Riobaldo, lancemos um olhar sobre o mundo do coronelismo representado no romance, examinando os discursos de legitimação dos diferentes tipos de chefes. Em que medida esse livro elucida o coronelismo, histórica e alegoricamente falando? Do ponto de vista histórico, a ação do romance se passa durante a República Velha, caracterizada por um deslocamento do eixo do poder do governo central para os Estados, o que deu origem à chamada "política

---

[439] R. Faoro, 1958/1998, II, p. 622.

[440] A. Candido, 1959/1981, II, pp. 401-402.

dos governadores". Nesse contexto firmou-se o coronelismo, isto é, o trabalho dos coronéis no preparo das eleições municipais, a favor ou contra o governador.[441] No romance, Zé Bebelo e Joca Ramiro representam respectivamente essas posições. O coronelismo histórico, que teve seu auge na República Velha e entrou em declínio junto com ela, desdobra-se num fenômeno de longa duração, em que o período histórico em questão se projeta, alegoricamente, até o "coronelismo eletrônico" dos dias atuais. Com base nos discursos de legitimação apresentados no romance, podemos distinguir três aspectos fundamentais do coronelismo: o personalismo, a ideologização e o patrimonialismo — além do caso-limite constituído pela aliança entre poder e crime.

O personalismo caracteriza praticamente todos os chefes, como se vê no acima citado retrato de dez comandantes de jagunços. Dentre eles, Joca Ramiro é o exemplo perfeito de chefe personalista carismático. Seu antagonista é Zé Bebelo, enquanto representante de uma política de "ideias". Pretendendo acabar com os desmandos dos potentados locais nas eleições,(cf. GSV: 102) ele, no limite, visa abolir o sistema coronelista — mas, contraditoriamente, ele quer inovar usando os velhos métodos. Como inimigo declarado do político "modernizador" do tipo Zé Bebelo manifesta-se o Ricardão, "dono de muitas posses" e "amigo de importantes políticos",(cf. GSV: 203) coronel assumidamente patrimonialista. Note-se de passagem, para bem entender a moral política vigente, que apenas "[p]obre tem de ter um triste amor à honestidade";(GSV: 57) no estrato superior, a honestidade é uma "lenda", "incompatível com a ordem patrimonialista".[442]

---

[441] Cf. R. Faoro, 1958/1998, II, pp. 620-654. Ver também V. Nunes Leal, 1949.

[442] R. Faoro, 1958/1998, II, p. 638.

Esboçados estes retratos de coronéis, como se define em relação a eles a identidade e a legitimação do chefe Urutú-Branco? De modo geral, pode-se antecipar que Riobaldo incorpora elementos do coronel personalista e patrimonialista, mas praticamente nada do tipo ideologizante. Além disso, ele é o *homem cordial*, tanto pelo lado da amizade (sua forma de tratar companheiros como o Alaripe e o Fafafá), quanto pelo lado da inimizade: sua determinação de executar o traidor Hermógenes. Com o desenrolar da história, os discursos e as ações do chefe Riobaldo inclinam-se cada vez mais para o lado patrimonialista.

O limite dos discursos de legitimação é atingido no momento em que o exercício do poder se confunde com a prática do crime. Crimes contra a propriedade e crimes contra a pessoa. Aparece então a outra face da "alta política" dos grandes senhores com seus jagunços "ordeiros":$^{(GSV:\ 88)}$ o banditismo. Via de regra, o banditismo não consta dos manuais de história do Brasil; está ausente também na maioria dos retratos canônicos do país. Uma exceção é Euclides da Cunha, que fornece um esboço pioneiro do fenômeno. "A nossa civilização de empréstimo", escreve ele para explicar o mecanismo das eleições no interior do país, "arregimentava, como sempre o fez, o banditismo sertanejo."$^{(OS:\ 167)}$ Ao narrar "a história dramática" dos povoados do vale do Rio São Francisco, o autor de *Os Sertões* esclarece que o "saque de vilas e cidades" era elemento integrante das "campanhas eleitorais do Império", ou seja, o banditismo "fazia parte da disputa política oficial".$^{(cf.\ OS:\ 187\text{-}188)}$

A observação de Euclides, que focaliza sobretudo os sertões, é estendida por Caio Prado Jr. (1942) ao país inteiro e aprofundada em suas causas econômicas e sociais. Entre a massa da população livre, ele observa uma parte "degradada, incômoda e nociva", que é a dos "desocupados permanentes". "Vagando de léu em léu, à cata do que se manter", este contingente, "apresentando-se a ocasião, envereda francamente pelo crime."[443] No caso dessa "casta numerosa de *vadios*", esclarece o autor de *Formação do Brasil contemporâneo*, "não se trata de casos esporádicos, mas de uma verdadeira endemia social". Segundo ele, o banditismo neste país se assenta sobre um dado estrutural e permanente. "É naquele elemento desenraizado da população brasileira", encerra Caio Prado Jr. suas considerações, "que se recrutará a maior parte da força armada para a luta das facções políticas".[444] Portanto, mais um testemunho de que o crime é parte integrante das estruturas políticas.

Na avaliação da aliança entre poder e crime, Euclides da Cunha e Caio Prado Jr. divergem radicalmente. Euclides se revolta com uma "justiça armada", que "parlamenta com os criminosos [...] e acaba ratificando [com eles] verdadeiros tratados de paz, sancionando a soberania da capangagem impune". Ele denuncia a conivência das autoridades públicas, em nível nacional, com "esse velho regime de desmandos".(OS: 188-189) Já Caio Prado Jr. procura justificar o uso que os poderosos fazem dos "bandos turbulentos que infestam os sertões": "[...] apesar de casos extremos [...], o arrolamento dos indivíduos sem eira nem beira nas milícias particulares dos grandes proprietários e chefes locais ainda constitui um penhor de segurança e tranquilidade, porque canaliza sua natural turbulência e lhes dá um mínimo de organização e disciplina".[445] Advogar a organização de bandos por chefes políticos como "um penhor de segurança e tranquilidade" é algo altamente questionável, sobretudo quando transpos-

---

[443] C. Prado Jr., 1942/1971, p. 283.

[444] Op. cit., pp. 283-285.

[445] Op. cit., p. 284.

to para os nossos dias, em que o crime organizado se configura como um dos mais graves problemas do país.

Como é que a aliança entre poder e crime é avaliada por Guimarães Rosa? E qual é, em comparação com aqueles dois textos precursores, a contribuição do seu romance para o entendimento do banditismo? O problema do crime organizado, que foi levantado por Euclides da Cunha e esboçado por Caio Prado Jr., é transformado por Guimarães Rosa em tema central do seu livro. É preciso constatar que é somente com *Grande Sertão: Veredas* que o problema do crime ganha, nos retratos do Brasil, a dimensão que ele tem na realidade. A descrição detalhada do "sistema jagunço", por Guimarães Rosa pode ser lida como uma apresentação alegórica do funcionamento de parte significativa das estruturas políticas do país.[446] Quanto à avaliação das relações entre poder e crime, ela não se resolve, para o romancista, numa manifestação pontual de repúdio, como em Euclides, ou de aprovação, como em Caio Prado Jr. O problema é tratado por ele de maneira mais profunda, na medida em que é discutido por um personagem-narrador que foi empreiteiro do crime, supostamente a bem do interesse público, e que está envolvido existencialmente nessa questão.

Eis o que faz a diferença qualitativa de *Grande Sertão: Veredas* em comparação com aqueles dois retratos ensaísticos do Brasil. O problema da aliança entre poder e crime não se resume numa questão temática ou ideológica, mas impregna a feitura formal do texto: é a própria voz do crime que fala, é o depoimento de um *jagunço letrado*. Ao retomar esse conceito, não estou interpretando Riobaldo como "um semiletrado",[447] na

---

[446] Cf. o capítulo III deste ensaio ("O sistema jagunço").

[447] L. Chiappini, 1998, p. 201.

perspectiva de um realismo mimético, mas como figura artística altamente elaborada de um agente do poder, que possui a competência de um letrado de mão-cheia para discutir e elaborar discursos de legitimação.

Essa competência se manifesta no próprio uso da palavra "jagunço". Comparemos estas duas definições: 1. "nome consagrado aos turbulentos de feira, aos valentões das refregas eleitorais e saqueadores de cidades — *jagunço*";(OS: 163) 2. "Jagunço — criatura paga para crimes, impondo o sofrer no quieto arruado dos outros, matando e roupilhando".(GSV: 169) O traço diferenciador da segunda definição é que ela considera como fundamental o fato de o jagunço ser um executor de ordens pago por um mandante, que é o autor intelectual do crime. Não há como entender o sistema jagunço sem essa diferença decisiva. No julgamento de Zé Bebelo, seus inimigos procuram aniquilá-lo com a acusação de ele ser um "mandadeiro de políticos e do Governo",(GSV: 204) ou seja, um reles matador a soldo. É essa a condição que Riobaldo sente na carne, sob o jugo do Hermógenes, mas também sob o mando de Zé Bebelo: "Não sabia pensar com poder — por isso matava".(GSV: 262)

Uma vez conquistado o *status* de dono do poder, como é que Riobaldo avalia sua aliança com o crime? A resposta a esta pergunta, ele acaba por encontrá-la dentro de si. Em vários momentos, ele registra como surge nele o impulso para a violência, espontaneamente e com a perspectiva de plena impunidade. Como no caso da mocinha, neta de seo Ornelas, cuja "boniteza" Riobaldo sente "em [suas] carnes" e que ele imagina "agarra[r] nos [seus] braços", como "uma quanta-coisa primorosa que se esperneia...".(GSV: 345) Ou o caso do lázaro, "aquela coisa desumana", que dá nojo a Riobaldo e que ele sente vontade de "esmagalhar". (GSV: 372) Ou ainda o caso de nhô Constâncio Alves que, de repente, provoca em Riobaldo "[...] o doido afã de matar aquele homem [...] matar, matar assassinado, por má lei".(GSV: 355) O narrador procura explicar esses impulsos como tentações do demo: "[...] quem mandava em mim já eram os meus avessos", "[...] o demo então era eu mesmo?".(GSV: 355-356) Surge o sentimento de culpa: "[P]or meus desmandos [...] eu ia ter [...] de pagar?".(GSV: 361)

A história costuma absolver os vencedores. Foi o que aconteceu também com Riobaldo. Todos o prezam como "talentoso homem-de-bem", louvam seus feitos de ter vindo para "limpar estes Gerais da jagunçagem".(GSV: 456) Mas Riobaldo, ele próprio, não se absolve. É essa inquietude que faz nascer a narração. "Meus desmandos", "meus avessos", "[d]esordenei quase, de minhas ideias".(GSV: 355-356) O demo e a loucura sempre acompanharam de perto o nosso personagem.

No limiar do estudo de Raymundo Faoro sobre os donos do poder, encontra-se uma epígrafe terrível: "Não apenas a razão de milênios — também a sua loucura surta em nós. É perigoso ser herdeiro". Dificilmente, esta frase encontraria intérpretes mais sensíveis do que Euclides da Cunha e Guimarães Rosa. A presença latente da loucura no convívio entre os homens e até na vida das nacionalidades sente se em cada fibra do seu narrar.

7. Quem é o povo? Quem é a nação?

"— 'Ah, agora quem aqui é que é o Chefe?'"(GSV: 329) Esta pergunta, feita por Riobaldo no momento em que ele se prepara para assumir o comando, inspirou o título desta investigação sobre os conceitos de povo e de nação. Ela será o arremate do presente estudo sobre a "nação dilacerada", no sentido de definir qual é a contribuição de Guimarães Rosa para esse problema.

A nação dilacerada

Como já vimos, o problema tem um aspecto genético e um aspecto estrutural que, ambos, são desenvolvidos no romance. O aspecto genético se evidencia pela encarnação da ideia de *nação* ou *nacionalidade* na história de vida de Riobaldo. A proposta de considerar o "ato primordial" das Veredas-Mortas como uma alegoria do nascimento do Brasil justifica-se, como mostrou a análise, tanto pelo nascimento como pelo renascimento social do protagonista.[448] Com efeito, o romance de Guimarães Rosa é construído de tal forma que a história do indivíduo e a história da nação se encontram intimamente entrelaçadas.

Existe também o aspecto estrutural. Além do nascimento do protagonista em um determinado quadro econômico-social, ocorre seu "renascimento" político. Por meio do pacto com o Diabo, Riobaldo corrige seu nascimento original, forjando-se uma nova identidade. "Eu queria minha vida própria, por meu querer governada",[(GSV: 268)] declara ele, usando uma palavra de conotação claramente política. Riobaldo renega sua herança materna, de pobre e miserável, para afirmar-se com base em seu legado paterno: ser filho de um dono do poder. Nesse sentido, o pacto passa a ser a alegoria de uma ação legal fundadora, uma "constituição". Eis o aspecto a ser aprofundado.

O problema da dupla identidade expressa-se em Riobaldo através de uma profunda inquietude e de um intenso processo de autoprocura. Trata-se de uma divisão do ser e de uma tentativa de construção do eu, que afetam a própria feitura da narrativa. Em termos formais, estético-literários, o dilaceramento do ser — de Riobaldo como indivíduo, e, num plano alegórico, como representante da nação — se expressa num estilo também

---

[448] Cf. supra o capítulo IV ("O pacto...") e, no presente capítulo, o item 2, "Nação e nascimento".

"dilacerado": uma composição fragmentária, disjuntiva, despedaçada (conforme já foi observado ao longo da nossa leitura). Comparando o romance de Guimarães Rosa com o ensaio de Euclides, pode-se dizer que o problema do dilaceramento — que já no texto d'*Os Sertões* passa do nível temático para a estrutura estilística —, é incorporado aqui à forma de escrever a história com uma intensidade potencializada.

Chegou o momento de pôr à prova a hipótese de que *Grande Sertão: Veredas* é uma história criptografada do Brasil. As respostas às perguntas de Riobaldo sobre sua identidade individual e coletiva encontram-se em fragmentos-chave espalhados e ocultos em diversas passagens do labirinto da narração. Responder à pergunta sobre a identidade da nação e do povo exige desenvolver uma estratégia de leitura para organizar esses fragmentos.

Existe um ponto onde Guimarães Rosa arma sua ideia geral. Trata-se do tema do "estudo pátrio", ao qual o narrador se refere no proêmio.[GSV: 14] Significativamente, esse parágrafo se encerra com uma consideração sobre a lei fundadora:

> "[...] o que devia de haver, era de se reunirem-se os sábios, políticos, *constituições* gradas, fecharem o definitivo a noção — *proclamar* por uma vez, artes *assembleias*, que não tem diabo nenhum, não existe, não pode. Valor de lei! Só assim, davam tranquilidade boa à gente. Por que o Governo não cuida?!"[GSV: 15, grifos meus]

A formulação um tanto bizarra, aparentemente "matuta", não nos deve fazer subestimar o valor estratégico desta passagem no conjunto do romance. "Constituições", "assembleias" e "proclamação" são palavras que se referem à instituição da lei fundadora de um país. A passagem em questão pode ser considerada a versão brasileira, rosiana, de um problema universal representado paradigmaticamente no conto de Franz Kafka, "Diante da Lei"

("Vor dem Gesetz").[449] Nas Veredas-Mortas, Riobaldo encontra-se numa situação semelhante à do personagem kafkiano: é o homem do campo que quer ter acesso à lei. Essa lei, em seu núcleo, é a Lei Fundadora, a câmara central da soberania e do poder, de onde emanam todas as demais leis — assim como o pacto no Grande Sertão pode ser lido como uma reencenação do ritual de instituição dessa lei. Não existe registro escrito dessa lei primeva; estabelecida em tempos imemoriais, sua história pode ser apenas imaginada. Nesse ponto, a própria teoria política necessita recorrer à ficção, como ocorre nos escritos clássicos de Hobbes e de Rousseau sobre o pacto social. É nisso que reside a importância da narrativa literária para a história política e cultural. Uma das contribuições originais do romance de Guimarães Rosa consiste em nos ajudar a ler — entre as linhas das constituições históricas do Brasil — o texto de uma mítica constituição inicial, que expressa a história primeva do país.

"[D]esconfio de muita coisa. O senhor concedendo, eu digo: para pensar longe, sou cão mestre — o senhor solte em minha frente uma ideia ligeira, e eu rastreio essa por fundo de todos os matos, amém!"[GSV: 15] Qual é essa ideia que Riobaldo e seu criador se propõem a rastrear? Trata-se da ideia já destacada no comentário acima: a Lei Fundadora, circunscrita por "constituições", "assembleias" e "proclamação". Como ponto longínquo de convergência dos elementos dessa ideia teremos, trezentas páginas adiante, o episódio do pacto nas Veredas-Mortas, que e o motivo desencadeador da narração.

Como rastrear a ideia do pacto enquanto lei fundadora, ou seja, como organizar os fragmentos constitutivos da história criptografada do país, do povo e da nação? Podemos nos valer da

---

[449] F. Kafka, 1919/1970, pp. 148-149; ed. brasileira, pp. 23-25.

pergunta de Riobaldo "Quem é que é o chefe?", num sentido alegórico e heurístico, agrupando em torno dela os materiais. Como a pergunta é formulada ao todo seis vezes, sempre com variantes, vamos usá-la — além de uma reflexão inicial e final — para agrupar os fragmentos rosianos da história criptografada do Brasil em torno das quatro ou cinco datas históricas em que houve mudança de regime político: 1822, 1889, 1930 e 1937, 1945. Próximas a essas datas foram promulgadas as Constituições às quais se refere alegoricamente o pacto ou a lei fundadora do romance de Guimarães Rosa: respectivamente, a Constituição do Brasil monárquico, a da Primeira República, a Constituição inspirada pela Revolução de 1930 e seus desdobramentos no Estado Novo, e finalmente a Constituição que abriu o caminho para uma democratização mais ampla do país.

Evidentemente, trata-se de um campo temático imenso. No âmbito desta análise só será possível pinçar algumas observações-chave, no romance como nas Constituições, para esboçar sobre elas algumas reflexões referentes aos conceitos de *povo* e *nação*.

1822: "— 'Agora quem é que é o Chefe?'"(GSV: 329) "— 'Agora [...] tudo é nacional!'", proclama Zé Bebelo ao explicar seus projetos políticos.(GSV: 101) A declaração é bem abrangente, referindo-se tanto ao tempo histórico narrado, a República Velha, quanto à época da publicação do romance, marcada pela ideologia nacionalista. Além disso, essa declaração pode ser transferida, alegoricamente, para o momento da independência do país, quando se colocava o desafio de construir a nação.

O nacionalismo ideológico dos anos 1950 foi tomado por vários pensadores do Brasil, entre eles Guimarães Rosa e Antonio Candido, como ponto de partida para investigar as matrizes da ideia de *nação* e *nacionalidade*. Com base em seu estudo do romantismo brasileiro, Candido (1959) distingue entre o nacionalismo crítico, vinculado à tarefa de "construção e autodefinição do país e de sua literatura", e o nacionalismo ideológico, cujos germes podem ser identificados já nos tempos fundadores.[450]

Com efeito, os dois aspectos da questão estão entrelaçados desde a construção do Estado independente, na medida em que as conceituações oficiais de *nação* e *nacionalidade* expressavam os interesses dos principais atores políticos. "O Império do Brasil", diz a Constituição de 1824, "é a associação política de todos os cidadãos brasileiros". "Eles formam uma Nação livre e independente." "Os representantes da Nação brasileira são o Imperador e a Assembleia Geral." "Todos estes Poderes no Império do Brasil são delegações da Nação."[451]

Nestas formulações repercute o modelo do Ancien Régime francês, em que os parlamentos aristocráticos se consideravam os representantes da Nação: "la nation est le corps des Citoyens, le peuple est l'ensemble des regnicoles".[452] Enquanto o "povo", conforme o preâmbulo da Carta de 1824, permanece no papel subalterno de "aclamador" e "súdito" do poder constituído, a "nação" é o corpo dos cidadãos que sustentam o Estado, política, financeira e militarmente. É a classe dos senhores, "de linhagem de família", como seo Ornelas, "posseiro de sesmaria", "visconde", "cidadão, que se representava".(cf. GSV: 341, 345, 343) Ou como seô Habão, um daqueles eleitores possuidores de, no mínimo, cem mil-réis de renda líquida anual, e detentor da patente de "Capitão da Guarda Nacional",(GSV: 301) o "corpo armado de cidadãos confiáveis", criado em 1831, "a fim de reduzir, de um

---

[450] A. Candido, 1959/1981, I, pp. 28-29.

[451] *Constituições brasileiras: 1824*, ed. 1999, pp. 79 e 81.

[452] P. J. A. Roubaud, 1785, *Nouveaux synonymes français*, apud R. Koselleck et al., 1992b, p. 321.

lado, os excessos do governo centralizado e, de outro, as ameaças das 'classes perigosas'".[453]

No Brasil monárquico, a *nação*, que funcionou como instrumento político, jurídico, cultural e ideológico de integração do país, sobrepujou o *povo*. A nação constituiu-se em oposição ao povo, acima do povo, que era formado pela plebe, a escravaria, a massa, em suma, pelos excluídos.

Numa visão crítica das implicações socioeconômicas da Independência, Florestan Fernandes (1974) observa que "os círculos sociais" "responsáveis pela formação e consolidação da nova ordem social" independente eram "os mesmos" que foram "responsáveis pela preservação de estruturas coloniais".[454] Sob a roupagem ideológica do liberalismo inglês, "a grande lavoura e a mineração [...] "impunham a perpetuação das estruturas do mundo colonial".[455] O que ocorreu com a implantação do Estado nacional, foi uma formidável "extensão da dominação senhorial". Enquanto no período colonial a esfera de poder dos *senhores* ficou confinada a unidades locais, no Brasil Império, com a metamorfose deles em *senhores-cidadãos*, ela passou a valer em âmbito nacional.[456] Quem era o porta-voz dessa sociedade? Num país "destituído das condições elementares mínimas de uma 'sociedade nacional'", já que "o grosso da população ficou excluído" dela, os senhores-cidadãos falavam em nome da nação. Termos ou expressões como "povo", "nação", "opinião pública", "o povo exige" [...], os "interesses da nação", "a opinião pública

---

[453] B. Fausto, 2001, pp. 87-88.

[454] F. Fernandes, 1974/1976, p. 54.

[455] Op. cit., p. 33.

[456] Cf. op. cit., pp. 41-42.

pensa" expressavam pura e simplesmente os interesses patrimoniais e estamentais da camada dominante.[457]

Qual foi a função e a contribuição dos literatos nesse processo de construção da ordem nacional? Esta pergunta está na base da *Formação da literatura brasileira* (1959), de Antonio Candido, e foi retomada em seu ensaio "Literature and the Rise of Brazilian Self-Identity" (1968), publicado em português sob o título "Literatura de dois gumes" (1987).[458] O autor da *Formação* propõe "descrever o processo por meio do qual os brasileiros tomaram consciência de sua existência espiritual e social através da literatura"[459] que, neste país latino-americano, foi "algo profundamente empenhado na construção e aquisição de uma consciência nacional".[460] Durante as décadas de transição do Brasil Colônia para país independente, esse processo se configurou num sistema articulado inicialmente em sociedades literárias sob a influência do Arcadismo e da Ilustração e, mais tarde, em grupos e indivíduos ligados ao Romantismo. Entre os românticos, houve "a vontade consciente de definir no Brasil uma literatura independente, exprimindo a seu modo os temas, problemas e sentimentos da jovem Nação".[461] "Feita a independência política, difundiu-se entre os escritores a ideia de que a literatura era uma forma de afirmação nacional e de construção da Pátria."[462] A produção literária era portanto dedicada sobretudo à construção da nacionalidade.

---

[457] Op. cit., pp. 35, 40 e 43.

[458] A. Candido, 1968/1987, pp. 163-180.

[459] A. Candido, 1959/1981, II, p. 369.

[460] A. Candido, 1968/1987, p. 180.

[461] A. Candido, 1959/1981, I, p. 303.

[462] A. Candido, 1968/1987, p. 172.

Olhando bem, a formação da literatura brasileira é em boa parte uma "formação da consciência das classes dominantes locais que, depois de estabilizadas, necessitavam elaborar uma ideologia que justificasse a sua preeminência na sociedade".[463] Tal postura caracteriza a primeira geração romântica, autores como Gonçalves de Magalhães, Porto Alegre, Macedo, Gonçalves Dias e Varnhagen, que formavam um grupo estreitamente vinculado ao imperador. Complementando o retrato dessa geração traçado por Antonio Candido, Lilia Moritz Schwarcz (2000), num estudo sobre D. Pedro II, descreve as atividades do Instituto Histórico Geográfico Brasileiro (IHGB), fundado em 1838 como principal suporte do projeto oficial de criar uma cultura nacional:

> "Composto, em sua maior parte, da "boa elite" da corte e de alguns literatos selecionados [...] o IHGB pretendia fundar a história do Brasil tomando como modelo uma história de vultos e grandes personagens sempre exaltados tal qual heróis nacionais."[464]

Como símbolo nacional foi escolhido o índio: "[...] praticamente desaparecido da nossa vida, representava quase um mito; tendo funcionado como fixador de aspirações e compensações da jovem nação, tornou-se paradigma de heroísmo, uma das pedras de toque do orgulho patriótico".[465] Por outro lado, a principal figura de mão de obra do país, o negro, escravizado, "não se podia facilmente elevar a objeto estético, numa literatura ligada ideologicamente a uma estrutura de castas"; o negro "era a realidade

---

[463] Ibidem.
[464] L. Moritz Schwarcz, 1998/2000, p. 127.
[465] A. Candido, 1959/1981, II, p. 274.

degradante, sem categoria de arte, sem lenda heroica".[466] Ou seja: a função do indianismo consistia em "não tocar no sistema social, que repousava sobre a exploração do escravo"; "a elaboração mitológica do índio serviu para ocultar o problema do negro".[467] Apenas com o questionamento cada vez mais veemente da ordem escravocrata, a literatura nacional — primeiro a poesia e depois também o romance, esse "instrumento de interpretação social", essa "forma de pesquisa e descoberta do país"[468] — deu a devida atenção às figuras dos excluídos.

Esses problemas repercutem ainda, um século depois, no romance de Guimarães Rosa. No *grand récit* das façanhas dos jagunços, estilizados pelo narrador em descendentes de cavaleiros medievais e assim identificados por uma corrente da crítica,[469] ainda sobrevive algo da função encobridora exercida antigamente pelo indianismo. Do alto de sua montaria, Riobaldo declara: "Vida [...] vivida por cima. Um jagunceando, nem vê, nem repara na pobreza de todos [...]"; "[...] não se nota tanto: o estatuto de misérias e enfermidades".(GSV: 57, 48)

Como é que a temática nacional aparece no romance de Guimarães Rosa? O autor faz questão de se abster de declarações ideológicas. Os dizeres nacionalistas que aparecem ficam por conta de determinados personagens, notadamente Zé Bebelo. O que absorve a atenção do escritor é algo que se deixa entrever através da formação da literatura brasileira: a existência de uma *outra* história, encoberta pela historiografia oficial. Um exemplo

---

[466] Op. cit., pp. 274-275.

[467] A. Candido, 1968/1987, pp. 173 e 180.

[468] A. Candido, 1959/1981, II, p. 112.

[469] Cf. o título eloquente "Dom Riobaldo do Urucuia, cavaleiro dos Campos Gerais", capítulo do estudo de C. Proença, 1958, pp. 13-29.

pontual dessa atitude é a justaposição de dizeres do povo — de que numa fazenda velha "judiaram com escravos e pessoas, até aos pouquinhos matar" — com a afirmação do latifundiário Riobaldo de que nisso ele "não acredit[a]".^(GSV: 59)

Visando além desse caso específico, o escritor está empenhado na pesquisa e descoberta do país no sentido de encontrar uma *forma interna* para reescrever a história. Seu esforço de trazer à tona a história ocultada manifesta-se num estilo de composição que impregna todo seu modo de narrar. O romancista suspende a historiografia oficial, despedaçando-a. Pelo romance inteiro são espalhados fragmentos da história nacional: "Cabralhada",^(GSV: 126) "missionário esperto engambelando os índios",^(GSV: 14) "posseiro de sesmaria",^(GSV: 341) fazendeiro "precisa[ndo] de [...] escravos" "para o corte da cana",^(GSV: 314) "pretos [que] bateavam em faisqueiras",^(GSV: 28) "Capitão da Guarda Nacional",^(GSV: 301) "no tempo do Bom Imperador"^(GSV: 393) — para ficarmos aqui só nos períodos colonial e monárquico —, e muitos outros mais...

A experiência da nação estilhaçada e do povo recalcado é transformada pelo romancista numa história também despedaçada e até certo ponto criptografada. Cabe ao leitor decifrar a história do Brasil contida nesses fragmentos, organizando-os.[470] Tendo como guia o narrador rosiano, o leitor é incentivado a "rastrear", a partir desses fragmentos, a ideia de *povo-nação* "por fundo de todos os matos",^(GSV: 15) isto é, a história do Brasil se procurando e se constituindo. É o que se procura experimentar com a presente leitura.

---

[470] A sugestão do narrador rosiano de seu ouvinte — e leitor — "organizar" seu discurso^(cf. GSV: 277) ilustra paradigmaticamente a concepção da literatura como "organon da História", proposta por W. Benjamin, 1931/1972, p. 290.

1889: "— 'Quem é que é o Chefe?!'".(GSV: 329) "[P]rometeu muita coisa republicana".(GSV: 104) Estas palavras, que resumem uma das falas de Zé Bebelo, aplicam-se na verdade ao conjunto dos discursos desse emblemático candidato a deputado. Trata-se de promessas de político que podem ser projetadas alegoricamente sobre todas as fases da República: 1889, 1930, 1937, 1945, e assim por diante...

Focalizemos aqui as promessas da República instaurada em 1889. "O entusiasmo e as expectativas despertadas em certas camadas da população pelo advento do novo regime", escreve José Murilo de Carvalho (1987), "provinham de promessas democratizantes feitas nos comícios, nas conferências públicas, na imprensa radical".[471] A principal dessas promessas foi a da soberania do povo. De fato, na Constituição de 1891, em comparação com a de 1824, o povo passou de súdito a soberano: "Nós, os representantes do povo brasileiro", diz o preâmbulo, "reunidos em Congresso Constituinte para organizar um regime livre e democrático, estabelecemos, decretamos e promulgamos a seguinte: Constituição da República dos Estados Unidos do Brasil".[472]

Como funcionou a soberania popular na prática? Em comparação com o Império, não houve ampliação do eleitorado. A eliminação da exigência de renda foi neutralizada na República pela obrigatoriedade da alfabetização. Nas eleições de 1912, votaram apenas 5,6% da população — menos do que no regime anterior, onde, em 1870, votaram 10,1%.[473] Assim como no Brasil monárquico, também na República, a imensa maioria da população, embora tendo garantidos seus direitos civis, não che-

---

[471] J. M. de Carvalho, 1987/2001, p. 46.

[472] *Constituições brasileiras: 1891*, ed. 1999, p. 77.

[473] Cf. O. Nogueira, in: *Constituições brasileiras: 1824*, ed. 1999, p. 64.

gou a ter os direitos políticos de cidadãos ativos.[474] De acordo com José Murilo de Carvalho, as expectativas de expansão dos direitos políticos se frustraram, porque "o setor vitorioso da elite civil republicana ateve-se estritamente ao conceito liberal de cidadania, ou mesmo ficou aquém dele, criando todos os obstáculos à democratização".[475] A democracia existia portanto apenas nas palavras da camada dominante e de seus ideólogos. Como uma alusão a esse estado de coisas podem ser considerados, no romance de Guimarães Rosa, o "palavreado", a "fraseação" e os "ditos vezeiros de Zé Bebelo em tantos discursos".(cf. GSV: 306, 102, 321)

Entre os porta-vozes da República estava também Euclides da Cunha, primeiro como seu fervoroso defensor,[476] depois como seu crítico desenganado. Euclides viveu o processo que levou à queda do regime imperial e à implantação da República num lugar estratégico: foi aluno da Escola Militar, no Rio de Janeiro, numa fase em que essa instituição teve participação decisiva na mudança de regime.[477]

Como se expressam suas visões políticas, especialmente as de "povo" e "nação" em sua obra *Os Sertões*? O autor é caracterizado por Berthold Zilly (2000) como "representante, mas ao mesmo dissidente do republicanismo".[478] "O autor científico", explica Zilly, "não soube mediar a legítima auto-organização das camadas subalternas rurais e a, segundo ele, não menos legítima

---

[474] Cf. J. M. de Carvalho, 1987/2001, pp. 44-45.

[475] Op. cit., p. 64.

[476] Cf. E. da Cunha, 1889 ("Questões sociais" e "Atos e palavras"), in: 1984, pp. 40-52.

[477] W. Galvão, 1984, pp. 7-37, especialmente pp. 20-29.

[478] B. Zilly, 2000, p. 341.

civilização constituída nos moldes do Estado Nacional." "Mas o autor poético encontrou uma solução para essas e outras aporias: a heroização do sertanejo [...] através de uma narrativa tão dramática quanto épica, tão teatral quanto pictorial [...]."[479] Ao perguntar, na conclusão de suas reflexões sobre nação e sertanidade, "se a estetização e mitificação do sertanejo de Canudos como emblema nacional beneficiou o sertanejo real", Zilly responde negativamente. É verdade que houve uma rememoração da destruição de Canudos, cem anos depois, mas

> "[...] nem por isso a parte secular do legado euclidiano, o direito do homem do campo a uma vida digna e sem miséria, à participação, à cidadania, passou a ser preocupação especial de todos os governantes [...]. O sertanejo de Canudos é relegado à esfera autônoma da [...] cultura, caracterizada por sua distância em relação à [...] política, à economia, cabendo-lhe o mesmo destino contraditório do índio: morto, é enaltecido a emblema nacional; vivo, continua marginalizado ou até perseguido."[480]

Será que essa diferença entre o tratamento estético e político dispensado ao sertanejo não foi decisivamente reforçada pelo discurso duplo de Euclides? Esse duplo discurso sobre o sertanejo que, conforme já vimos, pode ser considerado uma riqueza estética, mas não deixa de ser *dúplice* do ponto de vista moral. Por isso, considerar "o direito do homem do campo a uma vida digna e sem miséria, à participação, à cidadania" como "o legado euclidiano", como o faz Berthold Zilly, é idealizar o autor de *Os Sertões*, atribuindo-lhe um mérito que ele não tem. Euclides,

---

[479] Ibidem.
[480] Op. cit., p. 343.

na verdade, "*não* percebeu que Canudos, em vez de representar apenas um fenômeno patológico, isto é, de desorganização social, significava também, senão principalmente, desesperada tentativa no sentido de uma nova organização social".[481]

A principal qualidade que Euclides enxerga nos sertanejos, a ponto de exaltá-la com um máximo de estilização, é a virtude guerreira. Eis o núcleo de sua etnografia: no fundo, ele não escreve uma história de uma nacionalidade, mas a história de um coletivo de guerreiros. Com tamanho empenho, que podemos nos perguntar se não estamos diante de uma construção ideológica muito própria daquela época, caracterizada por José Murilo de Carvalho como "uma ideologia segundo a qual o Exército se identificava com o povo".[482] Esta leitura é corroborada pelo *gestus* autoral de Euclides: em vez de dar a palavra aos sertanejos, ele faz questão de falar em nome deles, em nome da "nacionalidade" ou do povo.

As aporias estético-políticas do autor de *Os Sertões* ressaltam aos olhos, como sob uma lente de aumento, quando examinadas à luz dessa reescrita crítica que é *Grande Sertão: Veredas*. Vejamos aqui três aspectos.

O romance de Guimarães Rosa é uma reencenação paródica do discurso de Euclides de encobrir a história cotidiana civil com a epopeia dos guerreiros. O que é mitificação ideológica em *Os Sertões*, torna-se em *Grande Sertão: Veredas* mitologização autorreflexiva: a epopeia dos jagunços, depois de encobrir longamente "o estatuto de misérias e enfermidades",(GSV: 48) acaba sendo desmontada a partir do ponto de reviravolta: o encontro com os catrumanos, que barram o caminho ao "chefe ci-

---

[481] A. Candido, 1952/2002, p. 181; grifo meu.

[482] J. M. de Carvalho, 1987/2001, p. 50.

dadão" Zé Bebelo, que se apresenta soberbamente como vindo "do Brasil".(GSV: 293)

A paródia dos guerreiros encobrindo a história cotidiana civil, além de ocorrer no nível do enredo, tem seu correspondente no nível da composição. O romance, como observamos desde o início, explora a tensão entre o *Grande Sertão*, ou seja, o estilo do *grand récit*, próprio da epopeia, e as *Veredas*, isto é, sua desconstrução crítica pelo *sermo humilis*, os inúmeros retratos do cotidiano nas frestas dos feitos militares. A maneira de Guimarães Rosa lidar com dois discursos é portanto muito diferente da de Euclides. O romance é estruturado de forma mais reflexiva, mais propícia à descoberta e à pesquisa que o ensaio do precursor. Em vez de oferecer, como o livro de Euclides, uma tese já pronta sobre a nação ou a nacionalidade, ele incentiva o leitor, através da forma de composição, a montar, por conta própria, uma imagem do povo e da nação.

Numa célebre frase, Aristides Lobo, testemunhando, em novembro de 1889, a súbita queda do trono e a proclamação da República em nome do povo, descreve como este assistiu atônito e "bestializado".[483] Curiosamente, tanto na obra de Euclides quanto de Guimarães Rosa encontra-se um eco desse tipo de imagem do povo. O autor de *Os Sertões*, que vê nos sertanejos um "estádio social inferior", descreve a comunidade de Canudos como "massa inconsciente e bruta, crescendo sem evolver, sem órgãos e sem funções especializadas [...], à maneira de um polipeiro humano".(OS: 163) Também Guimarães Rosa, em vários momentos do seu romance, ao representar o povo, recorre a metáforas animais: "A Nhanva enxameava de gente homem";(GSV: 99) "Se-

---

[483] Aristides Lobo (carta ao *Diário Popular* de São Paulo, em 18/11/1889), apud J. M. de Carvalho, 1987/2001, p. 9, e nota 1, p. 18.

nhor conheceu por de-dentro um bando em-pé de jagunços [...] — sabe os quantos lobos?";(GSV: 64) "A jagunçama veio avançando, feito um rodear de gado";(GSV: 197) "Me trouxeram, rebanha!, os todos possíveis. Do Sucruiú, uns pouquinhos" e "a quantidade maior [...] do Pubo".(GSV: 335-336)

Em vista das numerosas ocorrências, Guimarães Rosa até parece ser mais inclinado à "bestificação" do povo do que Euclides. Existe, no entanto, um traço de composição que faz a diferença qualitativa. Ao contrário do autor de *Os Sertões*, onde o uso da metáfora animal é decorrente do preconceito, em Guimarães Rosa ela é altamente consciente e política. "[Ele] respondeu com ar de me ferir [...] jacaré já!", narra Riobaldo ao reproduzir a fala do velho do Morro dos Ofícios. Se combinamos mais dois fragmentos desse episódio(cf. GSV: 392-394) — "Bestiaga que ele me respondeu", e "o velho [...] falava no tempo do Bom Imperador" — identificamos, entre as linhas, a emblemática frase de Aristides Lobo, característica dos inícios da República no Brasil. Eis mais um exemplo da historiografia criptográfica praticada pelo nosso autor.

É de notar também que o protagonista-narrador rosiano se inclui autoironicamente no bestiário, o que não é absolutamente o caso de Euclides. Na cena da tomada do poder, Zé Bebelo compara Riobaldo a um "urutu branco". Este aceita o nome. O Urutú-Branco — um chefe, um letrado a serviço do poder, um ser de língua dupla.[484] Graças a esse alto grau de autorreflexão, o narrador luciférico de Guimarães Rosa torna-se um instrumento mais agudo que o "sincero narrador" de Euclides para sondar o campo dissimulado da semântica política.

---

[484] Riobaldo caracteriza a sua própria fala nestes termos: "[...] eu disse; disse mansinho mãe, mansice, caminhos de cobra".(GSV: 210)

1930 e 1937: "— 'Quem é qu'...'" "'... é o Chefe?!...'".$^{(GSV:\ 330)}$ As referências à atmosfera política que preparou a Revolução de 1930 são bastante explícitas no romance. "Os revoltosos [...] passaram por aqui, soldados de Prestes",$^{(GSV:\ 77)}$ relata Riobaldo. "Deixa, que, daqui a uns meses, [...] não se vai ver mais um qualquer chefe encomendar para as eleições as turmas de sacripantes, desentrando da justiça [...]",$^{(GSV:\ 102)}$ expressa Zé Bebelo sua indignação diante das fraudes eleitorais que eram de praxe na República Velha. Seu desejo de "proclamar outro governo"$^{(GSV:\ 212)}$ encontra eco na opinião de seo Ornelas de que "o sertão carece... [...] um homem forte",$^{(GSV:\ 344)}$ resumindo uma vontade crescente, entre as oligarquias, de substituir a república inoperante por um governo autoritário.

Com efeito, ao longo dos anos 1920 acumularam-se em várias camadas sociais as insatisfações com o regime instaurado em 1889. A derrubada da Republica "Velha" pela Revolução de 1930 — seguida em 1937 pela instauração do Estado "Novo" — deu-se sob a pressão de três forças político-sociais: as massas urbanas, que surgiram com a industrialização do país e reivindicaram sua participação na política, o movimento dos tenentes e as oligarquias dissidentes, que promoveram a reorganização do poder.[485] Quais foram, nesse contexto histórico, os novos significados de "povo" e "nação", e qual a contribuição do romance de Guimarães Rosa para a compreensão desta questão?

Nas transformações ocorridas em 1930 teve um papel fundamental o movimento tenentista, cujo "episódio mais expressivo" foi a marcha da Coluna Prestes, de dezembro de 1924 a

---

[485] Cf. B. Fausto, 1970/1987, pp. 92 e 102-103. Quanto às massas urbanas, o autor diferencia entre as classes médias, que apoiaram a Revolução; as massas populares, que tiveram "presença difusa" (p. 103); e a classe operária, cujas lideranças foram duramente reprimidas pelo novo regime (cf. pp. 105-106).

fevereiro de 1927.[486] A referência aos "revoltosos", no romance de Guimarães Rosa, é precisa e estratégica. O "fogo" que eles deram, "na barra do Urucuia, em São Romão, aonde aportou um vapor do Governo, cheio de tropas [...]",(GSV: 77) marca o ponto de inflexão da marcha da Coluna.[487] Até então, o objetivo dos rebeldes tinha sido a derrubada do governo de Artur Bernardes; nesse sentido resolveram, em agosto de 1925, a partir de Goiás, "tomar bruscamente uma direção Sudeste que levava ao Distrito Federal [Guanabara]". Ora, defronte às consideráveis forças legalistas, a Coluna decidiu por uma mudança de rumo: conforme a estratégia da "guerra de movimento", "a prioridade passou a ser divulgar a "mensagem revolucionária" de 1924 pelo interior do país".[488]

Ao fazer um balanço da ação política da Marcha, o historiador José Augusto Drummond conclui que ela não conseguiu adesões populares e em momento algum ameaçou seriamente a ordem estabelecida.[489] No plano simbólico, porém, ela teve pleno sucesso, ganhando inclusive uma certa auréola mítica.[490] Com efeito, a Coluna Prestes, que pretendia ser "um movimento *nacional*" e expressar "a identificação entre Exército e nação", conseguiu fixar-se na opinião pública como um símbolo de "indignação nacional". Isso teve seu peso em 1930, quando os tenen-

---

[486] Cf. J. A. Drummond, 1985/1991, p. 18.

[487] Ver o mapa com o trajeto da Coluna Prestes, in: Drummond, 1985/1991, p. 47. O combate, ocorrido em 21/8/1925, é relatado detalhadamente por um advogado paulista que integrou a expedição: L. Moreira Lima, 1934/1979, pp. 182-184.

[488] Cf. J. A. Drummond, 1985/1991, pp. 57-58.

[489] Cf. op. cit., pp. 56-57, 63 e 90.

[490] Cf. op. cit., pp. 88 e 90.

tes constituíram uma "importante força de sustentação do Governo Provisório de Getúlio Vargas".[491]

Além de ser uma referência histórica pontual em Guimarães Rosa, a Coluna Prestes parece ter também uma certa importância no plano da composição de *Grande Sertão: Veredas*. Será que essa saga de marchas e combates nos sertões do Brasil não prefigura de algum modo a epopeia da jagunçagem que sustenta o romance? Apesar de não existirem provas (até agora) de que a marcha da Coluna Prestes tenha sido uma das fontes de inspiração do romancista, há uma série de semelhanças estruturais que chamam a atenção.[492]

A "travessia" de Riobaldo e de seu bando, a "história de tantas caminhadas e vagos combates", (GSV: 234) pode ser lida, em parte, como um modelo, ao mesmo tempo menor e maior, daquela épica cavalgada política pelo interior do Brasil, atravessando 25 mil quilômetros em 27 meses e, com isso, catorze dos vinte estados do país. As semelhanças são muitas: o itinerário essencialmente "errante", o desenho dos mapas, o desvio sistemático das cidades, a forma de combate da guerrilha cavalariana ou seja, a guerra em movimento, os estratagemas militares, as operações logísticas para providenciar alimentos, montarias e munições, a (falta de) infraestrutura de saúde, os discursos políticos que acompanham as operações militares, a questão da moral de combate, a espírito de rebeldia, a mitificação dos cavaleiros andantes, e muito mais...[493]

---

[491] Cf. op. cit., pp. 40-41, 44 e 8.

[492] Este assunto, que aqui pode ser apenas esboçado, mereceria um estudo próprio.

[493] G. Rosa, que era dez anos mais novo que L. C. Prestes (nascido em 1898), certamente acompanhou pelos jornais os feitos do rebelde famoso. Embora o autor tenha lutado num campo ideológico diferente, ele faz questão de falar também

A diferença radical, no entanto, entre a Coluna Prestes enquanto viagem política e a "viagem por este Norte, meia geral" de Riobaldo (e de seu criador Guimarães Rosa) está na qualidade do contato com o povo.

Teoricamente, a marcha de Prestes, assim como o tenentismo em geral, pretendia beneficiar com a sua "revolução" o povo. Na prática, porém, a Coluna contava com pouco ou nenhum apoio popular. No fundo, ela dispensava adesões, por se considerar autosuficiente.[494] Na perspectiva dos tenentes, "o povo" "já estava representado pelo Exército brasileiro".[495] A visão que os intelectuais do movimento tiveram do povo é testemunhada de maneira eloquente por um de seus participantes: "No interior, o povo é semibárbaro, não tendo noção nítida da Pátria. [...] É uma massa amorfa que não tem a ideia de liberdade, um verdadeiro rebanho de brutos [...]. O sertanejo estacionou nos degraus inferiores da escala ascendente da civilização".[496] De forma potencializada, ressurgem nestas linhas os preconceitos semeados por Euclides da Cunha.

Se os rebeldes se consideraram ideologicamente autossuficientes, certamente não o eram no plano das necessidades materiais. De onde vinham seus mantimentos, suas montarias e seu sustento diário? "Quem acabou sustentando mesmo a Coluna foram as populações das zonas rurais e pequenas cidades por onde ela passou."[497] Autocriticamente, um dos comandantes da Mar-

---

de sua própria experiência de "rebelde" (apud G. Lorenz, 1970, p. 492; ed. brasileira, p. 67).

[494] Cf. J. A. Drummond 1985/1991, pp. 56 e 64.

[495] Cf. op. cit., p. 92.

[496] L. Moreira Lima, 1934/1979, p. 182.

[497] J. A. Drummond, 1985/1991, p. 65.

cha observa a respeito das *requisições*: "Na verdade, o sacrifício que [nós] estávamos fazendo [...] mal se equiparava ao que infligíamos a essas mesmas populações miseráveis, que eram obrigadas a pagar o pesado tributo de alimentar, vestir e montar cerca de mil soldados e oficiais revolucionários — além de sofrer, por vezes, os maus-tratos [...]".[498] Eis a terrível contradição daquele movimento: quem pagava a sua "revolução" era o povo das regiões mais pobres do país. Assim não é de estranhar que os integrantes da Coluna Prestes tenham sido rejeitados e hostilizados pela população do interior.[499]

Comparada com a visão que tinham do povo os tenentes rebeldes, a opção de Guimarães Rosa é radicalmente outra. É como se ele reescrevesse criticamente aquela Marcha. Além de tematizar a referida contradição,[500] o narrador Riobaldo frequentemente dá a voz ao próprio povo — tomando cuidado, ao mesmo tempo, para não idealizá-lo.[501]

Depois de termos examinado as concepções de "nação" e "povo" no que foi o episódio mais marcante do movimento tenentista, vejamos como ambos os conceitos aparecem, após a dupla mudança de regime, em 1930 e em 1937, nas respectivas constituições.

---

[498] Juarez Távora, apud Drummond, 1985/1991, p. 66.

[499] Cf. J. A. Drummond, 1985/1991, pp. 64 e 79.

[500] As reiteradas recomendações de Riobaldo de "que não se entrasse com bruteza nos povoados, nem se amolasse ninguém, sem a razoável necessidade"(GSV: 395) podem ser lidas como uma paródia das requisições da Coluna Prestes, que iam da formalização, por escrito, até os saques (cf. J. A. Drummond, 1985/1991, pp. 65 e 67).

[501] Esta questão, que é ao mesmo tempo linguística, antropológica e política, será detalhadamente tratada no capítulo VII deste estudo ("Representação do povo e invenção da linguagem").

Com referência à "nação", a Constituição de 1934 reitera basicamente o que já constava da Carta anterior: "A Nação brasileira, constituída pela união perpétua e indissolúvel dos Estados, do Distrito Federal e dos Territórios em Estados Unidos do Brasil, mantém como forma de governo, sob o regime representativo, a República Federativa, proclamada a 15 de novembro de 1889".[502] O conceito de "nação", neste contexto, converge com a ideia de "Estado", "Estado nacional" ou de "povo constituído em Estado".[503]

Quanto ao "povo", a Carta de 1934, inspirada na constituição da República de Weimar, enfatiza sua soberania: "Todos os poderes emanam do povo, e em nome dele são exercidos".[504] Esta declaração, junto com a proposta de "assegur[ar] à Nação [...] a liberdade, a justiça e o bem-estar social e econômico" dá um peso maior à ideia de democracia. No entanto, como a história brasileira mostrou mais de uma vez, a segunda parte da declaração pode se revestir de um sentido irônico, que desmente a intenção democrática. Tanto o Estado autoritário de 1937 quanto a ditadura militar instaurada em 1964, que repetiram a referida fórmula em suas respectivas constituições, governaram "em nome do povo", não como seus representantes livremente eleitos, mas como seus tutores, pela força. Como já observamos e como se verá também pela sequência, o escritor e pensador Guimarães Rosa foi extremamente sensível à questão de quem fala em nome do povo.

---

[502] *Constituições brasileiras: 1934*, ed. 1999, p. 115.

[503] Cf. Rui Barbosa, *Comentários à Constituição Federal Brasileira,* apud R. Faoro, 1958/1998, II, p. 627.

[504] Fórmula retomada pelas Constituições de 1945 e de 1967, sendo que o regime instaurado em 1964 ateve-se apenas à segunda parte desta declaração.

Para completar o quadro, vejamos também os termos da Carta de 1937, que invalidou a constituição democrática promulgada apenas três anos antes. É significativo que o sujeito do preâmbulo não sejam os representantes legitimamente eleitos pelo povo, mas um chefe que usurpou o poder por meio de um golpe:

> "O Presidente da República dos Estados Unidos do Brasil
>
> Atendendo às legítimas aspirações do povo brasileiro à paz política e social, profundamente perturbada por conhecidos fatores de desordem resultantes da crescente agravação dos dissídios partidários, que uma notória propaganda demagógica procura desnaturar em luta de classes, e da extremação de conflitos ideológicos, tendentes, pelo seu desenvolvimento natural, a resolver-se em termos de violência, colocando a Nação sob a funeste iminência da guerra civil [...]
>
> Com o apoio das Forças Armadas e cedendo às aspirações da opinião nacional [...]
>
> Resolve assegurar à Nação a sua unidade [...] e ao povo brasileiro, sob um regime de paz política e social, as condições necessárias à sua segurança, ao seu bem-estar e a sua prosperidade [...]."[505]

Neste preâmbulo estão contidos os princípios básicos do populismo, introduzido em ampla escala por Getúlio Vargas na política brasileira. O chefe do executivo aparece no papel de protetor todo-poderoso.[506] Dispensando a mediação de representantes, ele fala em nome da "opinião nacional" e do povo, gover-

---

[505] *Constituições brasileiras: 1937*, ed. 1999, p. 69.

[506] Significativamente, a Constituição de 1937, assim como a de 1889, dispensa em seu preâmbulo a referência a Deus.

nando em entendimento direto com ele. "Acima" dos dissídios partidários e das lutas políticas, o chefe cuida como um grande pai da unidade da Nação e do bem-estar do povo.

Com base na observação de Raymundo Faoro de que o populismo "se funda no momento em que as populações rurais se deslocam para as cidades, educadas nos quadros autoritários do campo", cabe registrar que alguns elementos populistas existem também no mundo rural de *Grande Sertão: Veredas*, em nível micro-histórico.[507] Uma vez empossado como chefe, Riobaldo dispensa "formar conselho" com os representantes do grupo; em vez deles, convoca para ficarem ao seu lado o Menino e o Cego. Esse recurso a figuras arquetípicas e míticas completa o discurso populista com que Riobaldo inicia sua empresa: "[...] eu pretendia era retirar aqueles, todos, destorcidos de suas misérias".(GSV: 336)

Esta justaposição do "pequeno demagogo local"[508] e coronelista do romance com a principal figura populista da história brasileira visa não apenas apontar afinidades, mas também realçar por contraste uma característica fundamental do populismo: a preponderância do Estado, de cunho autoritário, que se propôs a "constituir artificialmente a *nacionalidade*",[509] "organizar a nação",[510] "substituir a nação pelo Estado, com o nacio-

---

[507] R. Faoro, 1958/1998, II, p. 707. Sem contestar a tese, defendida por estudiosos como O. Ianni (1968a) e F. Weffort (1978), de que o populismo é um fenômeno essencialmente urbano, essas observações mostram que existe um certo contágio entre coronelismo e populismo.

[508] F. Weffort, 1978, p. 40. Sobre a diferença entre populismo e coronelismo, ver pp. 27-28.

[509] Alberto Torres, 1938, *A organização nacional*, apud R. Faoro, 1958/1998, II, p. 671.

[510] B. Fausto, 2001, p. 195.

nalismo".[511] Para entender a "construção simbólica da figura de Getúlio Vargas como protetor dos trabalhadores",[512] é preciso ter em mente a natureza do Estado Novo e seu objetivo geral. Sob o aspecto socioeconômico, tratava-se de "uma aliança da burocracia civil e militar e da burguesia industrial", com o fim de "promover a industrialização do país sem grandes abalos sociais".[513] Isso significava, no plano político, que o governo tinha de "reduzir as rivalidades entre as classes, chamando as massas populares e a burguesia nacional a uma colaboração promovida pelo Estado".[514]

Os estudiosos do populismo chamam a atenção para uma contradição básica: a revolução democrática iniciada nos anos 1930 com o populismo nacionalista está contida "entre os limites contraditórios de promover a participação popular e de assegurar o poder burguês".[515] Em outras palavras: "O populismo é um sistema de antagonismos. Como política de aliança de classes, é uma política de aliança de contrários".[516]

Nesse sentido, o Estado getulista foi, no plano pragmático, o governo de uma "personalidade carismática", um líder mítico "capaz de todas as artes", porém "enquadrado estamentalmente".[517] O estamento burocrático, que atuava entre o presidente e o povo, tinha como uma de suas funções-chave "amaciar" as

---

[511] R. Faoro, 1958/1998, II, pp. 697-698.

[512] B. Fausto, 2001, p. 206.

[513] Op. cit., p. 201.

[514] Op. cit., p. 214.

[515] F. Weffort, 1978, p. 42.

[516] O. Ianni, 1968a/1975, p. 208.

[517] R. Faoro, 1958/1998, II, pp. 703, 705 e 702.

novas forças sociais, "embotando-lhes a agressividade transformadora" e incorporando-os à ideologia do regime.[518]

Diante da ambiguidade do Estado populista, que reestruturou e modernizou o estamento burocrático, ampliando "largas fontes de emprego às classes médias",[519] qual foi a posição social dos letrados e intelectuais? É significativo que nesse período de modernização do Brasil surgiram pensadores como Gilberto Freyre, Sérgio Buarque de Holanda e Caio Prado Jr., que abriram novas perspectivas para a interpretação do país. Dentre eles, o autor de *Raízes do Brasil* (1936) é quem mais se dedica à reflexão autocrítica sobre o papel do intelectual.[520] Contrariando a ideologia vigente da "nação unida", Sérgio Buarque diagnostica a seu modo a existência de uma nação dilacerada: "as classes cultas se acham isoladas do resto da nação".[521] Nesta "terra de advogados", pergunta ele, "não existiria" "à base dessa confiança no poder milagroso das ideias [...] um secreto horror à nossa realidade?".[522] Ou seja: o crítico e historiador manifesta sua profunda desconfiança diante das palavras, com os quais os letrados, a serviço de demagogos e ideologias, simulam e dissimulam a realidade.

No mesmo contexto nasce, sem fazer alarde, o projeto literário de João Guimarães Rosa. O livro de contos que é o germe de *Sagarana* e com o qual o jovem diplomata participou de um concurso literário, em 1937, seria mantido na gaveta e aperfeiçoado até 1946. A reflexão do escritor sobre seu lugar social e sua

---

[518] Cf. op. cit., p. 745.

[519] Op. cit., p. 704.

[520] Cf. o comentário à obra de S. Buarque de Holanda neste capítulo, no item 5, "Cidade *versus* Sertão?".

[521] S. Buarque de Holanda, 1936/1969, p. 135.

[522] Op. cit., pp. 115 e 118.

postura estética já foi se definindo naqueles anos iniciais: diferentemente dos populistas, ele não falaria em nome do povo, mas pesquisaria a língua na boca do povo — para reinventá-la, livre.[523]

De 1945 em diante... "— 'Quem é que é o Chefe?'".[(GSV: 330)] "[D]epois [que] deputado fosse, então reluzia perfeito o Norte, botando pontes, baseando fábricas, remediando a saúde de todos, preenchendo a pobreza, estreando mil escolas".[(GSV: 102)] Este discurso de Zé Bebelo, embora proferido ainda no tempo da República Velha, já tem a marca do desenvolvimentismo, que se esboça durante o Estado getulista, para caracterizar depois a atmosfera dos anos 1950, quando Guimarães Rosa publica seu romance. Aí estão os indícios da industrialização do país, da extensão do sistema de transportes ao interior subdesenvolvido e dos investimentos em saúde, assistência social, educação — em suma, o retrato de um Estado até certo ponto comprometido com o povo.

O fenômeno político-social comum a todo esse período, de 1930 até 1964, apesar das mudanças de regime, é o populismo, com seus desdobramentos. Vamos fazer, aqui também, uma leitura da época centrada nos conceitos de "povo" e "nação", estudando suas novas significações políticas em diálogo com determinadas passagens do romance.

Depois da República oligárquica de 1889 e do Estado autoritário dos anos 1930-1945, começou finalmente a experiência republicana com participação popular efetiva. Na Constituição de 1946, o povo, depois de ter sido tutelado durante o Estado Novo, volta a ser reconhecido como soberano. Conforme diz

---

[523] Cf. o capítulo VII deste ensaio ("Representação do povo e invenção da linguagem").

o preâmbulo, a constituição é decretada e promulgada pelos "representantes do povo brasileiro, reunidos sob a proteção de Deus, em Assembleia Constituinte, para organizar um regime democrático".[524]

Comparando a eleição para Presidente da República em 1930 com a de 1945, constata-se um aumento de eleitores: de 1,9 milhão, ou seja, 5,7% da população, para 6,2 milhões, representando 13,4% da população.[525] Um comentarista observa: "Pela primeira vez, as eleições de 1945, apesar do voto mercenário nas zonas rurais, revelaram o peso do proletariado e das classes submédias. Isso veio produzir o aparecimento dos líderes populistas".[526] Há também quem chama a atenção, em vista dos meros 13,4%, para "a restrição do direito de voto aos alfabetizados", que "afasta da atividade política [...] a maioria da população adulta e a quase totalidade da população rural".[527] Em todo caso, verifica-se, desde o início dos anos 1950, uma pressão crescente das massas populares sobre o Estado.[528]

No romance de Guimarães Rosa, a população rural aparece como força política num dos discursos de Zé Bebelo: "Se eu alcançasse, entrava para a política, mas pedia ao grande Joca Ramiro que encaminhasse seus brabos cabras para votarem em mim, para deputado... Ah, este Norte em remanência: *progresso* forte, fartura para todos, a alegria *nacional*!".(GSV: 212, grifos meus) A palavra-chave do desenvolvimentismo e o apelo nacionalista se combinam para

---

[524] *Constituições brasileiras: 1946*, ed. 1999, p. 63.

[525] B. Fausto, 2001, pp. 219-220.

[526] A. Baleeiro, in: *Constituições brasileiras: 1946*, ed. 1999, p. 22.

[527] F. Weffort, 1978, p. 18.

[528] Cf. op. cit., pp. 17 e 23-24.

designar o que foi a ideologia dominante daquela época, notadamente dos anos JK: o nacional-desenvolvimentismo.[529]

A principal expressão dessa ideologia foi a nova capital do país, cuja edificação, de 1956 a 1960, pode ser considerada, em mais de um sentido, como mostra Vânia Moreira (1998), "a construção da nacionalidade". Brasília foi para Juscelino Kubitschek o "símbolo do desenvolvimento nacional", ligado à promessa de que a nova capital estaria promovendo "a superação do estado de subdesenvolvimento da nação".[530] A operação Brasília foi iniciada por uma ampla campanha de legitimação, com o intuito de se fabricar um "desejo nacional".[531] "Construção da nacionalidade" designa, portanto, não apenas a obra urbanística e a ideologia correlata, mas também a própria atividade propagandística de que Brasília precisava ser construída porque era "consenso nacional".[532] Nesse sentido, sublinha Vânia Moreira, "Brasília não possui um significado único para toda a sociedade daquele período": "ela pode e deve ser vista tanto como símbolo do ideário desenvolvimentista quanto como símbolo do desperdício, da inflação e de outras mazelas vivenciadas pela população".[533]

"Eu me lembro das coisas, antes delas acontecerem...".(GSV: 27) Acompanhando ou, melhor, antecipando os passos dos construtores de Brasília, o autor de *Grande Sertão: Veredas* escolhe como centro do seu retrato do país o planalto central. Como já observamos, a nova capital aparece no romance de maneira ale-

---

[529] Cf. F. Weffort, 1978, pp. 25 e 37; e V. Moreira, 1998, pp. 129-170, especialmente pp. 136-145.

[530] V. Moreira, 1998, pp. 36 e 35.

[531] Op. cit., p. 66.

[532] Cf. op. cit., pp. 57-60.

[533] Op. cit., p. 90.

górica. O comício de Zé Bebelo, "no município de Brasília", sob o lema de "falar muito nacional...",^(GSV: 104) combinado com o seu já citado discurso na Fazenda Sempre-Verde,^(cf. GSV: 212) reúne três eminentes características da era JK: as promessas desenvolvimentistas, o ideário nacionalista e o apelo populista. Esses indícios, mais ou menos criptografados, mostram que Guimarães Rosa visava retratar também o seu próprio tempo.

A esta altura se faz necessário um esclarecimento conceitual, uma definição das semelhanças e diferenças entre "nacionalismo", "nacional-desenvolvimentismo" e "populismo".

O nacionalismo veio se tornando desde 1950, com o governo Vargas, uma espécie de ideologia oficial,[534] "seduzi[ndo] parte significativa da elite política e intelectual brasileira".[535] Diferentemente do populismo, pragmático, "expressão da ascensão das massas e de sua incorporação ao regime", o nacionalismo, enquanto "populismo teórico", "emerge diretamente ao nível do Estado".[536] Nesse período, 1950-1964, o nacionalismo corresponde a "grupos políticos, tecnocráticos e militares situados no aparelho do Estado ou diretamente associados a ele e que tratam de definir uma estratégia *para o Estado* em face dos problemas criados ou enfrentados pelo desenvolvimento industrial e urbano do País".[537]

A agência ideológica principal, instalada de 1955 a 1964 no Ministério da Educação, foi o Instituto Superior de Estudos Brasileiros (ISEB), representando o nacional-desenvolvimentismo.[538]

---

[534] F. Weffort, 1978, p. 39.

[535] V. Moreira, 1998, p. 131.

[536] Cf. F. Weffort, 1978, pp. 40 e 42.

[537] Op. cit., p. 40.

[538] Cf. F. Weffort, 1978, p. 39; e V. Moreira, 1998, pp. 136-145.

Para os teóricos do ISEB, "o Brasil não era ainda uma nação, pois não se desenvolvia a partir de seus próprios interesses e necessidades".[539] Por isso, consideravam imperioso consolidar a "revolução democrático-burguesa", apoiando a burguesia como "a classe mais dinâmica e fundamental do novo modelo de desenvolvimento", para que, sob sua direção, "as classes dinâmicas" pudessem aniquilar a influência das "velhas classes latifúndio-mercantís" sobre o Estado brasileiro.[540] (Era uma pseudobatalha, como já observamos,[541] e como se verá também mais adiante.) Diferentemente do ISEB, o grupo do nacionalismo econômico, em torno da *Revista Brasiliense*, defendia o projeto de "integrar as massas urbanas e rurais ao sistema econômico".[542] Comparando os dois grupos, Vânia Moreira conclui que, apesar das propostas distintas, ambos "minimizaram e, no limite, dissimularam a perspectiva de classe de seus projetos sociais, mediante o uso recorrente dos conceitos de prosperidade, desenvolvimento e interesses nacionais. Isto permitiu que ambos fossem considerados projetos análogos para o País".[543]

O nacionalismo é criticado por Francisco Weffort por seu uso frouxo das ideias e palavras:

> "O nacionalismo sempre propôs como teoria para a esquerda brasileira as mesmas ideias confusas que os populistas propunham às massas na demagogia dos grandes comícios. A noção de *povo*, que todo populista gritava nos comícios e so-

---

[539] Roland Corbisier, apud V. Moreira, 1998, p. 138.

[540] Hélio Jaguaribe, apud V. Moreira, 1998, pp. 138 e 142.

[541] Cf. supra o item 5, "Cidade *versus* Sertão?".

[542] Cf. V. Moreira, 1998, p. 146.

[543] V. Moreira, 1998, p. 161.

bre o qual todo ideólogo dissertava em seus livros, era confusa e ambígua em ambos os casos, como era confusa e ambígua a situação das classes onde tinha suas origens".[544]

Destacando como pontos fracos tanto da ideologia nacionalista quanto da demagogia populista a paixão pelos esquemas ideológicos e a profissão de fé nas palavras, o crítico conclui: "Perdera-se a antiga desconfiança para com as palavras e as retumbantes proclamações adquiriam uma relevância que se pretendia fundamental".[545]

Desconfiança para com as palavras — eis a atitude que caracteriza vários dos melhores intérpretes do Brasil. Por exemplo, Sérgio Buarque de Holanda, com sua crítica ao culto bacharelesco das belas fórmulas;[546] ou Raymundo Faoro, com sua sensibilidade aguda para as dissimulações e o uso de máscaras no jogo político.[547] Ou justamente Guimarães Rosa, o mais cismado de todos, cujo narrador tem como lema: "Eu quase que nada não sei. Mas desconfio de muita coisa".[(GSV: 15)] Com efeito, a todo momento, Riobaldo põe à prova os discursos e as palavras. Notadamente no caso de Zé Bebelo.

"[R]emediando a saúde de todos, preenchendo a pobreza, estreando mil escolas".[(GSV: 102)] Nestes termos Zé Bebelo resume

---

[544] F. Weffort, 1978, p. 37.

[545] Op. cit., p. 25.

[546] S. Buarque de Holanda, 1936/1969, p. 133. Cf. supra a análise do bacharelismo no item 5, "Cidade *versus* Sertão?".

[547] A título de exemplo, veja-se este retrato de político: "Felipe Égalité, Vitório Emanuel, o caudilho fiel a Júlio de Castilhos são apenas máscaras cênicas — como o *chuchu* e o *Gegê*. Getúlio Vargas, na multiplicidade de papéis que lhe querem impor, tem o seu próprio" (R. Faoro, 1958/1998, II, p. 705).

o seu programa de política social. O leitor vai se inteirar junto com Riobaldo do que significam estas palavras na prática. O momento da prova é o encontro dos "heróis" do romance com os catrumanos, que equivale ao confronto com o país subdesenvolvido. Diante do "inferno feio deste mundo" — a falta de saúde, a falta de educação e a mais degradante miséria — Riobaldo se apoia na figura do chefe, como "esperança", "guarda de amparo" e "proteção".(GSV: 295) No seu modo de ver, Zé Bebelo podia mandar "[...] o sertão retroceder, feito pusesse o sertão para trás! [...] Para mim, ele estava sendo feito o canoeiro mestre, com o remo na mão, no atravessar o rebelo dum rio cheio".(GSV: 295-296)

Ora, diante do caso concreto do menino Guirigó, "tão magro, trestriste, tão descriado", "com a prática de todos os sofrimentos", a principal ação de Zé Bebelo consiste em repetir um de seus bem-estudados discursos: "O que imponho é se educar e socorrer as infâncias deste sertão!.".(GSV: 300) Quando, pouco depois, a maioria de seus homens adoece de malária, o chefe, em vez de urgentemente providenciar remédio, se resigna a "esperar mesmo ali, até que os adoecidos sarassem", e continua seu "palavrear, a raleza de projetos, como faz de conta".(GSV: 306-307) Decepcionado com o líder que "murchava", Riobaldo expressa sua revolta numa ironização, diante dos companheiros, do programa de "miséria melhorada" de Zé Bebelo.(cf. GSV: 321) Sarcasticamente, Riobaldo desmonta todo um programa político em que a fraseação e o palavreado substituem a ação. O desmascaramento final ocorre no último encontro com Zé Bebelo, quando este revela que trocou seu ideário desenvolvimentista, nacionalista e populista por proveitos pessoais: "[...] ganhar o muito dinheiro", "estudar para advogado".(GSV: 459) Assim, o retrato desse personagem acaba se fundindo com a figura, magistralmente estudada por Sérgio Buarque de Holanda e Raymundo Faoro, do político patrimonialista associado ao bacharel.

Em vez de entendermos o uso ambíguo da palavra "povo", por parte dos nacionalistas e populistas, como uma "confusão" de intelectuais, parece me mais instrutivo tomá-lo como uma estratégia retórica intencional. Não obstante suas palavras de ordem, certamente não passou desapercebido àqueles ideólogos que "o povo não era uma comunidade mas um conjunto de contradições".[548] A partir do populismo de Vargas, essas contradições tomavam conta do próprio Estado, na medida em que este se tornou acessível também a grupos populares. Ou seja: "Quanto mais diretamente o Estado brasileiro pretendeu representar o conjunto da sociedade, menos ele se realizou como Estado [no sentido de defender os interesses da classe dominante] e mais como expressão de tensões em desenvolvimento".[549]

As contradições crescentes — do povo, do Estado, da nação — fizeram com que os líderes nacional-populistas praticassem uma política também contraditória. Sua expressão emblemática foi o *pacto social*, vocábulo não limitado à era desenvolvimentista, mas fortemente usado também nas disputas políticas atuais.[550]

Historicamente falando, a ideia do pacto político-social surgiu junto com a emancipação da burguesia. Elaborações do imaginário coletivo, como o pacto com o Demônio, narrada no *Livro popular do Doktor Faustus* (1587),[551] podem ser consideradas prefigurações dessa ideia. Ela encontrou sua codificação pioneira na teoria política de Thomas Hobbes (1651), que explica a

---

[548] F. Weffort, 1978, p. 44.

[549] Ibidem.

[550] Citemos aqui apenas um entre muitos exemplos: H. Jaguaribe et al., 1986, um livro que evidencia como a ideia do "pacto social" se projeta da era JK até o limiar do século XXI.

[551] *Das Volksbuch von Doktor Faust* (1587).

constituição do Estado soberano (*Common-wealth*) com base num pacto de sujeição de seus membros.[552] A partir de Rousseau, a ideia do *contrato social* (1762), ancorada no postulado da igualdade de todos os cidadãos, tornou-se um elemento constitutivo fundamental das democracias modernas.

Focalizemos aqui, a título de exemplo, o pacto social em vigor no Brasil na época da publicação de *Grande Sertão: Veredas*.

"O pacto político do nacional-desenvolvimentismo", explica Vânia Moreira, "consolidava-se com a construção e mudança da capital para o Planalto Central."[553] Lembramos que esse pacto, de acordo com os ideólogos do governo, tinha sido firmado entre a burguesia, enquanto "a classe mais dinâmica", e "o povo", contra as "velhas classes latifúndio-mercantis".[554] Na verdade, porém, houve paralelamente um segundo pacto, oculto: "um pacto tácito entre os grandes interesses do 'interior' e do 'litoral'",[555] ou seja, entre a oligarquia agrária e o capital industrial. Esse acordo secreto foi um estratagema para excluir da participação do poder as forças políticas populares. O deslocamento da nova capital para o interior foi uma "separação espacial", que deveria subtrair o Estado das pressões sociais das massas politizadas, como as que se fizeram sentir no Rio de Janeiro. Na visão da oligarquia rural, Brasília seria a "nova mansão" da velha elite brasileira.[556] Garantido pelo "pacto social", o empreendimento proporcionava uma marcha "pacífica" para o Meio-Oeste, sem "nenhuma política de reforma agrária", "estimulando [pelo contrá-

---

[552] Th. Hobbes, 1651/1985, p. 193.

[553] V. Moreira, 1998, p. 237.

[554] Cf. supra o item 5, "Cidade *versus* Sertão?".

[555] V. Moreira, 1998, p. 179.

[556] Op. cit., pp. 200 e 235.

rio] o padrão oligárquico de apropriação do território nacional" e atendendo, ao mesmo tempo, às demandas industrialistas.[557]

A construção da nova capital, conclui Vânia Moreira, representou sem dúvida um passo decisivo para a modernização do país, mas também se aprofundaram estruturas vetustas. "O fausto e a pompa de sua construção" não devem fazer esquecer o preço do pacto social: "com a transferência da capital [...] foram também transferidos os miseráveis do campo para as cidades".[558]

De todas essas contradições — envolvendo a nação, o Estado e o povo como "parceiro fantasma" no jogo político[559] — o autor de *Grande Sertão: Veredas* tinha plena consciência. Dando forma às energias constitutivas dessas contradições, ele as fez convergir e as potencializou no episódio-chave do livro, que é o Pacto concluído nas Veredas-Mortas, no planalto central do país, com o Demônio.

"— 'Quem é-que?'"[(GSV: 330)] Esta pergunta, reiterada por Riobaldo ao todo seis vezes, foi projetada aqui sobre os momentos históricos em que houve mudança de regime no Brasil: 1822, 1889, 1930, 1937 e 1945. Trabalhando com a hipótese de que Riobaldo é a versão brasileira do personagem universal do "homem simples" que vai em busca do amparo da Lei, procurou-se saber como esta considera o povo e a nação.

Em todas as Constituições brasileiras, foram detectadas incongruências e dissimulações quanto às definições de *povo* e de *nação*, sobretudo quando investigamos o que o texto da lei significava na prática. Observando o funcionamento desses dois

---

[557] Cf. op. cit., pp. 184-188.

[558] Op. cit., pp. 251-252.

[559] F. Weffort, 1978, p. 15.

conceitos em cinco momentos históricos diferentes, chegamos à conclusão de que a retórica e a dissimulação que as envolvem são a expressão de maquinações ideológicas, mas também de uma realidade política essencialmente contraditória. *Povo* e *nação*, no Brasil como em outros países, são "conceitos de luta"[560] — sendo que, nesta terra, o conflito se aguça por causa das gritantes desigualdades sociais.

As incongruências e dissimulações nas constituições históricas fazem lembrar os termos do pacto concluído por Riobaldo nas Veredas-Mortas. Sua ambiguidade declarada expressa mais fielmente a realidade do que aquelas cartas magnas que a encobrem. "Trato? Mas trato de iguais com iguais. Primeiro, eu era que dava a ordem."[(GSV: 317)] Existiria uma fórmula mais sintética e mais acertada para definir o pacto social entre os donos do poder e o povo no Brasil? Através do pacto, como já foi mostrado neste ensaio, Guimarães Rosa representa simbolicamente a cena política primordial do país. O seu romance é uma reencenação da arcaica Lei Fundadora, matriz subjacente a todas as constituições, sendo o pacto a alegoria de um falso contrato social. A desigualdade é sancionada como base legítima da ordem política, e o corpo político, o Estado, é usurpado pela oligarquia patrimonial em nome da "nação". O contrato verdadeiro, ao contrário, seria firmado entre o povo e aqueles que o povo elege para agirem como seus representantes leais.

Não que isso não possa ocorrer, mas é preciso estar atento para o fato de que a declarada igualdade de todos perante a lei

---

[560] Cf. Koselleck et al., 1992b, p. 147. O que ilustra bem o uso militante dos dois conceitos é o espírito de exclusão: tanto por parte da ideologia conservadora, que costuma excluir da "nação" o "povo", quanto da ideologia socialista, que exclui do "povo" as elites tradicionais.

não deixa de ser uma construção ideológica, como nos faz lembrar a teoria política conservadora.[561] O questionamento do postulado da *égalité* pode não agradar, mas ajuda a chamar a atenção para a subsistência da desigualdade real e para o elemento de (dis)simulação inerente ao pacto social, como também para a incongruência entre "povo" e "nação". Em ambos os casos trata-se de uma codificação da "tarefa trágica de toda democracia burguesa: a incorporação das massas populares ao processo político".[562] O equacionamento retórico entre "povo" e "nação" e sua separação na prática, são constitutivos do moderno Estado burguês. Trata-se de uma igualdade falaciosa, da qual a indistinção, por parte de Euclides da Cunha, entre "nação" e "nacionalidade" é um testemunho.[563] Diferentemente dele, Guimarães Rosa, ao encenar o pacto com o Diabo, representa a natureza diabólica do Estado burguês, dissolvendo não só a névoa conceitual do seu precursor, mas também o posterior esquematismo da visão populista e nacionalista.

Estado "nacional" ou "populista" — em ambos os casos trata-se do Estado burguês de classes em conflito. Nesse sentido, a representação fragmentária, criptográfica do "povo" e da "nação", em Guimarães Rosa, é muito mais precisa do que sua mitificação por parte de Euclides da Cunha. O autor de *Os Sertões* reproduz a mitologia da classe dominante. Guimarães Rosa, em vez disso, mergulha nessa mitologia, para torná-la transparente. A igualdade é revelada como uma máscara do Estado bur-

---

[561] A nação igualitária dos franceses é considerada uma "construção ideológica" por Justus Möser, 1791, *Wann und wie mag eine Nation ihre Konstitution verändern?*, apud R. Koselleck et al., 1992b, p. 328.

[562] F. Weffort, 1978, p. 17.

[563] Cf. supra o item 1, "O problema".

guês, que entende a democracia como um pacto de sujeição por parte das classes subalternas.[564] Os donos do poder jogam com a incongruência entre "povo" e "nação", ou seja, com a nação dilacerada, para administrar os conflitos. A constituição do Estado democrático burguês é, no sentido literal da palavra, uma *ficção fundadora*. Por isso mesmo, uma ficção com alto potencial reflexivo, como *Grande Sertão: Veredas*, é particularmente apta a revelar aquele caráter ficcional.

---

[564] Trata-se aqui de uma transposição do *pacto subjectionis* de Hobbes, do contexto do Estado absolutista para o Estado burguês.

VII. Representação do povo e invenção da linguagem

Um narrador, contando a partir da margem do "grande caminho da civilização brasileira" a complexíssima história de sua vida individual e de sua gente (capítulo I); a construção de uma paisagem que é um mapa alegórico do país (capítulo II); a visão de dentro de uma instituição, a jagunçagem, que é representativa de uma sociedade vivendo entre a lei e o crime (capítulo III); a discussão de um pacto, que simboliza uma ordem econômica, social e política extremamente desigual (capítulo IV); a rememoração de uma paixão amorosa que está intimamente ligada à história coletiva dos sofrimentos e a um relato criptografado sobre o país (capítulo V); a comparação deste romance com os principais retratos do Brasil, notadamente os *ensaios de formação*, sob a perspectiva da "nação dilacerada" (capítulo VI) — para completar a interpretação falta apenas uma análise da representação do povo, o que será feito (no presente capítulo) pelo prisma de suas falas e da invenção rosiana da linguagem. Toda essa constelação de elementos constitutivos estudada ao longo deste ensaio sustenta a tese de que *Grande Sertão: Veredas* é o romance de formação do Brasil, ideia que será consolidada aqui através de uma reflexão sobre *o romance de formação enquanto romance social*. Para isso será preciso examinar ainda três questões: a dificuldade tradicional do letrado brasileiro para representar o povo, os princípios gerais da invenção de uma nova língua por parte de Guimarães Rosa e a própria configuração das falas do povo. Dispondo desses esclarecimentos, poderemos avaliar, numa consideração final, o trabalho de mediação realizado pelo narrador rosiano.

1. *Grande Sertão: Veredas* como romance de formação do Brasil

O romance de formação (*Bildungsroman*), cujo protótipo é o *Wilhelm Meister* (1795-96) de Goethe, costuma ser oposto, enquanto história do desenvolvimento de um "herói individual" não só à epopeia, que retrata a história de um povo, mas também e sobretudo ao romance social. Por essa polarização são responsáveis tanto os teóricos do conceito, desde Karl Morgenstern (1820) e Wilhelm Dilthey (1870, 1906),[565] quanto os escritores alemães do século XIX, que não acompanharam as inovações do romance introduzidas pelos seus colegas franceses, ingleses e russos.[566] Visto contra o pano de fundo desses paradigmas da literatura universal, *Grande Sertão: Veredas*, embora narrando a

---

[565] W. Dilthey (cf. 1870 e 1906) era considerado durante muito tempo o inventor do conceito de *Bildungsroman*; até que F. Martini (1961) demonstrou que, na verdade, o termo já tinha sido criado em 1819 por K. Morgenstern, professor da Universidade de Dorpat (a atual Tartu, Estônia), na conferência "Über das Wesen des Bildungsromans" (Sobre a essência do romance de formação), publicada em 1820 numa revista local (*Inländisches Museum*), de difícil acesso.

[566] Cf. E. Lämmert (1996, pp. 9-23), que descreve a polarização entre o *Bildungsroman* oitocentista alemão e o "romance social" (*Gesellschaftsroman*) dos franceses, ingleses e russos como pressuposto para que se entendam os fenótipos do romance do século XX.

história de um indivíduo, tem também características marcantes de um romance social, como vimos através da comparação com os ensaios de formação do Brasil. Ao encenar os antagonismos sociais, inclusive as estruturas de dissimulação desses antagonismos — a arqueologia da servidão, a história da mão de obra, as relações entre cidade e sertão, o regime de desmandos, o problema social e a indagação sobre a identidade do "povo" e da "nação" —, Guimarães Rosa apresenta no seu romance elementos básicos da formação do país. Por meio da biografia de Riobaldo, inclusive a sua história *familiar* e a "história de sua alma",[567] é contada uma história social do Brasil que, através desse enfoque micro-histórico e da perspectiva de dentro, ganha em concretude e profundidade.

Mais importante que o protagonista-herói é o narrador de *Grande Sertão: Veredas*. É a figura ímpar desse narrador que confere ao romance de Guimarães Rosa uma posição de destaque entre os retratos do Brasil. A importância dessa invenção foi percebida por Antonio Candido (1956), numa das primeiras resenhas da obra. Ele considera "o miolo nutritivo" do romance "a expressão ou a personalidade do narrador", com "a estupenda visão do mundo e a inquietude interior elaboradas ao longo do seu fluxo de eloquência e poesia". Com efeito, é o narrador que encena as estruturas sociais, especialmente os tipos de discursos que representam as forças históricas atuantes, a mentalidade do país vista por dentro, enquanto matéria viva da linguagem. Nenhum retrato ensaístico do Brasil proporciona isso com tamanha abrangência e intensidade. Esses discursos, essas forças históri-

---

[567] Cf. G. Lukács (1920/1971, p. 78; ed. brasileira, p. 91), que define o conteúdo do romance como "história da alma que sai a campo para conhecer a si mesma [...]".

cas ganham vida através da elaboração existencial pelo narrador, que se sente profundamente concernido por essas questões. A divisão do ser de Riobaldo é a divisão do ser da nação. É a figura do narrador que proporciona o salto qualitativo de *Grande Sertão: Veredas* como romance de formação do indivíduo para o romance de formação do país. Ao narrar a sua vida, ele convida o leitor a organizar os fragmentos da história despedaçada e criptografada do Brasil.

O que está em jogo em *Grande Sertão: Veredas* é a tensão entre a busca existencial do protagonista-narrador — que procura decifrar, por meio de uma narração entremeada de dúvidas e perguntas, a vida que ele não entendeu[cf. GSV: 370] — e as estruturas e leis costumeiras de uma sociedade fortemente estratificada. Essa tensão, própria do romance de formação, é descrita por Walter Benjamin nestas palavras:

> "O romance de formação, ao integrar o processo de vida social na vida de uma pessoa, justifica de modo extremamente frágil as leis que determinam esse processo. A legitimação dessas leis nada tem a ver com a realidade. No romance de formação, é essa insuficiência que está na base da ação".[568]

O romance de formação, conforme Benjamin, se define pelo conflito entre as leis da sociedade e a aspiração do indivíduo à autonomia. Essa é, de fato, a definição consagrada do gênero *Bildungsroman*, em que identificamos as marcas das conceituações anteriores de Morgenstern, Dilthey e sobretudo Georg Lukács.[569]

---

[568] W. Benjamin, 1936/1977, p. 443; ed. brasileira, p. 202.

[569] A base da definição do romance é para G. Lukács (1920/1971, p. 57; ed. brasileira, pp. 66-67) a disparidade entre o indivíduo e o mundo. O tema do romance de formação ou "romance de educação" goethiano seria então a "recon-

É com referência a essa tradição que alguns críticos brasileiros — Davi Arrigucci Jr. (1994), Paulo Soethe (2003), Marcus Mazzari (2003) e também o autor deste ensaio — procuram obter um conhecimento mais refinado do romance de Guimarães Rosa. Enquanto Arrigucci e Soethe privilegiam a questão da formação do indivíduo — levando em conta inovações introduzidas por romancistas como Thomas Mann e Alfred Döblin—, eu considero *Grande Sertão: Veredas*, mais do que um romance de formação individual, o *romance de formação do Brasil*. Nesta tomada de posição está uma diferença também em relação a Mazzari, que se abstém de uma filiação de *Grande Sertão: Veredas* ao gênero *Bildungsroman*, achando necessário "proceder em primeiro lugar a uma determinação mais concreta dos pressupostos históricos que possibilitaram o advento do 'romance de formação' na Alemanha da segunda metade do século XVIII". Eu também sinto a necessidade de uma revisão do conceito fundador, porém num sentido metodológico diferente. Em vez de tentar elucidar o romance de Guimarães Rosa unilateralmente a partir do paradigma do *Bildungsroman*, acho igualmente importante inverter a perspectiva, mostrando que *Grande Sertão: Veredas* pode contribuir para resgatar o sentido original do romance de formação concebido por Goethe.

E qual seria esse sentido? É a dimensão do *romance social* que foi soterrada como por uma convenção, por autoridades críticas de resto tão diferentes como Morgenstern, Dilthey, Lukács e Benjamin.[570] Trata-se de mostrar que *Os anos de aprendizagem*

---

ciliação do indivíduo problemático, guiado pelo ideal vivenciado, com a realidade social concreta" (p. 117; ed. brasileira, p. 138).

[570] Dentre essas manifestações, a de W. Benjamin é bastante áspera. No artigo "Goethe" (1928c/1977), concebido para a *Grande Enciclopédia Soviética*, o

de Wilhelm Meister, longe de focalizarem apenas a trajetória de formação do herói, são baseados numa profunda reflexão sobre a sociedade, sacudida pela Revolução de 1789.

Não se pode fazer abstração do fato de que a invenção do termo "romance de formação" (*Bildungsroman*) e sua atribuição aos *Anos de aprendizagem de Wilhelm Meister*, por parte do professor Karl Morgenstern, está impregnada pela sua época. Caracterizada pelo Congresso de Viena, o Romantismo tardio e o Biedermeier incipiente — portanto, pela luta contra o legado da Revolução, pelo espírito da Restauração e pelo descaso com os problemas sociais —, essa época foi pouco propícia para um entendimento adequado do contexto revolucionário em que nasceu o romance de Goethe. No espírito Biedermeier, Morgenstern valoriza nesse romance a formação do indivíduo em detrimento da formação da vida social.[571]

Para a persistência dessa concepção até o século XX adentro contribuiu decisivamente a atitude da burguesia alemã, alheia a toda participação na vida pública,[572] como diagnosticou Wilhelm Dilthey (1906): "Esses romances de formação expressam o individualismo de uma cultura restrita à esfera de interesses da vida privada".[573] Tal atitude tinha-se cristalizado ao longo do século

---

crítico, preso às palavras de ordem da Revolução de 1917, elogia em Schiller a disposição para a "luta de classes", enquanto recrimina Goethe de ter se esquivado, notadamente nos *Anos de aprendizagem de Wilhelm Meister*, a discutir a problemática da Revolução de 1789 (cf. pp. 724 e 728; ed. brasileira, pp. 53 e 55).

[571] Em termos bastante vagos, Morgenstern (1820/1971, p. 258) enfatiza no romance de Goethe a "formação harmoniosa do puramente humano em geral" (*die allgemeine harmonische Ausbildung des Reinmenschlichen*).

[572] Cf. J. Jacobs, 1983, p. 11.

[573] W. Dilthey, 1906/1985, p. 272.

XIX nas obras de romancistas como Novalis, Ludwig Tieck, Joseph von Eichendorff, Gottfried Keller e Adalbert Stifter,[574] cuja assimilação do *Bildungsroman* goethiano ficou muito aquém do modelo. De tanto se fixarem no indivíduo e na sua introversão, eles perderam de vista as questões cruciais da formação da sociedade moderna, desenvolvidas na mesma época pelos grandes romancistas franceses, ingleses e russos.[575] O romance oitocentista alemão não chegou a dar o salto qualitativo de "combinar o romance de formação individual com o romance social".[576]

Na verdade, esse salto já tinha sido dado por Goethe, mas isso foi esquecido pelos seus conterrâneos. O diagnóstico do jovem Friedrich Schlegel, segundo o qual o *Wilhelm Meister* expressa uma das três "maiores tendências da [sua] época", junto com a doutrina-da-ciência de Fichte e a Revolução Francesa,[577] foi descartado por Karl Morgenstern como "exagero". A crítica atual, no entanto, retomou a aproximação entre o romance de Goethe e a Revolução.[578] Com efeito, concebido no período imediatamente anterior a 1789 e reelaborado na época dos acontecimentos revolucionários, o romance *Os anos de aprendizagem de Wilhelm*

---

[574] Cf. E. Lämmert, 1996, pp. 12-16.

[575] Apenas no século XX ocorreu na literatura alemã, em escritores como Alfred Döblin e Gunter Grass, um questionamento radical da formação do indivíduo, o que acarretou uma reorientação da teoria literária; cf. o estudo de M. Mazzari, 1999.

[576] Como um dos raros exemplos de síntese dessas duas tendências, E. Lämmert (1996, pp. 16-18) analisa o romance de Stendhal *Le Rouge et le Noir*.

[577] F. Schlegel, 1797-1800/1967, p. 198 (*Athenäum*, 216).

[578] "*Os anos de aprendizagem*", opina W. Vosskamp, editor e comentarista do romance de Goethe (1992, p. 1125), "só podem ser compreendidos no contexto dos acontecimentos revolucionários de 1789".

Meister apresenta um projeto mais arrojado que a mera formação individual. A ideia de que a pessoa se forma num campo de energias sociais e políticas é sustentada estrategicamente pela figura do narrador, que realiza um complexo trabalho de mediação entre os diferentes discursos sociais.[579] Procurando uma alternativa à Revolução, a meta de Goethe não é a luta de classes, mas o *diálogo* entre as classes em conflito.[580] Convém lembrar, nesse contexto, que a ideia de *formação*, intensamente discutida no meio intelectual e artístico alemão por volta de 1789-1795, não se limitava, de modo algum, à dimensão do indivíduo, mas se estendia explicitamente ao "povo" e à "humanidade" como um todo (Herder), com desdobramentos numa teoria da linguagem e da literatura de abertura universal (Wilhelm von Humboldt, Goethe). Como se fosse uma ilustração da ideia goethiana de *Weltliteratur*, o romance de Guimarães Rosa ajuda a resgatar o sentido original do *Bildungsroman*. Trata-se, sem dúvida, também de um romance da formação do indivíduo, mas dentro de um projeto mais arrojado: a construção de uma cultura coletiva, incorporando as dimensões políticas da esfera pública, da cidadania e dos conflitos sociais.

---

[579] A pedra de toque do trabalho de mediação é a ironia do narrador, já destacada por F. Schlegel (cf. 1798/1967, pp. 133 e 137). Retomando essa observação, Vosskamp (apud Goethe, 1992, p. 1371) valoriza o papel da ironia na reflexão crítica sobre a utopia da formação individual.

[580] A "dialogicidade dos *Anos de aprendizagem*" ("die Dialogizität der *Lehrjahre*"), de que fala W. Vosskamp (apud Goethe, 1992, p. 1246), visando sobretudo "o saber histórico-cultural", abrange também a esfera política. A importância da categoria da "mediação" (*Vermittlung*) na obra de Goethe não escapou a W. Benjamin (1928c/1977, p. 726; ed. brasileira, p. 54), embora a criticasse duramente, por não corresponder à sua própria visão da história como "luta de classes".

Mais do que isso. O romance de Guimarães Rosa incentiva a reflexão sobre o sentido genuíno do conceito de "formação" nos *ensaios de formação* do Brasil. Utilizada já por Euclides da Cunha e, como título de obra, pela primeira vez por João Pandiá Calógeras, em *Formação histórica do Brasil* (1930), a palavra "formação" tornou-se a partir de então uma "verdadeira obsessão" entre os retratistas do país. É bastante difícil, no entanto, encontrar em seus textos uma definição explícita do termo. Uma pesquisa conceitual sobre o *sentido da formação* foi realizada apenas recentemente, através da instigante análise da *Formação da literatura brasileira* (1959), de Antonio Candido, por Paulo Eduardo Arantes (1997).[581] Como explica Arantes, trata-se de uma "aspiração coletiva de construção nacional", um processo de "acumulação da experiência intelectual nas condições [...] da dependência"; ou seja, a retomada de determinados problemas estratégicos por um autor brasileiro junto a outro autor conterrâneo identificado então como "precursor". Assim constituiu-se uma tradição própria no campo da crítica: ao diagnosticar a "formação de um sistema literário", a existência de uma "causalidade interna", Antonio Candido pôde se reportar a uma ideia de Sílvio Romero, que contrapropôs "um certo espírito de coesão" à "falta de 'seriação nas ideias'". Outro campo literário constituiu-se nos domínios do romance, notadamente no aprendizado e aperfeiçoamento de Machado de Assis com relação a José de Alencar, como foi mostrado por Roberto Schwarz, ou ainda na "reescrita" de Eu-

---

[581] Trata-se do artigo "Providências de um crítico literário na periferia do capitalismo", de Paulo Eduardo Arantes. Esse artigo, do qual foram extraídas as citações deste parágrafo, encontra-se às páginas 9-66 do livro *Sentido da formação*, publicado em 1997 pelo mesmo autor em coautoria com Otília Beatriz Fiori Arantes.

clides da Cunha por Guimarães Rosa. A "superação da dependência [de modelos europeus] pela consolidação de uma causalidade interna" é, aliás, muito bem ilustrada pela própria invenção de um sentido autônomo para a palavra *formação* no contexto brasileiro. Doravante, numa história desse conceito, as contribuições brasileiras mereceriam ser registradas como expressões da "formação na periferia".

Quanto à proposta de um diálogo entre as classes sociais, o romance de Guimarães Rosa contém o mais complexo e mais refinado estudo sobre essa questão, que é tratada em sua dimensão linguística, através de um novo método de escrever a história. A tese aqui defendida de *Grande Sertão: Veredas* como romance de formação do Brasil, além de ser sustentada pelos elementos constitutivos já mencionados no início deste capítulo, é corroborada por vários outros elementos de composição: a situação narrativa e o "texto difícil", que problematizam a questão do diálogo e do entendimento; a forma despedaçada e criptografada em que é narrada a história do Brasil; o mergulho na língua como *medium* para se pensar o país; e todo um conjunto de procedimentos do narrador ligados ao trabalho de mediação.

A dificuldade da forma de *Grande Sertão: Veredas*, experimentada por todos os leitores sem exceção, é estratégica. Essa dificuldade pode ir até o ponto de o texto ser qualificado como "incompreensível".[582] No ensaio *Sobre a ininteligibilidade* (1800), que traz uma reflexão básica sobre o problema, Friedrich Schlegel esclarece que a compreensibilidade entre os homens não pode ser considerada garantida, uma vez que a literatura e a filosofia realizam constantemente experimentos "sobre a possibilidade ou

---

[582] Cf. F. Gullar, 1958, in: "Escritores que não conseguem ler *Grande Sertão: Veredas*".

impossibilidade" da "comunicação das ideias".[583] No caso do romance de Guimarães Rosa, a dificuldade de compreensão expressa um problema que não é apenas literário ou estético. A obra coloca em cena uma falta de entendimento que é social, histórica e política. O pseudodiálogo entre o narrador sertanejo e o interlocutor letrado — que é na verdade um imenso monólogo — é uma encenação irônica, com papéis invertidos, da falta de diálogo entre as classes sociais. O descaso dos donos do poder para com o povo humilde, em que pesam quatro séculos de escravidão, representa um imenso atraso para a emancipação efetiva do país.

Guimarães Rosa construiu o seu romance exatamente em cima desse conflito de culturas e linguagens. O seu programa poético e político, como já observamos, é anunciado desde o título em forma de contraponto, que expressa um choque de culturas, o antagonismo entre dois tipos diferentes de discursos: por um lado, o *Grande* Sertão, como alegoria da *grandiloquência* dos donos do poder; por outro lado, as *veredas*, que são o lugar do *sermo humilis*, da fala dos de baixo. Esse tema é intensificado através da introdução do Diabo, figura que, no nível linguístico, simboliza uma força que, em vez de unir, separa os homens — o que chamo a função diabólica da linguagem. Enquanto pactário, o protagonista-narrador vive existencialmente o problema social. Por um lado, ele acentua o problema, na medida em que defende os interesses e o discurso da classe dominante; por outro, ele se sente corresponsável e chega a ser um porta-voz dos humildes. Tão ambígua como essa sua posição social é também

---

[583] F. Schlegel, 1800, pp. 363-364. Nesse texto, ele volta a defender a tese de que a Revolução Francesa, a doutrina-da-ciência de Fichte e o *Meister* de Goethe são as maiores tendências da época (pp. 366-367).

a sua narração, que oscila entre o discurso de legitimação e a autoacusação, ou seja, a tentativa de redimir-se da culpa.

Essa disposição mental ambígua — esconder e ao mesmo tempo revelar — faz com que a narração se desenvolva de modo fragmentário, labiríntico e em forma de rede. É um método de narrar que vem a ser uma desconstrução dos discursos já prontos sobre o Brasil e uma reescrita da história em forma despedaçada. Como elementos constitutivos dessa história identificamos ao longo do nosso trabalho fragmentos da retórica dominante e fragmentos da fala do povo. Antes de passar a examinar estas falas, era necessário compreender como a história coletiva se imbrica com a história individual (através da análise do discurso fúnebre de Riobaldo sobre Diadorim) e fundamentar o conceito de "povo" (através de uma comparação do romance com os principais ensaios sociológicos e históricos).[584] Um resultado importante do estudo da figura enigmática de Diadorim e do problema da "nação dilacerada" foi a comprovação da hipótese de que a escrita da história em Guimarães Rosa é *criptografada*, no nível individual como no nível da história do país.

A escrita rosiana da história envolve determinados procedimentos técnicos, mas também uma filosofia da história, da qual fazem parte as figuras metafísicas de Deus e do Diabo e, com isso, a dimensão da redenção da culpa e da salvação. A ideia que está em jogo pode ser explicada por meio de uma das teses de Walter Benjamin sobre o conceito de história:

> "O cronista que narra os acontecimentos, sem distinguir entre os grandes e os pequenos, leva em conta a verdade de que nada do que um dia aconteceu pode ser considerado perdido

---

[584] Cf. respectivamente os capítulos V e VI deste ensaio.

para a história. Sem dúvida, somente a humanidade redimida poderá apropriar-se totalmente do seu passado. Isso quer dizer: somente para a humanidade redimida o passado é citável, em cada um de seus momentos. Cada momento vivido transforma-se numa *citation à l'ordre du jour* — e esse dia é justamente o do juízo final".[585]

O programa de narrar "grandes" e "pequenos" acontecimentos, lado a lado, é sintetizado pelo título do romance de Guimarães Rosa. Tampouco para Riobaldo, nada da sua história nem da do seu país deve ser perdido. "Todas as minhas lembranças eu queria comigo", declara ele; "Esquecer, para mim, é quase igual a perder dinheiro"[(GSV: 236, 308)] Ao relato do narrador rosiano subjaz, portanto, a determinação de "apropriar-se totalmente do seu passado". Ora, isso só é possível — e Riobaldo sabe disso — para o homem *redimido*. E o que é a narração dele, moralmente falando, senão uma tentativa de redenção? Um discurso diante do tribunal, como observamos desde o início, em que o juiz é em primeira instância o interlocutor ou o leitor, e — em última instância — Deus. "A gente tem que escrever para setecentos anos, para o dia do Juízo Final", declarou Guimarães Rosa numa de suas entrevistas. Para tanto, a questão crucial a ser esclarecida é esta: como é que o passado torna-se citável?

O passado torna-se citável através do narrador como "o homem justo". É nestes termos que Walter Benjamin enfatiza a importância do narrador,[586] no contexto da crise da historiografia num mundo marcado pela catástrofe. Para que cada um dos momentos vividos, ou pelo sujeito individual ou pela hu-

---

[585] W. Benjamin, 1940/1974, p. 694; ed. brasileira, p. 223.

[586] W. Benjamin, 1936/1977, p. 465; ed. brasileira, p. 221.

manidade, possa ser citado, é preciso *redimi-los*, ou seja, expiar a *culpa* ligada a esses acontecimentos. Ora, para que o passado possa ser *citado* — isto é: intimado para comparecer em juízo — nada pode ficar escondido. Tudo o que é culpa, mentira, ocultamento e dissimulação tem que ser trazido à luz da verdade. Nesse sentido, as lembranças individuais de Riobaldo e as suas "lembranças do Brasil"[587] são citações. O método como ele desmonta a retórica de Zé Bebelo contém inclusive uma indicação de como o discurso dele mesmo, Riobaldo, pode ser desconstruído; tanto no que diz respeito à sua relação com Diadorim (por cuja morte se sente culpado), quanto à sua relação com os donos do poder. Para revelar a história oculta do Brasil, contida na narração de Riobaldo, é preciso decifrar esse relato criptografado, isto é, descobrir os fragmentos decisivos e recompor com eles o texto oculto.

Não é por acaso que o caráter criptografado da história do Brasil, no romance de Guimarães Rosa, veio à tona através da comparação com os outros grandes retratos do país. Todos esses ensaístas, que foram precursores ou contemporâneos do nosso autor, têm em comum com ele a procura de desvendar os momentos decisivos da história, momentos pouco claros, desconhecidos, esquecidos, mal interpretados, ocultos, dissimulados. Assim, detectamos em *Grande Sertão: Veredas* vestígios de fatos como: o crime cometido contra a população sertaneja em Canudos (Euclides da Cunha); a história íntima da família brasileira (Gilberto Freyre); as guerras do Brasil e a história da mão de obra (Celso Furtado, Darcy Ribeiro); a relação da classe dominante com o mundo do crime (Caio Prado Jr.); as camuflagens dos donos do poder e do "estamento" (Raymundo Faoro, Florestan

---

[587] Como bem formula H. Starling, 1999, no título do seu livro.

Fernandes); as espertezas dos bacharéis (Sérgio Buarque de Holanda) e o duplo papel dos letrados (Antonio Candido). Tudo isso faz do romance de Guimarães Rosa um livro-síntese dos retratos do Brasil.

Na medida em que os letrados também se tornaram personagens dos retratos do país, aguçou-se nos autores a reflexão sobre o método de compor esses retratos. Como é que essa autorreflexão, que envolve a relação com os poderosos e com os de baixo, se manifesta em Guimarães Rosa? Como se sabe, ele exerceu o cargo de um alto funcionário do governo federal, ao qual serviu com dedicação e lealdade.[588] Nesse sentido, ele foi um letrado a serviço do poder, embora se abstendo, na medida do possível, de discursos de maior envolvimento ideológico. Paralelamente ao seu trabalho oficial, ele cultivou a existência de um letrado autônomo. *Grande Sertão: Veredas* é, como ele declarou numa entrevista, "uma autobiografia irracional" ou, melhor, a sua "autorreflexão irracional".[589] Esse autorretrato concretiza-se alegoricamente na figura de Riobaldo, no episódio da Fazenda dos Tucanos. Quando o protagonista-narrador observa: "[Zé Bebelo s]egurou meu braço, [...] para se escrever, amanuense",[(GSV: 250)] temos ali a imagem emblemática do letrado a serviço do poder. Mas no mesmo local esboça-se também a ideia do letrado autônomo, quando Riobaldo declara: "Eu queria minha vida própria, por meu querer governada".[(GSV: 268)] Note-se que essa postura, no referido episódio, não se resume no individualismo, mas se alia a uma preocupação com o destino dos companheiros.

Apresentando desta forma muito clara a dupla opção do letrado — servir os poderosos ou realizar um trabalho autôno-

---

[588] Ver H. V. de Araújo, 1987.

[589] G. Rosa apud G. Lorenz, 1970, p. 532; ed. brasileira, p. 94.

mo e "engajado" —, o romance de Guimarães Rosa pode ser lido como uma encenação antecipada da teoria da "literatura de dois gumes", formulada em 1968 por Antonio Candido nestes termos:

> "Na sociedade duramente estratificada, submetida à brutalidade de uma dominação baseada na escravidão, se de um lado os escritores e intelectuais reforçaram os valores impostos, puderam muitas vezes, de outro, usar a ambiguidade do seu instrumento e de sua posição para fazer o que é possível nesses casos: dar a sua voz aos que não poderiam nem saberiam falar em tais níveis de expressão."[590]

A situação assim descrita caracteriza perfeitamente o caso de Riobaldo e do autor de *Grande Sertão: Veredas*. O narrador — e, num outro nível, o autor do romance — expressa o ponto de vista de um dono do poder, ao mesmo tempo em que dá voz às pessoas do povo que não dispõem de recursos equivalentes de expressão. É uma estratégia dupla, paradoxal e contraditória, um complexo sistema de mediação, que precisa ser examinado no contexto de uma questão mais ampla: quais são os padrões segundo os quais os letrados brasileiros representam o povo?

2. Dificuldade tradicional do letrado brasileiro de representar o povo

O protagonista secreto do romance e da obra de Guimarães Rosa como um todo é a multidão dos marginalizados e excluídos. A essa categoria social, de acordo com as pesquisas mais recentes,

---

[590] A. Candido, 1968/1987, p. 178.

pertencem 50 milhões de pessoas, isto é, cerca de 30% da população brasileira; quando se soma a esse contingente o número ainda maior dos pobres, sobra uma minoria de menos de 20% dos brasileiros que escapa à condição de miséria e pobreza.[591] Essas populações de baixo, retratadas no romance em forma de uma procissão infindável de jagunços, tropeiros, vaqueiros, roceiros, garimpeiros, meninos, mulheres, prostitutas, mendigos, velhos, doentes, inadaptados e desclassificados, têm recebido pouca atenção por parte dos estudiosos, salvo raras exceções, como Walnice Galvão (1972), que lhes dedica um breve capítulo, intitulado "A plebe rural".[592] Ela chega à conclusão que o romance é "o mais profundo e mais completo estudo até hoje feito sobre a plebe rural brasileira, por outro lado também é a mais profunda e mais completa idealização dessa mesma plebe".[593]

A afirmação de que Guimarães Rosa idealiza a plebe é discutível. O seu narrador discute explicitamente a questão da idealização: "Não me assente o senhor por beócio. Uma coisa é pôr *ideias arranjadas*, outra é lidar com país de pessoas, de carne e sangue, de mil-e-tantas misérias...".(GSV: 15, grifo meu) Esta passagem pode até ser interpretada como uma crítica à representação da sociedade sertaneja em Euclides da Cunha, complementando observações anteriores de Guimarães Rosa sobre tendências de mitificação em *Os Sertões*.[594] Como será mostrado aqui através de uma análise contrastiva da representação do povo nos dois autores, o romance de Guimarães Rosa é uma antítese às idea-

---

[591] Cf. www.ibge.gov.br. Acesso em 30/8/2003.

[592] W. Galvão, 1972, pp. 35-39.

[593] Op. cit., p. 74.

[594] G. Rosa, 1952/1970, p. 125. Cf. o comentário no capítulo I.

lizações e, com isso, uma crítica contundente ao livro precursor que, este sim, forjou uma imagem idealizada do sertanejo.

A questão da representação literária do povo tem também implicações políticas. Por isso, ampliemos o quadro, lembrando que o Brasil sempre foi objeto de invenção dos letrados. O estudo de Sérgio Buarque de Holanda, *Visão do Paraíso* (1958) dá uma ideia da importância que as invenções oficiais tiveram na história do país. Os "motivos edênicos no descobrimento e colonização do Brasil" não foram apenas literários, mas, como ele mostra, sobretudo psicológicos, econômicos e políticos. O *Eldorado* brasileiro foi um mito reforçado pela Coroa portuguesa com o objetivo de arregimentar a força de trabalho necessária para a empresa colonizadora. "A procissão de milagres", conclui o historiador, "há de continuar assim através de todo o período colonial, e não a interromperá a Independência, sequer, ou a República".[595] Com essas invenções oficiais do Brasil, vitoriosas, mas não necessariamente bem-sucedidas, contrastam as invenções políticas alternativas e derrotadas: os quilombos, a Revolução Pernambucana, a Cabanagem, a Guerra dos Farrapos, Canudos, os movimentos sociais do século XX...

Como se situam com relação às invenções políticas do Brasil as invenções literárias, neste caso, *Os Sertões* e *Grande Sertão: Veredas*? No relato historiográfico e etnográfico de Euclides da Cunha nota-se um forte compromisso com a invenção oficial do país, o que afeta a qualidade de sua representação do povo. O autor d'*Os Sertões* e do artigo anterior "A nossa Vendeia" (1897) defendeu o esmagamento de Canudos em nome dos ideais de uma *república* calcada sobre uma imagem idealizada da República Francesa de 1792. Concomitantemente, ele se colocou como ta-

---

[595] S. Buarque de Holanda, 1958/1977, p. 323.

refa, assim como outros letrados, contribuir com elementos teóricos para o processo de construção da "nação". Nesse sentido, ele compôs uma epopeia em que o sertanejo é estilizado em "cerne da nossa nacionalidade".(OS: 93) Como mostra a recepção d'*Os Sertões*, essa teoria atendeu a um desejo dos letrados brasileiros de ter uma identidade nacional diferente dos "princípios civilizatórios elaborados na Europa" — além de se prestar a explicar os fracassos da modernização oficial a partir dos "patrícios retardários". Essa teoria, no entanto, como já foi comentado neste ensaio, apresenta incongruências e incompatibilidades. Existe inclusive um autoquestionamento de Euclides em relação à sua escrita da história, sobretudo quanto à dificuldade de retratar o homem do povo:

> "Deixemos [...] este divagar pouco atraente./ Prossigamos considerando diretamente a figura original dos nossos patrícios retardatários. Isto sem método, despretensiosamente, evitando os garbosos neologismos etnológicos./ Faltaram-nos [...] tempo e competência para nos enredarmos em fantasias psíquico-geométricas [...], medindo o ângulo facial, ou traçando a *norma verticalis* dos jagunços. [...] Sejamos simples copistas./ Reproduzamos, intactas, todas as impressões, verdadeiras ou ilusórias, que tivemos quando de repente, acompanhando a celeridade de uma marcha militar, demos de frente, numa volta do sertão, com aqueles desconhecidos [...]".(OS: 104)

O próprio Euclides reconhece, portanto, a inadequação entre a teoria pré-concebida e o "objeto" etnográfico, que se mostra rebelde às fantasias teóricas e, no mais, permanece desconhecido. O pobre e desconhecido sendo assimilado em forma de uma abstração — eis um padrão de representação do povo por parte dos letrados brasileiros que se cristalizou ao longo do século XX, como mostram as observações críticas de autores mais recentes como Antonio Callado e Fernando Gabeira.[596] É com relação às representações do povo em termos de "ideias arranjadas" que Guimarães Rosa formula a proposta alternativa de retratar um "país de pessoas, de carne e sangue, de mil-e-tantas misérias". Como é construído esse retrato?

A representação da coletividade em *Grande Sertão: Veredas* se faz por meio de uma dissolução das convencionais categorias abstratas de "povo" e "nação", em prol do concreto. Diferentemente de Euclides, Guimarães Rosa não propõe nenhuma teoria do povo, mas apresenta uma viva multidão, diferenciada em bandos, grupos e pequenos ajuntamentos de gente, que por sua vez se subdividem em inúmeros personagens individuais, cada um deles com um perfil, um nome e geralmente também com uma fala.[597] A sociedade sertaneja é apresentada numa ordem labiríntica, uma rede temática com uma quantidade enciclopédica de informações, bem mais difícil de ser lida que as outras redes temáticas (como o sertão, a jagunçagem, o Diabo, Diadorim), o que talvez explica a quase ausência de estudos sobre o tema. Essa apresentação labiríntica do povo pode ser entendida como um resgate do Brasil recalcado por Euclides e pelos adeptos do desenvolvimentismo, como uma reconstituição da "*urbs* monstruosa" dos sertanejos,(cf. OS: 158) não no sentido de uma cópia empírica, mas de uma recriação, em outra perspectiva, do Brasil avesso à modernização oficial. Com efeito, o monstro es-

---

[596] Cf. em Gabeira (*O que é isso, companheiro?*, pp. 142-143) a crítica da mitificação dos "operários" e do "proletariado" pelos intelectuais e estudantes da classe média; e em Callado (*Quarup*, pp. 346-347) a ironia dos camponeses recém-alfabetizados quando percebem que a palavra "democracia, governo do povo" tornou-se uma abstração: "DEMO*CRA*CIA. CRA, CRE, CRI, CRO, CRU!".

[597] Cf. a análise no capítulo VI, item 4, "Máquina de gastar gente".

Representação do povo e invenção da linguagem

condido no labirinto, mantido a distância e temido pela camada dominante, esse grande desconhecido, que costuma ser resumido com a palavra abstrata "o povo", é o protagonista secreto de *Grande Sertão: Veredas*. Esse personagem coletivo é inventariado e reinventado pelo romancista, concomitantemente com o seu trabalho de inventariar e reinventar a língua.

"Um povo é o conjunto das pessoas que falam a mesma língua." Essa definição de Jacob Grimm[598] nos ajuda a entender por que a representação do povo em Guimarães Rosa está intimamente ligada a um mergulho radical na linguagem. É este o tema e o programa central do conjunto de sua obra, que é executado plenamente em *Grande Sertão: Veredas*, como se este romance fosse o dicionário e a gramática mais avançada do Brasil.

Antes de entrar nos detalhes do trabalho rosiano com a linguagem, vejamos como a representação da fala do povo se coloca para os letrados brasileiros em geral. O desafio principal consiste em encontrar um discurso não-discriminatório. Antonio Candido discute essa questão em "A literatura e a formação do homem" (1972). Como ele expõe, o problema da representação adequada da "linguagem inculta" do homem rural pela "linguagem culta" dos escritores coloca-se de forma paradigmática na literatura regionalista. O crítico apresenta duas posturas típicas, radicalmente opostas. No primeiro caso (Coelho Neto, 1864-1934) tem-se "uma espécie de estilo esquizofrênico", ou seja, uma separação entre o "requinte gramatical e acadêmico" que o escritor reserva para si mesmo, e o "ridículo patuá pseudo-realista", atribuído ao homem rural, que fica relegado "ao nível infra-humano dos objetos pitorescos, exóticos". No segundo caso (Simões Lopes Neto, 1865-1916), existe, pelo contrário, uma real

---

[598] J. Grimm, 1846-47/1966, p. 557.

postura de "mediação" entre os dois universos culturais, que "atenua ao máximo o hiato entre criador e criatura, dissolvendo de certo modo o homem culto no homem rústico". Simões Lopes Neto rejeitou a "falsa convenção fonética usual em nosso regionalismo" e adotou uma forma de estilização que permite ver a diferença de modo não discriminatório e trazer o universo do homem rústico para a esfera do civilizado".[599]

Como é que o problema da mediação cultural, descrito por Antonio Candido nos escritores regionalistas, se coloca nas obras de Euclides da Cunha e Guimarães Rosa, que tiveram uma irradiação universal?

Na apresentação da fala dos sertanejos observa-se uma grande diferença quantitativa e qualitativa entre os dois autores. Em *Os Sertões*, a fala de pessoas do povo aparece em pouquíssimos momentos. A isso se acrescentam vários procedimentos que acentuam a distância entre o narrador e o povo, como a transcrição de expressões em itálico, às vezes com explicações em nota de rodapé (o *gibão*, a *guiada*, o *aboiado*, a *parnaíba*, as *tentações do maldido* etc.), o que transforma os sertanejos em objetos de estudo científico; ou a discriminação da fonética popular, onde conta também o fato de se lidar com declarações de prisioneiros, obtidas em interrogatórios, e não em entrevistas com interlocutores iguais. Vejamos, a título de exemplo, como Euclides reproduz as respostas de uma criança prisioneira:

"Observou, convicto [...] que a Comblé não prestava. Era uma arma à toa, *xixilada*: fazia um *zoadão danado*, mas não

---

[599] A. Candido, 1972, pp. 808-809. Certos procedimentos narrativos de S. Lopes Neto podem ser considerados precursores dos de G. Rosa; cf. L. Chiappini, 1988, pp. 327 e 353.

tinha força. Tomou-a; manejou-a com perícia de soldado pronto; e confessou, ao cabo, que preferia a *manulixe*, um clavinote de *talento*. Deram-lhe, então, uma Mannlicher". (OS: 425)

O autor d'*Os Sertões* grifa as expressões que destoam da norma culta. Ele realça no falar do outro o traço pitoresco e corrige o *incorreto*, seguindo o padrão da escrita acadêmica discriminatória — além de apresentar essa criança como um "velho viciado", "tratante consumado", "bandido feito", em cujos nove anos de vida se adensariam "três séculos de barbaria". (OS: 425) A postura de Euclides se transforma em desprezo, quando ele desqualifica as manifestações do povo como um "gaguejar". (OS: 176) No fundo, esse escritor pouco se preocupa com a fala, o universo mental e a autoimagem dos sertanejos; ele prefere falar em nome deles. Com tudo isso, configura-se uma antropologia essencialmente *autoral*, ou seja, a postura de um letrado que, enquanto representante da elite modernizadora, coloca-se como o dono do discurso.

Diferentemente de Euclides, que, não obstante suas experiências de campo, não rompeu com uma suposta superioridade da classe culta, Guimarães Rosa, numa atitude de observação participante, desloca-se tão radicalmente para "dentro" da linguagem do povo, que este acaba sendo para ele a personificação da língua. Com centenas de fragmentos de discursos, o labiríntico *sertão* passa a ser um espaço virtual constituído de linguagem. Essa paisagem arcaica torna-se uma alegoria do território da língua, percorrido pelas *veredas* enquanto fontes e energias da criação linguística. Assim como o Homem da Multidão no conto de Edgar Allan Poe, também o protagonista-narrador de *Grande Sertão: Veredas* se mantém sempre no meio do povo. Uma imensa rede de falas dos sertanejos o acompanha em todo o seu trajeto. No papel de Riobaldo, o escritor João Guimarães Rosa movimenta-se no meio dessas falas como num elixir de linguagem. Ele se torna "a gramática em pessoa",[600] e seus experimentos poéticos representam uma expedição até o centro da linguagem. Na entrevista a Gunter W. Lorenz, disse Guimarães Rosa que, no seu centésimo aniversário, ele gostaria de publicar o seu romance mais importante, que seria também a sua autobiografia: "um dicionário".[601] Quando se toma esta palavra no sentido etimológico — *dictionarium*, de *dictio* —, ela designa uma compilação de falas e expressões.[602] Ora, é exatamente isso que o autor já realizou com o seu romance *Grande Sertão: Veredas*. As mais de 1.300 falas de pessoas sertanejas, em discurso direto, e outras tantas em discurso indireto, contêm uma representação do povo, em que este é o dono das palavras — com uma frequência quase cem vezes maior do que no livro de Euclides da Cunha.[603]

Como contraponto irônico ao narrador urbano d'*Os Sertões*, aparece em *Grande Sertão: Veredas* um narrador sertanejo — uma figura nada "simples", mas altamente elaborada, um mediador entre o mundo do sertão e a cultura letrada. Com esse narrador, Guimarães Rosa deu um "salto definitivo" com relação à tradicional atitude discriminatória dos letrados brasileiros. Como bem observa Walnice Galvão, "fica eliminado o contraste canhestro, tão praticado pela prosa regionalista, entre o diálogo que reproduz o falar e o não-diálogo que reproduz a prática le-

---

[600] Cf. J. Grimm, 1819/1966, p. 31.

[601] G. Rosa apud G. Lorenz, 1970, p. 523; ed. brasileira, p. 89.

[602] Cf. J. Grimm, 1854/1966, p. 311.

[603] Na parte "A Luta", (OS: 183-499 = 316 páginas) contei ao todo dezessete falas de sertanejos, assim distribuídas: Primeira Expedição: nenhuma; Segunda Expedição: quatro; Terceira Expedição: nenhuma; Quarta Expedição: quatro; Nova fase da luta: duas; Últimos dias: sete falas. Quer dizer, a relação de frequência das falas sertanejas em *Grande Sertão: Veredas* e *Os Sertões* é de aproximadamente 100 : 1.

trada do autor. Destarte, o diálogo deixa de incrustar-se no texto como um objeto folclórico, exibido à apreciação do pitoresco".[604] A invenção rosiana do narrador e de uma nova linguagem corresponde assim plenamente ao verdadeiro desafio do romance de formação: ser um laboratório para o diálogo social. Os pressupostos dessa invenção merecem ser estudados de perto.

3. Princípios e procedimentos da invenção rosiana da linguagem

Qual dos seguintes testemunhos da crítica caracteriza melhor o espírito do escritor Guimarães Rosa: "O maior inovador, no domínio da linguagem, de nossa literatura",[605] "o grande inovador e renovador da língua brasileira",[606] o "inventor de uma língua nova",[607] o criador do "idioma Guimarães Rosa",[608] "não um revolucionário", mas "um reacionário da língua",[609] um "revitalizador da linguagem",[610] um autor que "reescreve a própria

---

[604] W. Galvão, 1972, p. 71.

[605] O. Marques, 1957, p. 21.

[606] G. Lorenz, 1970, p. 484: "[...] der große Erneuerer der brasilianischen Sprache".

[607] Cf. M. Bandeira (1957a/1974, p. 512) em carta a G. Rosa, de 13/3/1957: "andaram dizendo que você tinha inventado uma língua nova".

[608] Cf. A. de Campos, 1959/1983, p. 348: "[...] a reinvenção de seu idioma *sui generis*"; G. Lorenz, 1966: "Existe uma espécie de idioma Guimarães Rosa, uma língua *sui generis*"; cf. também G. Lorenz, 1970, p. 511; ed. brasileira, p. 80.

[609] G. Rosa apud G. Lorenz, 1970, p. 518; ed. brasileira, p. 84. Ver também S. Grecco, 2001, pp. 12-34 ("Escritor revolucionário ou reacionário?").

[610] Cf. E. Coutinho, 1980 e 1983.

língua"?[611] Na verdade, toda essa polifonia de denominações merece ser preservada, pois expressa muito bem o tamanho do desafio proposto pela escrita rosiana. Se aqui será focalizado o aspecto da *invenção*, é por ser particularmente propício para aprofundar a questão da representação do povo.

Para tanto, será necessário superar a dicotomia, comum na recepção de *Grande Sertão: Veredas*, entre o conceito linguístico-gramatical e a ideia literária e estética da invenção. Esta questão deve ser pensada diante do horizonte mais amplo de uma poética e retórica que abrange o conjunto das ciências humanas. Caso contrário, não se sai do campo das especializações. Com argumentos bem fundamentados, mas estritamente linguísticos, M. Cavalcanti Proença (1958)[612] e Nei Leandro de Castro (1970)[613] contestam que Guimarães Rosa tenha "inventado" ou "criado" uma língua. Diante disso deve ser lembrado que o trabalho do escritor com as potencialidades da língua se orienta por uma ideia mais arrojada que a gramática dos linguistas: a "gramática da poesia",[614] ou seja, uma *poética e política* da invenção, que remonta à tradição da retórica clássica. Por isso, a formulação provo-

---

[611] Cf. J. A. Hansen, 2000, p. 20: "[...] o grande e estranho feito de seus textos consiste em reescrever a própria língua".

[612] C. Proença, 1958, p. 75: "Terá Guimarães Rosa inventado uma língua? Um dialeto? [...] Ainda que se considerem língua e dialeto com o máximo de amplitude semântica, ainda assim, não houve criação. O que ocorreu foi uma ampla utilização de virtualidades da nossa língua [...]".

[613] N. L. de Castro, 1970, p. 9: "Não se queira conferir a Guimarães Rosa a criação de uma língua ou um dialeto. Podemos, todavia, atribuir-lhe a tradução de uma linguagem dentro da língua [...]".

[614] Cf. R. Jakobson, 1973 e 1984. Trata-se de dois textos diferentes e complementares sobre o mesmo tema.

cativa da *invenção de uma língua nova* me parece heuristicamente fecunda para esclarecer a especificidade e abrangência do projeto do nosso autor.

Ao realçar "a absoluta confiança na liberdade de inventar" como o "traço fundamental" do autor de *Grande Sertão: Veredas*, Antonio Candido (1957 e 1964)[615] vincula-o explicitamente à tradição da *inventio*. A "invenção" era considerada na Antiguidade clássica a primeira e mais importante parte da retórica.[616] É a "ação de pensar coisas verdadeiras ou semelhantes à verdade"[617] e a arte de encontrar tais pensamentos.[618] Estes são levantados com a ajuda da *memoria*, organizados nas diferentes partes ou gêneros do discurso segundo a *dispositio* e articulados em palavras e orações através da *elocutio*. Já na poética medieval, entendia-se por *inventio* um "dar nova forma" a uma obra anterior[619] — uma ideia que sustenta também a presente análise do romance de Guimarães Rosa como reescrita d'*Os Sertões*. Apesar da liberdade de inventar, o romancista não deixa de usar igualmente o método antropológico da observação participante. *Grande Sertão: Veredas* situa-se na tradição brasileira do "romance [como] verdadeira forma de pesquisa e descoberta do país",[620]

---

[615] Cf. A. Candido, 1957, p. 5: "capacidade de inventar"; e, na versão de 1964, p. 121: "liberdade de inventar".

[616] Cícero, *De Inventione*, 178.

[617] Cícero, 9.

[618] H. Lausberg, 1990, p. 260.

[619] P. R. Doob, 1990, p. 198.

[620] Nestes termos, A. Candido (1959/1981, II, p. 112) caracteriza o romance romântico (Macedo, Alencar, Bernardo Guimarães, Franklin Távora, Taunay), em cujas interpretações da realidade brasileira ele nota "vigor e eficácia equivalentes aos dos estudos históricos e sociais". G. Rosa sintoniza-se com essa tradição, na

em que o ficcionista incorpora também os papéis do etnógrafo e do historiador.

Vale também lembrar que a invenção linguístico-literária é um tema central dos autores clássicos da filosofia alemã da linguagem — Herder, Friedrich Schlegel, Schleiermacher, Jacob Grimm, Wilhelm von Humboldt —, surgida não por acaso no momento da emancipação cultural de seu país. Várias reflexões desses autores podem ser usadas como instrumentos hermenêuticos para elucidar teoricamente a experimentação de Guimarães Rosa com a linguagem. Para todos eles, assim como para o nosso romancista, não se trata somente de questões estritamente literárias ou estéticas, mas de um projeto de formação social, com a inclusão das camadas populares. Através do seu *alter ego* Riobaldo, que se movimenta no meio das falas do povo, o escritor está em contato com a oficina onde se forja a língua.

Esclarecidos esses pressupostos, quais são os princípios gerais que nortearam a invenção de uma nova linguagem por parte de Guimarães Rosa, no conjunto de sua obra e especificamente em *Grande Sertão: Veredas*? Para identificar esses princípios, ouçamos as declarações do autor na entrevista dada a Gunter W. Lorenz.[621]

A ideia de reinventar o português do Brasil nasce da crítica de Guimarães Rosa à linguagem existente, no cotidiano como na esfera pública: "O que chamamos hoje linguagem corrente é um monstro morto. [...] a linguagem corrente expressa apenas clichês

---

medida em que se propõe a "trabalhar como um cientista e segundo as leis da ciência" (cf. supra, capítulo V, nota 291).

[621] In: G. Lorenz, 1970, pp. 483-538; ao longo deste ensaio já foram citadas várias passagens dessa entrevista. Note-se que o "original" das declarações de G. Rosa é o texto alemão. Na tradução brasileira de R. C. Abílio (in: E. Coutinho, org., 1983, pp. 62-97) fiz algumas interpolações e correções.

e não ideias; por isso está morta".[622] O material linguístico existente "basta ainda para folhetos de propaganda e declarações políticas, mas já não basta para a poesia, nem para a formulação de verdades humanas".[623] A mais deteriorada dessas linguagens, de acordo com o escritor, é a dos políticos: uma "permanente tagarelice sobre a realidade".[624] Como alternativa a essas formas desgastadas, ele imagina uma "língua literária", que sirva "para expressar ideias" e "pronunciar verdades poéticas". Essa demanda enfática de verdade vem ao encontro do significado original da *inventio*.[625] "O mundo somente pode ser renovado por meio da renovação da linguagem", resume Guimarães Rosa, cujo objetivo declarado é a "modificação das realidades linguísticas" existentes através da poesia.[626]

Nesse contexto, convém esclarecer que a palavra "metafísica" — longe de significar algo vagamente transcendental, como o fazem acreditar alguns de seus intérpretes esotéricos — tem para Guimarães Rosa o sentido preciso de poder criador, capacidade de inventar a língua: "Minha linguagem [...] deve ser a língua da metafísica [...], pois assim ela faz do homem o senhor da criação".[627] "O bem-estar do homem depende [...] também de que ele devolva à palavra seu sentido original. Meditando sobre a palavra, ele se descobre a si mesmo. Com isso repete o processo da criação." A capacidade de engendrar a língua original é equa-

---

[622] G. Rosa apud G. Lorenz, 1970, p. 522; ed. brasileira, p. 88.

[623] Op. cit., p. 523; ed. brasileira, p. 89.

[624] Op. cit., p. 508; ed. brasileira, p. 77.

[625] Cf. Cícero, *De Inventione*, 9.

[626] G. Rosa apud G. Lorenz, 1970, pp. 522 e 528; ed. brasileira, pp. 88 e 92.

[627] Todas as citações neste parágrafo: G. Rosa apud G. Lorenz, 1970, pp. 516-517; ed. brasileira, p. 83.

cionada, portanto, ao ato de criação. Ideia reforçada pela imagem do Éros criador de valores espirituais: "A língua e eu somos um casal de amantes que juntos procriam apaixonadamente".[628]

No projeto de Guimarães Rosa de reinventar o português do Brasil, o ato criador individual ("Esta língua atualmente deve ser pessoal, uma criação do próprio autor") é tão importante quanto a tarefa coletiva: "O brasileiro [...] ainda deve criar a sua própria língua".[629] Com essa combinação da poética individual e coletiva, o projeto de Guimarães Rosa difere radicalmente da representação do país por parte de Euclides. Este autor, apesar do imenso e rebuscado repertório verbal e da estilização poética, não foge do hábito arraigado dos letrados brasileiros de valorizar a erudição em detrimento da linguagem do povo. Em Guimarães Rosa, pelo contrário, a fala dos sertanejos é um componente fundamental do seu retrato do Brasil.

Quais são os procedimentos através dos quais Guimarães Rosa transforma seus princípios teóricos gerais na criação de uma nova linguagem? Podemos identificar basicamente três: a ativação das energias de formação da língua, a fusão de elementos linguísticos multiculturais e heteroculturais (combinação da norma culta com a linguagem popular) e o mergulho no *sermo humilis*. Expliquemos cada um deles.

"Primeiro, há o meu método de utilizar cada palavra, como se ela tivesse acabado de nascer, de limpá-la das impurezas da linguagem corrente e reconduzi-la a seu sentido original."[630] O escritor enfatiza a importância de "purificar a língua",[631] o que

---

[628] Com esta ideia G. Rosa retoma a tradição de Platão, cf. *O banquete*, 209.

[629] G. Rosa apud G. Lorenz, 1970, pp. 523 e 509; ed. brasileira, pp. 89 e 78.

[630] Op. cit., p. 514; ed. brasileira, p. 81.

[631] Op. cit., p. 521; ed. brasileira, p. 87.

é obtido através do duplo trabalho de remontar até a origem da palavra e de torná-la novinha em folha. Com isso, ele retoma uma declaração programática do seu livro de estreia, *Sagarana* (1946), onde afirma que, "à parte o sentido prisco, val[e] o ileso gume do vocábulo pouco visto e menos ainda ouvido, raramente usado, melhor fora se jamais usado".[632] Configura-se, assim, um trabalho autônomo com as energias de formação da língua.

A partir da ênfase dada por Guimarães Rosa ao sentido "original" das palavras pode ser estabelecida uma correspondência com o conceito de "origem" e a correlata teoria da linguagem de Walter Benjamin. É preciso constatar, contudo, que, à primeira vista, o sentido de "origem" parece ser bastante diferente nos dois autores: concepção etimológica e evolutiva da linguagem, no caso do romancista brasileiro, ruptura com o molde genético, causal e linear, no filósofo alemão. "A *origem*", define Benjamin, "apesar de ser uma categoria totalmente histórica, não tem nada que ver com a gênese. O termo não designa o vir-a-ser daquilo que se origina, e sim algo que emerge do vir-a-ser como um redemunho, e arrasta em sua corrente o material produzido pela gênese."[633]

Enquanto o método genético-causal se fixa em explicações evolutivas lineares, a concepção benjaminiana de "origem" (*Ursprung*, que significa também "salto" ou "ruptura original") enfatiza o recorte de relações específicas entre presente e passado. "O ritmo do originário", continua Benjamin, "só se revela a uma visão dupla, que o reconhece, por um lado, como restauração e reprodução, e por outro lado, e por isso mesmo, como incompleto

---

[632] G. Rosa, 1946/1965, p. 235.

[633] W. Benjamin, 1928a/1974, p. 226; ed. brasileira, pp. 67-68. Substituí "torvelinho" (*Strudel*), na tradução de Sergio Paulo Rouanet, por "redemunho", que é uma palavra-chave de *Grande Sertão: Veredas*.

e inacabado".[634] Isso significa que as unidades que constituem o discurso histórico nascem de uma afinidade *alegórica* entre o presente e o passado. A mediação entre esses tempos, em termos de uma "re-presentação" não se dá através de uma continuidade, mas através de um "salto", uma "ruptura". O trabalho do historiógrafo consiste em recuperar no passado aquele "estilhaço" ou "fragmento" inacabado que ilumina o presente, e restaurá-lo em forma de uma "descoberta que se relaciona, singularmente, com o reconhecimento". Trata-se de uma destruição salvadora do passado, que é recuperado através daqueles fragmentos.

É precisamente isso que ocorre no trabalho de Guimarães Rosa com a linguagem. Ele chama a atenção para o caráter não-acabado, ainda incompleto do português do Brasil: "É uma língua mais rica, inclusive metafisicamente, que o português falado na Europa"; é uma língua que "tem a vantagem de que seu desenvolvimento ainda não terminou; ela ainda não se petrificou".[635] A afinidade entre a concepção de "origem" de Guimarães Rosa e Benjamin acaba se estabelecendo pelo fato de o romancista não procurar construir continuidades genético-causais entre momentos históricos diferentes da língua portuguesa, e sim potencializar o português-brasileiro do presente — que se tornou "incalculavelmente enriquecido, por razões etnológicas e antropológicas" — através da inclusão de estilhaços do passado, de elementos "já quase esquecidos" do português da Idade Média.[636]

Em seu trabalho de inovação, Guimarães Rosa aproveita as energias que comandam a evolução da língua. Onde outros enxergam um sistema sincrônico parado e uma diacronia cristalizada,

---

[634] W. Benjamin, 1928a/1974, p. 226; ed. brasileira, p. 68.

[635] G. Rosa apud G. Lorenz, 1970, p. 513; ed. brasileira, p. 81.

[636] Cf. op. cit., pp. 513-514; ed. brasileira, p. 81.

ele percebe o potencial de um corpo linguístico em movimento. Essa concepção permite, inclusive, combinar a visão evolutiva da língua com a ideia benjaminiana do "originário", sem apagar as diferenças e sem aprisionar os experimentos ficcionais em ortodoxias teóricas. Guimarães Rosa explora "as virtualidades da língua", "apelando para a consciência etimológica do leitor".[637] O que isso significa no trabalho concreto com a língua foi assim descrito: "Guimarães Rosa efetua na linguagem literária moderna os mesmos desenvolvimentos fonológicos e morfológicos que têm caracterizado a língua portuguesa desde as origens até agora".[638]

A atenção dada por Guimarães Rosa à formação das palavras vai, contudo, muito além de efeitos gramaticais ou literários. Ele visa também despertar no leitor a consciência para a formação dos *conceitos* por meio dos quais a cultura brasileira se pensa a si mesma. Um termo como "jagunço", "escravo", "povo" ou "nação" não é para ele uma palavra entre outras, mas um *etymon* psicológico e social,[639] que permite ler a cultura em sua dimensão histórica e mental. Tais palavras são submetidas pelo escritor a uma purificação de usos arbitrários, no sentido de estimular o leitor a descobrir a língua como um ser em mudança e a reaprendê-la.

Um segundo procedimento rosiano de invenção consiste na fusão, montagem e combinação de elementos linguísticos multiculturais. Na esteira de Goethe, que introduziu o conceito de *Weltliteratur*, Guimarães Rosa lança para esse tipo de literatura a ideia correlata de uma *língua universal*:

---

[637] Cf. C. Proença, 1958, pp. 75 e 86.
[638] M. Daniel, 1968, p. 91.
[639] Cf. L. Spitzer, 1962, p. 13.

"Eu quero tudo: o mineiro, o brasileiro, o português, o latim — talvez até o esquimó e o tártaro. Queria a língua que se falava antes de Babel".[640]

O fato de o escritor aproveitar com naturalidade e com uma abrangência universal "todas estas fontes de formação léxica"[641] levou vários estudiosos a conceber essa invenção da língua como se fosse um somatório de elementos. Assim teríamos: o código escrito e a fala oral, o erudito e o popular, a linguagem coloquial e o idioma dos cientistas, o português contemporâneo e o arcaico, brasileirismos e regionalismos, traduções e adaptações de vocábulos estrangeiros etc. Esse tipo de leitura reduz a invenção do ficcionista a um catálogo de materiais, negligenciando o essencial: o *espírito* da invenção.

Como antídoto contra tais leituras positivistas, convém lembrar uma observação de Antonio Candido (1956) sobre a relação entre "materiais" e "invenção" em *Grande Sertão: Veredas*:

"O aproveitamento literário do material observado na vida sertaneja se dá 'de dentro para fora', no espírito, mais que na forma. O autor *inventa*, como se, havendo descoberto as leis mentais e sociais do mundo que descreve, fundisse num grande bloco um idioma e situações artificiais [...]. Sob esse aspecto, ao mesmo tempo de *anotação* e *construção*, lembra os compositores que infundiram o espírito dos ritmos e melodias populares numa obra da mais requintada fatura, como Béla Bartók".[642]

---

[640] Carta de G. Rosa a Mary L. Daniel, de 3/11/1964, apud Daniel, 1968, p. 26.

[641] M. Daniel, 1968, p. 33.

[642] A. Candido, 1956/2002, p. 191.

Fica claro, então, que o objetivo principal do romancista é "descobrir as leis mentais e sociais" do sertão enquanto mundo. A serviço desse objetivo está a invenção da língua, que não se processa por somatório de elementos, mas por fundição e construção artística. Aliás, não seria a língua que se falava antes de Babel, de acordo com a lição de Herder: a poesia?[643]

A fusão, montagem e combinação de elementos é praticada por Guimarães Rosa também no âmbito da "cultura brasileira",[644] que não deixa de expressar as enormes disparidades sociais através de elementos heterogêneos, notadamente a *diglossia*. Com este termo, os linguistas designam a diferença de *status* sociopolítico entre duas variedades que existem lado a lado na mesma comunidade linguística, sendo que uma das variedades, estabelecida como "a norma culta", é superposta através da educação à outra variedade oral/ coloquial/ familiar/ rural/ regional.[645] A partir desse fato, Teresinha Souto Ward (1984) introduziu uma nova perspectiva nos estudos linguísticos e estilísticos realizados até então sobre a obra de Guimarães Rosa. Em vez de explicar a invenção rosiana da linguagem como um desvio da norma, ela mostra que o alvo do escritor é a própria "norma" enquanto instituição que discrimina os "desvios":

> "Com *Grande Sertão: Veredas*, Guimarães Rosa não deixa de fazer um comentário sobre a situação atual do português do Brasil [...] chamando [a] atenção para a dicotomia entre a língua oral e a escrita e entre as áreas urbana e rural".[646]

---

[643] "*Pois o que foi a primeira língua senão uma coleção de elementos da poesia?*" (Herder, 1772/1966, p. 50).

[644] Cf. C. G. Mota, 1977 (cf. supra, capítulo I, nota 49).

[645] Cf. T. S. Ward, 1984, pp. 24-25.

[646] Op. cit., p. 66.

Isso é ilustrado pelo terceiro procedimento básico de criação: o mergulho no *sermo humilis*.[647] "Eu incorporo à minha dicção certas particularidades dialéticas de minha região, que *não* são linguagem literária e ainda têm sua marca original, não estão desgastadas e quase sempre são de uma grande sabedoria linguística."[648] Note se que, na reinvenção do português por parte de Guimarães Rosa, o *regional* é apenas o elemento secundário; o principal é a língua que costuma ser excluída da alta literatura como *não literária*: a fala das pessoas das classes subalternas, de gente pobre, carecendo de educação, de poder e prestígio. Esse nível de expressão é o *sermo humilis*, que acabou designando também o "estilo baixo" criado a partir dessa base.[649] Ou seja, o termo se refere tanto ao "material" coletado nas cadernetas de campo, quanto ao trabalho construtivo em cima desse material, "de dentro para fora", no sentido de um trabalho artístico de invenção.[650]

Sermo divinus est suavis et planus, non altus et superbus — esse contraste estilístico observado por um comentarista da obra de Dante inspirou Erich Auerbach[651] a estudar o surgimento do *sermo humilis* nos escritos bíblicos da Antiguidade tardia, como contestação da retórica então dominante do estilo alto e soberbo.

---

[647] Sobre esse conceito, ver E. Auerbach, 1952/1958, pp. 39-40.

[648] G. Rosa apud G. Lorenz 1970, p. 514, ed. brasileira, p. 81. Grifei o "não", para recuperar o sentido do original ("dialektische Eigenarten meiner Region, die keine Literatursprache sind"), uma vez que a tradução de R. Abílio, ao desconsiderar o "não", transmite o sentido oposto.

[649] Cf. E. Auerbach, 1952/1958, p. 34.

[650] Essa diferença e complementaridade é bem ilustrada pela distinção estabelecida por W. Galvão (1972, p. 70) entre fala e "fala" em *Grande Sertão: Veredas*.

[651] E. Auerbach, 1952/1958, p. 53.

O mesmo tipo de contraste pode ser observado, numa forma secularizada, no projeto poético do nosso romancista, no qual as *veredas*, enquanto contraponto ao Grande Sertão, emblematizam o *sermo humilis*, como contrapartida dialética ao estilo grandiloquente e ao *grand récit*. As veredas ou "passagens" do Grande Sertão representam uma nova escrita da história; são frestas abertas pelo escritor, para interromper o discurso que martela uma visão idealizada do país. O olhar do alto, frequente na obra de Euclides, é substituído em Guimarães Rosa por uma visão de baixo da realidade sertaneja, a partir de uma perspectiva rasteira, da fala dos humildes, sem, no entanto, idealizá-la. Configura-se, assim, uma história do cotidiano, uma micro-história do dia a dia, em contraposição aos feitos da historiografia monumental.[652]

Como é que esses princípios teóricos e procedimentos de invenção, especialmente o *sermo humilis*, manifestam-se na prática? É o que vamos verificar agora, com um estudo das falas do povo em *Grande Sertão: Veredas*.

4. *Grande Sertão*: as falas

Nesse *dictionarium* que é *Grande Sertão: Veredas*, com seus cerca de 1.300 *ditos* populares ou falas de sertanejos, escolhi treze falas para uma análise mais detalhada — uma amostra, que deverá proporcionar um *insight* e uma visão sintética do universo mental dos sertanejos.

Não entraram nesta escolha nem as falas dos chefes (já estudadas nos capítulos III e IV), nem de outros personagens de destaque (como Diadorim; cf. capítulo V), mas exclusivamente

---

[652] Cf. W. Bolle, 1994-95, pp. 83-84.

falas de sertanejos comuns. Com isso, a presente leitura se faz a contrapelo da crítica, que tem valorizado excessivamente a fala dos personagens "importantes", em detrimento dos de baixo. Para distinguir as manifestações dos sertanejos de interferências interpretativas do protagonista-narrador, como costuma acontecer nas falas indiretas, foram escolhidas somente falas *diretas*. Evidentemente, é preciso ter claro que não se trata de falas documentárias, gravadas em fita, e sim de uma estilização literária ou *invenção* a partir de materiais orais. É verdade que todas essas falas de sertanejos são lembradas por Riobaldo e integradas à sua fala, que funciona, de acordo com Walnice Galvão, como "o grande unificador estilístico".[653] Por outro lado, enquanto convenção ficcional, essas falas têm o valor de *citações*, expressando o modo de pensar próprio dos personagens, que podem inclusive divergir da perspectiva do protagonista-narrador. Por isso, a tese do "unificador estilístico" precisa ser reexaminada depois da análise dessas falas que não são as de Riobaldo.

As falas de sertanejos aqui escolhidas aparecem no discurso de Riobaldo como elementos-chave para ele recordar momentos decisivos de sua vida. São partes de uma ordem narrativa enquanto trabalho de *memória*. Como uma das cinco partes constitutivas da arte retórica, a memória é "a firme percepção do espírito das palavras e das coisas, de acordo com a invenção".[654] É essa qualidade que permite ao romancista retratar a história cotidiana e o universo mental dos sertanejos; e também fazer com que essas falas sertanejas sejam facilmente memorizadas pelo leitor. As falas escolhidas, como já foi esclarecido, encon-

---

[653] W. Galvão, 1972, p. 70.

[654] Cícero, *De Inventione*, 9. Neste texto encontram-se também as definições da *dispositio* e da *elocutio*.

tram-se espalhadas por toda a extensão do romance. Esse tipo de disposição (*dispositio*), que consiste na "distribuição, conforme uma certa ordem, dos elementos da invenção", é um elemento essencial da arte rosiana de narrar. Enquanto o narrador d'*Os Sertões* descreve o "labirinto monstruoso" do sertão humano com distanciamento, com um repertório linguístico e estilístico essencialmente culto, "de fora", o narrador de *Grande Sertão: Veredas* mergulha de cabeça nesse labirinto, que é também o da língua, assimilando-o ao seu modo de pensar e narrar. A sociedade sertaneja é apresentada por meio de uma ordem labiríntica construída, uma bem calculada rede de falas, distribuídas estrategicamente ao longo do grande sintagma da narrativa e acompanhando a trajetória do protagonista-narrador através do seu meio social.

Finalmente, na escolha e análise das falas, levou-se em conta também a *elocutio*, ou seja, "a acomodação das palavras e orações, de acordo com a invenção". Trata-se do modo como os personagens sertanejos formulam o seu pensamento. Resgatando para uma consideração mais objetiva aquilo que Euclides desqualificou como "a própria desordem do espírito delirante",(OS: 168) Guimarães Rosa considera os sertanejos não como objetos, mas como *sujeitos* da invenção, isto é, como narradores de sua própria história. Um desafio especial para a nossa análise consistirá em verificar como as falas dos sertanejos se situam com relação ao discurso do protagonista-narrador. Vamos a elas.

[1] "— 'Eu gosto de matar...'"(GSV: 13) O autor desta declaração, reportada pelo narrador no proêmio do romance, é um menino de uns dez anos, chamado Valtêi. "Pois essezinho, essezim", comenta Riobaldo, "desde que algum entendimento alumiou nele, feito mostrou o que é: pedido madrasto, azedo queimador, gostoso de ruim de dentro do fundo das espécies de sua nature-

za [...]. O que esse menino babeja vendo, é sangrarem galinha ou esfaquear porco." O *exemplo*[655] do menino Valtêi é um dos "casos" ou "causos" de um vasto repertório popular, explorado por Riobaldo desde o início, em sua tentativa de compreender a origem da violência e do mal. Contestando o *tópos* da bondade natural do homem, defendido por Rousseau, o autor de *Grande Sertão: Veredas* trabalha com o pressuposto da "ruindade nativa do homem".[(GSV: 33)]

Parece que a violência nasce espontaneamente nas pessoas, fazendo parte da natureza humana. Conforme explica Riobaldo: "[...] tem gente, neste aborrecido mundo, que matam só para ver alguém fazer careta...".[(GSV: 12)] Fato ilustrado por vários personagens do romance. Por exemplo, o Aleixo, que "[u]m dia, só por graça rústica, [...] matou um velhinho que por lá passou, desvalido rogando esmola".[(GSV: 12)] Ou a Maria Mutema, autora de dois homicídios. Como ela acaba confessando, "tinha matado o marido, aquela noite, sem motivo nenhum". Assim como depois matou o Padre Ponte, a quem contou "[...] que tinha matado o marido por causa dele, Padre Ponte — porque dele gostava em fogo de amores, e queria ser concubina amásia...".[(GSV: 173)] Mentira que lhe proporcionava "um prazer de cão, que aumentava de cada vez", "até que o Padre Ponte de desgosto adoeceu, e morreu em desespero calado...".[(GSV: 173)] O arquétipo do Mal é representado pelo Hermógenes, que "gostava de matar, por seu miúdo regozijo".[(GSV: 132)] Esse homem é a encarnação do Diabo, "belzebu", mas também "a inocência daquela maldade",[(GSV: 139, 179)] uma vez que já nasceu assim.

---

[655] Os "casos" narrados por Riobaldo situam-se na tradição dos *exempla*, com os quais os antigos, de Aristóteles a Cícero, procuravam sintetizar as lições da história (cf. K. Stierle, 1973, pp. 356-359).

Nesses personagens, que representam o gosto de matar e a lei da natureza selvagem, o protagonista-narrador Riobaldo reconhece também um pedaço de si. Ele se lembra, então, do episódio em que ele, o chefe Urutú-Branco, na frente de seu bando de jagunços, encontrou-se com um tal de nhô Constâncio Alves, que lhe provocou um súbito desejo: "[...] sem prazo, se esquentou em mim o doido afã de matar aquele homem, tresmatado. [...] matar, matar assassinado, por má lei".(GSV: 355) Retrospectivamente, Riobaldo reconhece: "[...] quem mandava em mim já eram os meus avessos". Todos esses casos ilustram o empenho do protagonista-narrador num trabalho radical de autoconhecimento, bem como o esforço do romancista de caracterizar o universo mental e social dos sertanejos. Para os homens de armas do sertão, o prestígio de um latifundiário, chefe de jagunços, é proporcional ao número de pessoas que ele matou. O poder é poder de matar. A lei natural, a lei da violência, é, como observa Riobaldo, a lei que rege aquela sociedade.[656]

Note-se que a forma como Guimarães Rosa reproduz a fala do menino sertanejo Valtêi, que foi o ponto de partida destas considerações, está inserida no padrão linguístico; aparentemente, não existe a diferença estética que caracterizaria um *procedimento estilístico*.[657] Faremos a mesma observação na maioria das falas aqui analisadas. Onde está, então, a "invenção linguística" de Guimarães Rosa? É preciso ter claro que a própria introdução de

---

[656] Como mostra W. Benjamin em seu ensaio "Crítica da violência — crítica do poder" (1921; ed. brasileira, 1986), a violência é a base do poder institucionalizado.

[657] Como referências para o estudo do procedimento estilístico consideram-se aqui tanto a "norma linguística" externa (de acordo com L. Spitzer, 1961) quanto a norma estética criada pela própria obra (chamada "contexto estilístico" por M. Riffaterre, 1971).

uma fala popular (neste caso, do menino Valtêi) no discurso do narrador Riobaldo, constitui um traço estilístico, na medida em que rompe com o padrão ou *contexto estilístico* inicial,[658] situado num nível verbal mais elaborado. Constitui-se um novo padrão, formado pelo relato do narrador, a fala do menino e o comentário do narrador. Nesse segundo contexto estilístico, surge como ruptura um vocábulo nunca visto — como se a figura do Valtêi tivesse desencadeado no romancista a capacidade de invenção: o narrador diz que o menino "já está no blimbilim".[GSV: 14] [659] Essa expressão e a fala direta anterior, "Eu gosto de matar...", reforçam-se mutuamente, e é esse conjunto, esse retrato do menino Valtêi, por ele mesmo e pelo narrador, que se grava na memória.

[2] "— 'Me dá saudade é de pegar um soldado, e tal, pra uma boa esfola, com faca cega... Mas, primeiro, castrar...'"[GSV: 20] Essa fala, também do proêmio do romance, e também gramaticalmente correta, é do ex-jagunço Firmiano, apelidado Piolho-de-Cobra, leproso e quase cego. O narrador aproxima-o dos arquétipos do Mal (Cobra, Diabo) e do homem selvagem: "Quem tem mais dose de demo em si é índio, qualquer raça de bugre. Gente vê nação desses, para lá fundo dos gerais de Goiás. [...] Piolho-de-Cobra se dava de sangue de gentio". É um reforço do *tópos* da ruindade nativa do homem, aqui na variante do *mau selvagem*. O jagunço Firmiano parece ser da mesma estirpe que o Hermógenes, a Maria Mutema e o menino Valtêi. Se em suas

---

[658] Cf. M. Riffaterre, 1971, pp. 57-60 e 64-94; ed. brasileira, pp. 56-59 e 62-92.

[659] "Blimbilim — Onomatopeia que designa *o fim de alguma coisa*. No texto [...] é 'alusão ao sininho da missa póstuma'" (N. L. de Castro, 1970, p. 45).

falas não há diferença em comparação com uma fala urbana, isso não apenas mostra um reconhecimento do outro como igual — diferentemente da reprodução discriminatória da fala de um menino "jagunço" por Euclides da Cunha[cf. OS: 425] —, mas sinaliza que a lei selvagem do sertão rege, em última instância, também a sociedade urbana.

O comentário do narrador realça, contudo, no Firmiano um aspecto diferente daqueles outros personagens. Ele *representa* a violência e a maldade, a fim de encobrir o seu medo: "Obra de opor, por medo de ser manso, e causa para se ver respeitado". Essa observação — que faz parte das investigações do romancista sobre as relações entre coragem, medo e "as más ações estranhas"[cf. GSV: 79] — revela um sentimento básico a partir da qual se estrutura a sociedade. Poder, autoridade e dominação são institucionalizados e mantidos com base no medo.[660] Quem entra para a jagunçagem, como Riobaldo, tem que adaptar-se a esse código. Ora, o faz de conta acaba obrigando a pessoa a ter de "um dia executar o declarado, no real": "Vi tanta cruez!", relembra o narrador.[GSV: 20] Essa invenção verbal,[661] na qual repercute o espírito da fala do Firmiano, contribui para fixar o seu retrato na memória, como um emblema da jagunçagem. É de praxe entre os chefes determinar que seus jagunços cumpram verdadeiros exercícios de ruindade: "[P]ara o pessoal não se abrandar nem esmorecer, até Sô Candelário, que se prezava de bondoso, mandava mesmo em tempo de paz, que seus homens saíssem fossem, para estropelias, prática da vida".[GSV: 131] Riobaldo comenta,

---

[660] Cf. a importância do medo como categoria política em Hobbes, 1651/ 1985, I.14, pp. 189-201, especialmente p. 200: "The Passion to be reckoned upon, is Fear".

[661] "Cruez — *crueza*" (N. L. de Castro, 1970, p. 58).

como que reconhecendo em si mesmo o mecanismo psicológico do Firmiano: "Eu tinha receio de que me achassem de coração mole, soubessem que eu não era feito para aquela influição, que tinha pena de toda cria de Jesus".(GSV: 131-132) É o retrato de uma sociedade em que a violência precisa ser constantemente encenada, como um ritual mantenedor do poder instituído.

[3] "— *Eu vi a Virgem!...*'" "— *Eu vi a Virgem Nossa, no resplandor do Céu, com seus filhos de Anjos!...*'"(GSV: 18) É o grito de Joé Cazuzo, que foi, na memória de Riobaldo, o único jagunço ativo "para se arrepender no meio de suas jagunçagens". Grito dado no meio de um tiroteio entre o bando de Riobaldo e uma tropa mista de jagunços e soldados, a serviço de um coronel. Assim como as demais falas de sertanejos que estamos analisando aqui, esse grito estimula a inventidade linguística do narrador que comenta: "Ele almou?".[662] Esse episódio, destacado pela dupla marca estilística, mostra como violência e religião convivem no universo sertanejo. Ao longo do romance, há várias referências dos jagunços à figura da Virgem Maria, inclusive por parte de Riobaldo, que reza "a todas as minhas Nossas Senhoras Sertanejas"(GSV: 310) e projeta a figura da santa tanto sobre Otacília quanto sobre Diadorim.(cf. GSV: 122, 374) O culto à Nossa Senhora faz parte daquele universo cultural, a ponto de mesmo os soldados e cabras do coronel "remitir[em] de respeitar o assopro daquele Joé Cazuzo", que "acabou sendo o homem mais pacificioso do mundo, fabricador de azeite e sacristão".(GSV: 19)

A passagem de jagunço a sacristão é cultural e socialmente significativa. Ela ilustra as duas possibilidades de carreira, as duas

---

[662] "Almar — Verbalização de *alma*: empregado com o sentido de *ver alma*" (N. L. de Castro, 1970, p. 31).

saídas possíveis para os homens livres da plebe rural, que não querem se engajar no sistema de produção: a religião ou a violência.⁶⁶³ Essa perspectiva é também a do protagonista do romance, que declara que ele *podia* ter sido "padre sacerdote" ou "chefe de jagunços".^(GSV: 15) Estabelecendo uma comparação intertextual, podemos lembrar que Antônio Vicente Mendes Maciel esteve diante da mesma opção: "Ali estavam, em torno, permanentes lutas partidárias abrindo-lhe carreira aventurosa, em que *poderia* entrar como tantos outros".^(OS: 141, grifo meu) Apesar de existirem diferenças fundamentais, vislumbram-se assim traços em comum entre o jagunço metafísico Riobaldo e o líder religioso e chefe de "jagunços" Antônio Conselheiro.

[4] "— ...'O Hermógenes tem pauta... Ele se quis com o Capiroto...'"^(GSV: 40) Essa fala, de um João Bugre, é escutada por Riobaldo no momento em que o bando, sob a chefia de Medeiro Vaz, pisa pela primeira vez no Liso do Sussuarão, caracterizado como espaço infernal.^(cf. GSV: 40-43) Trata-se do segundo bloco narrativo do romance, que é um relato *in medias res* das experiências do jagunço Riobaldo. Das falas sertanejas escolhidas, é a primeira mais marcadamente regional. "Ter pauta", no sentido de "fazer o pacto", e "Capiroto", em vez de "Diabo", são expressões usadas no interior do país que, nesse contexto, não são discriminatórias, mas caracterizam um determinado ambiente cultural. Pelo nome, João Bugre é da mesma "raça" selvagem que o Piolho-de-Cobra. A figura evocada por ele, o Capiroto, é antagônica à da Virgem Maria, da visão de Joé Cazuzo, constituindo-se assim os dois polos que representam no mundo sertanejo o Mal e o Bem.

---

⁶⁶³ Cf. W. Galvão, 1972, p. 81.

É de notar que todas as falas de sertanejos aqui comentadas terminam com reticências. É uma forma de dar ênfase e de sinalizar que todas elas repercutem na mente do protagonista-narrador. O exemplo mais forte é o efeito da imagem do Hermógenes pactário sobre Riobaldo: "Eu ouvi aquilo demais. O pacto!"; "'*O Hermógenes tem pautas...*' Provei. Introduzi"; "O Hermógenes — demônio. Sim só isto. Era ele mesmo".[GSV: 40] O fascínio de Riobaldo pela figura do pactário é reiterado ao longo da narrativa: "João Goanhá me esclareceu: '— O Hermógenes fez o pauto. É o demônio rabudo quem pune por ele...'".[GSV: 53] Riobaldo comenta: "Nisso todos acreditavam. Pela fraqueza do meu medo e pela força do meu ódio, acho que eu fui o primeiro que cri". Com todo o seu envolvimento, o narrador não deixa de identificar o componente político da crença no pacto: era "[o] medo, que todos acabavam tendo do Hermógenes, [...] que gerava essas estórias".[GSV: 309] O Diabo aparece, portanto, como figura que representa os mecanismos do poder e da dominação.

Em termos retóricos e poéticos, o distanciamento inicial do protagonista-narrador com relação às superstições do "povo prascóvio"[cf. GSV: 9-10] constitui um estratagema para reforçar a sua credibilidade. Afirmando que "quase que já perd[eu] a crença" no demo, Riobaldo procura se sintonizar com a mentalidade esclarecida do interlocutor urbano. Para isso contribui também o fato de ele rememorar o seu tempo de juventude a partir da distância ponderada de um cidadão respeitado e maduro. Sua ausência de "abusões"[GSV: 9] parece aproximá-lo por um momento desse crítico das "abusões extravagantes" dos sertanejos que foi Euclides da Cunha, que vituperou as crenças nas "*tentações do maldito*".[cf. OS: 124-125] No entanto, o distanciamento do narrador de *Grande Sertão: Veredas* é apenas um dos polos numa escala variável de distância-e-proximidade narrativa que lhe permite sondar refinadamente o universo mental sertanejo. Diferentemente do narrador d'*Os Sertões*, Guimarães Rosa realiza através de Riobaldo um mergulho profundo na cultura do *outro*. Trata-se de um observador participante, que se inteira de corpo e alma das crenças populares — a tal ponto que acaba se tornando pactário ativo!

Tocamos aqui o cerne do romance. Na medida em que o romancista faz o seu protagonista-narrador mergulhar na questão do pacto, ele aprofunda também a questão *metafísica* da criação linguística: "[E]u sem querer disse alto: '— ... Só o demo...' E: '— Uém?...' — um deles, espantado, me indagou. Aí, teimei e inteirei: '— Só o Que-Não-Fala, o Que-Não-Ri, o Muito-Sério — o cão extremo!' Eles acharam divertido".(GSV: 308) [664] Neste plano da narrativa, a exploração da metafísica do Mal se funde com a liberdade "blasfematória" do escritor de exercer o papel de criador.[665]

[5] "— 'Nasci aqui. Meu pai me deu minha sina. Vivo, jagunceio...'"(GSV: 169) É a resposta, real ou provável ("ele falasse") de Jõe Bexiguento às perguntas de Riobaldo sobre os motivos para um sertanejo tornar-se jagunço e sobre o problema da consciência moral. Essa conversa ocorre na primeira parte do relato de vida de Riobaldo, depois do seu primeiro tiroteio, em que ele foi iniciado ao ofício de matar. "Jagunço", define o protagonista-narrador, é "criatura paga para crimes, impondo o sofrer no quieto arruado dos outros, matando e roupilhando". A

---

[664] O modo de G. Rosa explorar poeticamente a riqueza dos nomes populares para o Diabo é estudado por L. Arroyo, 1984, pp. 225-251.

[665] Cf. a declaração de G. Rosa de que sua concepção metafísica da língua é, no fundo, "uma concepção blasfematória, pois ela faz do homem o dono da criação" (apud G. Lorenz, 1970, p. 516; ed. brasileira, p. 83).

condição jagunça, esse estado de *crime*, ao mesmo tempo fora e dentro da lei, é descrita a partir da observação participante de um novato, "entrevistando" um sertanejo que exerce esse ofício há bastante tempo.

O objetivo do narrador é realçar o contraste entre a sua consciência moral e a razão prática do outro. Enquanto toda a narração de Riobaldo é estruturada em torno da dúvida "De Deus? Do demo?" — como mostraram as já comentadas referências à Virgem Maria e ao Capiroto —, o pensamento de Jōe Bexiguento sobre essa questão é taxativo e prático: "— 'Deus a gente respeita, do demônio se esconjura e aparta...'". Para esse "broeiro peludo do Riachão do Jequitinhonha", a jagunçagem é sobretudo uma profissão que lhe garante o sustento, conforme lhe ensinou seu pai. Ele sabe, contudo, como também os companheiros, que se trata de uma ocupação provisória; tanto assim que já formula seu projeto para o futuro e a velhice: "P'ra o Riachão vou, derrubo lá um bom mato...".

Nessa conversa entre os dois homens que experimentam sentimentos semelhantes, observa-se uma atitude tendenciosa do protagonista-narrador: ele reserva para si as grandes dúvidas metafísicas, enquanto o outro é apresentado como *homem simples*:[666] "Jōe Bexiguento não se importava. Duro homem jagunço, como ele no cerne era, a ideia dele era curta, não variava. [...] Tudo poitava simples". Ora, Riobaldo não é o único a ficar em "dessossego" por causa dos companheiros que morreram; também Jōe Bexiguento expressa sua "desinquietação", apesar de já estar vários anos na jagunçagem. Não foi a "simplicidade", mas foram as contingências materiais que o fizeram optar por esse ofício. A discriminação do jagunço comum ocorre, bem entendido, por

---

[666] Sobre "a mentalidade do 'homem simples'", ver O. Ianni, 1968b.

conta do personagem-narrador, não por conta do autor, que atua atrás dele. A valorização do homem do povo por parte de Guimarães Rosa percebe-se também pelo fato de ele fazer de Jõe Bexiguento o narrador do caso talvez mais memorável do romance: a história de Maria Mutema.(GSV: 170-174) 667

Esse caso pode servir de exemplo para ilustrar a estrutura narrativa e historiográfica do romance e da obra de Guimarães Rosa como um todo.668 A vida do jagunço Riobaldo é em princípio apenas *uma* entre muitas outras histórias que se contam em *Grande Sertão: Veredas*. Sua história foi escolhida pelo autor para ser a base narrativa em que se encaixam as demais estórias, os numerosos *casos*, as fragmentárias referências históricas, os episódios da vida cotidiana coletiva — essas mil-e-uma invenções da gente sertaneja, que dão substância histórica e social ao relato de Riobaldo.

[6] "— 'Com vossas licenças, chefe, cedo minha rasa opinião. Que é [...] de se soltar esse Zé Bebelo [...] Não ajunto por mim, observo é pelos chefes [...]. A gente é braço d'armas, para o risco de todo dia [...]. Mas, se alguma outra ocasião [...] algum chefe nosso cair preso em mão de tenente de meganhas — então também hão de ser tratados com maior compostura, sem sofrer vergonhas e maldades... A guerra fica sendo de bem-criação, bom estatuto...'"(GSV: 207)

Nesta fala, de um jagunço chamado Gú, vêm à tona as diferenças sociais entre os chefes e os rasos jagunços. Diferenças

---

667 O caso de Maria Mutema é valorizado por W. Galvão (1972, pp. 127-132) como matriz imagética de *Grande Sertão: Veredas*.

668 Os estudos sobre as relações entre o romance e os contos de G. Rosa ainda são poucos; entre os mais recentes, ver o de E. Finazzi-Agrò, 2001.

apenas esboçadas no contraste anteriormente comentado das dúvidas metafísicas do futuro chefe Riobaldo e das preocupações do sertanejo comum Jõe Bexiguento. A fala aqui citada ocorre durante o julgamento de Zé Bebelo sob a presidência de Joca Ramiro que, depois de os chefes terem dado sua opinião, abre o debate para todos os seus jagunços. É nesse momento que Riobaldo se prepara para falar, certo de se destacar no meio daqueles homens, onde "cada um [ficava] com a cara atrás da sela".(GSV: 206) Mas um outro começou primeiro. Pela aparência dele, ou melhor, pelo modo como o apresenta o narrador, não é para se esperar uma fala de valor: "Um Gú, certo papa-abóbora, beiradeiro, tarraco mas da cara comprida; esse discorreu".

No entanto, esse Gú acaba realçando um aspecto fundamental do sistema jagunço de forma tão lúcida e lapidar que faz sombra ao discurso grandiloquente e convencional proferido em seguida por Riobaldo. Diferentemente da atitude autoconvencida deste ("tenho é uma verdade forte para dizer, que calado não posso ficar"), a fala do Gú inicia-se na convenção da humildade: "cedo minha rasa opinião". É uma fala aparentemente desinteressada ("não ajunto por mim"), ao contrário do discurso de Riobaldo, que lisonjeia os chefes e quer o seu pedaço da "fama de glória". Como expõe o Gú, nas guerras existe uma diferença decisiva de condição social: enquanto os "braços d'armas" entram para o ofício da jagunçagem com o risco pleno de sua vida, os chefes sempre têm a possibilidade de negociar. O que esse sertanejo dá a entender é que a absolvição de Zé Bebelo por Joca Ramiro não é tanto um ato magnânime de "jagunços civilizados" — como o devem fazer crer toda a encenação e a retórica do julgamento —, mas um arranjo entre dois potentados, num contexto político, em que o vencido de hoje pode ser o vencedor de amanhã. As guerras de jagunços, como ainda sugere o Gú com suas sarcásticas palavras finais, são um perpétuo estado de lei, em que os de cima entram com o dinheiro e a "glória", e os de baixo pagam com suas vidas.

[7] "— 'Ossenhor utúrje, mestre, a gente vinhemos, no graminhá... Ossenhor utúrje... [...] Não temos costume... Que estamos resguardando essas estradas... De não vir ninguém daquela banda: povo do Sucruiú, que estão com a doença, que pega em todos... [...] Peste de bexiga preta... Mas povoado da gente é o Pubo [...] distante meia légua... [...] A gente vinhemos, no graminhá. Faz três dias... Cercar os caminhos.'"(GSV: 291-292)

Num dado momento da segunda parte da história de vida de Riobaldo, quando o bando de jagunços chefiado por Zé Bebelo está errando pelos "fundos fundos" do sertão, interpõem-se em seu caminho as figuras alegóricas da Miséria e da Morte. A fala citada, dirigida ao chefe Zé Bebelo, é de um homem empunhando uma foice, falador de um grupo de roceiros em "molambos de miséria". Sua voz é comentada por Riobaldo como "tôo que nem de se responder em ladainha dos santos, encomendação de mortos, responsório". Ao reproduzir esse discurso, o narrador sinaliza que se trata de uma fala rústica arcaica: "Ossenhor utúrje" (corrutela de "intrujir" = "perceber", "compreender"), "no graminhá" (corrutela de "caminhar") — portanto, algo como "O senhor entenda, nós viemos caminhando".[669] Concomitantemente, o protagonista-narrador expressa o seu espanto diante desses homens, que parecem ser de "tempos antigos" e que estão ali em sua frente "que nem mansas feras". Com essas figuras, que Riobaldo denomina de *catrumanos*, Guimarães Rosa retoma o *tópos* euclidiano dos "patrícios retardatários" do sertão,

---

[669] Cf. o verbete "utúrje" in: N. S. Martins, 2001.

dos quais "nos separa uma coordenada histórica — o tempo".(cf. OS: 300, 14) 670

Desde o início, a viagem pelo sertão proporcionada pelo narrador foi balizada pelas figuras da pobreza e da tristeza. Mas, em contraste com o *grand récit* das guerras e batalhas, esses detalhes da "história de sofrimentos" foram transmitidos num *estilo simples* ou *discreto*,[671] como *en passant*: "[...] quando se jornadeia de jagunço, no teso das marchas, praxe de ir em movimento, não se nota tanto: o estatuto de misérias e enfermidades. Guerra diverte — o demo acha".(GSV: 48) Com o episódio dos catrumanos, *o que não se nota tanto* passa para o primeiro plano. Guimarães Rosa fixa "o drama do homem abandonado e a mercê dos complexos interesses das chamadas elites".[672] Eis o ponto crucial da crítica do romancista às representações do Brasil por meio de "ideias arranjadas"; e o contraponto, em forma de retrato de um "país de pessoas, de carne e sangue, de mil-e-tantas misérias...".(GSV: 15)

A massa dos miseráveis e dos excluídos, representada pelos catrumanos, vai "barrando o caminho de Zé Bebelo".[673] Alegoricamente falando, é o choque do Brasil moderno, o país da Ordem e do Progresso, com o Brasil dos avessos, o país dos problemas monstruosos. Ao apresentar-se aos catrumanos como vindo "do Brasil",(GSV: 293) Zé Bebelo pretende demarcar aqueles fundos miseráveis do sertão como se fossem um lugar "fora do Brasil",

---

[670] A retomada do *tópos* dos "patrícios retardatários" é corroborada também pelo fato de G. Rosa ter incorporado ao seu romance(GSV: 290) vários nomes de "peças de armas de outras idades" — "lazarinas", "bacamartes", e "cacete" —, que ele grifou em seu exemplar d'*Os Sertões* (cf. W. Bolle, 1998a, pp. 14-15 e 35-36).

[671] H. Lausberg, 1990, p. 519.

[672] L. Arroyo, 1984, p. 139.

[673] H. Starling, 1999, pp. 153-154.

um "território estrangeiro", assim como parecia aos expedicionários que avançaram sobre Canudos.(cf. OS: 422-423) Para Riobaldo, no entanto, uma vez que se entrou no "inferno feio deste mundo", já não é possível "[p]arar [...] o são longe do doente, o vivo longe do morto [...], o rico longe do pobre".(GSV: 294) Na sua visão angustiada virá o momento em que "aqueles homens [...] aos milhares mis e centos milhentos, vinham se desentocando e formando, do brenhal, enchiam os caminhos todos, tomavam conta das cidades".(GSV: 295)

Pelo modo como o romancista imbrica as diferentes esferas de linguagem, ele sinaliza que, em meados do século XX, em plena época do desenvolvimentismo, esse momento já chegou. A fala dos catrumanos é incrustada na norma linguística brasileira, assim como os excluídos e miseráveis fazem parte do corpo das grandes cidades.

[8] "— 'Tirei não, nada não... Tenho nada... Tenho nada...'"(GSV: 299) O retrato geral da miséria, personificada pelos catrumanos, se condensa na figura do menino Guirigó, do Sucruiú, a quem pertence essa fala. Ele é pego em flagrante ao roubar uma casa, junto com uns homens "feito ratos". Esse menino, que já parece ter a "prática de todos os sofrimentos" é a encarnação dos sem-posse, dos que não têm nem futuro, dos menores abandonados do país. Sua fala "Tenho nada", "nada não", "não [...] nada" soa como uma projeção, amplificada sarcasticamente no espaço social, da palavra inicial e geradora do romance: "Nonada".

"De homem que não possui nenhum poder nenhum, dinheiro nenhum, o senhor tenha todo medo!",(GSV: 294) aconselha Riobaldo ao seu interlocutor. Ele mesmo, Riobaldo, se utilizou da total negação de si como estratagema retórico, no confronto com Zé Bebelo, na Fazenda dos Tucanos:

"— 'Pois é, Chefe. E eu sou nada, não sou nada, não sou nada... Não sou mesmo nada, nadinha de nada, de nada... Sou a coisinha nenhuma, o senhor sabe? Sou o nada coisinha mesma nenhuma de nada, o menorzinho de todos. O senhor sabe? De nada. De nada... De nada...'"(GSV: 266)

Existe, pois, uma afinidade entre a fala simples do menino Guirigó, com sua total ausência de poder, e a elaborada arte oratória de Riobaldo, que se prepara para assumir o poder. É também um micromodelo da invenção linguística do romancista a partir de padrões de fala populares. Em comparação com Riobaldo, que se sensibiliza com a miséria do menino Guirigó, a percepção de Zé Bebelo é rotinizada, como mostra sua fórmula já pronta: "O que imponho é se educar e socorrer as infâncias deste sertão".(GSV: 300)

Riobaldo, quando chefe, toma em relação àquele menino uma atitude ambígua, em que se misturam o gesto paternalista da ajuda e a arbitrariedade encoberta pela demagogia: "[...] retirar aqueles, todos, destorcidos de suas misérias".(GSV: 336) Ele manda trazer o Guirigó e montá-lo num cavalo, emparelhado da banda de sua mão esquerda, para levá-lo consigo em sua campanha. O motivo profundo dessa ação parece ser o medo de perder o poder, o medo das adversidades e "das pragas que outros rogam", e a superstição de que o menino, sem poder nenhum, possa lhe servir — assim como o cego Borroméu, da banda de sua mão direita — de meio mágico para "defastar o mau poder" daquelas pragas.(GSV: 338) [674]

---

[674] Sobre a tradição do "cego como amuleto", ver L. Arroyo, 1984, pp. 139-140.

[9] "— 'A gente carecia agora era de um vero tiroteio, para exercício de não se minguar... A alguma vila sertaneja dessas, e se pandegar, depois, vadiando...'"(GSV: 307) O bando de jagunços, depois de ter atravessado os "campos tristonhos" do Pubo e do Sucruiú, está parado no retiro da Coruja. Quase todos os companheiros, relata Riobaldo, estavam adoecidos, e a proposta do chefe Zé Bebelo, que "tinha gastado as vantagens" e "murchava na cor", era esperar ali, até que os doentes sarassem. A moral de combate atingiu seu ponto mais baixo. É nessa situação que o jagunço Sidurino faz a proposta acima citada.

A miséria do povo do Sucruiú e do Pubo, que é um choque para Riobaldo, é para seus companheiros uma situação por demais conhecida, da qual eles procuraram fugir ao optar pela jagunçagem, em que "não se nota tanto: o estatuto de misérias e enfermidades".(GSV: 48) Diante do quadro daquela penúria absoluta, os jagunços reconhecem a sua condição de origem. Sob o olhar do latifundiário seô Habão, arma-se para eles a ameaça de recairem na condição de "escravos".(GSV: 314) Ocorre então uma superposição de imagens: "jagunços destemidos", que iam "virando enxadeiros". Pela lógica do sistema vigente de produção econômica, ressurge como "presença ausente" a figura do escravo; os assim chamados "homens livres" seriam reincorporados à ordem escravocrata.[675] Os jagunços têm horror de recair nesse estado e reagem. Eles querem escapar da miséria e aproveitar a vida, satisfazendo ao menos os impulsos básicos: "comer, beber, apreciar mulher, brigar, e o fim final".(GSV: 45) [676]

---

[675] Cf. M. S. de C. Franco, 1969/1974, p. 9.

[676] É de notar que os prazeres elementares apreciados pelos jagunços do sertão são os mesmos que os homens procuram na cidade dos prazeres *Mahagonny*: "comer, amar, lutar, beber" (cf. B. Brecht, 1929, cenas 13-16).

Esse tão sonhado pandegar e vadiar, contudo, não passa de uma "miséria melhorada",^(cf. GSV: 321) como observa sardonicamente Riobaldo. Pois se os de baixo pensam em aproveitar a vida, eles, na verdade, são aproveitados como "material humano" pelos de cima, que apelam para seus instintos primitivos e fantasias. Assim age o Hermógenes, que acena para seus jagunços com a perspectiva de "ataca[r] bons lugares, em serviço para chefes políticos", pois, afinal, "[a] sebaça era a lavoura deles";^(GSV: 177, 128) e — como veremos no estudo da próxima fala — o próprio comandante Riobaldo, que alicia os catrumanos. Sintonizada com o apelo habitual dos chefes, a proposta do Sidurino encontra ampla repercussão entre os companheiros: "Ao assaz confirmamos, todos estávamos de acordo com o sistema". Entenda-se: o "sistema jagunço".

A atitude do protagonista-narrador diante da proposta do Sidurino é ambígua. Acompanhando o voto de todos, Riobaldo declara sua cumplicidade com o sistema: "Aprovei também". Mas logo depois de pronunciar estas palavras, ele sente uma dúvida, que é expressa por uma imagem forte e original: "[O] que me picou foi uma cobra bibra".^(GSV: 307) ⁶⁷⁷ Ele expõe, então, suas dúvidas morais, mostrando empatia e compaixão com as vítimas: "[...] o desamparo de um arraial, de [...] gente como nós, com madrinhas e mães", "[...] um coitado morador, em povoado qualquer, sujeito à instância dessa jagunçada".^(GSV: 307-308) Nesta declaração do protagonista-narrador há uma certa incongruência. Não é estranho que sua consciência moral seja despertada justamente por um réptil que simboliza o Mal?

De que lado, afinal, está Riobaldo? Ele, que se dá conta de sua condição efetiva de "raso jagunço atirador, cachorrando por

---

[677] "Bibra — Corrutela de *víbora*" (N. L. de Castro, 1970, p. 44).

Representação do povo e invenção da linguagem

este sertão", no meio de um bando de companheiros, "que viviam à toa, desestribados" e que "desgovernavam toda-a-hora a atenção".(GSV: 305-306) Prestes a fechar o pacto com o Diabo, Riobaldo, que conhece por dentro a mentalidade tanto dos jagunços quanto dos moradores, está de ambos os lados. Esse duplo conhecimento e essa linguagem dupla, de que se valerá o "Urutú-Branco", o chefe com nome de serpente,[678] caracterizam também o seu discurso de legitimação diante do interlocutor urbano.

[10] "— '... Quem é que vai tomar conta das famílias da gente, nesse mundão de ausências? Quem cuida das rocinhas nossas, em trabalhar pra o sustento das pessoas de obrigação?...'" (GSV: 337) É a fala de um dos moradores do Sucruiú, que estão sendo recrutados à força por Riobaldo, recém-empossado chefe do bando de jagunços. Falando "por todos", esse morador, cujo nome o narrador não informa, contesta a ação de força. Trata-se do primeiro de uma série de conflitos entre o patrão Riobaldo e seus subordinados, conflitos que se prolongam até o fim da história.

A passagem pelos povoados do Sucruiú e do Pubo e a permanência no Retiro da Coruja são para Riobaldo um ensinamento de como funciona a máquina da economia e do poder no sertão. Diante do "fazendeiro-mor" seô Habão, ele se dá conta da condição fantasmagórica do homem livre numa sociedade ainda escravocrata. Com seô Habão, ele também aprende como montar uma empresa que tira proveito da miséria:

---

[678] Em três ocasiões, Riobaldo atribui a si mesmo essa característica: "[...] eu disse; disse mansinho mãe, mansice, caminhos de cobra"; "de dentro de mim: uma serpente"; "[...] o que me picou foi uma cobra bibra".(GSV: 210, 221, 307) Ou seja, ele personifica a função diabólica da linguagem.

"— 'A bexiga do Sucruiú já terminou. Estou ciente dos que morreram: foram só dezoito pessoas...'" [...] Disse que ia botar os do Sucruiú para o corte da cana e fazeção de rapadura. Ao que a rapadura [...] depois pagavam com trabalhos redobrados".(GSV: 314)

A primeira medida de Riobaldo, depois de empossado como chefe, se dá nos mesmos moldes que ele criticou no latifundiário seô Habão: apropriar-se da mão de obra camponesa, explorar os sem-posse, cobiçar os outros como escravos. Riobaldo dá ordem a seus jagunços para recrutarem os homens do Sucruiú e do Pubo. Em sua justificativa, o argumento paternalista — "eu pretendia era retirar aqueles, todos, destorcidos de suas misérias" — mal encobre a pura arbitrariedade: "Haviam de vir, junto, à mansa força".(GSV: 336) De fato, com a expressão "[m]e trouxeram, *rebanhal*, os todos possíveis",(GSV: 335, grifo meu) 679 o protagonista-narrador se autorretrata como "dono de gado e gente".

É nessa situação que Riobaldo ouve a referida reclamação de um dos camponeses; reforçada pela fala de "um outro" morador, que "choraminga": "— 'Dou de comer à mea mul'é e trêis fi'o', em debaixo de meu sapé...'".(GSV: 337) É a única vez em todo o romance que ocorre uma reprodução discriminatória da fala de um homem do campo, acentuando-se o pitoresco e o ridículo, conforme o padrão de regionalistas como Coelho Neto. Essa discriminação é propositadamente encenada pelo autor, para expressar o menosprezo do chefe Riobaldo, visivelmente contrariado, por esses camponeses. Todas as referências do protagonista àqueles dois homens — que, para ele, nem têm nome, apenas

---

679 "Rebanhal — Grande *rebanho*; *rebanhada*" (N. L. de Castro, 1970, p. 124).

são denominados "um" e "um outro" — são francamente depreciativas: "um, o sem pescoço, baixinho descoroçoou, na desengraça, observou [...]"; "um outro, de mãos postas como que para rezar, choramingou [...] e era um homem alto, espingolado, com todos os remendos em todos os molambos".

Se Riobaldo indaga o nome do segundo roceiro, é para ganhar tempo e preparar sua resposta, inteiramente demagógica. Lembrando-se das lições dos comandantes Sô Candelário e Hermógenes e conhecendo bem as fantasias dos rasos jagunços como o Sidurino, o chefe Urutú-Branco seduz os roceiros relutantes com a proposta de "toma[r] dinheiro dos que têm" e a promessa, para cada um de seus homens, de "[...] duas ou três mulheres, moças sacudidas, p'ra o renovame de sua cama ou rede!...".(GSV: 337) Eis, nas palavras de Riobaldo, a definição do "sistema jagunço",(GSV: 391) cuja organização está agora em suas mãos.[680]

[11] "— 'Praz vosso respeito, Chefe, a gente decidiram... A gente vamo-s'embora. [...] A gente gastou o entendido...'"(GSV: 375, 377)

Esta fala, de um chamado Diodato, cabecilha dos cinco urucuianos, que foram trazidos para o bando por Zé Bebelo, expressa mais um conflito entre o patrão e seus subordinados. Se no conflito anterior, com os homens do Sucruiú, Riobaldo venceu, desta vez ele perde. Tendo vivido muito tempo "no entremeio" dos jagunços, ele sabe que, entre eles, não há somente os que seguem a rotina, motivados pela perspectiva de "se pandegar" e "vadiar", como o Sidurino; há também indivíduos que pensam, como o Gú, que tem clara consciência de ser um mero "[...] braço d'armas, para o risco de todo dia",(GSV: 207) um "raso jagunço

---

[680] Cf. o capítulo III deste ensaio ("O sistema jagunço").

atirador", como diria o próprio Riobaldo. Desses jagunços, que refletem sobre sua condição, fazem parte também os cinco urucuianos, cuja fala, seguida da ação correspondente, causa um certo abalo a Riobaldo. Ocorre exatamente o que ele tanto temia: seus homens vão desertando.

Por ora, trata-se apenas da saída de alguns poucos, mas Riobaldo sabe que esse exemplo pode se alastrar para os outros membros do bando, e aí viriam abaixo todos os seus planos. Ele procura, então, fazer frente a esse risco. A situação jurídica, na verdade, está clara: "[...] um jagunço sai do bando quando quer — só tem que definir a ida e devolver o que ao chefe ou ao patrão pertence".(GSV: 376) É essa a regra à qual se atêm os urucuianos.

Riobaldo, contudo, está cioso de não perder suas vantagens: "eu cogitava jeito de conservar todos em companhia"; e também com receio de que a ação dos urucuianos possa desencadear outros abandonos: "Mas, de desertarem de mim, então, será que era um agouro?" Por isso, procura ganhar tempo e recorre a truques retóricos que, no entanto, não produzem efeito. A explicação dos urucuianos, bizarra e concisa — "A gente gastou o entendido..."(GSV: 377) —, é um modo de dizer que eles cumpriram com a parte deles, mas também que estão fartos de demagogia e decididos de voltar para os seus recantos. Eis um micromodelo da crítica de Guimarães Rosa à linguagem deteriorada dos políticos,[681] crítica articulada aqui por pessoas do povo. O poder de persuasão daqueles contestadores iletrados é realçado através de uma imagem jocosa e original: "Urucuiano conversa com o peixe para vir no anzol".(GSV: 375)

Derrotado dessa vez, o patrão Riobaldo aprende a lição. A fim de comprometer firmemente seus subordinados com o seu

---

[681] Cf. supra, nota 624.

empreendimento, ele dá o caráter de uma encenação espetacular a algo que nem o mítico chefe Medeiro Vaz conseguiu realizar: "traspassar o Liso do Sussuarão!". ^(cf. GSV: 380-389)

[12] "Me rodeavam meus homens, o silêncio deles me entendia, como bem cientes"^(GSV: 427)

Neste caso, não se trata de nenhuma fala explícita dos sertanejos, mas do seu silêncio. Esse silêncio não é uma mudez, mas um autêntico "modo de falar",[682] mais eloquente do que qualquer palavra. Qual é a situação? Depois da vitória sobre o bando do Ricardão no Tamanduá-tão, Riobaldo e seus jagunços rumam para o Paredão, onde esperam dar a batalha final contra o bando do Hermógenes. No meio do caminho, sobrevém a notícia de que uma moça estaria viajando em direção a eles. Conforme interpreta Riobaldo, seria a sua noiva Otacília, vindo ao encontro dele, no meio da "guerraria de todos os jagunços deste mundo". Ele vê-se, então, colocado num conflito de consciência: "ali, meus homens me esperando, e lá Otacília, carecendo do meu amparo". O que fazer? Ir imediatamente em busca de sua noiva, para protegê-la, ou cuidar de seus subordinados que, nessa hora decisiva, necessitam mais do que nunca da presença do chefe?

Trata-se de um conflito entre o interesse particular de Riobaldo e a sua função pública como chefe: "eu podia desdeixar meus homens?". É dessa questão que seus jagunços estão "bem cientes", e é o que eles expressam através do seu silêncio. Riobaldo, então, decide ir ao encontro de sua noiva, acompanhado de dois de seus homens, o Alaripe e o Quipes. A formulação da decisão — pelo protagonista, mas também pelo romancista, atrás dele —, é de duplo sentido, sarcástica: "Os outros fossem, para o Paredão

---

[682] M. Heidegger, 1927/1993, p. 165.

[...]". No íntimo de sua consciência, Riobaldo bem sabe que essa sua atitude, arbitrária e interesseira, selada com a declaração autoritária "*Eu sou o Chefe!*",(GSV: 428) merece julgamento. O silêncio de seus subordinados repercute nele, e então o chefe Riobaldo imagina uma cena em que ele seria "julgado".(cf. GSV: 432) 683

[13] "— '*Deus vos proteja, Chefe, dê ademão por nós todos... E de tudo peço perdão...*'"(GSV: 444)

Esta fala é do velho cego Borromeu, no meio da batalha final, no arraial do Paredão. Saindo do combate no meio da rua, Riobaldo desloca-se para o lugar estratégico do sobrado, mais resguardado, onde está trancada a mulher do Hermógenes e onde ficaram também o menino Guirigó e o Borromeu. Chegando lá com "uma pressa desordenada" e com sede, Riobaldo pergunta por água. O fato de apenas o menino responder e de o cego ficar em silêncio, irrita Riobaldo, que exclama: "— 'Tu me ouve, xixilado, tu me ouve? Assim tu me dá respeito e agradece interesses de ter tomado conta de você, e trazido em companhia minha, por todas as partes?!'".

Esse "tomar conta" consistiu em arrancar o Borromeu do seu lugar e em trazê-lo à força, assim como Riobaldo fez também com o menino Guirigó.(cf. GSV: 337-338) Medida puramente arbitrária, baseada na superstição de que o cego pudesse lhe servir de amuleto. Ou seja, Riobaldo levou esse homem inválido por puro capricho, por "maldade", como ele mesmo reconhece, em todas as andanças do bando, até a "tragagem[684] da guerra", on-

---

[683] Essa cena foi comentada no capítulo IV, item 1, "O pacto como alegoria de um falso contrato social".

[684] "Tragagem — Ato ou efeito de *tragar*, devorar" (N. L. de Castro, 1970, p. 147).

de "agora ele devia de padecer o redobrado medo". E ainda o insulta: "xixilado", um regionalismo da Bahia, quer dizer "sem-vergonha", "descarado".[685]

O que resta aos desvalidos, em sua impotência diante dos desmandos do poder? O pedido de perdão, o rogo de ajuda e os votos de proteção do subordinado para o chefe. Referindo as palavras de humilde ironia de um cego, o romancista chega ao término do seu retrato do Brasil. "Ah, meu senhor, eu sei é pedir muitas esmolas...",[GSV: 337] declarou o cego Borromeu, na hora de ser levado embora. Com essa fala, ele antecipou lucidamente qual é o destino da maioria dos que são utilizados pelo sistema jagunço; nas palavras do próprio chefe Riobaldo: "[...] muito que foi jagunço, por aí pena, pede esmola".[GSV: 23] Cai assim o véu da ilusão que o *grand récit* da jagunçagem se esforça a sustentar.

5. Um livro mágico: o trabalho de mediação

O conjunto das treze falas de sertanejos que acabamos de comentar permite montar um quadro da história cotidiana e da mentalidade do povo sertanejo, a partir do ângulo da jagunçagem. Este esboço poderá servir de ponto de partida para futuras análises mais detalhadas. Cada uma das treze falas desta constelação seria uma entrada para agrupar as dezenas de outras falas e retratos correlatos, semeados pelas mais de quinhentas páginas do livro, reconstruindo-se assim toda a enciclopédica rede de informações sobre o povo.

---

[685] N. L. de Castro, 1970, p. 191.

Qual é a importância e a função dessas falas sertanejas com respeito à construção de *Grande Sertão: Veredas*, ao discurso do narrador e ao projeto do escritor de inventar uma nova língua?

No nível da composição do romance, a incorporação maciça de falas sertanejas permite montar um retrato do Brasil articulado pelo próprio povo. Diferentemente de Euclides da Cunha, Guimarães Rosa trata o povo não como um objeto de estudo e de teorias, mas como sujeito capaz de inventar e narrar a sua própria história. De fato, toda a sua obra, de *Sagarana* (1946) a *Tutameia* (1967), é sustentada por um substrato de estórias que ele se empenhou, durante a vida inteira, em colecionar na boca do povo. (Também nesse sentido, existe uma afinidade entre Guimarães Rosa e os irmãos Grimm.) O romance *Grande Sertão: Veredas* é parte integrante desse projeto narrativo. Nascido a partir de um manancial de estórias, no meio das várias narrativas de *Corpo de baile*, o romance do "fazendeiro endemoninhado" Riobaldo, apesar de ter crescido enormemente, não faz senão confirmar a sua origem, na medida em que incorpora uma multidão de estórias paralelas em forma de casos e exemplos (como os casos do menino Valtêi e de Maria Mutema, o trato entre Davidão e Faustino, a estória do dr. Hilário, e muitos outros mais), expressando assim uma concepção multifocal e polifônica da História.

Quanto à narração, certas manifestações verbais de "homens simples" do sertão servem de meio de contraste para o discurso do protagonista-narrador, no sentido de mostrá-lo numa perspectiva crítica. Relacionando essa constatação com observações feitas nos capítulos anteriores, é possível identificar uma lei geral da composição do romance: cada tipo de discurso é dialeticamente *atravessado* por outro tipo de discurso. Nenhum discurso tem a última palavra nessa obra, que se encerra com o signo do infinito. Qualquer tipo de retórica é radicalmente desconstruído. Daí o potencial corrosivo de *Grande Sertão: Veredas* com relação aos discursos já estabelecidos sobre o Brasil.

Explicando melhor: O discurso de Riobaldo atravessa o discurso do seu padrinho Selorico Mendes, porta-voz da historiografia laudatória dos potentados que comandam os rumos da política no Brasil desde os inícios. O discurso de Riobaldo atravessa igualmente as declarações e os programas de Zé Bebelo, representante do desenvolvimentismo, do populismo e do discurso eleitoreiro dos candidatos a cargos públicos. Esse contraste entre a fala grandiloquente dos poderosos e a fala dos humildes, de cuja perspectiva Riobaldo chega a se aproximar, confirma o que está inscrito programaticamente no título do romance: uma montagem em choque de dois universos linguísticos e sociais conflitantes. Assim como o seu criador, o protagonista-narrador é um exímio conhecedor de ambas essas esferas de linguagem, sendo o romance deliberadamente construído no campo de tensão entre elas. Quando Riobaldo, depois do pacto, torna-se dono do poder, ocorre também uma mudança em seu discurso, a ponto de ele incorporar a mentalidade daqueles que ele anteriormente criticou: Habão, Zé Bebelo, Selorico Mendes... Nessa fase, o discurso de Riobaldo, por sua vez, é atravessado por falas de sertanejos, que lançam uma luz crítica sobre a postura social do protagonista-narrador e o grau de credibilidade de suas palavras.

Em vista da diferença significativa entre o discurso de Riobaldo e as falas de outros sertanejos, a tese defendida por Walnice Galvão de que a fala de Riobaldo é o "grande unificador estilístico",[686] é propícia a equívocos. A tese é correta do ponto de vista linguístico, mas não do ponto de vista poético e retórico, pois sugere uma harmonia, onde na verdade existe uma divergência

---

[686] W. Galvão, 1972, p. 70.

de posição social, de mentalidade e de perspectiva política. Essa divergência entre o protagonista-narrador e vários autênticos porta-vozes do povo — que expressa, inclusive, a autorreflexão crítica do intelectual Guimarães Rosa — é essencial para a qualidade do retrato do Brasil contido em *Grande Sertão: Veredas*.

Em busca de uma denominação para a instância narrativa que permite avaliar criticamente a postura do narrador, proponho o termo "metanarrador". Em oposição a um tipo de retórica que é a arte da persuasão a serviço do poder, frequentemente incorporada pelo protagonista-narrador, o metanarrador representa uma outra retórica que é *bene dicendi scientia*,[687] a ciência de falar bem, baseada na busca da verdade e da justiça, e que vem a ser a retórica poética. Sustentada pela ética do *vir bonus*, ela é encarnada pelo narrador ligado às tradições populares, que é definido por Walter Benjamin como "o homem justo".[688] Como acabamos de descobrir através da nossa análise da representação do povo e da invenção da linguagem, no romance de Guimarães Rosa, a instância metanarrativa se localiza em boa parte em determinadas falas críticas de pessoas do povo. Com efeito, esse segundo sistema retórico — que permite criticar o discurso de Riobaldo, assim como este critica o discurso de Zé Bebelo ou de Selorico Mendes — tem um apoio fundamental nos *ditos* dos de baixo, cujas intervenções são de importância estratégica no retrato do Brasil traçado por Guimarães Rosa.

Apesar do peso decisivo das intervenções críticas de sertanejos comuns, o romancista não idealiza a linguagem do povo. A relação de Guimarães Rosa com a linguagem popular é afetiva, mas não sentimental ou idealizadora. Num comentário crítico

---

[687] Quintiliano, *Institutio oratoria*, II.15, 34 e 38.

[688] Cf. supra, nota 586.

sobre a "sintaxe popular", ele se refere a ela como "filha da ignorância, da indigência verbal, e que leva a frouxos alongamentos, a uma moleza sem contenção". Ele, ao contrário, procura "a condensação, a força, as cordas tensas".[689]

Com efeito, quanto à invenção da linguagem, a contribuição dos diversos personagens do romance é muito desigual. O papel inovador dos sertanejos comuns, apesar de centenas e centenas de falas, é bastante limitado. Diante desse pano de fundo, realça-se tanto mais a ousadia do narrador como criador de linguagem. Afinal, Riobaldo é o *alter ego* de um grande artista. Ou melhor, como disse Manuel Bandeira em carta a Guimarães Rosa:

> "Você fez Riobaldo poeta [...]. Riobaldo é você se você fosse jagunço. A sua invenção é essa: pôr o jagunço poeta inventando dentro da linguagem habitual dele".[690]

O maior número de inovações ocorreu no campo lexical: no conjunto da obra de Guimarães Rosa são ao todo 8 mil palavras, ou seja, quase 10% do vocabulário comumente dicionarizado.[691] A intervenção do nosso autor no português do Brasil é tão importante que a autora do *Léxico de Guimarães Rosa* (2001), Nilce Sant'Anna Martins, considera o seu trabalho "não apenas mais um estudo da linguagem de Guimarães Rosa, mas um estudo da língua portuguesa na área lexical e estilística, tendo como *corpus* a obra do escritor".[692] No campo da sintaxe, onde as possibilidades de transformação são mais restritas, a inovação rosiana

---

[689] Carta de G. Rosa a M. Daniel, de 3/11/1964; apud Daniel, 1968, p. 103.

[690] Carta de 13/3/1957; M. Bandeira, 1974, p. 512.

[691] Cf. N. S. Martins, 2001, p. xii.

[692] Ibidem.

pode não ser tão espectacular, mas mesmo assim ela implica profundas transformações dos padrões de percepção.[693]

Apesar da enorme criatividade do narrador rosiano, não se deve subestimar o papel do povo na formação de linguagem, cuja participação é indispensável. Na maioria das vezes ela se dá de forma indireta. As multiplas manifestações linguísticas dos sertanejos constituem para o escritor e seu duplo, o narrador, um ambiente imprescindível de estímulos para suas inovações. Quer dizer: a invenção da linguagem resulta do contato desse "solitário engajado" com a "oficina de linguagem do povo humilde".[694] Para completar o quadro, deve ser lembrado ainda um terceiro fator de criação: a tradição literária universal, de Homero a Dante, de Cervantes a Goethe, de Rabelais a Dostoiévski. Assim, a língua nova criada por Guimarães Rosa, embora provindo em grande parte de fontes populares, acaba sendo o resultado de uma arte combinatória múltipla. A obra do nosso escritor ilustra com perfeição o processo de invenção da linguagem descrito por Wilhelm von Humboldt nestes termos: uma combinação do ambiente das falas do povo com o estilo individual do artista que, visando elevar a língua ao estado de "perfeição" (*Sprachvollendung*), confere às palavras comuns um "teor superior" (*gesteigerten Gehalt*).[695]

O romance de Guimarães Rosa proporciona ao leitor uma viagem até o centro da língua. Trata-se de um livro mágico que mantém a língua em permanente transformação, num estado de suspensão entre as leis linguísticas coletivas e o uso linguístico

---

[693] Ver detalhes em M. Daniel, 1968, pp. 77-136.

[694] As duas expressões encontram-se respectivamente no título de um estudo de E. Goebel (2001) sobre Jean-Paul Sartre, e na descrição da poética de Victor Hugo por W. Benjamin (1939b/1974, p. 568; ed. brasileira, p. 61).

[695] W. von Humboldt, 1830-35/1969, pp. 391 e 473.

individual, entre o pólo gramatical e o pólo psicológico-estilístico.[696] O procedimento produtivo da língua, que atua em longos espaços de tempo, foi descrito por Wilhelm von Humboldt como um "princípio criador artístico" que "no fundo, faz parte da própria língua".[697] O funcionamento dessa teoria pode ser visualizado por meio de uma imagem com a qual Guimarães Rosa descreve o sertão: "[O] sertão está movimentante todo-tempo — salvo que o senhor não vê; é que nem braços de balança, para enormes efeitos de leves pesos...".(GSV: 391) Assim como a paisagem arcaica, também a gramática aparentemente imóvel, que "condiciona o pensamento" de cada indivíduo, é posta em movimento pelo estilo do escritor, isto é, pela sua maneira de "colaborar na feitura da língua".[698] Esse procedimento, que normalmente ocorre num ritmo de longa duração, é acelerado por Guimarães Rosa. Um dos principais métodos de sua invenção consiste na liberação de todas as energias formadoras da língua. Em vez de aceitar a língua "despedaçada em regras e palavras", ele a trata como um "ser vivo".[699]

Consideremos, para terminar, a invenção rosiana de linguagem também a partir de uma perspectiva que transpõe o horizonte da "obra literária". O projeto poético de Guimarães Rosa implica uma utopia que não é só estética, mas também educacional e política: reinventar o português do Brasil, em forma de uma língua que sirva para o diálogo entre as classes. Dentre os múltiplos recursos para pensar a questão do diálogo social, está

---

[696] Esta nomenclatura apoia-se na *Hermeneutik* de F. Schleiermacher.

[697] W. von Humboldt, 1830-35/1969, p. 477.

[698] F. Schleiermacher, 1993, pp. 78 e 167.

[699] Cf. W. von Humboldt, 1830-35/1969, pp. 418-419.

também a figura do professor, cujo ofício por excelência consiste num trabalho de mediação. Ele é mediador entre o saber e o não-saber, a infância/adolescência e a idade adulta, entre o mundo dos ricos e dos pobres. *Grande Sertão: Veredas* não é apenas a história do *jagunço*, mas também a história do *professor* Riobaldo. "Riobaldo, *Tatarana*, Professor..."[(GSV: 459)] nestes termos se resume no fim do livro o perfil do protagonista-narrador. A figura do professor torna-se nas mãos de Guimarães Rosa um instrumento para uma profunda reflexão sobre o problema da educação no Brasil, no mais amplo sentido.

"O que imponho é se educar e socorrer as infâncias deste sertão!"[(GSV: 300)] Seria essa fala de Zé Bebelo uma paródia das propostas de todos os preceptores bem-intencionados do Brasil, inclusive de Euclides da Cunha, que declarava com fé no futuro, no início do século XX, que depois dos soldados viriam os professores?[700] Não sabemos, mas certamente é uma ironização dos discursos em que a apresentação de metas educacionais se basta a si mesma. Em vez de alinhar-se entre os autores de retóricas educacionais com mais uma proposta, Guimarães Rosa resolveu lançar luz sobre o modo de fabricação de tais discursos. Existe uma proposta educacional em *Grande Sertão: Veredas*, sim, mas ela é estrategicamente negativa. Luciferinamente, o romance narra a história de um professor que vende a alma ao Diabo e dá as costas à educação. É a estratégia de Guimarães Rosa como pensador do Brasil de distanciar-se das "formas do falso", que marcam tão profundamente a linguagem pública do país. Dife-

---

[700] B. Zilly, 1994, p. 781. A profecia de Euclides se concretizou na medida em que o Brasil depois da ditadura militar foi governado por um presidente-professor (de 1995 a 2002); mas justamente esse período foi caracterizado por A. Bosi, 1998, como de "uma grande falta de educação".

rentemente das retóricas oficiais da "miséria melhorada",[cf. GSV: 321] o romance *Grande Sertão: Veredas* não propõe meta nenhuma para o futuro. Apenas uma revolução de linguagem, que é utopia, advertência e exemplo. Utopia, porque esse tipo de comunicação entre as classes não existe no Brasil real; advertência, porque o choque entre as diversas culturas de classe pode tornar-se explosivo; e exemplo, porque mostra que o trabalho de mediação é necessário e possível.

Grande Sertão: Veredas contém, como foi dito no início deste ensaio, a ideia de uma reescrita da história do Brasil. Para tanto, os fragmentos da história malograda, sofrida e oculta precisam ser resgatados, para que se possa a partir deles montar uma nova história. Uma das formas dessa reescrita seria a reinvenção do português do Brasil. Hoje em dia, podemos pensar esse projeto também com a incorporação das imensas possibilidades abertas pelas novas tecnologias de informação e comunicação.[701] As forças transformadoras da história, contudo, não se resumem nos meios tecnológicos; mais importante ainda é o espírito dos que ensinam e dos que aprendem, neste Brasil afora. De modo exemplar, uma médica e educadora, a dra. Calina Guimarães, em Cordisburgo, criou a Associação dos Miguilins: os meninos contadores que divulgam as "estórias" de Guimarães Rosa no país inteiro, depois de se terem por assim dizer *alfabetizado* no contato com sua obra. Com isso, abrem-se perspectivas radicalmente novas para se aprender a língua do país, podendo interagir com outros métodos experimentais, como por exemplo, o de Paulo Freire.[702]

---

[701] Cf. o trabalho realizado desde 1995 pelo Comitê de Democratização da Informática: www.cdi.org.br.

[702] Cf. P. Freire, 1970. Note-se que o princípio básico desse método de educação é a "dialogicidade".

A esse conjunto de possibilidades alude o título deste ensaio, como a um utópico ponto no futuro.

Não estaríamos aqui abandonando o terreno da interpretação em direção a uma "aplicação prática",[703] muito além do texto? Convém lembrar que o criador da hermenêutica moderna, Schleiermacher, se empenhou decididamente na superação das hermenêuticas especializadas, em prol de uma arte geral de compreender os textos e as pessoas. "Ao intérprete das obras literárias", declarou ele num discurso diante da Academia Prussiana de Ciências em 1829, "eu recomendo enfaticamente [...] exercitar-se com zelo na interpretação da conversa mais significativa".[704] Neste estudo sobre o retrato do Brasil no romance de Guimarães Rosa, "a conversa mais significativa" foi considerada como sendo a falta de um autêntico diálogo entre a classe dominante e as classes de baixo. Romper esse círculo diabólico e contribuir para que "cada pessoa", sem exclusão, possa participar da história como um "formador da língua"[705] — eis a tarefa hermenêutica. Ela é realizada em cada linha de *Grande Sertão: Veredas* e está resumida no episódio em que o professor-aprendiz Riobaldo (ou seja, mestre João Guimarães Rosa) "explic[a] aos meninos menores as letras [...]".[cf. GSV: 89]

---

[703] Cf. F. Schleiermacher, 1974, p. 155.

[704] Cf. supra, capítulo I, nota 9.

[705] F. Schleiermacher, 1974, p. 46.

Referências bibliográficas

GSV = João Guimarães Rosa. *Grande Sertão: Veredas.* 5ª ed. Rio de Janeiro: José Olympio, 1967. (1ª ed. 1956).

OS = Euclides da Cunha. *Os Sertões: campanha de Canudos.* Edição crítica organizada por Walnice Nogueira Galvão. São Paulo: Ática, 1998. (1ª ed. 1902).

OSB = Euclides da Cunha. *Os Sertões: campanha de Canudos.* Organização de Leopoldo M. Bernucci. São Paulo: Ateliê, 2001.

GS = Walter Benjamin. *Gesammelte Schriften.* Organização de Rolf Tiedemann et al. 7 vols. Frankfurt/M.: Suhrkamp, 1972-1989.

A Bíblia de Jerusalém. São Paulo: Sociedade Bíblica Católica Internacional/Paulus, 1985.

ABREU, Regina (1998). *O enigma de* Os Sertões. Rio de Janeiro: Funarte/Rocco.

ADORNO, Theodor W. (1969). "Der Essay als Form". In: *Noten zur Literatur* I. Frankfurt/M.: Suhrkamp, pp. 9-49. Ed. brasileira: *Notas de Literatura* I. Trad. de Jorge de Almeida. São Paulo: Duas Cidades/Editora 34, 2003, pp. 15-45.

AGUIAR, Flávio (1992). "O pacto e o pacto letrado". *Organon* (Porto Alegre), vol. 6, nº 19, pp. 85-92.

AGUIAR, Flávio (1998). "As imagens femininas na visão de Riobaldo". *Scripta* (Belo Horizonte), vol. 2, nº 3, pp. 121-126.

AGUIAR, Flávio (2001). "*Grande Sertão* em linha reta". In: Duarte, Lélia Parreira e Alves, Maria Theresa Abelha (orgs.). *Outras margens: estudos da obra de Guimarães Rosa.* Belo Horizonte: Autêntica, pp. 61-76.

ALBERGARIA, Consuelo (1977). *Bruxo da linguagem no Grande Sertão: leitura dos elementos esotéricos presentes na obra de Guimarães Rosa*. Rio de Janeiro: Tempo Brasileiro.

AMBRÓSIO, Manoel (1976). *Antonio Dó: o bandoleiro das barrancas*. Januária: Prefeitura Municipal.

ANDRADE, Mário de (1935). "Amor e medo". In: *Aspectos da literatura brasileira*. São Paulo: Martins, s.d., pp. 199-229.

ARANTES, Otília Beatriz Fiori e ARANTES, Paulo Eduardo (1997). *Sentido da formação: três estudos sobre Antonio Candido, Gilda de Mello e Souza e Lúcio Costa*. Rio de Janeiro: Paz e Terra.

ARAÚJO, Heloísa Vilhena de (1987). *Guimarães Rosa: diplomata*. Brasília: Ministério das Relações Exteriores.

ARAÚJO, Heloísa Vilhena de (1996). *O roteiro de Deus: dois estudos sobre Guimarães Rosa*. São Paulo: Mandarim.

ARRIGUCCI JR., Davi (1994). "O mundo misturado: romance e experiência em Guimarães Rosa". *Novos Estudos CEBRAP* (São Paulo), nº 40, pp. 7-29.

ARROJO, Rosemary (1985). *Jorge Luis Borges' Labyrinths and João Guimarães Rosa's Sertão: Images of Reality as Text*. Baltimore. Phil. Diss.

ARROYO, Leonardo (1984). *A cultura popular em* Grande Sertão: Veredas. Rio de Janeiro: José Olympio.

ASHCROFT, Bill; GRIFFITHS, Gareth; TIFFIN, Helen (1989). *The Empire Writes Back: Theory and Practice in Post-Colonial Literatures*. Londres/Nova York: Routledge.

ASSIS, Joaquim Maria Machado de (1880). *Memórias póstumas de Brás Cubas*. 2ª ed. Rio de Janeiro/Brasília: Civilização Brasileira/INL, 1977.

ASSIS, Joaquim Maria Machado de (1892-1897). *Crônicas* [no suplemento] *A Semana* [do diário *Gazeta de Notícias*, Rio de Janeiro]. In: *Obra completa*. Org. por Afrânio Coutinho. Vol. III: *Poesia, crônica, crítica, miscelânea e epistolário*. 2ª ed. Rio de Janeiro: José Aguilar, 1962, pp. 531-775.

AUERBACH, Erich (1939). "Figura". In: *Gesammelte Aufsätze zur romanischen Philologie*. Berna: Francke, 1967, pp. 55-92.

AUERBACH, Erich (1941). "Passio als Leidenschaft". In: *Gesammelte Aufsätze zur romanischen Philologie*. 1967, pp. 161-175.

Referências bibliográficas

AUERBACH, Erich (1952). "Sermo humilis". In: *Literatursprache und Publikum in der lateinischen Spätantike und im Mittelalter*. Berna: Francke, 1958, pp. 25-53.

AUERBACH, Erich (1958). "Gloria passionis". In: *Literatursprache und Publikum in der lateinischen Spätantike und im Mittelalter*. 1958, pp. 54-63.

BAKTHIN, Mikhail (1970a). *La Poétique de Dostoïevski*. Paris: Seuil.

BAKHTIN, Mikhail (1970b). *L'Oeuvre de François Rabelais et la culture populaire au Moyen Age e sous la Renaissance*. Paris: Gallimard.

BANDEIRA, Manuel (1957a). "Grande Sertão: Veredas" [Carta a Guimarães Rosa de 13/3/1957]. In: *Poesia completa e prosa*. Rio de Janeiro: José Aguilar, 1974, pp. 511-513.

BANDEIRA, Manuel (1957b). "Rotílio Manduca". In: *Poesia completa e prosa*. Rio de Janeiro: José Aguilar, 1974, pp. 513-514.

BARBOSA, Olympio (1956). *Horácio de Matos, sua vida, suas lutas*.

BARBOSA, Waldemar de Almeida (1968). *Dicionário Histórico-Geográfico de Minas Gerais*. 2ª ed. Belo Horizonte: Itatiaia, 1995.

BARROSO, Gustavo (1983). *Vida e história da palavra sertão*. Salvador: Núcleo Sertão-UFBA.

BARTELT, Dawid Danilo (1997). "Cerco discursivo de Canudos". *Cadernos do CEAS* (Centro de Estudos e Ação Social, Salvador). Número especial sobre Canudos, pp. 37-46.

BARTELT, Dawid Danilo (1998). "Diskursive Belagerung: Interdiskurse zu Antônio Conselheiro und den *conselheiristas* vor dem Krieg von Canudos — Eine Skizze". *ABP — Zeitschrift zur portugiesischsprachigen Welt* (Colônia), nº 2, pp. 25-38.

BENJAMIN, Walter (1920). *Der Begriff der Kunstkritik in der deutschen Romantik*. *GS* I,1, 1974, pp. 7-122. Ed. brasileira: *O conceito de crítica de arte no romantismo alemão*. Trad. de Marcio Seligmann-Silva. São Paulo: Iluminuras, 1993.

BENJAMIN, Walter (1921). "Zur Kritik der Gewalt". In: *GS* II,1, 1977, pp. 179-203. Ed. brasileira: "Crítica da violência — crítica do poder". Trad. de W. Bolle. In: *Documentos de cultura — documentos de barbárie: escritos escolhidos*. Org. por W. Bolle. São Paulo: Cultrix/Edusp, 1986, pp. 160-175.

BENJAMIN, Walter (1928a). *Ursprung des deutschen Trauerspiels.* GS I,1, 1974, pp. 203-430. Ed. brasileira: *Origem do drama barroco alemão.* Trad. de Sergio Paulo Rouanet. São Paulo: Brasiliense, 1984.

BENJAMIN, Walter (1928b). "Chinawaren". In: *GS* IV,1, 1972, p. 90. Ed. brasileira: "Porcelanas da China". In: *Obras escolhidas* II. Trad. de Rubens Rodrigues Torres Filho. São Paulo: Brasiliense, 1987, p. 16.

BENJAMIN, Walter (1928c). "Goethe" (Enzyklopädieartikel). In: *GS* II,2, 1977, pp. 705-739. Ed. brasileira: "Goethe" (Artigo de enciclopédia). Trad. de Irene Aron e Sidney Camargo. In: *Documentos de cultura — documentos de barbárie: escritos escolhidos.* 1986, pp. 41-62.

BENJAMIN, Walter (1931). "Literaturgeschichte und Literaturwissenschaft". In: *GS* III, 1972, pp. 283-290.

BENJAMIN, Walter (1933). "Über das mimetische Vermögen". In: *GS* II,1 1977, pp. 210-213.

BENJAMIN, Walter (1936). "Der Erzähler". In: *GS* II,2, 1977, pp. 438-465. Ed. brasileira: "O narrador". In: *Obras escolhidas* I. Trad. de Sergio Paulo Rouanet. São Paulo: Brasiliense, 1985, pp. 197-221.

BENJAMIN, Walter (1939a). *Das Paris des Second Empire bei Baudelaire.* Org. por Rosemarie Heise. Berlim/Weimar: Aufbau-Verlag, 1971.

BENJAMIN, Walter (1939b). "Das Paris des Second Empire bei Baudelaire". In: *GS* I,2, 1974, pp. 511-604. Ed. brasileira: "Paris do Segundo Império" [sic]. Trad. de José Carlos Martins Barbosa. In: *Obras escolhidas* III. São Paulo: Brasiliense, 1989, pp. 9-101.

BENJAMIN, Walter (1939c). "Über einige Motive bei Baudelaire". In: *GS* I,2, 1974, pp. 605-653. Ed. brasileira: "Sobre alguns temas em Baudelaire". Trad. de Hemerson Alves Baptista. In: *Obras escolhidas* III. 1989, pp. 103-149.

BENJAMIN, Walter (1940). "Über den Begriff der Geschichte". In: *GS* I,2, 1974, pp. 691-704. Ed. brasileira: "Sobre o conceito de história". Trad. de Sergio Paulo Rouanet. In: *Obras escolhidas* I. 1985, pp. 222-232.

BENJAMIN, Walter (1972). "Ausgraben und Erinnern". In: *GS* IV,1, pp. 400-401. Ed. brasileira: "Escavando e recordando". In: *Obras escolhidas* II. Trad. de José Carlos Martins Barbosa. 1987, pp. 239-240.

Referências bibliográficas

BENJAMIN, Walter (1982). *Das Passagen-Werk.* GS V, 1, 2. Ed. brasileira: *Passagens.* Org. W. Bolle. Trad. de Irene Aron e Cleonice Mourão. Belo Horizonte/São Paulo: EdUFMG/Imprensa Oficial do Estado de São Paulo, 2006, 3ª reimpr. 2021.

BERNERS-LEE, Tim (1999). *Weaving the Web. The Original Design and Ultimate Destiny of the World Wide Web by its Inventor.* Nova York: HarperCollins.

BERNUCCI, Leopoldo M. (1995). *A imitação dos sentidos: prógonos, contemporâneos e epígonos de Euclides da Cunha.* São Paulo: Edusp.

BLOOM, Harold (1973). *The Anxiety of Influence: A Theory of Poetry.* 2ª ed. Oxford/Nova York: Oxford University Press, 1997.

BLOOM, Harold (1975a). *A Map of Misreading.* Oxford/Nova York: Oxford University Press.

BLOOM, Harold (1975b). "The Necessity of Misreading". In: *Kabbalah and Criticism.* Nova York: The Seabury Press, pp. 95-126.

BOFF, Leonardo. [Entrevista.] *Caros Amigos* (Rio de Janeiro), jun. 1997, pp. 27-35.

BÖHME, Hartmut (2003). "Netzwerke: Zur Theorie und Geschichte einer Konstruktion". *Zeitschrift für Germanistik N.F.* (Berlim), ano 13, nº 3, pp. 590-604.

BOLLE, Willi (1973). *Fórmula e fábula: teste de uma gramática narrativa, aplicada aos contos de Guimarães Rosa.* São Paulo: Perspectiva.

BOLLE, Willi (1990). "Zur Vermittlung von Stadt- und Sertão-Kultur im Werk von Guimarães Rosa". *Wissenschaftliche Zeitschrift der Humboldt-Universität zu Berlin,* ano 39, nº 5, pp. 429-435.

BOLLE, Willi (1994). *Fisiognomia da metrópole moderna: representação da história em Walter Benjamin.* São Paulo: Edusp.

BOLLE, Willi (1994-95). "Grande Sertão: Cidades". *Revista USP,* nº 24, dez. 1994-fev. 1995, pp. 80-93.

BOLLE, Willi (1997-98). "O pacto no *Grande Sertão* — esoterismo ou lei fundadora?" *Revista USP,* nº 36, dez. 1997-fev. 1998, pp. 27-44.

BOLLE, Willi (1998a). "Guimarães Rosa, leitor de Euclides da Cunha". *Brasil/Brazil* (Porto Alegre/Providence), ano 11, nº 20, pp. 9-41.

BOLLE, Willi (1998b). "O sertão como forma de pensamento". *Scripta* (Belo Horizonte), vol. 2, n° 3, pp. 259-271.

BOLLE, Willi (1999). "Geschichtsschreibung als ästhetische Passion". In: Eckart Goebel e Wolfgang Klein (orgs.). *Literaturforschung heute*. Berlim: Akademie Verlag, pp. 98-111.

BOLLE, Willi (1999-2000). "A função diabólica da linguagem". *Letterature d'America* (Roma), ano XIX-XX, n° 81-82, pp. 5-25.

BOLLE, Willi (2000). "grandesertão.br ou: A invenção do Brasil". In: Lanciani, Giulia (org.). *João Guimarães Rosa: Il che delle cose*. Roma: Bulzoni, pp. 13-99. Publicado também in: Madeira, Angélica e Veloso, Mariza (orgs.). *Descobertas do Brasil*. Brasília: Editora UnB, 2001, pp. 165-235.

BOOTH, Wayne C. (1961). *The Rhetoric of Fiction*. 2ª ed. Chicago/Londres: University of Chicago Press, 1983.

BORGES, Jorge Luis (1944). "Pierre Menard, autor del Quijote". In: *Ficciones. Obras Completas* I. Buenos Aires: Emecé, 1989, pp. 444-450.

BOSI, Alfredo (1998). "Uma grande falta de educação". *Praga: Estudos marxistas* (São Paulo), n° 6, pp. 15-21.

BRAUDEL, Fernand (1949). *La Méditerranée et le monde méditerranéen à l'époque de Philippe II*. 2 vols. 2ª ed., revista e aumentada. Paris: Armand Colin, 1966.

BRAUDEL, Fernand (1958). "La longue durée". In: *Écrits sur l'histoire*. Paris: Flammarion, 1969, pp. 41-83.

BRECHT, Bertolt (1929). *Aufstieg und Fall der Stadt Mahagonny. Werke* 2. Org. por Werner Hecht et al. Berlim/Frankfurt-M.: Aufbau-Verlag/Suhrkamp, 1988, pp. 333-392. Ed. brasileira: *Ascensão e queda da cidade de Mahagonny*. Trad. de Luis Antônio Martinez Corrêa e Wolfgang Bader. *Teatro completo* III. 2ª ed. Rio de Janeiro: Paz e Terra, 1988, pp. 108-163.

BURKE, Peter (1991, org.). *New Perspectives on Historical Writing*. Cambridge: Polity Press. Ed. brasileira: *A escrita da História: novas perspectivas*. Trad. de Magda Lopes. São Paulo: Ed. Unesp, 1992.

BUSH, Vannevar (1945). "As We May Think". In: Nelson, Theodor H. *Literary Machines*. s.l.: edição do autor, 1987, pp. 39-54.

CALASANS, José (1970). "Os jagunços de Canudos". *Caravelle: Cahiers du Monde Hispanique et Luso-Brésilien* (Toulouse), 15, pp. 31-38.

Referências bibliográficas

CALASANS, José (1986). "Canudos não euclidiano". In: Sampaio Neto, José Augusto Vaz et al. (orgs.). *Canudos: subsídios para a sua reavaliação histórica*. Rio de Janeiro: Fundação Casa de Rui Barbosa, pp. 1-21.

CALLADO, Antônio (1967). *Quarup*. 3ª ed. São Paulo: Círculo do Livro, 1975.

CALÓGERAS, João Pandiá (1930). *Formação histórica do Brasil*. Rio de Janeiro: Pimenta de Mello.

CAMPOS, Augusto de (1959). "Um lance de 'dês' do Grande Sertão". *Revista do Livro* (Rio de Janeiro), ano IV, nº 16, pp. 9-27. Reimpresso in: COUTINHO, Eduardo F. (1983, org.), pp. 321-349.

CANDIDO, Antonio (1952). "Euclides da Cunha, sociólogo". *O Estado de S. Paulo*, 13/12/1952. Reimpresso in: *Textos de intervenção*. Seleção, apres. e notas de Vinícius Dantas. São Paulo: Duas Cidades/Editora 34, 2002, pp. 174-182.

CANDIDO, Antonio (1956). "Grande Sertão: Veredas". *Suplemento Literário de O Estado de S. Paulo*. 6/10/1956. Reimpresso sob o título "No *Grande sertão*" in: *Textos de intervenção*. 2002, pp. 190-192.

CANDIDO, Antonio (1957). "O Sertão e o Mundo". *Diálogo* (São Paulo), nº 8, pp. 5-18. Reimpresso com algumas modificações sob o título "O homem dos avessos" in: *Tese e antítese*. São Paulo: Ed. Nacional, 1964, pp. 119-140.

CANDIDO, Antonio (1959). *Formação da literatura brasileira: momentos decisivos*. 2 vols. 6ª ed. Belo Horizonte: Itatiaia, 1981.

CANDIDO, Antonio (1964). *Tese e antítese: ensaios*. São Paulo: Ed. Nacional.

CANDIDO, Antonio (1965). *Literatura e sociedade: estudos de teoria e história literária*. 7ª ed. São Paulo: Ed. Nacional, 1985.

CANDIDO, Antonio (1968). "Literatura de dois gumes". In: *A educação pela noite e outros ensaios*. São Paulo: Ática, 1987, pp. 163-180.

CANDIDO, Antonio (1969). "O significado de *Raízes do Brasil*". In: Holanda, Sérgio Buarque de. *Raízes do Brasil*. 5ª ed. Rio de Janeiro: José Olympio, pp. xi-xxi.

CANDIDO, Antonio (1970). "Jagunços mineiros de Claudio a Guimarães Rosa". In: *Vários escritos*. São Paulo: Duas Cidades, pp. 133-160.

CANDIDO, Antonio (1972). "A literatura e a formação do homem". *Ciência e Cultura* (São Paulo) vol. XXIV, n° 9, pp. 803-809. Reimpresso in: *Textos de intervenção*. 2002, pp. 77-92.

CARELLI, Mario e GALVÃO, Walnice Nogueira (1995). *Le roman brésilien: une littérature anthropophage au XXe siècle*. Paris: P.U.F.

CARONE, Edgard (1970). *A República Velha: instituições e classes sociais*. São Paulo: Difel.

CARVALHO, José Murilo de (1980). *A construção da ordem: a elite política imperial*. Rio de Janeiro: Campus.

CARVALHO, José Murilo de (1987). *Os bestializados: o Rio de Janeiro e a República que não foi*. 3ª ed. São Paulo: Companhia das Letras, 2001.

CASTRO, Nei Leandro de (1970). *Universo e vocabulário do Grande Sertão*. Rio de Janeiro: José Olympio.

CERTEAU, Michel de (1975). *L'Écriture de l'histoire*. Paris: Gallimard. Ed. brasileira: *A escrita da História*. Trad. de Maria de Lourdes Menezes. 2ª ed. Rio de Janeiro: Forense Universitária, 2000.

CERVANTES, Miguel de (1605). *El ingenioso hidalgo Don Quijote de la Mancha*. 2 vols. s.l.: Ed. Planeta, 1999.

CHIAPPINI, Ligia (1988). *No entretanto dos tempos: literatura e história em João Simões Lopes Neto*. São Paulo: Martins Fontes.

CHIAPPINI, Lígia (1998). "*Grande Sertão: Veredas* — a metanarrativa como necessidade diferenciada". *Scripta* (Belo Horizonte), vol. 2, n° 3, pp. 190-204.

CICERO. *De inventione — De la invención retórica*. Ed. bilíngue latim-espanhol. Org. e trad. de Bulmaro Reyes Coria. México: UNAM, 1997.

CLIFFORD, James e MARCUS, George E. (1986, orgs.). *Writing culture: The Poetics and Politics of Ethnography*. Berkeley: University of California Press.

Constituições brasileiras: 1824. Com comentário de Octaciano Nogueira. Brasília: Senado Federal/MCT, 1999.

Constituições brasileiras: 1891. Com comentário de Aliomar Baleeiro. Brasília: Senado Federal/MCT, 1999.

Constituições brasileiras: 1934. Com comentário de Ronaldo Poletti. Brasília: Senado Federal/MCT, 1999.

Referências bibliográficas

Constituições brasileiras: 1937. Com comentário de Walter Costa Porto. Brasília: Senado Federal/MCT, 1999.

Constituições brasileiras: 1946. Com comentários de Aliomar Baleeiro e de Barbosa Lima Sobrinho. Brasília: Senado Federal/MCT, 1999.

COSTA, Ana Luiza Martins (1997-98). "Rosa, ledor de Homero". *Revista USP*, nº 36, dez. 1997-fev. 1998, pp. 46-73.

COSTA, Ana Luiza Martins (1998). "Poty, parceiro de Rosa". *Livros* (Porto Alegre), nº 7, p. 1.

COSTA, Ana Luiza Martins (2002). *João Guimarães Rosa, Viator.* Rio de Janeiro: UERJ-Instituto de Letras. Tese de doutorado, mimeo.

COUTINHO, Eduardo F. (1980). *The Process of Revitalization of the Language and Narrative Structure in the Fiction of João Guimarães Rosa and Julio Cortázar.* Valencia: Albatrós Ediciones.

COUTINHO, Eduardo F. (1983). "Guimarães Rosa e o processo de revitalização da língua". In: 1983 (org.), pp. 202-234.

COUTINHO, Eduardo F. (1983, org.). *Guimarães Rosa.* Rio de Janeiro: Civilização Brasileira. (Coleção Fortuna Crítica, vol. 6).

COUTINHO, Eduardo F. (1991). *The Synthesis Novel in Latin America: A Study on João Guimarães Rosa's* Grande Sertão: Veredas. Chapel Hill. (North Carolina Studies in the Romance Languages and Literatures, nº 237).

COUTINHO, Eduardo (1993). *Em busca da Terceira Margem: ensaios sobre o* Grande Sertão: Veredas. Salvador: Fundação Casa de Jorge Amado.

COUTY, Louis (1881). *L'Esclavage au Brésil.* Paris: Guillaumin. Ed. brasileira: *A escravidão no Brasil.* Trad. de Maria Helena Rouanet. Rio de Janeiro: Fundação Casa de Rui Barbosa, 1988.

COVIZZI, Lenira M. e CAVALCANTE, Maria Neuma (1990). "Critérios para o estabelecimento do texto de *Grande Sertão: Veredas*". In: Willemart, Philippe et al. (orgs.). *II Encontro de Edição Crítica e Crítica Genética: Eclosão do Manuscrito.* São Paulo: FFLCH-USP, pp. 129-133.

CUNHA, Euclides da (1897). "A nossa Vendeia". In: *Obra completa.* Org. por Afrânio Coutinho. Vol. II. Rio de Janeiro: Nova Aguilar, 1995, pp. 605-612.

CUNHA, Euclides da (1902). *Os Sertões: campanha de Canudos.* Edição crítica organizada por Walnice Nogueira Galvão. São Paulo: Ática, 1998.

CUNHA, Euclides da (1975). *À margem da História*. Org. por Rolando Morel Pinto. São Paulo: Cultrix.

CURTIUS, Ernst Robert (1948). *Europäische Literatur und lateinisches Mittelalter*. 11ª ed. Tübingen/Basileia: Francke, 1993. Ed. brasileira: *Literatura europeia e Idade Média latina*. Trad. de Paulo Rónai e Teodoro Cabral. São Paulo: Edusp/Hucitec, 1996.

CURTIUS, Ernst Robert (1950). "Antike Pathosformeln in der Literatur des Mittelalters". In: *Gesammelte Aufsätze zur romanischen Philologie*. Berna: Francke, 1960, pp. 23-27.

D'ALEMBERT e DIDEROT (1751). "Discours préliminaire de l'Encyclopédie". Ed. bilíngue. *Enciclopédia ou Dicionário Raciocinado das Ciências, das Artes e dos Ofícios*. Trad. de Fúlvia Maria Luiza Moretto. São Paulo: Ed. Unesp, 1989, pp. 20-109.

DANIEL, Mary L. (1968). *João Guimarães Rosa: travessia literária*. Rio de Janeiro: José Olympio.

DEMÉTRIOS. *Du Style (Peri Hermeneias)*. Org. e trad. de Pierre Chiron. Paris: Les Belles Lettres, 1993.

DERRIDA, Jacques (1967). *L'Écriture et la différence*. Paris: Seuil.

DERRIDA, Jacques (1972). "La différance". In: *Marges de la philosophie*. Paris: Minuit, pp. 3-29.

DERRIDA, Jacques (1985). "Préjugés, devant la loi". In: idem et al. *La faculté de juger*. Paris: Minuit, pp. 87-139.

DERRIDA, Jacques (1986). "La loi du genre". In: *Parages*. Paris: Galilée, pp. 251-287.

Dicionário Houaiss da Língua Portuguesa. Rio de Janeiro: Objetiva, 2001.

DILTHEY, Wilhelm (1870). *Leben Schleiermachers*. In: *Gesammelte Schriften*. Org. por Martin Redeker. Vols. XIII,1-2 e XIV,1-2. Göttingen: Vandenhoeck & Ruprecht, 1970 e 1966.

DILTHEY, Wilhelm (1906). *Das Erlebnis und die Dichtung*. 16ª ed. Göttingen: Vandenhoeck & Ruprecht, 1985.

DOOB, Penelope Reed (1990). *The Idea of Labyrinth from Classical Antiquity through the Middle Ages*. Ithaca/Londres: Cornell University Press.

Referências bibliográficas

DRUMMOND, José Augusto (1985). *A Coluna Prestes: rebeldes errantes*. 3ª ed. São Paulo: Brasiliense, 1991.

DURÃES, Fani Schiffer (1996). *Riobaldo und Faust: Untersuchung zum Faust-Mythos bei João Guimarães Rosa*. Bonn: Romanistischer Verlag.

ECO, Umberto (1987). "Ars oblivionalis". *Kos* (Milão), ano IV, nº 30, pp. 40-53.

ECO, Umberto (1988). "An *Ars Oblivionalis*? Forget it!". *PMLA* (Nova York), vol. 103, pp. 254-261.

Enciclopédia dos Municípios Brasileiros. Rio de Janeiro: IBGE, 1958.

FACÓ, Rui (1963). *Cangaceiros e fanáticos: gênese e lutas*. 6ª ed. Rio de Janeiro: Civilização Brasileira, 1980.

FANTINATI, Carlos Erivany (1965). "Um Riobaldo, três amores". *Revista de Letras* (Assis), nº 7, pp. 9-30.

FAORO, Raymundo (1958). *Os donos do poder: formação do patronato político brasileiro*. Vol. I. 11ª ed. São Paulo: Globo, 1997. Vol II. 13ª ed. São Paulo: Globo, 1998.

FAORO, Raymundo (1992). "A questão nacional: a modernização". *Estudos Avançados*, ano 6, nº 14, pp. 7-22.

FAUSTO, Boris (1970). *A Revolução de 1930: historiografia e história*. 11ª ed. São Paulo: Brasiliense, 1987.

FAUSTO, Boris (2001). *História concisa do Brasil*. São Paulo: Edusp.

FELINTO, Marilene (1994). "Um país inteiro esquecido nos sertões". *Folha de S. Paulo. Mais!*, 31/7/1994, pp. 10-11.

FERNANDES, Florestan (1974). *A revolução burguesa no Brasil: ensaio de interpretação sociológica*. 2ª ed. Rio de Janeiro: Zahar, 1976.

FICHTE, Hubert (1987). *Etnopoesia*. Org. por Wolfgang Bader. São Paulo: Brasiliense.

FINAZZI-AGRÒ, Ettore (2001). *Um lugar do tamanho do mundo: tempos e espaços da ficção em João Guimarães Rosa*. Belo Horizonte: Editora UFMG.

FOUCAULT, Michel (1969). *L'Archéologie du savoir*. Paris: Gallimard.

FRANCO, Maria Sylvia de Carvalho (1969). *Homens livres na ordem escravocrata*. 2ª ed. São Paulo: Ática, 1974.

FRANK, Manfred (1988). "Zum Diskursbegriff bei Foucault". In: Fohrmann, Jürgen e Müller, Harro (orgs.). *Diskurstheorien und Literaturwissenschaft*. Frankfurt/M.: Suhrkamp, pp. 25-44.

FREIRE, Paulo (1970). *Pedagogia do oprimido*. 6ª ed. Rio de Janeiro: Paz e Terra, 1978.

FREUD, Sigmund (1899). "Über Deckerinnerungen" [Sobre lembranças encobridoras]. In: *Gesammelte Werke* I. Frankfurt/M.: S. Fischer, 1948, pp. 531-554.

FREUD, Sigmund (1904). "Über Kindheits- und Deckerinnerungen" [Sobre lembranças de infância e lembranças encobridoras]. In: *Gesammelte Werke* IV. Frankfurt/M.: S. Fischer, 1948, pp. 51-60.

FREUD, Sigmund (1909). "Der Familienroman der Neurotiker" [O romance familiar dos neuróticos]. In: *Studienausgabe* IV. Org. por Alexander Mitscherlich. Frankfurt/M.: S. Fischer, 1970, pp. 221-226.

FREUD, Sigmund (1914). "Erinnern, Wiederholen und Durcharbeiten" [Lembrar, repetir e elaborar]. In: *Gesammelte Werke* X. Frankfurt/M.: S. Fischer, 1948, pp. 126-136.

FREUD, Sigmund (1921). "Massenpsychologie und Ich-Analyse" [Psicologia de massas e análise do eu]. In: *Studienausgabe* IX, Frankfurt/M.: S. Fischer, 1974, pp. 61-134.

FREYRE, Gilberto (1933). *Casa-grande & senzala: formação da família brasileira sob o regime da economia patriarcal*. 17ª ed. Rio de Janeiro: José Olympio, 1975.

FREYRE, Gilberto (1936). *Sobrados e mucambos: decadência do patriarcado rural e desenvolvimento do urbano*. 12ª ed. Rio de Janeiro: Record, 2000.

FREYRE, Gilberto (1944). *Perfil de Euclydes e outros perfis*. Rio de Janeiro: José Olympio.

FURTADO, Celso (1958). *Formação econômica do Brasil*. 25ª ed. São Paulo: Ed. Nacional, 1995.

GABEIRA, Fernando (1979). *O que é isso, companheiro?* 6ª ed. Rio de Janeiro: Codecri.

Referências bibliográficas

GALVÃO, Walnice Nogueira (1972). *As formas do falso: um estudo sobre a ambiguidade no* Grande Sertão: Veredas. São Paulo: Perspectiva.

GALVÃO, Walnice Nogueira (1974). *No calor da hora: a guerra de Canudos nos jornais — 4ª expedição*. 3ª ed. São Paulo: Ática, 1994.

GALVÃO, Walnice Nogueira (1984). "Euclides, elite modernizadora e enquadramento". In: Cunha, Euclides da. *História*. Org. por W. Galvão. São Paulo: Ática, pp. 7-37.

GALVÃO, Walnice Nogueira (1990). "As listas de Guimarães Rosa". In: Willemart, Philippe et al. (orgs.). *II Encontro de Edição Crítica e Crítica Genética: Eclosão do Manuscrito*. São Paulo: FFLCH-USP, pp. 135-150.

GALVÃO, Walnice Nogueira (1994). "Euclides da Cunha". In: Pizarro, Ana (org.). *América Latina: Palavra, Literatura e Cultura*. Vol. II: *Emancipação do discurso*. Campinas: Editora da Unicamp, pp. 615-633.

GALVÃO, Walnice Nogueira (1998). *A donzela-guerreira: um estudo de gênero*. São Paulo: SENAC.

GALVÃO, Walnice Nogueira (2001). *O Império do Belo Monte: vida e morte de Canudos*. São Paulo: Fundação Perseu Abramo.

GARBUGLIO, José Carlos (1972). *O mundo movente de Guimarães Rosa*. São Paulo: Ática.

GEERTZ, Clifford (1988). *Works and Lives: the Anthropologist as Author*. Stanford: Stanford University Press.

GENETTE, Gérard (1982). *Palimpsestes: la littérature au second degré*. Paris: Seuil.

GINZBURG, Carlo e PONI, Carlo (1981). "La micro-histoire". *Le Débat* (Paris), nº 17, pp. 133-136.

GINZBURG, Carlo (1993). "Microhistory: Two or Three Things That I Know About It". *Critical Inquiry* (Chicago), ano 20, pp. 10-35.

GOEBEL, Eckart (2001). *Der engagierte Solitär: Die Gewinnung des Begriffs Einsamkeit aus der Phänomenologie der Liebe im Frühwerk Jean-Paul Sartres*. Berlim: Akademie Verlag.

GOETHE, Johann Wolfgang von (1790; 1832). *Faust*. Org. por Albrecht Schöne. Frankfurt/M.: Deutscher Klassiker Verlag, 1999. Ed. brasileira: *Fausto*. Trad. de Jenny Klabin Segall. Belo Horizonte/São Paulo: Itatiaia/Edusp, 1981.

GOETHE, Johann Wolfgang von (1795-96). *Wilhelm Meisters Lehrjahre*. Org. por Wilhelm Vosskamp. Frankfurt/M.: Deutscher Klassiker Verlag, 1992. Ed. brasileira: *Os anos de aprendizado de Wilhelm Meister*. Trad. de Nicolino Simone Neto. São Paulo: Ensaio, 1994.

GOETHE, Johann Wolfgang von (1810). *Zur Farbenlehre*. Org. por Manfred Wenzel. Frankfurt/M.: Deutscher Klassiker Verlag, 1991.

GOETHE, Johann Wolfgang von (1829). *Wilhelm Meisters Wanderjahre*. Org. por Gerhard Neumann e Hans-Georg Dewitz. Frankfurt/M.: Deutscher Klassiker Verlag, 1989.

GOETHE, Johann Wolfgang von (1977). "Maximen und Reflexionen". In: *Sämtliche Werke* IX. Zurique/Munique: Artemis/dtv, pp. 497-677.

GRECCO, Sheila (1999). "As veredas materialistas de Rosa". *Folha de S. Paulo. Mais!*, 12/9/1999, p. 8.

GRECCO, Sheila (2001). *Brasis-Brasília, o vôo parado da modernidade: leituras de Guimarães Rosa*. São Paulo: FFLCH-USP. Dissertação de mestrado, mimeo.

GRIMM, Jacob (1819). "Vorrede zur Deutschen Grammatik". In: *Kleinere Schriften* VIII. Hildesheim: Georg Olms, 1966, pp. 29-96.

GRIMM, Jacob (1846-47). "Vorträge auf den Germanistenversammlungen". In: *Kleinere Schriften* VII. 1966, pp. 556-563.

GRIMM, Jacob (1854). "Vorrede zum Deutschen Wörterbuch". In: *Kleinere Schriften* VIII. 1966, pp. 302-380.

GULLAR, Ferreira (1958). In: "Escritores que não conseguem ler *Grande Sertão: Veredas*". *Leitura* (Rio de Janeiro), ano XVII, nº 16, out. 1958, p. 50A.

GUMBRECHT, Hans Ulrich; KITTLER, Friedrich; SIEGERT, Bernhard (1996). *Der Dichter als Kommandant: D'Annunzio erobert Fiume*. Munique: Fink.

HANSEN, João Adolfo (2000). *o O: a ficção da literatura em* Grande Sertão: Veredas. São Paulo: Hedra.

HATZAMRI, Abraham e MORE-HATZAMRI, Shoshana (1991). *Dicionário Português- -Hebraico, Hebraico-Português*. 2ª ed., rev. e ampliada. São Paulo: Editorial Aurora, 1995.

HAZIN, Elisabeth (1991). *No nada, o infinito*: da gênese do Grande Sertão: Veredas. São Paulo: FFLCH — USP. Tese de doutorado, mimeo.

Referências bibliográficas

HAZIN, Elizabeth (2000). "No nada, o infinito: da gênese do *Grande Sertão: Veredas*". In: Lanciani, Giulia (org.). *João Guimarães Rosa: Il che delle cose*. Roma: Bulzoni, pp. 135-175.

HEGEL, Georg Wilhelm Friedrich (1830). *Enzyklopädie der philosophischen Wissenschaften im Grundrisse*. 8ª ed. Org por Friedhelm Nicolin e Otto Pöggeler. Hamburgo: Felix Meiner, 1991.

HEIDEGGER, Martin (1927). *Sein und Zeit*. 17ª ed. Tübingen: Niemeyer, 1993.

HERDER, Johann Gottfried (1772). *Abhandlung über den Ursprung der Sprache*. Org. por Hans Dietrich Irmscher. Stuttgart: Reclam, 1966.

HILLACH, Ansgar (2000). "Dialektisches Bild". In: Opitz, Michael e Wizisla, Erdmut (orgs.). *Benjamins Begriffe*. 2 vols. Frankfurt/M.: Suhrkamp, pp. 186-229.

HOBBES, Thomas (1651). *Leviathan or the Matter, Form and Power of a Commonwealth Ecclesiastical and Civil*. Org. por C. B. Macpherson. Londres: Penguin, 1985.

HOLANDA, Sérgio Buarque de (1936). *Raízes do Brasil*. 5ª ed. Rio de Janeiro: José Olympio, 1969.

HOLANDA, Sérgio Buarque de (1958). *Visão do Paraíso: os motivos edênicos no descobrimento e colonização do Brasil*. 3ª ed. São Paulo: Ed. Nacional, 1977.

HOMERO. *The Iliad*. Harmondsworth: Penguin, 1950. Ed. brasileira: *Ilíada*. Trad. e notas de Manuel Odorico Mendes. Prefácio de Silveira Bueno. São Paulo: Atena, 1956.

HOMERO. *The Odyssey*. Harmondsworth: Penguin, 1948. Ed. brasileira: *Odisseia*. Trad. e notas de Manuel Odorico Mendes. Org. por Antônio Medina Rodrigues. São Paulo: Edusp/Ars Poética, 1992.

HUMBOLDT, Alexander von (1808). "Über die Steppen und Wüsten". In: *Ansichten der Natur*. Org. por Hanno Beck. Darmstadt: Wissenschaftliche Buchgesellschaft, 1987, pp. 3-127.

HUMBOLDT, Wilhelm von (1830-35). "Über die Verschiedenheit des menschlichen Sprachbaues und ihren Einfluß auf die geistige Entwicklung des Menschengeschlechts". In: *Schriften zur Sprachphilosophie*. Darmstadt: Wissenschaftliche Buchgesellschaft, 1969, pp. 368-756.

HUTCHEON, Linda (1985). *A Theory of Parody: The Teachings of Twentieth-Century Art Forms*. Londres/Nova York: Methuen.

IANNI, Octavio (1968a). *O colapso do populismo no Brasil*. 3ª ed., revista. Rio de Janeiro: Civilização Brasileira, 1975.

IANNI, Octávio (1968b). "A mentalidade do 'homem simples'". *Revista Civilização Brasileira* (Rio de Janeiro), nº 18, pp. 113-117.

JAGUARIBE, Hélio et al. (1986). *Brasil, 2000: para um novo pacto social*. 4ª ed. Rio de Janeiro: Paz e Terra, 1988.

JACOBS, Jürgen (1972). *Wilhelm Meister und seine Brüder: Untersuchungen zum deutschen Bildungsroman*. 2ª ed. Munique: Fink, 1983.

JAKOBSON, Roman (1973). "Poésie de la grammaire et grammaire de la poésie". In: *Questions de poétique*. Paris: Seuil, pp. 219-233.

JAKOBSON, Roman (1984). "Poésie de la grammaire et grammaire de la poésie". In: *Une vie dans le langage*. Paris: Minuit, pp. 127-153.

JAUSS, Hans Robert (1970). "Schlegels und Schillers Replik auf die 'Querelle des Anciens et des Modernes'". In: *Literaturgeschichte als Provokation*. Frankfurt/M.: Suhrkamp, pp. 67-106.

JÜNGER, Ernst (1920). *In Stahlgewittern: Aus dem Tagebuch eines Stoßtruppführers*. In: *Sämtliche Werke* I. Stuttgart: Klett-Cotta, 1978, pp. 9-300.

KAFKA, Franz (1919). "Vor dem Gesetz". In: *Sämtliche Erzählungen*. Org. por Paul Raabe. Frankfurt/M.: S. Fischer, 1970, pp. 148-149. Ed. brasileira: "Diante da Lei". In: *Um médico rural: pequenas narrativas*. Trad. de Modesto Carone. São Paulo: Brasiliense, 1990, pp. 23-25.

KOSELLECK, Reinhart (1988). "Erfahrungswandel und Methodenwechsel: Eine historisch-anthropologische Skizze". In: Meier, Christian e Rüsen, Jörn (orgs.). *Theorie der Geschichte*. Vol. V: *Historische Methode*. Munique: dtv, pp. 13-61.

KOSELLECK, Reinhart et al. (1992a). "Geschichte, Historie". In: Brunner, Otto et al. (orgs.). *Geschichtliche Grundbegriffe: Historisches Lexikon zur politisch-sozialen Sprache in Deutschland*. Vol. II. Stuttgart: Klett-Cotta, pp. 593-717.

KOSELLECK, Reinhart et al. (1992b). "Volk, Nation, Nationalismus, Masse". In: Brunner, Otto et al. (orgs.). *Geschichtliche Grundbegriffe*. Vol. VII, pp. 141-431.

Referências bibliográficas

KOSELLECK, Reinhart (2002). "Die Verbildlichung des gewaltsamen Todes in den Denkmälern seit der Französischen Revolution". Conferência, Humboldt--Universität, Berlim, 14/2/2002.

KRISTEVA, Julia (1970). "L'intertextualité". In: *Le texte du roman: approche sémiologique d'une structure discursive transformationnelle*. Haia-Paris: Mouton, pp. 139-176.

LAMBERT, Jacques (1959). *Os dois Brasis*. Rio de Janeiro: INEP/MEC.

LÄMMERT, Eberhard (1990). "'Geschichte ist ein Entwurf': Die neue Glaubwürdigkeit des Erzählens in der Geschichtsschreibung und im Roman". *The German Quarterly* (Appleton), ano 63, nº 1, pp. 5-18. Ed. brasileira: "'História é um esboço': a nova autenticidade narrativa na historiografia e no romance". Trad. de Marcus V. Mazzari. *Estudos Avançados* (São Paulo), nº 23, jan.-abr. 1995, pp. 289-308.

LÄMMERT, Eberhard e Naumann, Barbara (1996, orgs.). *Wer sind wir? Europäische Phänotypen im Roman des 20. Jahrhunderts*. Munique: Fink.

LARA, Cecília de (1993). "Classer, éditer et interpréter les manuscrits de *Grande Sertão: Veredas* de Guimarães Rosa". *Génésis* (Paris), nº 3, pp. 63-80.

LARA, Cecília de (1995). "A edição crítico-genética de *Grande Sertão: Veredas* de Guimarães Rosa". In: Willemart, Philippe (org.). *Gênese e Memória: IV Encontro Internacional de Pesquisadores do Manuscrito e de Edições*. São Paulo: Annablume, pp. 153-165.

LARA, Cecília de (1998). "*Grande Sertão: Veredas* — processos de criação". *Scripta* (Belo Horizonte), vol. 2, nº 3, pp. 41-49.

LAUSBERG, Heinrich (1990). *Handbuch der literarischen Rhetorik*. 3ª ed. Stuttgart: Franz Steiner.

LEAL, Vitor Nunes (1949). *Coronelismo, enxada e voto: o município e o regime representativo no Brasil*. 6ª ed. São Paulo: Alfa-Omega, 1993.

LE GOFF, Jacques (org., 1978). *La Nouvelle Histoire*. Paris: Retz CEPL. Ed. brasileira: *A História Nova*. Trad. de Eduardo Brandão. São Paulo: Martins Fontes, 1990.

LEITE, Dante Moreira (1961). "Grande Sertão: Veredas". In: *O amor romântico e outros temas*. 2ª ed., ampl. São Paulo: Ed. Nacional/Edusp, 1979, pp. 88-99.

LEONEL, Maria Célia (1985). *Guimarães Rosa alquimista: processos de criação do texto*. São Paulo: FFLCH-USP. Tese de doutorado, mimeo.

LEONEL, Maria Célia (1990). "O 'primeiro rascunho' de *Grande Sertão: Veredas*". In: Willemart, Philippe et al. (orgs.). *II Encontro de Edição Crítica e Crítica Genética: Eclosão do Manuscrito*. São Paulo: FFLCH-USP, pp. 123-127.

LÉVI-STRAUSS, Claude (1949). *Les Structures élémentaires de la parenté*. Paris: PUF. 2ª ed. 1967. Ed. brasileira: *As estruturas elementares do parentesco*. Trad. de Mariano Ferreira. Petrópolis e São Paulo: Vozes e Edusp, 1976.

LIMA, Lourenço Moreira (1934). *A Coluna Prestes: marchas e combates*. 3ª ed. São Paulo: Alfa-Omega, 1979.

LIMA, Luiz Costa (1997). *Terra ignota: a construção de* Os Sertões. Rio de Janeiro: Civilização Brasileira.

LIMA, Nísia Trindade (1999). *Um sertão chamado Brasil: intelectuais e representação geográfica da identidade nacional*. Rio de Janeiro: Revan.

LINS, Wilson (1952). *O médio São Francisco: uma sociedade de pastores e guerreiros*. 2ª ed., revista e aumentada. Salvador: Ed. Progresso [1960].

LORAUX, Nicole (1981). *L'Invention d'Athènes: histoire de l'oraison funèbre dans la "cité classique"*. Paris: de Gruyter. Ed. brasileira: *Invenção de Atenas*. Trad. de Lílian Valle. Rio de Janeiro: Editora 34, 1994.

LORENZ, Gunter W. (1966). "Epos von antiker Kraft: Der Romanzyklus *Corps de Ballet*". *Die Welt der Literatur* (Hamburgo), 24/11/1966.

LORENZ, Gunter W. (1970). "João Guimarães Rosa". In: *Dialog mit Lateinamerika: Panorama einer Literatur der Zukunft*. Tübingen: Erdmann, pp. 481-538. Ed. brasileira: "Diálogo com Guimarães Rosa". Trad. de Rosemará Costhek Abílio. In: Coutinho, Eduardo (1983, org.). Guimarães Rosa, pp. 62-97.

LUKÁCS, Georg (1920). *Die Theorie des Romans: Ein geschichtsphilosophischer Versuch über die Formen der großen Epik*. Neuwied/Berlim: Luchterhand, 1971. Ed. brasileira: *A teoria do romance: um ensaio histórico-filosófico sobre as formas da grande épica*. Trad. de José Marcos Mariani de Macedo. São Paulo: Duas Cidades/Editora 34, 2000.

LYOTARD, Jean-François (1979). *La Condition post-moderne: rapport sur le savoir*. Paris: Minuit. Ed. brasileira: *O pós-moderno*. Trad. de Ricardo Correa Barbosa. Rio de Janeiro: José Olympio, 1986.

Referências bibliográficas

LYOTARD, Jean-François (1988). "Réécrire la modernité". In: *Les Cahiers de Philosophie* (Lille), nº 5, pp. 193-203.

MACHADO, Ana Maria (1976). *Recado do nome: leitura de Guimarães Rosa à luz do nome de seus personagens*. São Paulo: Martins Fontes, 1991.

MAN, Paul de (1979). *Allegories of Reading: Figural Language in Rousseau, Nietzsche, Rilke, and Proust*. New Haven/Londres: Yale University Press.

MANN, Thomas (1947). *Doktor Faustus: Das Leben des deutschen Tonsetzers Adrian Leverkühn erzählt von einem Freunde*. Frankfurt/M.: Fischer, 1971.

MAQUIAVEL, Niccolò (1513). *Il Principe*. Org. por Giuseppe Lisio. Florença: G. C. Sansoni, 1938.

MARQUES, Oswaldino (1957). "Canto e plumagem das palavras". In: *A seta e o alvo: análise estrutural de textos e crítica literária*. Rio de Janeiro: INL, pp. 9-128.

MARTINI, Fritz (1961). "Der Bildungsroman: Zur Geschichte des Wortes und der Theorie". *Deutsche Vierteljahrsschrift für Literaturwissenschaft und Geistesgeschichte* (Stuttgart), ano 35, nº 1, pp. 44-63.

MARTINS, Nilce Sant'Anna (2001). *O léxico de Guimarães Rosa*. São Paulo: Edusp.

MARTINS, Saul. *Antônio Dó*. 2ª ed. Belo Horizonte: Interlivros, 1979.

MARTIUS, Carl Friedrich Philipp von (1845). "Como se deve escrever a história do Brasil". In: *O estado do direito entre os autóctones do Brasil*. Belo Horizonte: Itatiaia, 1982, pp. 85-107.

MAZZARI, Marcus Vinicius (1999). *Romance de formação em perspectiva histórica*: O tambor de lata *de G. Grass*. São Paulo: Ateliê.

MAZZARI, Marcus Vinicius (2003). "O *Bildungsroman* na literatura brasileira: prolegômenos para um estudo". Comunicação apresentada no XI Congresso da Associação Latino-americana de Estudos Germanísticos. São Paulo/Paraty/Petrópolis, 27/9-3/10/2003.

MENESES, Adélia Bezerra de (2002a): "*Grande Sertão: Veredas* e a psicanálise". *Scripta* (Belo Horizonte), vol. 5, nº 10, pp. 21-37.

MENESES, Adélia Bezerra de (2002b): "Matéria vertente: *Grande Sertão: Veredas* de Guimarães Rosa e o Rio São Francisco". *Remate de Males* (Campinas), nº 22, pp. 9-23.

MEYER, Marlyse (1996). "Sinclair das Ilhas". In: *Folhetim: uma história*. São Paulo: Companhia das Letras, pp. 21-52.

MILLER, Joseph Hillis (1995). *Topographies*. Stanford: Stanford University Press.

MOREIRA, Vânia Maria Losada (1998). *Brasília: a construção da nacionalidade — um meio para muitos fins (1956-1961)*. Vitória: Edufes.

MORGENSTERN, Karl (1820). "Über das Wesen des Bildungsromans". In: Lämmert, Eberhard et al. (orgs.). *Romantheorie: Dokumentation ihrer Geschichte in Deutschland*. Colônia: Kiepenheuer & Witsch, 1971, pp. 253-258.

MOSER, Walter (2000). "La toupie 'mémoire-oubli' et le recyclage des matériaux baroques". In: Huglo, Marie-Pascale; Méchoulan, Eric; Moser, Walter (orgs.). *Passions du passé: recyclages de la mémoire et usages de l'oubli*. Paris: L'Harmattan, pp. 25-49.

MOTA, Carlos Guilherme (1977). *Ideologia da cultura brasileira (1933-1974)*. 5ª ed. São Paulo: Ática, 1985.

MOURÃO, Cleonice Paes Barreto (2000). "Diadorim: O corpo nú da narração". In: Duarte, Lélia Parreira et al. (orgs.). *Veredas de Rosa*. Belo Horizonte: PUC-MG, pp. 158-163.

MÜLLER, Wolfgang G. (1988). "Ironie, Lüge, Simulation, Dissimulation und verwandte rhetorische Termini". In: Wagenknecht, Christian (org.). *Zur Terminologie der Literaturwissenschaft*. Stuttgart: Metzler, pp. 189-208.

NASCIMENTO, Edna Maria dos Santos (1990). "Descrição das duas primeiras edições e do 'segundo rascunho' de *Grande Sertão: Veredas*". In: Willemart, Philippe et al. (orgs.). *II Encontro de Edição Crítica e Crítica Genética: Eclosão do Manuscrito*. São Paulo: FFLCH-USP, pp. 151-155.

NELSON, Theodor Holm (1987). *Literary Machines*. s.l.: edição do autor.

NEVES, Zanoni (1998). *Navegantes da integração: os remeiros do Rio São Francisco*. Belo Horizonte: Ed. UFMG.

NOGUEIRA, Ataliba (1974). *Antônio Conselheiro e Canudos: revisão histórica*. 3ª ed. São Paulo: Atlas, 1997.

NOVALIS. *Pólen. Fragmentos, diálogos, monólogo*. Trad., apres. e notas de Rubens Rodrigues Torres Filho. São Paulo: Iluminuras, 1988.

Referências bibliográficas

Nunes, Benedito (1964). "O amor na obra de Guimarães Rosa". *Revista do Livro* (Rio de Janeiro), ano VII, nº 26, pp. 39-62. Reimpresso in: *O dorso do tigre: ensaios*. São Paulo: Perspectiva, 1969, pp. 143-171.

Nunes, Benedito (1985). "Grande Sertão: Veredas — uma abordagem filosófica". *Bulletin des Études Portugaises et Brésiliennes* (Paris), nº 44-45, pp. 389-403.

Oliveira, Paulo Sampaio Xavier de (1999). *A televisão como "tradutora": Veredas do Grande Sertão na Rede Globo*. Campinas: Unicamp — Instituto de Estudos da Linguagem. Tese de doutorado, mimeo.

Organon (Porto Alegre), vol. 6, nº 19, 1992. Número sobre o tema "O pacto fáustico e outros pactos".

Pasta Jr., José Antonio (1999). "O romance de Rosa: temas do *Grande Sertão* e do Brasil". *Novos Estudos CEBRAP* (São Paulo), nº 55, pp. 61-70.

Port, Ulrich (1999). "'Katharsis des Leidens': Aby Warburgs 'Pathosformeln' und ihre konzeptuellen Hintergründe in Rhetorik, Poetik und Tragödientheorie". In: Graevenitz, Gerhart von e Wellberry, David E. (orgs.). *Wege deutschjüdischen Denkens im 20. Jahrhundert*. Stuttgart: Metzler, pp. 5-42.

Pouillon, Jean (1946). *Temps et roman*. Paris: Gallimard. Ed. brasileira: *O tempo no romance*. Trad. de Heloysa de Lima Dantas. São Paulo: Cultrix/Edusp, 1974.

Prado, Paulo (1928). *Retrato do Brasil: ensaio sobre a tristeza brasileira*. Rio de Janeiro: José Olympio, 1962.

Prado Jr., Caio (1942). *Formação do Brasil contemporâneo: Colônia*. 11ª ed. São Paulo: Brasiliense, 1971.

Proença, M. Cavalcanti (1957). "Alguns aspectos formais de *Grande Sertão: Veredas*". *Revista do Livro* (Rio de Janeiro), ano II, nº 5, pp. 37-54. Reimpresso sob o título "Aspectos formais" in: 1958, *Trilhas no Grande Sertão*, pp. 69-101.

Proença, M. Cavalcanti (1958). *Trilhas no Grande Sertão*. Rio de Janeiro: MEC.

Propp, Vladimir (1928). *Morphologie du conte*. Trad. de M. Derrida. Paris: Seuil, 1970.

QUEIROZ, Maria Isaura Pereira de (1968). *Os cangaceiros: les bandits d'honneurs brésiliens*. Paris: Julliard. Ed. brasileira: *Os cangaceiros*. São Paulo: Duas Cidades, 1977.

QUEIROZ, Maria Isaura Pereira de (1969). *O mandonismo local na vida política brasileira*. São Paulo: Instituto de Estudos Brasileiros.

QUEIROZ, Maria Isaura Pereira de (1975). "O coronelismo numa interpretação sociológica". In: Fausto, Boris (org.). *História geral da civilização brasileira*. Tomo III: *O Brasil Republicano*. Vol. 1: *Estrutura de poder e economia (1889-1930)*. São Paulo: Difel, pp. 153-190.

QUINTILIANO, Marcus Fabius. *Institutio oratoria — Ausbildung des Redners*. Ed. bilíngue latim-alemão. Org. e trad. de Helmut Rahn. 2 vols. 2ª ed. Darmstadt: Wissenschaftliche Buchgesellschaft, 1988.

RESTREPO, Darío Henao (1992). *O fáustico na nova narrativa latino-americana*. Rio de Janeiro: Leviatã.

Revue Germanique Internationale (Paris), nº 7, 1997. Número sobre o tema: "Le paysage en France et en Allemagne autour de 1800".

RIBEIRO, Darcy (1995). *O povo brasileiro: a formação e o sentido do Brasil*. São Paulo: Companhia das Letras.

RIBEIRO, Renato Janine (2002). "O letrado e o guerreiro: ou dois ensaios sobre o âmago terrível da linguagem". *Scripta* (Belo Horizonte), vol. 5, nº 10, pp. 307-320.

RICKEN, Ulrich (1967). "Bemerkungen zum Thema 'Las Armas y Las Letras'". *Beiträge zur Romanischen Philologie* (Berlim). Número especial sobre Cervantes, pp. 76-83.

RIFFATERRE, Michael (1971). *Essais de stylistique structurale*. Paris: Flammarion. Ed. brasileira: *Estilística estrutural*. Trad. de Anne Arnichand e Álvaro Lorencini. São Paulo: Cultrix, 1973.

RÖHRICH, Lutz (1991). *Das große Lexikon der sprichwörtlichen Redensarten*. Freiburg/Basileia/Viena: Herder, 1991.

RONCARI, Luiz (2001). "O tribunal do sertão". *Teresa: Revista de Literatura Brasileira* (São Paulo), nº 2, pp. 216-248.

ROSA, João Guimarães (1946). *Sagarana*. 7ª ed. Rio de Janeiro: José Olympio, 1965.

Referências bibliográficas

Rosa, João Guimarães (1952). "Pé-Duro, Chapéu-de-Couro". In: *Ave, palavra*. Rio de Janeiro: José Olympio, 1970, pp. 123-143.

Rosa, João Guimarães (1956). *Corpo de baile*. 2 vols. Rio de Janeiro: José Olympio.

Rosa, João Guimarães (1956). *Grande Sertão: Veredas.* — Trad. para o inglês de Harriet de Onís: *The Devil to Pay in the Backlands*. Nova York: Alfred A. Knopf Inc., 1963. — Trad. alemã de Curt Meyer-Clason: *Grande Sertão*. Colônia: Kiepenheuer & Witsch, 1964. — Primeira trad. francesa de Jean Jacques Villard: *Diadorim*. Paris: Albin Michel, 1965; nova trad. francesa de Maryvonne Lapouge-Pettorelli. Paris: Albin Michel, 1991.

Rosa, João Guimarães (1956). "Pequena palavra". Prefácio a Paulo Rónai, *Antologia do conto húngaro*. Rio de Janeiro: Civilização Brasileira, 1958, p. XI-XXVII.

Rosa, João Guimarães (1962). *Primeiras estórias*. Rio de Janeiro: José Olympio.

Rosa, João Guimarães (1972). *Correspondência com o tradutor italiano*. São Paulo: Instituto Cultural Ítalo-Brasileiro.

Rosenfield, Kathrin H. (1993). *Os descaminhos do demo: tradição e ruptura em Grande Sertão: Veredas*. Rio de Janeiro/São Paulo: Imago/Edusp.

Rousseau, Jean-Jacques (1755). *Discours sur l'origine et les fondements de l'inégalité parmi les hommes*. Org. por J.-L. Lecercle. Paris: Éditions Sociales, 1954.

Rousseau, Jean-Jacques (1762). *Du contrat social*. Org. por J.-L. Lecercle. Paris: Éditions Sociales, 1963.

Sampaio, Consuelo Novais (1999, org.). *Canudos: cartas para o Barão*. São Paulo: Edusp.

Santana, José Carlos Barreto de (2001). *Ciência e Arte: Euclides da Cunha e as Ciências Naturais*. São Paulo/Feira de Santana: Hucitec/Editora da Universidade Estadual de Feira de Santana.

Sarmiento, Domingo F. (1845). *Facundo o Civilización y barbarie*. Barcelona: Biblioteca Ayacucho, 1985.

Schiller, Friedrich (1784). "Resignation". In: *Sämtliche Werke I: Gedichte*. Org. por Jochen Golz. Stuttgart: Insel, 1980, pp. 153-156.

Schiller, Friedrich (1802). *Die Jungfrau von Orleans*. In: *Ausgewählte Werke* IV. Org. por Ernst Müller. Darmstadt: Wissenschaftliche Buchgemeinschaft, 1954, pp. 7-156.

SCHLEGEL, Friedrich (1797-1800). "Kritische Fragmente". In: *Charakteristiken und Kritiken I (1796-1801).* Org. por Hans Eichner. Munique: Ferdinand Schöningh, 1967, pp. 147-272. Ed. brasileira: *O dialeto dos fragmentos.* Trad., apres. e notas de Márcio Suzuki. São Paulo: Iluminuras, 1997.

SCHLEGEL, Friedrich (1798). "Über Goethes Meister". In: *Charakteristiken und Kritiken I (1796-1801)*, 1967, pp. 126-146.

SCHLEGEL, Friedrich (1800). "Über die Unverständlichkeit". In: *Charakteristiken und Kritiken I (1796-1801)*, 1967, pp. 363-372.

SCHLEIERMACHER, Friedrich Daniel Ernst (1959). *Hermeneutik.* Org. por Heinz Kimmerle. 2ª ed. Heidelberg: Carl Winter, 1974.

SCHLEIERMACHER, Friedrich Daniel Ernst (1977). *Hermeneutik und Kritik.* Org. por Manfred Frank. 5ª ed. Frankfurt/M.: Suhrkamp, 1993.

SCHMELING, Manfred (1987). *Der labyrinthische Diskurs: Vom Mythos zum Erzählmodell.* Frankfurt/M.: Athenäum.

SCHÖTTLER, Peter (1988). "Sozialgeschichtliches Paradigma und historische Diskursanalyse". In: Fohrmann, Jürgen e Müller, Harro (orgs.). *Diskurstheorien und Literaturwissenschaft.* Frankfurt/M.: Suhrkamp, pp. 159-199.

SCHWARCZ, Lilia Moritz (1998). *As barbas do imperador: D. Pedro II, um monarca nos trópicos.* 2ª ed. São Paulo: Companhia das Letras, 2000.

SCHWARZ, Roberto (1965a). "*Grande Sertão*: a fala". In: *A sereia e o desconfiado: ensaios críticos.* Rio de Janeiro: Civilização Brasileira, pp. 23-27. Reimpresso in: Coutinho, Eduardo F. (org.), 1983, pp. 378-382.

SCHWARZ, Roberto (1965b). "*Grande Sertão* e *Dr. Faustus*". In: *A sereia e o desconfiado*, pp. 28-36. Reimpresso in: Coutinho, Eduardo F. (1983, org.), pp. 382-389.

SCHWARZ, Roberto (1977). *Ao vencedor as batatas: forma literária e processo social nos inícios do romance brasileiro.* São Paulo: Duas Cidades/Editora 34, 5ª ed. 2000.

SCHWARZ, Roberto (1990). *Um mestre na periferia do capitalismo: Machado de Assis.* São Paulo: Duas Cidades/Editora 34, 4ª ed. 2000.

SEVCENKO, Nicolau (1983). *Literatura como missão: tensões sociais e criação cultural na Primeira República.* 4ª ed. São Paulo: Brasiliense, 1995.

Referências bibliográficas

SILVEIRA, Sérgio Amadeu da (2001). *Exclusão digital: a miséria na era da informação*. São Paulo: Fundação Perseu Abramo.

SOETHE, Paulo (2003). "Riobaldo e Hans Castorp: seus romances, sua formação". Conferência, Universidade de São Paulo: 28/5/2003.

SOMMER, Doris (1991). *Foundational Fictions: The National Romances of Latin America*. Berkeley: The University of California Press.

SOUZA, Bernardino José de (1939). *Dicionário da terra e da gente do Brasil*. 5ª ed. São Paulo: Ed. Nacional, 1961.

SOUZA, Laura de Mello e (1995). *O Diabo e a Terra de Santa Cruz: feitiçaria e religiosidade popular no Brasil colonial*. São Paulo: Companhia das Letras.

SPERBER, Suzi Frankl (1976). *Caos e Cosmos: leituras de Guimarães Rosa*. São Paulo: Duas Cidades.

SPITZER, Leo (1961). *Stilstudien*. 2 vols. Munique: Max Hueber.

SPITZER, Leo (1962). *Linguistics and Literary History: Essays in Stylistics*. Nova York: Russell & Russell.

SPIX, Johann Baptist von e MARTIUS, Carl Friedrich Philipp von (1823-1831). *Reise in Brasilien 1817-1820*. 3 vols. Stuttgart: Brockhaus, 1980. Ed. brasileira: *Viagem pelo Brasil 1817-1820*. 3 vols. Trad. de Lúcia Furquim Lahmeyer. Belo Horizonte/São Paulo: Itatiaia/Edusp, 1981.

STANZEL, Franz K. (1989). *Theorie des Erzählens*. 4ª ed. Göttingen, Vandenhoeck & Ruprecht.

STARLING, Heloisa (1997). *Lembranças do Brasil: teoria política, história e ficção em Grande Sertão: Veredas*. Rio de Janeiro: IUPERJ. Tese de doutorado, mimeo.

STARLING, Heloisa (1999). *Lembranças do Brasil: teoria política, história e ficção em Grande Sertão: Veredas*. Rio de Janeiro: Revan.

STAROBINSKI, Jean (1964). [Introdução ao] "Discours sur l'origine et les fondements de l'inégalité". In: J.-J. Rousseau. *Oeuvres complètes* III. Paris: Gallimard, pp. XLII-LXXI.

STAROBINSKI, Jean (1971). *Les Mots sous les mots: les anagrammes de Ferdinand de Saussure*. Paris: Gallimard. Ed. brasileira: *As palavras sob as palavras*. Trad. de Carlos Vogt. São Paulo: Perspectiva, 1974.

STIERLE, Karlheinz (1973). "Geschichte als Exemplum — Exemplum als Geschichte". In: Reinhart Koselleck e Wolf-Dieter Stempel (orgs.). *Geschichte — Ereignis und Erzählung*. Munique: Fink, pp. 347-375.

STIERLE, Karlheinz (2001). "Fiktion". In: Barck, Karlheinz et al. (orgs.) *Ästhetische Grundbegriffe: Historisches Wörterbuch*. Vol. II. Stuttgart: Metzler, pp. 380-428.

SÜSSEKIND, Flora (1990). *O Brasil não é longe daqui: o narrador, a viagem*. São Paulo: Companhia das Letras.

TINIANOV, Iuri (1921). "Dostoevskij und Gogol (Zur Theorie der Parodie)". In: Striedter, Iuri (org.). *Texte der russischen Formalisten*. Vol. I. Munique: Fink, 1969, pp. 300-371.

TOLEDO, Marcelo de Almeida (1982). *Grande Sertão: Veredas — as trilhas de amor e guerra de Riobaldo Tatarana*. São Paulo: Massao Ohno.

UTÉZA, Francis (1994). *JGR: Metafísica do Grande Sertão*. Trad. de José C. Garbuglio. São Paulo: Edusp.

VASCONCELOS, Sandra Guardini T. (2002). "Homens provisórios: coronelismo e jagunçagem em *Grande Sertão: Veredas*". *Scripta* (Belo Horizonte), vol. 5, nº 10, pp. 321-333.

VASCONCELLOS, Pedro Lima (2002). "Legião de demônios ou novos crucificados? Elementos religiosos e teológicos nos olhares de Euclides da Cunha sobre Belo Monte e Antônio Conselheiro". *Revista Canudos* (Salvador), ano 7, nº 6/7, pp. 103-115.

VENTURA, Roberto (1997). "A revisão de Canudos". *Folha de S. Paulo. Mais!*, 21/9/1997, p. 4.

VENTURA, Roberto (2001). "Apresentação: Viagem ao Centro da Terra". In: Santana, José Carlos Barreto de. *Ciência e Arte: Euclides da Cunha e as Ciências Naturais*, pp. 13-17.

VENTURA, Roberto (2003). *Retrato interrompido da vida de Euclides da Cunha*. Org. por Mario Cesar Carvalho e José Carlos Barreto de Santana. São Paulo: Companhia das Letras.

VIANNA, Oliveira (1949). *Instituições políticas brasileiras*. Vol. I. Belo Horizonte/São Paulo: Itatiaia/Edusp, 1987.

Referências bibliográficas

VIGGIANO, Alan (1974). *Itinerário de Riobaldo Tatarana*. Belo Horizonte/Brasília: Ed. Comunicação/INL.

Das Volksbuch von Doktor Faust (1587). Org. por Leander Petzoldt. Stuttgart: Klett, 2000.

WANDRUSZKA, Mario (1950). *Angst und Mut*. 2ª ed. Stuttgart: Klett-Cotta, 1981.

WARBURG, Aby (1893). "Sandro Botticellis 'Geburt der Venus' und 'Frühling'". In: *Die Erneuerung der heidnischen Antike*. Vol. I. 1998, pp. 1-59 e 307-329.

WARBURG, Aby (1905). "Dürer und die italienische Antike". In: *Die Erneuerung der heidnischen Antike*. Vol. II. 1998, pp. 443-449.

WARBURG, Aby (1920). "Heidnisch-antike Weissagung in Wort und Bild zu Luthers Zeiten". In: *Die Erneuerung der heidnischen Antike*. Vol. II. 1998, pp. 487-535.

WARBURG, Aby (1998). *Die Erneuerung der heidnischen Antike: Kulturwissenschaftliche Beiträge zur Geschichte der europäischen Renaissance*. 2 vols. Org. por Horst Bredekamp e Michael Diers. Berlim: Akademie Verlag.

WARD, Teresinha Souto (1984). *O discurso oral em* Grande Sertão: Veredas. São Paulo/Brasília: Duas Cidades/INL.

WEFFORT, Francisco (1978). *O populismo na política brasileira*. Rio de Janeiro: Paz e Terra.

WEIGEL, Sigrid (2002). "Zum 'topographical turn': Kartographie, Topographie und Raumkonzepte in den Kulturwissenschaften". *KulturPoetik* (Göttingen), vol. 2.2, pp. 151-165.

WHITE, Hayden (1987). *The Content of the Form: Narrative Discourse and Historical Representation*. Baltimore: Johns Hopkins University Press, 1992.

WHITE, Hayden (1999). *Figural Realism: Studies in the Mimesis Effect*. Baltimore: Johns Hopkins University Press.

WINCKELMANN, Johann Joachim (1755). *Gedanken über die Nachahmung der griechischen Werke in der Malerei und Bildhauerkunst*. Baden-Baden/Strasbourg: Eds. Heitz, 1962.

ZILLY, Berthold (1993). "A guerra de Canudos e o imaginário da sociedade sertaneja em *Os Sertões*, de Euclides da Cunha: da crônica à ficção". In: Chiappini, Lígia e Aguiar, Flávio Wolf de (orgs.). *Literatura e História na América Latina*. São Paulo: Edusp, pp. 37-48.

ZILLY, Berthold (1994). "Nachwort". In: Cunha, Euclides da. *Krieg im Sertão*. Trad. de B. Zilly. Frankfurt/M.: Suhrkamp, pp. 757-783.

ZILLY, Berthold (1996). "Der Sertão als Wiege der Nation? Zwölf Thesen zu Ethnien und Nationbildung in *Os Sertões* von Euclides da Cunha". In: Briesemeister, Dietrich e Rouanet, Sergio Paulo (orgs.). *Brasilien im Umbruch*. Frankfurt/M.: TFM, pp. 275-293.

ZILLY, Berthold (1997). "Civilização versus barbárie: um confronto entre *Facundo* (1845), de Sarmiento e *Os Sertões* (1902), de Euclides da Cunha". In: Aguiar, Flávio et al (orgs.). *Gêneros de fronteira: cruzamentos entre o histórico e o literário*. São Paulo: Xamã, pp. 93-101.

ZILLY, Berthold (2000). "Nação e sertanidade: formação étnica e civilizatória do Brasil, segundo Euclides da Cunha". In: Schidlowsky David et al. (orgs.). *Zwischen Literatur und Philosophie: Festschrift zum 60. Geburtstag von Victor Farías*. Berlim: Wissenschaftlicher Verlag, pp. 305-348.

ZILLY, Berthold (2001). "A barbárie: antítese ou elemento da civilização? Do *Facundo* de Sarmiento a *Os Sertões* de Euclides da Cunha". In: Almeida, Angela Mendes de et al. (orgs). *De sertões, desertos e espaços incivilizados*. Rio de Janeiro: Faperj e Mauad, pp. 271-301.

Agradecimentos

Pelo apoio recebido para a realização deste estudo, agradeço às seguintes instituições: ao Conselho Nacional de Desenvolvimento Científico e Tecnológico (CNPq), que me concedeu uma bolsa de produtividade em pesquisa, de 1997 a 2003; ao Zentrum für Literaturforschung de Berlim, por um convite com a duração de três meses (1998/99), que me permitiu planejar melhor a minha pesquisa; à Fundação de Amparo à Pesquisa do Estado de São Paulo (FAPESP), que me outorgou uma bolsa para um estágio de oito meses (1999/2000) no Center for Latin American Studies da Stanford University, onde tive excelentes condições para elaborar um longo artigo que se tornaria o ensaio-piloto deste livro. Agradeço também aos meus colegas da Área de Alemão, do Departamento de Letras Modernas da Universidade de São Paulo, pelos afastamentos concedidos para atender àqueles convites; e a hospitalidade e o apoio do pessoal do Parque Nacional "Grande Sertão: Veredas".

Meus agradecimentos especiais para as pessoas cuja presença foi importante ou decisiva na elaboração deste trabalho. Em ordem cronológica:

ao Professor Antonio Augusto Soares Amora, pelo curso de introdução a *Grande Sertão: Veredas*, ministrado no semestre de verão de 1966 na Freie Universität Berlin, e por ter me acolhido como estudante bolsista na Universidade de São Paulo;

a João Guimarães Rosa, por ter me recebido para uma conversa, no dia de minha chegada no Brasil, e pelos votos de boas-vindas a este país;

a Milton dos Santos Ferreira, de Lassance-MG, e à sua família, pela hospitalidade e pelo conhecimento do sertão;

a Adélia Bezerra de Meneses, pelo incentivo antigo e recente a escrever este livro;

a Berthold Zilly, pela troca de ideias sobre Euclides da Cunha, ao longo de muitos anos;

ao Professor Eberhard Lämmert, diretor fundador do Zentrum für Literaturforschung de Berlim, pelo curso de pós-graduação ministrado na USP, em 1994, sobre a concorrência entre romance e ensaio historiográfico, e pela discussão detalhada do meu projeto;

a Walnice Galvão, pelas conversas sobre a recepção de *Grande Sertão: Veredas*;

a Walter Moser, da Universidade de Montréal e de Ottawa, pelos ensinamentos sobre reescrita;

ao Professor Hayden White (Stanford), pelo curso de pós-graduação sobre teoria do texto, em 1997, e pela continuação do diálogo em 1999 e 2000;

ao Professor Hans Ulrich Gumbrecht (Stanford), pela dedicada discussão do meu projeto e por vários ensinamentos teóricos;

à Professora Kathleen Morrison, pelo ambiente estimulante de pesquisa no Center for Latin American Studies, em Stanford, e pelo curso de pós-graduação "The Information Revolution in Latin America", organizado por ela em 1999;

a Karlheinz Barck, do Zentrum für Literaturforschung de Berlim, pelas discussões sobre conceitos estéticos;

a Renato Oliveira de Faria, pela companhia na viagem de pesquisa, em janeiro e fevereiro de 1998, pelo sertão do norte de Minas Gerais, seguindo as trilhas de Martius e de Riobaldo, especialmente no Liso do Sussuarão;

a Lélia Parreira Duarte, da PUC-MG, pelo convite para participar dos dois Seminários Internacionais sobre Guimarães Rosa, exemplarmente organizados por ela em 1998 e 2001;

e ao Professor Antonio Candido, pela leitura cuidadosa do ensaio-piloto deste trabalho, pelo incentivo de transformá-lo em livro e pelo generoso acompanhamento ao longo de todo o processo.

Sobre o autor

Willi Bolle nasceu em 23 de março de 1944, perto de Berlim. Estudou Letras e História na Freie Universität de Berlim, de 1964 a 1966, quando veio para o Brasil para fazer pesquisas sobre a obra de Guimarães Rosa. Formou-se em Letras pela Universidade de São Paulo, em 1968. Doutorou-se em 1971, na Universidade de Bochum, Alemanha, com uma tese sobre a evolução da técnica narrativa nos contos de Guimarães Rosa.

Lecionou Teoria Literária no Setor de Pós-Graduação da PUC-SP, de 1972 a 1978. Desde 1977 é professor de Literatura Alemã na USP, onde defendeu, em 1984, a tese de livre-docência sobre Walter Benjamin e a cultura da República de Weimar, e onde tornou-se titular em 1990. Foi professor convidado na Stanford University, no Zentrum für Literaturforschung de Berlim, na Freie Universität de Berlim, na Unicamp, UFPE (Recife) e UFPA (Belém).

É também ator, formado pela Escola de Arte Dramática da USP (1983-1986). Entre 2004 e 2006 organizou leituras dramáticas de *Grande Sertão: Veredas* com alunos de Letras da USP e dezenas de participantes em diversos lugares do Brasil, em Paris e na Alemanha. Entre 2009 e 2014 realizou adaptações teatrais de romances de Dalcídio Jurandir com um grupo de professores e alunos da periferia de Belém. Por esse trabalho lhe foi outorgado, em 2014, pela Assembleia Legislativa do Estado do Pará, o título honorífico de "Cidadão do Pará".

Aposentou-se na USP em 2009, mas continua exercendo as funções de professor titular sênior, ministrando disciplinas de pós-graduação e orientando mestrados e doutorados, além de supervisionar projetos de pós-doutorado.

CRÍTICA
(Uma topografia cultural do Brasil:
da Metrópole através do Sertão até a Amazônia)

Fisiognomia da Metrópole Moderna: Representação da História em Walter Benjamin. São Paulo: Edusp, 1994; 2ª ed. 2000; 3ª ed. 2022. — *Physiognomik der modernen Metropole: Geschichtsdarstellung bei Walter Benjamin.* Colônia/Weimar/Viena: Böhlau-Verlag, 1994.

grandesertão.br: o romance de formação do Brasil. São Paulo: Duas Cidades/Editora 34, 2004; 2ª ed. 2023.

Boca do Amazonas: sociedade e cultura em Dalcídio Jurandir. São Paulo: Edições Sesc São Paulo, 2020.

PUBLICAÇÕES RECENTES
SOBRE GUIMARÃES ROSA E O SERTÃO

"Um romance de formação do Brasil", in: *Cadernos de Literatura Brasileira* nºs 20 e 21 (*João Guimarães Rosa*). São Paulo: Instituto Moreira Salles, 2006, pp. 270-282. — "Ein Roman der brasilianischen Identitätsbildung", in: L. Chiappini e M. Vejmelka (orgs.), *Welt des Sertão, Sertão der Welt: Erkundungen im Werk João Guimarães Rosas.* Berlim: Tranvia, 2007, pp. 54-72.

"Vozes da violência no sertão: Leitura dramática de um episódio de *Grande Sertão: Veredas*", in: L. Chiappini e M. Vejmelka (orgs.), *Espaços e caminhos de Guimarães Rosa: dimensões regionais e universalidade.* Rio de Janeiro: Nova Fronteira, 2009, pp. 263-274.

"João Guimarães Rosa — um mestre que ensina a dialogar com o povo", in: *Asas da Palavra* (*Benedito Nunes — Edição Comemorativa*) nº 25, 2009, pp. 221-233 (em coautoria com Maira Fanton Dalalio).

"Die luziferische Funktion der Sprache: Über Vilém Flusser und João Guimarães Rosa", in: S. Klengel e H. Siever (orgs.), *Das Dritte Ufer: Vilém Flusser und Brasilien*, Würzburg: Königshausen & Neumann, 2009, p. 63-79. — "A função luciférica da linguagem: *Grande Sertão: Veredas* à luz da *História do Diabo*, de Vilém Flusser", in: M. Fantini (org.), *Machado e Rosa: leituras críticas.* Cotia-SP: Ateliê Editorial, 2010, pp. 493-506.

"Encontro com Guimarães Rosa, Rio, 1966", *Folha de S. Paulo*, 3/4/2011, *Ilustríssima*, p. 9.

Sobre o autor

"In der Werkstatt der brasilianischen Sprache" / "Na oficina da língua brasileira", in: W. Bolle e E. Kupfer (orgs.), *Relações entre Brasil e Alemanha na época contemporânea / Deutsch-brasilianische Beziehungen in der Gegenwart*. Santos-SP: Editora de Arte e Cultura, 2015, pp. 206-209.

"A travessia do sertão por Martius e por Riobaldo", in: C. Passos, Y. Rosenbaum e S. Vasconcelos (orgs.). *Infinitamente Rosa: 60 anos de* Corpo de baile *e de* Grande sertão: veredas. São Paulo: Humanitas, 2018, pp. 275-299.

"Durch den Sertão von Guimarães Rosa: Bericht einer Wanderung und Kommentar seines Romans", in: O. Ette e P. Soethe (orgs.), *Guimarães Rosa und Meyer-Clason*. Berlim/Boston, 2020, pp. 67-95. — "Refazendo a pé a travessia do Sertão por Riobaldo", in: O. Ette, A. Medeiros e P. Soethe (orgs.). *Guimarães Rosa e Meyer-Clason*. Curitiba: Editora UFPR (no prelo).

Outras publicações

Walter Benjamin. *Passagens*. Ed. org. por W. Bolle. Trad. I. Aron e C. Mourão. Belo Horizonte/São Paulo: EdUFMG/Imprensa Oficial do Estado de São Paulo, 2006; 2ª reimpr. 2009; 3ª reimpr. 2021.

Amazônia — região universal e teatro do mundo. Orgs. W. Bolle, E. Castro e M. Vejmelka. São Paulo: Globo, 2010. — *Amazonien: Weltregion und Welttheater*. Berlim: trafo Wissenschaftsverlag, 2010.

Cinco séculos de relações brasileiras e alemãs / Fünf Jahrhunderte deutsch-brasilianische Beziehungen. Orgs. W. Bolle e E. Kupfer. Santos-SP: Editora de Arte e Cultura, 2013.

Relações entre Brasil e Alemanha na época contemporânea / Deutsch-brasilianische Beziehungen in der Gegenwart. Orgs. W. Bolle e E. Kupfer. Santos-SP: Editora de Arte e Cultura, 2015.

Este livro foi composto
em Adobe Garamond
pela Bracher & Malta,
com CTP e impressão
da Edições Loyola
em papel Pólen Natural
70 g/m² da Cia. Suzano de
Papel e Celulose para a
Duas Cidades/Editora 34,
em julho de 2023.